PHP 5

Cours et exercices

CHEZ LE MÊME ÉDITEUR

Du même auteur

J. ENGELS. – **XHTML et CSS : cours et exercices.**
N°11637, 2005, 350 pages.

Autres ouvrages sur PHP

E. DASPET et C. PIERRE de GEYER. – **PHP 5 avancé.**
N°12167, 4ᵉ édition, 2007, 792 pages.

J.-M. DEFRANCE. – **Premières applications Web 2.0 avec Ajax et PHP.**
N°12090, 2008, 450 pages.

D. SÉGUY, P. GAMACHE. – **Sécurité PHP 5 et MySQL.**
N°12114, 2007, 240 pages.

G. PONÇON. – **Best practices PHP 5.** Les meilleures pratiques de développement en PHP.
N°11676, 2005, 480 pages.

C. PIERRE DE GEYER et G. PONÇON. – **Mémento PHP et SQL.**
N°11785, 2006, 14 pages.

J.-M. DEFRANCE. – **PHP/MySQL avec Dreamweaver 8.**
N°11771, 2006, 632 pages.

J.-M. DEFRANCE. – **PHP/MySQL avec Flash 8.**
N°11971, 2006, 752 pages.

Autres ouvrages de développement Web

A. BOUCHER. – **Ergonomie web.**
N°12158, 2007, 426 pages.

S. BORDAGE et coll. – **Conduite de projet Web.**
60 modèles de livrables prêtes à l'emploi. Un outil de création de business plan. 3 études de cas.
N°12325, 4ᵉ édition, 2008, 400 pages environ.

N. CHU. – **Réussir un projet de site web.**
N°11974, 4ᵉ édition 2006, 230 pages.

C. PORTENEUVE. – **Bien développer pour le Web 2.0.**
N°12028, 2006, 560 pages.

M. NEBRA. **Réussir son site web avec XHTML et CSS.**
N°12307, 2ᵉ édition, 2008, 316 pages.

R. GOETTER. – **CSS 2 : pratique du design web.**
N°11976, 2ᵉ édition, 2007, 324 pages.

A. CLARKE. – **Transcender CSS.** Sublimez le design web.
N°12107, 2007, 370 pages.

PERLINE, A.-L. et D. QUATRAVAUX, M.-M. MAUDET. – **SPIP 1.9.** *Créer son site avec des outils libres.*
N°12002, 2ᵉ édition, 2007, 376 pages.

D. THOMAS *ET AL*. – **Ruby on Rails.**
N°12079, 2ᵉ édition, 2007, 800 pages.

A. GONCALVES. – **Java EE 5.**
N°12038, 2007, 330 pages.

Jean Engels

PHP5
Cours et exercices

Avec la contribution de Olivier Salvatori

2e tirage 2008

EYROLLES

ÉDITIONS EYROLLES
61, bd Saint-Germain
75240 Paris Cedex 05
www.editions-eyrolles.com

Le code de la propriété intellectuelle du 1er juillet 1992 interdit en effet expressément la photocopie à usage collectif sans autorisation des ayants droit. Or, cette pratique s'est généralisée notamment dans les établissements d'enseignement, provoquant une baisse brutale des achats de livres, au point que la possibilité même pour les auteurs de créer des œuvres nouvelles et de les faire éditer correctement est aujourd'hui menacée.
En application de la loi du 11 mars 1957, il est interdit de reproduire intégralement ou partiellement le présent ouvrage, sur quelque support que ce soit, sans autorisation de l'éditeur ou du Centre Français d'Exploitation du Droit de Copie, 20, rue des Grands-Augustins, 75006 Paris.
© Groupe Eyrolles, 2005, ISBN : 978-2-212-11407-2

Table des matières

Avant-propos XV

CHAPITRE 1
Introduction 1
    Avant de commencer 2
        Compétences requises 2
        Installation d'un serveur local 3
    Premier contact avec PHP 6
        Organisation de PHP 6
        Structure des fichiers HTML 8
        Écriture du code PHP 10
        Ajout de commentaires 15

CHAPITRE 2
Variables, constantes et types 17
    Les variables 17
        Affectation par valeur et par référence 18
        Les variables prédéfinies 20
        Les opérateurs d'affectation combinée 21
    Les constantes 22
        Définir ses constantes personnalisées 22
        Les constantes prédéfinies 23
    Les types de données 24
    Déterminer le type d'une variable 25
        La conversion de type 26
        Contrôler l'état d'une variable 27

Les entiers	28
Les flottants	28
Les opérateurs numériques	29
Les fonctions mathématiques	30
Les booléens	32
Le type *boolean*	32
Les opérateurs booléens	34
Les chaînes de caractères	36
Définir des chaînes	36
Concaténation	37
Les tableaux	38
Les objets	41
Les types divers	42
Le type *resource*	42
Le type *NULL*	43
Mémo des fonctions	44
Exercices	44

CHAPITRE 3

Les instructions de contrôle ... 47

Les instructions conditionnelles	47
L'instruction *if*	47
L'instruction *if...else*	48
L'opérateur *?*	51
L'instruction *switch...case*	52
Les instructions de boucle	53
La boucle *for*	53
La boucle *while*	57
La boucle *do...while*	58
La boucle *foreach*	58
Sortie anticipée des boucles	61
Gestion des erreurs	63
Suppression des messages d'erreur	64
Gestion des exceptions	65
Exercices	69

CHAPITRE 4

Les chaînes de caractères 71
Affichage des chaînes 71
Affichage formaté 72
Longueur d'une chaîne et codes des caractères 75
Mise en forme des chaînes 76
Modification de la casse 77
Gestion des espaces 78
Entités HTML et caractères spéciaux 79
Recherche de sous-chaînes 81
Comparaison de chaînes 85
Transformation de chaînes en tableaux 87
Les expressions régulières 89
Définition d'un motif élémentaire 89
Les fonctions de recherche PHP 94
Définition d'un motif complexe 96
Mémo des fonctions 98
Exercices 101

CHAPITRE 5

Les tableaux 103
Créer des tableaux 103
La fonction *array()* 103
Créer des suites 107
Créer un tableau à partir d'une chaîne 109
Compter le nombre de valeurs d'un tableau 110
Lire des tableaux 112
Lire avec une boucle *for* 112
Lire avec une boucle *while* 114
Lire à l'aide de la fonction *each()* 116
Lire avec *each()* et *list()* 119
L'instruction *foreach* 121
Manipuler des tableaux 124
Extraire une partie d'un tableau 124
Ajouter et enlever des éléments 127
Opérations sur plusieurs tableaux 130

Trier les éléments d'un tableau	134
Trier des tableaux indicés	134
Trier des tableaux associatifs	140
Opérer une sélection des éléments	143
Appliquer une fonction à un tableau	144
L'objet *ArrayObject*	147
Mémo des fonctions	150
Exercices	153

CHAPITRE 6
Les formulaires 155

Création d'un formulaire HTML	155
L'élément *<input>*	157
L'élément *<textarea>*	160
L'élément *<select>*	160
Exemple de code *<form>*	161
Récupération des données du formulaire	163
Valeurs uniques	164
Les valeurs multiples	171
Transfert de fichier vers le serveur	174
Transfert de plusieurs fichiers	178
Gérer les boutons d'envoi multiples	181
Exercices	183

CHAPITRE 7
Les fonctions 185

Les fonctions natives de PHP	185
Créer ses propres fonctions	188
Définir une fonction	189
Les fonctions qui ne retournent pas de valeur	190
Les fonctions qui retournent une valeur	193
Retourner plusieurs valeurs	194
Les paramètres par défaut	196

Les fonctions avec un nombre de paramètres variable	197
Les paramètres de type *array*	197
Les fonctions particulières de PHP	198

Portée des variables 200
    Variables locales et globales 200
    Les variables statiques 202

Passer des arguments par référence 205
    Les fonctions dynamiques 207

Exercices 209

CHAPITRE 8
Dates et calendriers 211

Les dates 211
    Définir une date 214
    Vérifier une date 215

Afficher une date en clair 217
    La fonction *getdate()* 219
    Afficher la date en français 220

Les fonctions de calendrier 224

Mémo des fonctions 226

Exercices 227

CHAPITRE 9
La programmation objet 229

Terminologie des objets 230

Classe et Instance 231
    Création d'une classe 231
    Création d'un objet 235
    Accès aux variables de la classe 238
    Les modificateurs d'accessibilité 242
    Propriétés et méthodes statiques 244
    Constructeur et destructeur d'objet 246
    Déréférencement 249
    Typage des paramètres 250

Héritage 251
    Enrichir un objet 251
    Création d'une classe dérivée 252
    Les classes abstraites 255
    Les interfaces 257
    Méthode et classe finales 259

Clonage d'objet 261

Mémo des fonctions 263

Exercices 263

CHAPITRE 10

Les images dynamiques 265

Principes généraux 265
    Création du cadre de l'image 267
    Création des couleurs 269
    Tracé de formes géométriques 270
    Écriture de texte 279

Utilisation pratique 281

Mémo des fonctions 284

Exercices 287

CHAPITRE 11

Les fichiers 289

Création, ouverture et fermeture d'un fichier 290
    Ouverture du fichier 290
    Fermeture du fichier 292
    Verrouillage des fichiers 293

Écriture dans un fichier 294
    Conserver une information 294
    Formatage des données 296

Lecture de fichiers 299
    Lire une ligne à la fois 299
    Lire un nombre de caractères donné 301
    Lire un caractère à la fois 304
    Lecture d'une partie d'un fichier 306

Lecture de données formatées	307
Lecture de la totalité d'un fichier	310
Modifications de fichiers	313
Copier un fichier	314
Renommer un fichier	314
Effacer un fichier	315
Informations sur les fichiers	315
Existence d'un fichier	315
Taille des fichiers	316
Mémo des fonctions	319
Exercices	321

CHAPITRE 12

Cookies, sessions et e-mails 323

Les cookies	323
Écriture des cookies	324
Lecture des cookies	326
Exemple de page avec cookies	327
Les sessions	330
Le mécanisme des sessions	330
Sessions avec cookie	331
La gestion de panier	335
Les sessions sans cookie	339
L'e-mail	340
La fonction *mail()*	340
Envoi d'e-mail au format texte	341
Envoi d'e-mail au format HTML	344
Mémo des fonctions	347
Exercices	347

CHAPITRE 13

Rappels sur les SGBDR 349

Le modèle entité/association	350
Les entités	350
Les attributs	351

Les associations	352
Les cardinalités	352
Conception du MCD	355
Normalisation du MCD	355
La base *magasin en ligne*	356
Passage au modèle relationnel	357
Le modèle relationnel	357
Conception du MLD	358
Le MLD de la base *magasin en ligne*	360
Modèle physique de données	360
Exercices	361

CHAPITRE 14

Le langage SQL et phpMyAdmin 363

L'interface phpMyAdmin	363
Création d'une base de données	365
Création de tables	367
Les types de données MySQL	367
Création des tables	371
Modification des tables	375
Insertion de données	380
Insertion ligne par ligne	380
Mise à jour des données	381
Insertion à partir d'un fichier texte	382
Insertion à partir d'un fichier Excel	384
Les données de la base *magasin*	385
Sélection des données	387
Sélection dans une table	388
Les jointures	399
Jointure de deux tables	400
Jointure de plus de deux tables	401
Exercices	402

CHAPITRE 15
Accès à MySQL avec PHP 405
Connexion au serveur MySQL 405
Envoi de requêtes SQL au serveur 409
Lecture du résultat d'une requête 410
- Lecture à l'aide d'un tableau 410
- Lecture des noms de colonnes 413
- Récupération des valeurs dans un objet 417

Insertion de données dans la base 418
- Insertion des données 419
- Mise à jour d'une table 422

Recherche dans la base 426
Mémo des fonctions 429
Exercices 432

CHAPITRE 16
La base SQLite 433
Caractéristiques générales 433
- L'interface SQLiteManager 435
- Méthodes d'accès à SQLite 437

La méthode procédurale 437
- Ouverture de la base 438
- Envoi de requêtes 439
- Insertion de données 442
- Les transactions 444
- Lecture des résultats d'une requête 446
- Accès à une ligne quelconque d'un résultat 451
- Création de fonctions SQL personnalisées 454

La méthode objet 456
- Accès à la base 456
- Envoi de requêtes 456
- Lecture des résultats et objets spécialisés 460
- Lecture dans un objet 464
- Création de fonctions SQL personnalisées 465
- L'objet *SQLiteException* 467

Mémo des fonctions	468
Mémo des méthodes des objets	470
Exercices	472

CHAPITRE 17
PHP et XML — 473

Notions de XML	473
Lecture d'un fichier XML	477
Accéder au contenu d'un fichier XML	477
Lecture des attributs d'un élément	480
Lecture d'un fichier à structure complexe	482
Modification des valeurs des éléments et des attributs	484
Recherche dans un fichier	486
Création d'un fichier XML à partir d'un formulaire	489
Relations entre XML et une base MySQL	491
Création d'un fichier XML à partir d'une table MySQL	491
Création d'une table MySQL à partir d'un fichier XML	496
Mémo des fonctions et méthodes	497
Exercices	498

CHAPITRE 18
Travaux personnels — 499

Démarche à suivre	499
TP n° 1 : site de rencontres	500
L'interface	501
La base de données SQLite	503
TP n° 2 : dictionnaire de citations interactif	504
L'interface	504
La base de données MySQL	506
TP n° 3 : commerce en ligne	506
Les besoins du client	506
Votre travail	507

Index — 509

Avant-propos

Cet ouvrage est destiné, en priorité à ceux qui veulent se former à PHP 5 et aux bases de données MySQL et SQLite pour créer des pages Web dynamiques. Nous y présentons à la fois les bases du langage, qui étaient celles de PHP 4, et les importantes nouveautés de la version 5, qui représente une évolution majeure. Avec cette version, PHP devient un langage encore plus professionnel et solide, tout en conservant la simplicité et l'efficacité qui ont fait son immense succès.

Les exercices proposés à la fin de chaque chapitre vous permettront une mise en œuvre immédiate des points étudiés. Les travaux personnels proposés à la fin de l'ouvrage vous permettront de mettre en œuvre l'ensemble des connaissances acquises dans des cas réels de sites Web dynamiques.

Les corrigés de ces exercices, téléchargeables sur la page Web dédiée à l'ouvrage du site **www.editions-eyrolles.com,** vous permettront de mesurer votre compréhension des notions abordées.

L'ouvrage est divisé en dix-huit chapitres, qui abordent successivement les sujets suivants :

- Le chapitre 1 rappelle le fonctionnement général de PHP dans la création de pages dynamiques. Il montre comment installer les outils nécessaires aux tests des scripts, en particulier le serveur Web Apache.PHP.MySQL, et dresse l'inventaire des nouveautés de PHP 5.

- Le chapitre 2 définit les différents types de données manipulables avec PHP et montre comment les utiliser en créant des variables ou des constantes.

- Le chapitre 3 fait un tour d'horizon des instructions de contrôle indispensables à tout langage. Il montre comment créer des instructions conditionnelles et des boucles ainsi que gérer les erreurs par le mécanisme des exceptions, une des nouveautés de PHP 5.

- Le chapitre 4 traite de la création et de la manipulation des chaînes de caractères. Il décrit les différentes techniques d'affichage, simple ou formaté, des chaînes et présente l'écriture d'expressions régulières.

- Le chapitre 5 se penche sur la création de tableaux, un type de données très pratique aux multiples applications. Diverses techniques de lecture des tableaux sont explicitées à l'aide de nombreux exemples.

- Le chapitre 6 détaille la création des formulaires, qui sont les vecteurs indispensables au transfert d'informations entre le poste client et le serveur. Il montre comment récupérer et gérer les données saisies par les visiteurs d'un site.

- Le chapitre 7 est consacré aux fonctions qui permettent une meilleure organisation des scripts. Le passage d'arguments par valeur et par référence ainsi que la gestion des paramètres et le retour des valeurs multiples par une fonction y sont détaillés.

- Le chapitre 8 fait le tour des outils permettant le calcul des durées et la gestion des dates et des calendriers avec PHP.

- Le chapitre 9 aborde le nouveau modèle objet de PHP 5 et introduit les nouvelles méthodes qui révolutionnent la création d'objets avec PHP, le rapprochant ainsi des langages de POO.

- Le chapitre 10 montre comment PHP est capable de créer des images dynamiques susceptibles de rendre les sites plus attractifs par la création d'images en fonction des besoins.

- Le chapitre 11 aborde la gestion des fichiers sur le serveur et livre une première approche du stockage sur le serveur d'informations issues du poste client. Les différentes méthodes de lecture et d'écriture de données y sont décrites en détail.

- Le chapitre 12 est dédié à la création et à la gestion des cookies ainsi qu'au mécanisme des sessions, qui permet la conservation et la transmission d'informations entre toutes la pages d'un même site. La création et l'envoi d'e-mail pour renforcer les possibilités de contact entre l'internaute et le site sont également abordés.

- Le chapitre 13 rappelle les notions théoriques indispensables à la modélisation d'une base de données. Il dresse une rapide synthèse du modèle entité/association et du passage au modèle relationnel, qui est utilisé par la plupart des SGBD actuels, en particulier MySQL et SQLite, qui font l'objet des chapitres suivants.

- Le chapitre 14 est un rappel du langage SQL en vue de son utilisation dans MySQL. Ce survol est réalisé en dehors du contexte PHP au moyen de l'interface phpmyAdmin.

- Le chapitre 15 explique comment accéder à une base MySQL au moyen de scripts PHP dans le cadre d'un site. Y sont abordées les différentes commandes d'insertion et de mise à jour de données ainsi que de lecture et de recherche élaborées sur une ou plusieurs tables au moyen de jointures.

- Le chapitre 16 aborde la base de données embarquée SQLite, une des nouveautés de PHP 5. Nous l'envisageons successivement avec la méthode procédurale puis avec la méthode objet, plus proche de la nouvelle orientation de PHP 5.

- Le chapitre 17 dévoile une autre nouveauté de PHP 5, la gestion des fichiers XML, qui est nettement simplifiée par rapport à la version précédente.

- En conclusion, le chapitre 18 est constitué de trois sujets de travaux personnels, que vous devrez réaliser en faisant appel aux connaissances acquises tout au long des chapitres précédents. De difficulté croissante, ces sujets vous permettront d'évaluer vos acquisitions de manière concrète.

1
Introduction

Le sigle PHP signifiait à l'origine *Personal Home Page*. Pour Rasmus Lerdorf, l'auteur de ce qui allait devenir le langage de script côté serveur incorporable dans tout document HTML que nous connaissons, il s'agissait alors d'ajouter quelques fonctionnalités à ses pages personnelles. PHP signifie aujourd'hui *Php Hypertext Preprocessor* car il renvoie à un navigateur un document HTML construit par le moteur de script Zend Engine 2 de PHP, dont nous allons voir le fonctionnement. Il permet de créer des pages Web dynamiques et interactives.

Imaginez que vous soyez fan de moto et que vous vouliez présenter les photos de vos modèles préférés et leurs caractéristiques techniques. La création de quelques pages HTML statiques, agrémentées de liens pour naviguer d'une page à l'autre, peut suffire. Imaginez maintenant que vous soyez rejoint par d'autres personnes qui partagent la même passion et que votre site présente des centaines de modèles et une rubrique de petites annonces et de contacts entre membres. La quantité d'informations à présenter ne permet plus de naviguer dans le site au moyen de liens mais réclame, dès la page d'accueil, un moteur de recherche. L'utilisateur saisit un ou plusieurs critères de recherche, à partir desquels le code d'un script PHP crée une page contenant les informations recherchées et seulement elles. Chaque visiteur et chaque besoin particulier génèrent donc des pages différentes, construites dynamiquement.

PHP permet en outre de créer des pages interactives. Une page interactive permet à un visiteur de saisir des données personnelles. Ces dernières sont ensuite transmises au serveur, où elles peuvent rester stockées dans une base de données pour être diffusées vers d'autres utilisateurs. Un visiteur peut, par exemple, s'enregistrer et retrouver une page adaptée à ses besoins lors d'une visite ultérieure. Il peut aussi envoyer des e-mails et des fichiers sans avoir à passer par son logiciel de messagerie. En associant toutes ces caractéristiques, il est possible de créer aussi bien des sites de diffusion et de collecte d'information que des sites d'e-commerce.

Pour contenir la masse d'informations collectées, PHP s'appuie sur une base de données, généralement MySQL mais aussi SQLite avec PHP 5, et sur des serveurs Apache. PHP, MySQL et Apache forment d'ailleurs le trio ultradominant sur les serveurs Internet. Quand ce trio est associé à Linux, on parle de système LAMP (Linux, Apache, MySQL, PHP). PHP est utilisé aujourd'hui par plus de la moitié des sites de la planète et par les trois quarts des grandes entreprises françaises. Pour un serveur Windows, on parle de système WAMP, mais ceci est beaucoup moins courant.

Vous passerez en revue dans le cours de cet ouvrage tous les outils nécessaires à la réalisation d'un site dynamique et interactif à l'aide de PHP et d'une base de données MySQL ou SQLite. Les principaux avantages de ces outils sont la facilité d'apprentissage, la grande souplesse d'utilisation, l'excellent niveau de performance et, ce qui ne gâte rien, la gratuité.

Pour parvenir à la réalisation des types de site que nous venons de voir nous allons aborder successivement les points suivants :

- La syntaxe et les caractéristiques du langage PHP, dont la connaissance est la base indispensable à toute la suite.
- Les notions essentielles du langage SQL permettant la création et la gestion des bases de données et la réalisation des requêtes sur ces bases.
- Le fonctionnement et la réalisation de bases de données MySQL puis SQLite et les moyens d'y accéder à l'aide des fonctions spécialisées de PHP.

Pour progresser rapidement il vous sera nécessaire de lire ce livre de manière linéaire au moins pour le début et de ne pas brûler les étapes. N'essayez donc pas de commencer par la fin en abordant les bases de données sans connaissance préalable de PHP ou de SQL.

Avant de commencer

Avant d'envisager d'écrire votre premier script, il vous faut faire le point sur les connaissances nécessaires à cette réalisation. Il n'est pas envisageable de commencer cet apprentissage sans aucune connaissance d'Internet ni de la création de pages HTML. Du point de vue matériel, vous devez de surcroît disposer des quelques outils qui vous permettront d'écrire et surtout de tester vos scripts sur un ordinateur personnel.

Compétences requises

L'objectif de cet ouvrage étant de permettre un apprentissage progressif de PHP5, la connaissance d'un langage de programmation quelconque n'est pas vraiment indispensable. Cependant, quelques notions de programmation en langage C ou en JavaScript, par exemple, ne peuvent que rendre l'accès à PHP plus facile. En revanche, la connaissance du langage HTML est recommandée.

Pour ce qui concerne la méthode, commencez par télécharger et tester les exemples du livre, puis modifiez-en certains paramètres afin d'évaluer le rôle de chacun d'eux. Cela vous permettra de mieux apprécier l'effet réel d'une instruction.

Les outils de création

Puisqu'il s'agit de construire des pages Web et de produire un document HTML lisible par un navigateur, un éditeur HTML peut convenir pour créer la structure générale des pages, y compris s'il est WYSIWYG, comme Dreamweaver ou WebExpert. Le code des scripts PHP peut quant à lui être écrit dans n'importe quel éditeur de texte, tel que le Bloc-notes de Windows.

Si les éditeurs tels que Dreamweaver privilégient l'aspect visuel en cachant le code, d'autres outils de création plus simples, comme HTML Kit, obligent le programmeur à voir en permanence les éléments HTML utilisés. Un bon compromis consiste à utiliser un éditeur WYSIWYG pour créer le design et la mise en page générale des pages Web puis de récupérer le fichier HTML réalisé dans un éditeur PHP spécialisé afin d'effectuer les tests facilement après avoir installé le serveur local PHP.

Le tableau 1-1 présente une liste d'outils de développement de scripts.

Tableau 1-1 Éditeurs HTML et PHP

Produit	Statut	Description	Adresse
HTML Kit	Gratuit	Éditeur HTML	http://www.chami.com
EditPlus	Shareware	Éditeur HTML permettant l'écriture et l'exécution de scripts PHP dans votre navigateur	http://www.editplus.com
Maguma Studio	Version freeware ou payante	Éditeur HTML permettant l'écriture et l'exécution de scripts PHP dans votre navigateur. Aide à la saisie des fonctions	http://www.maguma.com
NuSphere	Payant	Idem	http://www.nusphere.com
WebExpert	Payant	La version 6 permet l'écriture et l'exécution faciles de scripts PHP.	http://www.visic.com

Installation d'un serveur local

Faute de disposer d'un serveur local sur votre ordinateur personnel, vous seriez obligé pour tester vos pages PHP de les transférer sur le serveur distant de votre hébergeur puis d'appeler ces pages en vous connectant au site à l'aide de votre navigateur. La moindre erreur de code ou la moindre modification vous obligerait à répéter toute cette procédure, d'où une importante perte de temps.

Il est donc indispensable d'installer sur votre poste de travail un serveur local simulant votre serveur distant et vous permettant d'effectuer en direct tous les tests désirés. Vous aurez alors dans votre navigateur exactement le même aspect pour toutes ces pages que les visiteurs de votre site quand vous aurez opéré le transfert de vos fichiers sur le serveur distant qui l'hébergera.

Le serveur local comprend les éléments suivants, disponibles séparément aux adresses entre parenthèses :

- Serveur Apache *(http://www.apache.org)*.
- Interpréteur de code PHP *(http://www.php.net)*.
- Base de données MySQL *(http://www.mysql.com)*.
- Base de données SQLite *(http://www.sqlite.org)*.
- Utilitaire phpMyAdmin, qui permet de créer et de gérer bases et tables de données MySQL *(http://www.phpmyadmin.net)*.
- Utilitaire SQLiteManager, qui permet de créer et de gérer bases et tables de données SQLite *(http://www.sqlitemanager.org)*.

On peut trouver sur le Web divers packages complets pour Windows ou Mac, qui permettent d'installer en une seule opération tous ces éléments, évitant du même coup les problèmes de configuration.

Easyphp était jusqu'à la publication de la version 5 de PHP le plus connu et le meilleur package pour Windows, mais il en est resté pour l'instant à la version 4 *(http://www.easyphp.org)*. Un nouvel installeur est apparu cette année à l'occasion de la sortie de PHP 5. Son auteur, Romain Bourdon, se montre très réactif en publiant une nouvelle version à chaque évolution. Son package, nommé Wampserver, téléchargeable à l'adresse *http://www.wampserver.com,* est destiné aux ordinateurs sous Windows.

Une fois la procédure de téléchargement terminée, il vous suffit de lancer l'exécutable **wamp5-1.3.exe,** qui installe automatiquement Apache, PHP, MySQL, SQLite, phpMyAdmin et SQLiteManager sur votre ordinateur. Si, pendant la phase d'installation, vous avez choisi d'installer PHP en tant que service Windows, le serveur est lancé automatiquement à chaque démarrage du système d'exploitation.

La figure 1-1 montre l'icône de Wampserver 5 telle qu'elle figurera sur votre Bureau Windows et le menu d'administration qui apparaît quand vous cliquez sur l'icône de lancement rapide ressemblant à un demi-cercle gradué.

Figure 1-1

L'icône de Wampserver5 et les options d'administration

Si vous avez réalisé l'installation dans le dossier **C:\wamp5,** vous obtenez l'arborescence illustrée à la figure 1-2.

Figure 1-2
Arborescence du dossier d'installation de Wampserver

Pour pouvoir être exécutés par le serveur local, tous les scripts que vous écrivez doivent être enregistrés dans le sous-dossier **www.** Dans ce dernier, vous pouvez créer un ou plusieurs sous-dossiers correspondant à chaque site que vous voulez tester. Au prochain lancement du serveur, ils apparaîtront dans la page d'accueil de Wampserver *(voir figure 1-3)*.

La page d'administration du serveur local vous donne accès à différents paramètres, tels que l'accès à la page d'accueil de Wampserver en cliquant sur localhost ou l'accès direct à phpMyAdmin ou SQLiteManager pour gérer vos bases de données.

Figure 1-3
Page d'administration du serveur local Apache PHP MySQL

> **Linus et Mac OS**
>
> Pour Linux, il existe une version d'un installeur de serveur local à l'adresse *http://www .phpmylinux.net*
> Les amateurs de Mac OS en trouveront un équivalent à l'adresse *http://www.ultramac.net/macosx/install/php.*

La figure 1-3 montre la page d'accueil de Wampserver. Elle peut également être obtenue si vous entrez dans votre navigateur l'adresse *http://localhost.*

Premier contact avec PHP

Étant désormais doté de tous les outils nécessaires, vous pouvez aborder le fonctionnement de PHP et les différentes méthodes de travail que vous devrez utiliser par la suite.

Organisation de PHP

PHP ne repose pas sur une hiérarchie de classes regroupées en sous-ensembles (namespace), comme ASP.Net, mais sur des modules. Le module de base, dit standard, permet d'accéder aux instructions élémentaires, aux différents types de valeurs et à un grand nombre de fonctions. Des modules additionnels spécialisés permettent d'ajouter des fonctionnalités particulières, comme l'accès aux diverses bases de données ou leur gestion. Chaque module donne accès à un grand nombre de fonctions spécialisées pour un domaine particulier.

La liste des modules disponibles actuellement est visible dans la documentation générale du langage sur le site officiel de PHP, à l'adresse *http://www.php.net.*

Vous pouvez télécharger sur le même site la documentation officielle de PHP, qui donne, y compris en français, la définition de toutes les fonctions existantes. Le document compte quelque deux mille pages au format Acrobat PDF.

Pour savoir quels modules vous pouvez utiliser sur votre serveur local, il vous suffit de cliquer sur le lien `phpinfo()` de la page d'accueil de votre serveur local Wampserver *(voir figure 1-3).*

Pour obtenir la même information pour le serveur qui héberge votre site, procédez de la façon suivante :

1. Écrivez le script PHP suivant, d'une simplicité enfantine (vous n'en écrirez jamais d'aussi court donnant autant d'informations), à l'aide de l'éditeur que vous avez choisi :

   ```
   <?php
   phpinfo();
   ?>
   ```

2. Enregistrez le script sous le nom **info.php.** Sous PHP, tous les scripts commencent par la ligne `<?php` et se terminent par `?>`. Sauf recommandation spéciale de votre

Introduction
CHAPITRE 1

hébergeur, tous les fichiers qui contiennent des instructions PHP sont enregistrés avec l'extension **.php.** Les extensions **.php3**, **.php4**, **.php5** ou **.phtml** se rencontrent sur certains serveurs, suivant la configuration effectuée par l'administrateur.

3. Transférez le fichier **info.php** sur votre serveur distant à l'aide d'un logiciel FTP. Si vous n'en avez pas, vous pouvez télécharger FileZilla freeware, dont le fonctionnement est aussi simple que convivial, à l'adresse *http://www.sourceforge.net/projects/filezilla.*

4. Saisissez l'adresse *http://www.votresite.com/info.php* dans votre navigateur.

Un grand nombre d'informations utiles concernant votre serveur et l'ensemble des modules qui y sont installés apparaissent alors *(voir figure 1-4)*. Il est recommandé d'imprimer ces informations et de les conserver précieusement car elles vous permettront de déterminer, au moment où vous en aurez besoin, si vous pouvez utiliser tel ou tel module ou fonction. Il serait dommage de travailler des heures à créer un script qui utilise des fonctions utilisables en local mais non disponibles sur votre serveur distant.

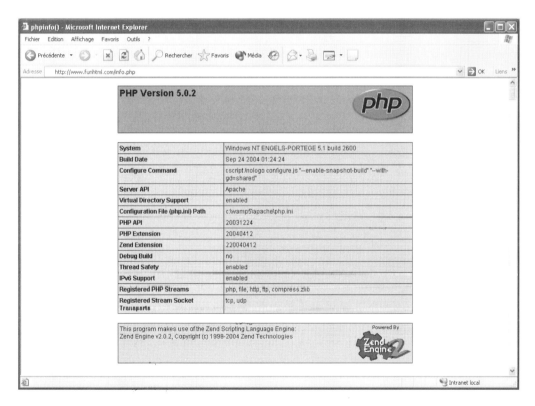

Figure 1-4
Informations concernant le serveur fournies par phpinfo()

Structure des fichiers HTML

Comme expliqué précédemment, la connaissance du langage HTML est recommandée pour se lancer dans l'écriture de scripts PHP. Il est donc utile de connaître la structure des fichiers HTML car une page dynamique PHP est bien un document HTML envoyé par le serveur vers le poste client.

Pour être conforme aux recommandations HTML 4 du W3C *(http://www.w3.org)*, un document HTML doit avoir la structure suivante (fichier **dochtml.htm**) :

```html
<!DOCTYPE HTML PUBLIC "-//W3C//DTD HTML 4.01//EN"
"http://www.w3.org/TR/html4/strict.dtd">
<html>
<head>
<meta http-equiv="Content-Type" content="text/html; charset=iso-8859-1">
<title>Titre de la page</title>
</head>
<body>
<h2>Bienvenue sur le site PHP 5 </h2>
</body>
</html>
```

Cette page primaire est écrite en HTML pur, et tous les visiteurs de votre site verront exactement le même contenu, quel que soit le moment de leur connexion. Le fichier peut avoir l'extension **.htm** car il ne contient que du code HTML, mais il pourrait tout aussi bien avoir une extension **.php** et avoir le même rendu dans un navigateur.

Vous pourriez lui apporter un brin de dynamisme en affichant la date du jour en tête de page à l'aide du code PHP suivant (fichier **codephp.php**) :

```php
<!DOCTYPE HTML PUBLIC "-//W3C//DTD HTML 4.01//EN"
"http://www.w3.org/TR/html4/strict.dtd">
<html>
<head>
<meta http-equiv="Content-Type" content="text/html; charset=iso-8859-1">
<title>Une page PHP</title>
</head>
<body>
<?php
echo "<h3> Aujourd'hui le ". date('d / M / Y H:m:s ')."</ h3><hr />";
echo "<h2>Bienvenue sur le site PHP 5</h2>";
?>
</body>
</html>
```

Le code de votre nouvelle page contient les nouveaux éléments suivants, qui ne sont pas du HTML :

```php
<?php
echo "<h3> Aujourd'hui le ". date('d / M / Y H:m:s ')."</ h3><hr />";
echo "<h2>Bienvenue sur le site PHP 5</h2>";
?>
```

Les éléments <?php et ?> marquent respectivement le début et la fin de tout script PHP, qu'il soit inclus dans du code HTML ou isolé dans un fichier ne contenant que du code PHP. Vous pouvez inclure autant de blocs de code PHP que vous le désirez dans un document HTML, à condition que chacun d'eux soit délimité par ces marqueurs.

Entre ces éléments figure le code PHP proprement dit :

```
echo "<h3> Aujourd'hui le ". date('d / M / Y H:m:s')."</ h3><hr />";
echo "<h2>Bienvenue sur le site PHP 5</h2>";
```

L'instruction echo permet d'écrire dans le document final le contenu qui la suit, que ce soit du texte ou le résultat retourné par une fonction, comme dans les deux lignes précédentes. Notez que les lignes de code PHP se terminent toujours par un point-virgule.

Si vous recopiez et exécutez ce fichier dans votre navigateur, vous obtenez le résultat illustré à la figure 1-5, qui donne un aperçu de ce qu'est une page dynamique élémentaire. Vous pourriez faire la même chose à l'aide d'un script JavaScript exécuté non pas sur le serveur mais par le navigateur du poste client. La différence est que la date et l'heure affichées ici sont celles du serveur et pas celle de votre ordinateur, comme le ferait JavaScript. L'un des avantages de PHP est cependant que vous n'avez pas à tenir compte des capacités du navigateur du visiteur.

Figure 1-5

Résultat de votre première page PHP

Examinez maintenant le code source du document tel qu'il a été reçu par le navigateur. Dans Internet Explorer, sélectionnez pour cela Affichage puis Source. Le code suivant s'affiche :

```
<!DOCTYPE HTML PUBLIC "-//W3C//DTD HTML 4.01//EN"
"http://www.w3.org/TR/html4/strict.dtd">
<html>
<head>
<meta http-equiv="Content-Type" content="text/html; charset=iso-8859-1">
<title>Une page PHP</title>
</head>
<body>
<h3> Aujourd'hui le 28 / Oct / 2004  22:10:18</ h3><hr /><h2>Bienvenue sur le site PHP
➡5</h2></body>
</html>
```

Par rapport au code du fichier **codephp.php,** ce qui était contenu entre les éléments `<?php` et `?>`, soit :

```
<?php
echo "<h3> Aujourd'hui le ". date('d / M / Y H:m:s ')."</ h3><hr />";
echo "<h2>Bienvenue sur le site PHP 5</h2>";
?>
```

a été remplacé par :

```
<h3> Aujourd'hui le 28 / Oct / 2004  22:10:18</ h3><hr />
<h2>Bienvenue sur le site PHP 5</h2>
```

L'interpréteur PHP analyse le document dans son ensemble puis renvoie le code HTML tel quel, accompagné de l'évaluation des expressions contenues dans le code PHP. Cela fait d'ailleurs dire à certains que tout est expression dans PHP puisque tout le code peut être évalué comme une chaîne de caractères, un nombre ou une valeur booléenne.

Les parties de code contenues dans les guillemets sont renvoyées dans le flux du document HTML, et les balises qu'elles contiennent sont interprétées en tant que telles par le navigateur. C'est le cas de la deuxième ligne. La première ligne comporte une fonction PHP qui retourne la date du jour. Cette date est concaténée avec le texte qui l'entoure puis est retournée au navigateur.

Le cycle de vie d'une page PHP est le suivant :

- Envoi d'une requête HTTP par le navigateur client vers le serveur, du type *http://www.monserveur.com/codephp.php.*
- Interprétation par le serveur du code PHP contenu dans la page appelée.
- Envoi par le serveur d'un fichier dont le contenu est purement HTML.

Vous constatez ainsi que votre code PHP n'est jamais visible par les visiteurs de votre site.

Écriture du code PHP

Le code PHP est toujours incorporé dans du code HTML. Vous pouvez donc incorporer autant de scripts PHP indépendants que vous le souhaitez n'importe où dans du code HTML, du moment que ces parties sont délimitées par les balises ouvrantes et fermantes `<?php et "?>"` (repères ❶, ❷, ❹, ❻ et ❼) ou par la forme courte `<?=` et `?>` (repères ❺ et ❽) ou encore par l'élément HTML `<script language="php">` (repère ❸), qui est rarement employé.

Dans un fichier **.php,** vous pouvez à tout moment passer du code PHP au code HTML, et réciproquement. C'est ce qui donne sa grande souplesse d'utilisation à ce code.

Le listing suivant illustre cette particularité :

```
<!DOCTYPE HTML PUBLIC "-//W3C//DTD HTML 4.01//EN"
"http://www.w3.org/TR/html4/strict.dtd">
<?php ← ❶
  $variable1=" PHP 5";
?>
<html>
<head>
<meta http-equiv="Content-Type" content="text/html; charset=iso-8859-1">
<?php ← ❷
echo "<title>Une page pleine de scripts PHP</title>";
?>
</head>
<body>
<script language="php"> ← ❸
  echo"<h1>BONJOUR A TOUS </h1>";
</script>
<hr />
<?php ← ❹
  echo "<h2> Titre écrit par PHP</h2>";
  $variable2=" MySQL";
?>
<p>Vous allez découvrir <?= $variable1 ?> ← ❺</p>
<?php ← ❻
  echo "<h2> Bonjour de $variable1</h2>";
?>
<p>Utilisation de variables PHP<br />Vous allez découvrir également
  <?php ← ❼
  echo $variable2
  ?>
</p>
<?= "<span><big>Bonjour de $variable2</big></span>" ?> ← ❽
</body>
</html>
```

Huit mini-scripts PHP sont placés aussi bien dans l'en-tête (entre <head> et </head>) que dans le corps (entre <body> et </body>) ou encore même en dehors du bloc délimité par les éléments <html> et </html> du document HTML.

Certains de ces scripts interviennent comme contenu d'un élément HTML avec une syntaxe particulière. Par exemple :

```
<?= $variable1 ?>
```

peut être utilisé pour des instructions courtes. Il est équivalent à :

```
<?php echo $variable1 ?>.
```

À partir de ce document, vous obtenez le résultat illustré à la figure 1-6.

Comme précédemment, la consultation du code source dans le navigateur montrerait que le résultat de chaque mini-script est purement HTML et qu'aucun code PHP ne subsiste.

Figure 1-6
Résultat des mini-scripts

Inclure des fichiers externes

Comme en JavaScript, il est possible d'écrire du code PHP ou HTML dans des fichiers séparés puis de les incorporer dans du code HTML ou d'autres scripts PHP en fonction des besoins. Cela peut constituer un début de modularisation du code, permettant d'écrire une seule fois certaines parties de code et de les réutiliser dans plusieurs pages différentes, avec économie de temps. Cette possibilité permet notamment de créer une bibliothèque de fonctions d'utilisation courante.

On donne généralement aux fichiers de code PHP l'extension **.inc** ou **.inc.php,** cette dernière ayant l'avantage de protéger les données confidentielles que peut contenir le code, comme les paramètres de connexion à la base de données (login et mot de passe). Le contenu du fichier est interprété par le serveur. Si le fichier ne contient que vos paramètres, le serveur ne renvoie rien au poste client si quelqu'un tente de l'exécuter.

Pour inclure le contenu d'un fichier externe dans du code PHP, vous disposez des fonctions recensées au tableau 1-2.

L'exemple suivant utilise les possibilités d'inclusion fournies par ces fonctions pour créer une page HTML à partir de quatre fichiers indépendants. Il s'agit d'un début de modularisation du code d'un site. Notre hypothèse est que chaque page du site a le même en-tête et le même pied de page et que chacune des pages ne diffère des autres que par son contenu.

L'exemple comprend les fichiers suivants :

- **tete.inc.php.** Contient le début du code HTML d'une page normale (`<html>`, `<head>`, `<body>`) et trois petits scripts PHP. Le dernier de ces scripts (repère ❶) affiche le bandeau commun à toutes les pages (repère ❷) ainsi que le nom du fichier exécuté et celui du fichier inclus (repère ❸).

Introduction
CHAPITRE 1

Tableau 1-2 Fonctions d'inclusion de code externe

Fonction	Description
`include("nom_fichier.ext")`	Lors de son interprétation par le serveur, cette ligne est remplacée par tout le contenu du fichier précisé en paramètre, dont vous fournissez le nom et éventuellement l'adresse complète. En cas d'erreur, par exemple, si le fichier n'est pas trouvé, `include()` ne génère qu'une alerte, et le script continue.
`require("nom_fichier.ext")`	A désormais un comportement identique à `include()`, à la différence près qu'en cas d'erreur, `require()` provoque une erreur fatale et met fin au script.
`include_once("nom_fichier.ext")` `require_once("nom_fichier.ext")`	Contrairement aux deux précédentes, ces fonctions ne sont pas exécutées plusieurs fois, même si elles figurent dans une boucle ou si elles ont déjà été exécutées une fois dans le code qui précède.

- **corps.inc.php.** Ne contient que du code PHP affichant deux lignes de texte (repère ❹).
- **corps.htm.** Ne contient que du code HTML affichant deux lignes de texte (repère ❺).
- **pied.inc.php.** Contient un script affichant un bandeau de pied de page et deux liens vers des sites dignes d'intérêt (repère ❻).
- **principal.php.** Script utilisant les quatre précédents à l'aide des fonctions `include()` (repère ❶), `include_once()` (repère ❷), `require()` (repère ❸) et `require_once()` (repère ❹). C'est le seul qui doive être appelé directement. Les autres fichiers n'étant que des composants, ils ne doivent normalement pas être utilisés seuls.

La figure 1-7 donne un aperçu du résultat obtenu.

☞ **Exemple 1-1. Inclusion de fichiers externes**

Le fichier **tete.inc.php** :

```
<!DOCTYPE HTML PUBLIC "-//W3C//DTD HTML 4.01//EN"
"http://www.w3.org/TR/html4/strict.dtd">
<?php
  $variable1=" PHP 5";
?>
<html>
<head>
<meta http-equiv="Content-Type" content="text/html; charset=iso-8859-1">
<?php
echo "<title>Une page pleine d'inclusions $variable1</title>";
?>
</head>
<body>
<?php ← ❶
$variableext="Ce texte provient du fichier inclus";
echo "<h1 style=\"border-width:5;border-style:double;background-color:#ffcc99;\">
Bienvenue sur le site $variable1 </h1>"; ← ❷
```

Figure 1-7

Un page composée de fichiers inclus

☞ **Exemple 1-1. Inclusion de fichiers externes** *(suite)*

```
echo "<h3> $variableext</h3>";
echo "Nom du fichier exécuté: ", $_SERVER['PHP_SELF'],"   "; ← ❸
echo "  Nom du fichier inclus : ", __FILE__ ,"<br /> "; ← ❸
?>
```

Le fichier **corps.inc.php** :

```
<?php
echo "<h1> Ceci est le corps du document </h1>"; ← ❹
echo "<h2> Ceci est le corps du document </h2>";
?>
```

Le fichier **corps.htm** :

```
<p> Ceci est le corps du document : Avec PHP on progresse vite et avec MySQL le site
➥devient vite très dynamique.................</h1>
<h2> On s'y met tout de suite!!!! </h2> ← ❺
```

Le fichier **pied.inc.php** :

```
<hr />
<?php
echo "<h1 style=\"border-width:3;border-style:groove;background-color:#ffcc99;\">
```

```
➥Fin de la page PHP Liens utiles : <a href=\"php.net\">php.net</a>  
➥<a href=\"mysql.org\">mysql.org</a></h1>"; ← ❻
echo "Nom du fichier exécuté: ", $_SERVER['PHP_SELF'],"   " ;
echo "Nom du fichier inclus: ", __FILE__ ,"<hr />";
?>
</body>
</html>
```

Le fichier **principal.php**

```
<?php
include("tete.inc.php"); ← ❶
echo "<hr />";
include_once("corps.inc.php"); ← ❷
require("corps.htm"); ← ❸
require_once("pied.inc.php"); ← ❹
?>
```

Ajout de commentaires

Il est toujours utile de commenter les scripts que vous écrivez. Lors de l'écriture, tout peut paraître évident, mais à la relecture, plusieurs mois plus tard, lorsqu'il s'agit d'effectuer des mises à jour, par exemple, autant éviter de perdre du temps à redécouvrir la logique adoptée auparavant.

Les commentaires ne sont pas pris en compte par l'analyseur PHP. S'ils alourdissent un peu le fichier PHP en terme d'octets sur le serveur, ils ne sont pas présents dans le code HTML renvoyé au navigateur client. Leur poids est donc sans importance pour la rapidité de transmission des pages.

PHP supporte les trois syntaxes de commentaires suivantes :

- commentaires sur une seule ligne introduits par les caractères // :

```
//ceci est un commentaire court sur une ligne
```

- commentaires sur plusieurs lignes introduits par les caractères / * et fermés par les caractères */ :

```
/* Ceci est un commentaire abondant
qui va occuper plusieurs lignes
et va expliquer le code qui suit............ */
```

- commentaires de style UNIX, ne comportant qu'une seule ligne introduite par le caractère # :

```
#***************************************
# commentaires de type UNIX
#***************************************
```

2

Variables, constantes et types

Comme tout langage, PHP manipule des données. Pour un site dynamique, ces données sont variables. De plus, elles peuvent être de types différents, tel du texte sous forme de chaîne de caractères, comme vous en avez utilisé avec l'instruction echo, sous forme de nombres entiers ou décimaux ou encore sous forme de valeurs booléennes vrai ou faux (TRUE ou FALSE). Ces types de base sont les plus employés, mais il en existe d'autres, qui peuvent être des types composés, comme les tableaux et les objets, ou des types particuliers, comme resource ou NULL.

Les variables

Une variable est le conteneur d'une valeur d'un des types utilisés par PHP (entiers, flottants, chaînes de caractères, tableaux, booléens, objets, resource ou NULL).

Chaque variable possède un identifiant particulier, qui commence toujours par le caractère dollar ($) suivi du nom de la variable. Les règles de création des noms de variable sont les suivantes :

- Le nom commence par un caractère alphabétique, pris dans les ensembles [a-z], [A-Z] ou par le caractère de soulignement (_).

- Les caractères suivants peuvent être les mêmes plus des chiffres.

- La longueur du nom n'est pas limitée, mais il convient d'être raisonnable sous peine de confusion dans la saisie du code. Il est conseillé de créer des noms de variable le plus « parlant » possible. En relisant le code contenant la variable $nomclient, par exemple, vous comprenez davantage ce que vous manipulez que si vous aviez écrit $x ou $y.
- La déclaration des variables n'est pas obligatoire en début de script. C'est là une différence notable avec les langages fortement typés. Vous pouvez créer des variables n'importe où, à condition bien sûr de les créer avant de les utiliser, même s'il reste possible d'appeler une variable qui n'existe pas sans provoquer d'erreur.
- L'initialisation des variables n'est pas non plus obligatoire.
- Les noms des variables sont sensibles à la casse (majuscules et minuscules). $mavar et $MaVar ne désignent donc pas la même variable.

Les noms de variables suivants sont légaux :

```
$mavar
$_mavar
$mavar2
$M1
$_123
```

Les suivants sont illégaux :

```
$5mamar
$*mavar
$mavar+
```

Affectation par valeur et par référence

L'affectation consiste à donner une valeur à une variable. Comme expliqué précédemment, lors de la création d'une variable, vous ne déclarez pas son type. C'est la valeur que vous lui affectez qui détermine ce type. Dans PHP, vous pouvez affecter une variable par valeur ou par référence. Vous verrez que les méthodes et les conséquences de ces deux types d'affectation sont différentes et peuvent amener des résultats inattendus, si vous n'y prenez garde.

L'affectation par valeur se fait à l'aide de l'opérateur =, soit après la création de la variable, soit en même temps.

Dans l'exemple suivant :

```
$mavar = expression;
```

la variable $mavar prend la valeur de l'expression, qui peut être une valeur numérique, par exemple, une chaîne de caractères littérale, mais aussi une autre variable ou encore une expression PHP valide contenant des fonctions.

Dans les affectations suivantes :

```
$mavar=75;
$mavar="Paris";
$mavar=7*3+2/5-91%7;//PHP évalue l'expression puis affecte le résultat
$mavar=mysql_connect($a,$b,$c);//la fonction retourne une ressource
$mavar=isset($var&&($var==9)); //la fonction retourne une valeur booléenne
```

remarquez l'utilisation du même nom de variable alors que les valeurs affectées sont de type différent.

Dans l'affectation par valeur à l'aide de l'opérateur =, l'opérande de gauche, c'est-à-dire la variable à affecter, prend la valeur de l'expression contenue dans l'opérande de droite, et voilà tout. Toute modification ultérieure de l'opérande de droite, s'il est lui-même une variable, n'a aucune incidence sur la variable affectée.

Dans l'exemple suivant :

```
$mavar1="Paris";
$mavar2="Lyon";
$mavar2=$mavar1;
$mavar1="Nantes";
```

à la fin du code, la variable $mavar2 contient la chaîne "Paris", puisque lui est affectée la valeur de l'expression $mavar1, et $mavar1 vaut "Nantes", puisque sa valeur a été modifiée à la fin du script.

Avec l'affectation par référence, toujours réalisée au moyen de l'opérateur =, l'opérande de droite est une variable qui doit être précédée du caractère & (esperluette).

Dans l'exemple suivant :

```
$mavar1="Paris";
$mavar2="Lyon";
$mavar2 = &$mavar1;
$mavar1="Nantes";
```

la variable $mavar2 devient un alias de la variable $mavar1, et les modifications opérées sur $mavar1 sont répercutées sur $mavar2. Plus déroutant encore pour le novice, toute modification apportée à la valeur de $mavar2 est répercutée dans $mavar1 puisque $mavar2 est un alias de $mavar1. C'est ce qu'illustre le script de l'exemple 2-1.

☞ **Exemple 2-1. Affectation par valeur et par référence**

```
<?php
//affectation par référence
$mavar1="Paris";
echo "\$mavar1= ",$mavar1,"<br />";
$mavar2="Lyon";
echo "\$mavar2= ",$mavar2,"<br />";
$mavar2 = &$mavar1;
echo "affectation par référence de \$mavar2 <br />";
echo "\$mavar1= ",$mavar1,"<br />";
```

☞ **Exemple 2-1. Affectation par valeur et par référence** *(suite)*

```
echo "\$mavar2= ",$mavar2,"<br />";
echo "modification  de \$mavar1 <br />";
$mavar1="Nantes";
echo "\$mavar1= ",$mavar1,"<br />";
echo "\$mavar2= ",$mavar2,"<br />";
echo "modification  de \$mavar2 <br />";
$mavar2="Marseille";
echo "\$mavar1= ",$mavar1,"<br />";
echo "\$mavar2= ",$mavar2,"<br />";
?>
```

Le résultat de l'exécution de ce script montre l'évolution des valeurs des deux variables après plusieurs affectations.

```
$mavar1= Paris
$mavar2= Lyon
affectation par référence de $mavar2
$mavar1= Paris
$mavar2= Paris
modification de $mavar1
$mavar1= Nantes
$mavar2= Nantes
modification de $mavar2
$mavar1= Marseille
$mavar2= Marseille
```

Lorsque vous utilisez ce type d'affectation, il est important de ne pas oublier les effets en cours de script car chacune de ces deux variables change de valeur de manière sous-jacente chaque fois que vous intervenez sur l'autre, sans que la modification soit explicitement écrite.

Les variables prédéfinies

PHP dispose d'un grand nombre de variables prédéfinies, qui contiennent des informations à la fois sur le serveur et sur toutes les données qui peuvent transiter entre le poste client et le serveur, comme les valeurs saisies dans un formulaire *(voir le chapitre 6)*, les cookies ou les sessions *(voir le chapitre 12)*.

Depuis PHP 4.1, ces variables se présentent sous la forme de tableaux, accessibles en tout point de n'importe quel script. On appelle ces tableaux *superglobaux*. Le tableau 2-1 donne une brève description de ces variables sans en détailler le contenu car un certain nombre d'entre elles ne présentent pas un intérêt pratique immédiat. Vous aurez toute précision nécessaire sur leur utilisation à mesure que vous les utiliserez dans le cours de l'ouvrage. Reportez-vous à la section concernant les tableaux pour lire le contenu de ces variables.

Tableau 2-1 Les variables serveur PHP

`$GLOBALS`	Contient le nom et la valeur de toutes les variables globales du script. Les noms des variables sont les clés de ce tableau. `$GLOBALS["mavar"]` récupère la valeur de la variable `$mavar` en dehors de sa zone de visibilité (dans les fonctions, par exemple).
`$_COOKIE`	Contient le nom et la valeur des cookies enregistrés sur le poste client. Les noms des cookies sont les clés de ce tableau *(voir le chapitre 13)*. Avant PHP 4.1, cette variable se nommait `$HTTP_COOKIES_VARS`.
`$_ENV`	Contient le nom et la valeur des variables d'environnement qui sont changeantes selon les serveurs. Avant PHP 4.1, cette variable se nommait `$HTTP_ENV_VARS`.
`$_FILES`	Contient le nom des fichiers téléchargés à partir du poste client. Avant PHP 4.1, cette variable se nommait `$HTTP_FILES_VARS`.
`$_GET`	Contient le nom et la valeur des données issues d'un formulaire envoyé par la méthode `GET`. Les noms des champs du formulaire sont les clés de ce tableau *(voir le chapitre 6)*. Avant PHP 4.1, cette variable se nommait `$HTTP_GET_VARS`.
`$_POST`	Contient le nom et la valeur des données issues d'un formulaire envoyé par la méthode `POST`. Les noms des champs du formulaire sont les clés de ce tableau. Avant PHP 4.1, cette variable se nommait `$HTTP_POST_VARS`.
`$_REQUEST`	Contient l'ensemble des variables superglobales `$_GET`, `$_POST`, `$_COOKIE` et `$_FILES`. Avant PHP 4.1, cette variable n'existait pas.
`$_SERVER`	Contient les informations liées au serveur Web, tel le contenu des en-têtes HTTP ou le nom du script en cours d'exécution. Retenons les variables suivantes : `$_SERVER["HTTP_ACCEPT_LANGUAGE"]`, qui contient le code de langue du navigateur client. `$_SERVER["HTTP_COOKIE"]`, qui contient le nom et la valeur des cookies lus sur le poste client. `$_SERVER["HTTP_HOST"]`, qui donne le nom de domaine. `$_SERVER["SERVER_ADDR "]`, qui indique l'adresse IP du serveur. `$_SERVER["PHP_SELF "]`, qui contient le nom du script en cours. Nous l'utiliserons souvent dans les formulaires. `$_SERVER["QUERY_STRING"]`, qui contient la chaîne de la requête utilisée pour accéder au script.
`$_SESSION`	Contient l'ensemble des noms des variables de session et leurs valeurs.

Les opérateurs d'affectation combinée

En plus de l'opérateur classique d'affectation =, il existe plusieurs opérateurs d'affectation combinée. Ces opérateurs réalisent à la fois une opération entre deux opérandes et l'affectation du résultat à l'opérande de gauche.

Le tableau 2-2 décrit l'ensemble de ces opérateurs.

Tableau 2-2 Les opérateurs d'affectation combinée

Opérateur	Description
+=	Addition puis affectation : $x += $y équivaut à $x = $x + $y $y peut être une expression complexe dont la valeur est un nombre.
-=	Soustraction puis affectation : $x -= $y équivaut à $x = $x - $y $y peut être une expression complexe dont la valeur est un nombre.
*=	Multiplication puis affectation : $x *= $y équivaut à $x = $x * $y $y peut être une expression complexe dont la valeur est un nombre.
/=	Division puis affectation : $x /= $y équivaut à $x = $x / $y $y peut être une expression complexe dont la valeur est un nombre différent de 0.
%=	Modulo puis affectation : $x %= $y équivaut à $x = $x % $y $y peut être une expression complexe dont la valeur est un nombre.
.=	Concaténation puis affectation : $x .= $y équivaut à $x = $x . $y $y peut être une expression littérale dont la valeur est une chaîne de caractères.

Concaténation. réunir 2 chaînes de caractères.

Les constantes

Vous serez parfois amené à utiliser de manière répétitive des informations devant rester constantes dans toutes les pages d'un même site. Il peut s'agir de texte ou de nombres qui reviennent souvent. Pour ne pas risquer l'écrasement accidentel de ces valeurs, qui pourrait se produire si elles étaient contenues dans des variables, vous avez tout intérêt à les enregistrer sous forme de constantes personnalisées.

PHP dispose d'un ensemble de constantes prédéfinies utilisables dans tous les scripts.

Définir ses constantes personnalisées

Pour définir des constantes personnalisées, utilisez la fonction define(), dont la syntaxe est la suivante :

    boolean define(string nom_cte, divers valeur_cte, boolean casse)

Dans cet exemple, vous attribuez la valeur valeur_cte à la constante nommée nom_cte, dont le nom doit être contenu dans une chaîne de caractères délimitée par des guillemets. Le paramètre casse vaut TRUE si le nom de la constante est insensible à la casse et FALSE sinon. La fonction define() retourne TRUE si la constante a bien été définie et FALSE en cas de problème, par exemple, si vous essayez de redéfinir une constante existante, ce qui est interdit. Toute tentative de modifier la valeur d'une constante en la redéfinissant provoque un avertissement.

> **Attention**
> Une constante n'étant pas précédée du signe dollar ($), vous ne pouvez l'incorporer telle quelle dans une chaîne comme vous le faites avec les variables. Il vous faut donc la concaténer avec une chaîne ou la séparer de ce qui précède par une virgule dans l'instruction echo.

La fonction defined(string nom_cte) permet de vérifier si une constante nommée existe. Elle retourne TRUE si la constante nommée nom_cte existe et FALSE sinon. Cette vérification peut être utile, car il est impossible de déclarer deux constantes de même nom.

Exemple 2-2. Création et lecture de constantes

```php
<?php
//définition insensible à la casse
define("PI",3.1415926535,TRUE); ← ❶
//Utilisation
echo "La constante PI vaut ",PI,"<br />";
echo "La constante PI vaut ",pi,"<br />";
//Vérification de l'existence
if (defined( "PI")) echo "La constante PI est déjà définie","<br />";
if (defined( "pi")) echo "La constante pi est déjà définie","<br />";
//définition sensible à la casse, vérification de l'existence et utilisation
if(define("site","http://www.funphp.com",FALSE)) ← ❷
{
echo "<a href=\" " ,site, " \">Lien vers mon site </ a>";
}
?>
```

La constante PI étant déclarée insensible à la casse (repère ❶), elle peut être utilisée sous la forme PI ou pi ou encore Pi ou toute autre variante. Par contre, la constante site est déclarée sensible à la casse (repère ❷) et ne peut être utilisée qu'en minuscules.

Les constantes prédéfinies

Il existe dans PHP un grand nombre de constantes prédéfinies, que vous pouvez notamment utiliser dans les fonctions comme paramètres permettant de définir des options. Nous ne pouvons les citer toutes tant elles sont nombreuses, mais nous les définirons au fur et à mesure de nos besoins.

Le tableau 2-3 définit quelques constantes utiles à connaître. Si, par curiosité, vous voulez afficher l'ensemble des constantes existantes, vous pouvez écrire le code suivant :

```php
<?php
print_r(get_defined_constants());
?>
```

Vous obtenez une liste impressionnante, dont la plupart des valeurs sont des entiers.

Tableau 2-3 Quelques constantes prédéfinies

PHP_VERSION	Version de PHP installée
PHP_OS	Nom du système d'exploitation du serveur
DEFAULT_INCLUDE_PATH	Chemin d'accès aux fichiers par défaut
__FILE__	Nom du fichier en cours d'exécution
__LINE__	Numéro de la ligne en cours d'exécution

En complément, vous trouverez à la section consacrée aux fonctions mathématiques, ultérieurement dans ce chapitre, une liste de constantes mathématiques classiques.

Les types de données

Dans PHP, il n'existe pas de déclaration explicite du type d'une variable lors de sa création. Même PHP 5 reste un langage pauvrement typé comparé à Java ou au C.

PHP permet la manipulation d'un certain nombre de types de données différents dans lesquels on distingue :

- Les types scalaires de base :
  - Entiers, avec le type `integer`, qui permet de représenter les nombres entiers dans les bases 10, 8 et 16.
  - Flottants, avec le type `double` ou `float`, au choix, qui représentent les nombres réels, ou décimaux au sens mathématique.
  - Chaînes de caractères, avec le type `string`.
  - Booléens, avec le type `boolean`, qui contient les valeurs de vérité TRUE ou FALSE.
- Les types composés :
  - Tableaux, avec le type `array`, qui peut contenir plusieurs valeurs.
  - Objets, avec le type `object`.
- Les types spéciaux :
  - Type `resource`.
  - Type `null`.

Vous verrez dans les sections suivantes de quelle manière vous pouvez définir des variables pour qu'elles aient un des types ci-dessus.

Déterminer le type d'une variable

Avant de manipuler des variables, en utilisant, par exemple, des opérateurs, il peut être utile de connaître leur type. Cela permet de s'assurer que le résultat obtenu est conforme à ce qui est attendu et qu'il n'y a pas d'incompatibilité entre les types de ces variables. L'opérateur d'incrémentation appliqué à une chaîne, par exemple, peut donner des résultats curieux.

La principale fonction permettant de déterminer le type d'une valeur est gettype(), dont la syntaxe est la suivante :

```
string gettype($mavar)
```

Elle retourne une chaîne de caractères contenant le type de la variable en clair.

Les fonctions suivantes permettent de vérifier si une variable est d'un type précis :

- is_integer($var) ou is_int($var)
- is_double($var)
- is_string($var)
- is_bool($var)
- is_array($var)
- is_object($var)
- is_resource($var)
- is_null($var)

Elles retournent la valeur booléenne TRUE si la variable est du type recherché et FALSE dans le cas contraire.

Vous pouvez savoir si une variable contient une valeur scalaire en appelant la fonction is_scalar($var) et si elle contient une valeur numérique de type integer ou double en appelant la fonction is_numeric($var).

Dans le code suivant, la variable $var est incrémentée d'une unité uniquement si elle contient une valeur numérique (repère ❶), et la variable $var2 est concaténée avec la chaine "à tous" uniquement si elle est de type string (repère ❷) :

```php
<?php
$var = 73;
if(is_int($var)) ← ❶
{
$var++;
echo "La variable vaut $var <br />";
}
// affiche: La variable vaut 74
$var2="Bonjour ";
if(is_string($var2)) ← ❷
{
$var2.=" à tous!";
```

```
echo $var2;
}
//affiche "Bonjour à tous"
?>
```

La conversion de type

Malgré la grande souplesse, ou le grand laxisme, selon les opinions, de PHP à l'égard des types des variables, il peut être indispensable de convertir explicitement une variable d'un type dans un autre. C'est particulièrement vrai pour les variables issues d'un formulaire, ce dernier étant l'outil essentiel de communication du poste client au serveur. Ces variables sont toujours de type string.

Pour convertir une variable d'un type dans un autre, utilisez la syntaxe suivante :

```
$result = (type_désiré) $mavar;
```

Si vous créez bien de la sorte une nouvelle variable du type désiré à partir de la première variable, celle-ci conserve son type initial. Si vous n'avez pas de raison de craindre de perdre la valeur initiale, il vous suffit de donner le même nom aux deux variables.

Dans l'exemple suivant, vous transformez une chaîne de caractères successivement en nombre décimal puis en entier et enfin en booléen :

```
<?php
$var="3.52 kilomètres";
$var2 = (double) $var;
echo "\$var2= ",$var2,"<br />";//affiche "$var2=3.52"
$var3 = (integer) $var2;
echo "\$var3= ",$var3,"<br />";//affiche "$var3=3"
$var4 = (boolean) $var3;
echo "\$var4= ",$var4,"<br />"; //affiche "$var4=1" soit la valeur true
?>
```

Vous avez également la possibilité de modifier le type de la variable elle-même au moyen de la fonction settype(), dont la syntaxe est la suivante :

```
boolean settype($var,"type _désiré")
```

Elle retourne la valeur TRUE si l'opération est réalisée et FALSE dans le cas contraire. Avec cette fonction, le code précédent devient :

```
<?php
$var="3.52 kilomètres";
settype($var,"double");
echo "\$var= ",$var,"<br />";//affiche "$var=3.52"
settype($var,"integer");
echo "\$var= ",$var,"<br />";//affiche "$var=3"
settype($var,"boolean");
echo "\$var= ",$var,"<br />";//affiche "$var=1" soit la valeur true
?>
```

Contrôler l'état d'une variable

Lors de l'envoi de données d'un formulaire vers le serveur, le script qui reçoit les informations doit pouvoir détecter l'existence d'une réponse dans les champs du formulaire. Les fonctions isset() et empty() permettent ce type de contrôle.

La fonction isset(), dont la syntaxe est la suivante :

```
boolean isset($var)
```

retourne la valeur FALSE si la variable $var n'est pas initialisée ou a la valeur NULL et la valeur TRUE si elle a une valeur quelconque.

La fonction empty(), dont la syntaxe est la suivante :

```
boolean empty($var)
```

retourne la valeur TRUE si la variable $var n'est pas initialisée, a la valeur 0 ou NULL ou la chaîne "0", et la valeur FALSE si elle a une quelconque autre valeur.

L'exemple suivant illustre les différences subtiles entre ces deux fonctions :

```
<?php
$a=null;
if(isset($a)){echo "\$a existe déjà<br />";}
else {echo "\$a n'existe pas<br />";}
if(empty($a)){echo "\$a est vide <br />";}
else {echo "\$a a la valeur $a<br />";}
//Affiche "$a n'existe pas" et "$a est vide"
$b=0;
if(isset($b)){echo "\$b existe déjà<br />";}
else {echo "\$b n'existe pas<br />";}
if(empty($b)){echo "\$b est vide <br />";}
else {echo "\$b a la valeur $b<br />";}
//Affiche "$b existe déjà" et "$b est vide"
$c=1;
if(isset($c)){echo "\$c existe déjà<br />";}
else {echo "\$c n'existe pas<br />";}
if(empty($c)){echo "\$b est vide <br />";}
else {echo "\$c a la valeur $c<br />";}
//Affiche "$c existe déjà" et "$c a la valeur 1"
?>
```

Pour la variable $a qui a la valeur NULL, isset() retourne FALSE et empty() également. Pour $b, qui a la valeur 0, isset() permet de détecter l'existence de cette variable bien que empty() la déclare vide. Il en irait de même si $b était une chaîne vide.

Pour une valeur numérique affectée à la variable $c, les deux fonctions retournent TRUE. Ces fonctions, et en particulier isset(), vous permettront de vérifier si un utilisateur a bien rempli les champs d'un formulaire *(voir le chapitre 6)*.

Les entiers

Le type integer est affecté aux variables qui contiennent des valeurs entières positives ou négatives en base 10 (décimal), en base 8 (octal) ou en base 16 (hexadécimal).

Les entiers sont codés sur 32 bits sur la plupart des plates-formes, mais cela peut varier en fonction des serveurs. L'intervalle de valeur des entiers est donc dans ce cas de $-2\,147\,483\,648$, soit -2^{31} à $+2\,147\,483\,647$, soit $2^{31}-1$ en base 10.

Si une opération sur une variable de type integer l'amène à contenir une valeur en dehors de cet intervalle, elle est automatiquement convertie en type double et conserve sa nouvelle valeur.

Les nombres en base 10 s'écrivent de la manière suivante, que chacun connaît :

```
$varint = 1789;
$varint = -758;
```

Les nombres en base 8 doivent commencer par le chiffre 0, précédé éventuellement d'un signe et suivi de un ou plusieurs chiffres strictement inférieurs à 8 :

```
$varoct = 03267;
echo $varoct;//va afficher 1719
```

soit la valeur $3 \times 8^3 + 2 \times 8^2 + 6 \times 8^1 + 7 \times 8^0$, donc 1 719 en décimal.

Notez que PHP n'affiche pas directement les valeurs en octal et que l'utilisation de l'instruction echo $varoct n'affiche donc pas 03267 mais la valeur décimale 1 719.

Les sections suivantes donnent les différentes fonctions de conversion entre les bases de numération.

Les nombres en base 16 commencent par les caractères 0x, ou 0X, au choix, suivis de un ou plusieurs chiffres (de 0 à 9) ou des lettres A (pour 10) à F (pour 15) :

```
$varhex = 0xFAC7;
echo $varhex;//Affiche 64199
```

soit, en décimal, la valeur :

$15 \times 16^3 + 10 \times 16^2 + 12 \times 16^1 + 7 \times 16^0 = 64\,199$.

Là encore, la deuxième ligne de code n'affiche pas la valeur hexadécimale. Pour afficher la valeur hexadécimale, utilisez les fonctions de conversion mathématiques, présentées ultérieurement dans ce chapitre.

Les flottants

Le type double est censé représenter les nombres réels. En fait, une représentation exacte des réels est impossible à réaliser dans la plupart des cas avec un nombre de bits limités, ici 32 bits.

En toute rigueur, le type `double` représente l'ensemble des nombres décimaux avec une précision de 14 chiffres, ce qui est suffisant dans la plupart des cas. Ce n'est pas un détail si vous voulez procéder à des calculs précis, scientifiques par exemple.

Pour effectuer des calculs plus précis qu'avec des nombres de type `double`, vous pouvez utiliser la bibliothèque BCMath. Présente sur de nombreux serveurs, elle fournit un éventail de fonctions de calcul avec une précision choisie à l'avance.

PHP admet pour les nombres flottants la notation décimale classique, avec le point comme séparateur, et la notation exponentielle, dite scientifique, avec le symbole e ou E.

Vous pouvez donc avoir les notations suivantes :

```
<?php
$vardbl = 1952.36;
$vardbl2= 1.95236E3;//Soit 1.95236 x 1000
echo $vardbl2,"<br />";//Affiche 1952.36
$vardbl3= 1.95236e3;
echo $vardbl3,"<br />";//Affiche 1952.36
echo $vardbl3*100000000000,"<br />";//Affiche 1.95236E14
?>
```

L'affichage se fait sous forme décimale tant que le nombre a moins de 15 chiffres. Au-delà, il est fait sous forme exponentielle.

Les opérateurs numériques

PHP offre un large éventail d'opérateurs utilisables avec des nombres. Les variables ou les nombres sur lesquels agissent ces opérateurs sont appelés les opérandes.

Le tableau 2-4 donne la description de ces opérateurs, dont la plupart vous sont certainement familiers.

Tableau 2-4 Les opérateurs numériques

Opérateur	Description
+	Addition
	Soustraction
*	Multiplication
/	Division

%	Modulo : reste de la division du premier opérande par le deuxième. Fonctionne aussi avec des opérandes décimaux. Dans ce cas, PHP ne tient compte que des parties entières de chacun des opérandes.
	`$var = 159;`
	`echo $var%7;` //affiche 5 car 159 = 22 × 7 + 5.
	`$var = 10.5;`
	`echo $var%3.5;` //affiche 1 et non pas 0.

Tableau 2-4 Les opérateurs numériques *(suite)*

Opérateur	Description
--	Décrémentation : soustrait une unité à la variable. Il existe deux possibilités, la prédécrémentation, qui soustrait avant d'utiliser la variable, et la postdécrémentation, qui soustrait après avoir utilisé la variable. `$var=56;` `echo $var--;` //affiche 56 puis décrémente `$var`. `echo $var;` //affiche 55. `echo --$var;` //décrémente `$var` puis affiche 54.
++	Incrémentation : ajoute une unité à la variable. Il existe deux possibilités, la préincrémentation, qui ajoute 1 avant d'utiliser la variable, et la postincrémentation, qui ajoute 1 après avoir utilisé la variable. `$var=56;` `echo $var++;` //affiche 56 puis incrémente `$var`. `echo $var;` //affiche 57. `echo ++$var;` //incrémente `$var` puis affiche 58.

Les fonctions mathématiques

Le module de base de PHP offre un grand nombre de fonctions mathématiques utiles. Les noms des fonctions n'étant pas sensibles à la casse, vous pouvez écrire `abs()`, `Abs()` ou `ABS()` pour la fonction valeur absolue, par exemple.

Le tableau 2-5 récapitule les fonctions mathématiques offertes par PHP.

Tableau 2-5 Les fonctions mathématiques

double/integer `abs` (double/integer X)	Valeur absolue de X : `echo abs(-543);` //affiche 543.
double `acos` (double X)	Arc cosinus de X, qui doit être compris entre – 1 et + 1. Le résultat est en radians : `echo acos(0.5);` // affiche 1.0471975511966.
double `acosh` (double X)	Arc cosinus hyperbolique de X. Ne fonctionne pas sous Windows.
double `asin` (double X)	Arc sinus de X, qui doit être compris entre – 1 et + 1. Le résultat est en radians : `echo asin(0.5);` // affiche 0.5235987755983.
double `asinh` (double X)	Arc sinus hyperbolique de X. Ne fonctionne pas sous Windows.
double `atan` (double X)	Arc tangente de X. Le résultat est en radians : `echo atan(5);` // affiche 0.46364760900081.
double `atan2` (double Y, double X)	Arc tangente du rapport Y/X. Le résultat est en radians. Il faut que Y soit différent de 0.
double `atanh` (double X)	Arc tangente hyperbolique de X.
string `base_convert` (string N, integer B1, integer B2)	Convertit le nombre *N* contenu dans une chaîne de la base B1 dans la base B2.
integer `bindec` (string X)	Convertit un nombre binaire X contenu dans une chaîne en base 10.

Variables, constantes et types
CHAPITRE 2

Tableau 2-5 Les fonctions mathématiques *(suite)*

double ceil (double X)	Retourne l'entier immédiatement supérieur à X.
double cos (double X)	Cosinus de X qui doit être exprimé en radians.
double cosh (double X)	Cosinus hyperbolique de X.
string decbin (integer X)	Convertit X de la base 10 en binaire.
string dechex (integer X)	Convertit X de la base 10 en hexadécimal.
string decoct (integer X)	Convertit X de la base 10 en octal.
double deg2rad (double X)	Convertit X de degrés en radians.
double exp (double X)	Exponentielle de X, soit e^x
double expm1 (double X)	Retourne l'exponentielle de X – 1, soit ex –1.
double floor (double X)	Retourne la partie entière de X, soit l'entier immédiatement inférieur à X.
double fmod (double X, double Y)	Retourne le reste de la division de Y par X pour des opérandes de type double.
integer getrandmax (void)	Indique la valeur maximale retournée par la fonction rand().
integer hexdec (string CH)	Convertit la chaîne hexadécimale CH en décimal.
double hypot (double X, double Y)	Retourne la valeur de l'hypoténuse d'un triangle rectangle dont les côtés de l'angle droit sont X et Y, donc la valeur de la racine carrée de $(X^2 + Y^2)$.
boolean is_finite (double X)	Retourne TRUE si la valeur X est finie, c'est-à-dire dans l'intervalle des valeurs admises pour un double, et FALSE dans le cas contraire.
boolean is_infinite (double X)	Retourne TRUE si la valeur X est supérieure à la valeur maximale admise pour un double, et FALSE dans le cas contraire.
boolean is_nan (double X)	Retourne TRUE si la valeur X n'est pas un nombre, et FALSE dans le cas contraire.
double lcg_value (void)	Retourne un nombre aléatoire compris entre 0 et 1.
double log (double X, double B)	Logarithme népérien (de base e) du nombre X
double log10 (double X)	Logarithme décimal (de base 10) de X
double log1p (double X)	Logarithme népérien de (1 + X)
double/integer max (double/integer X, double/integer Y)	Retourne la valeur maximale de X et de Y.
double/integer min (double/integer X, double/integer Y)	Retourne la valeur minimale de X et de Y.
integer mt_getrandmax (void)	Retourne la plus grande valeur aléatoire que peut retourner la fonction mt_rand().
integer mt_rand (integer Min, integer Max)	Génère un résultat compris entre Min et Max ou entre 0 et rand_nombre aléatoiremax si vous omettez les paramètres.
void mt_srand (integer N)	Initialise le générateur de nombres aléatoires pour la fonction mt_rand(). Le paramètre *N* est un entier quelconque.
integer octdec (string CH)	Convertit un nombre octal contenu dans la chaîne CH en base 10.
double pi (void)	Retourne la valeur de pi.

Tableau 2-5 Les fonctions mathématiques *(suite)*

double/integer pow (double/integer X, double/integer Y)	Calcule X à la puissance Y. Les paramètres peuvent être entiers ou décimaux.
double rad2deg (double X)	Convertit X de radians en degrés.
integer rand (integer Min, integer Max)	Retourne un nombre aléatoire compris entre Min et Max y compris les bornes.
double round (double X, integer N)	Arrondit X avec N décimales.
double sin (double X)	Sinus de X exprimé en radians
double sinh (double X)	Sinus hyperbolique de X
double sqrt (double X)	Racine carrée de X (qui doit être positif).
void srand (integer N)	Initialise le générateur de nombres aléatoires de la fonction rand(). Le paramètre *N* est un entier quelconque.
double tan (double X)	Tangente de X qui doit être en radians.
double tanh (double X)	Tangente hyperbolique de X

Les booléens

L'utilisation d'expressions booléennes est à la base de la création des instructions conditionnelles, qui permettent de gérer le déroulement d'un algorithme.

En plus de la définition du type boolean, il est important de connaître la manière dont PHP procède à l'évaluation des expressions dans un contexte booléen. Certaines évaluations ne sont pas du tout intuitives et peuvent donner des résultats inattendus au premier abord.

Le type boolean

Le type boolean est sûrement le plus simple puisqu'il ne peut contenir que deux valeurs différentes TRUE ou FALSE, correspondant aux valeurs vrai et faux qui peuvent être prises par une expression conditionnelle. Par exemple, $a < 75 est évaluée à TRUE si $a vaut 74 et à FALSE si $a vaut 76.

L'exemple de code suivant :

```
<?php
$a=80;
$b= ($a<95);
echo "\$sb vaut ",$b,"<br />";
?>
```

affiche $b vaut 1.

La variable $b est de type boolean car elle est le résultat de l'expression $a<95. Sa valeur est TRUE. PHP assimile en interne la valeur TRUE à 1 et la valeur FALSE à 0, ce qui est un héritage de PHP 3, dans lequel le type boolean n'existait pas explicitement. C'est pour cette raison que l'affichage de $b est 1 au lieu de TRUE et une chaîne vide au lieu de 0 si $b vaut FALSE, ce qui peut être déconcertant.

Vous pouvez bien sûr affecter directement des variables avec des valeurs booléennes, comme ci-dessous :

```
$vart = TRUE;//ou encore $vart =true
$varf = FALSE;//ou encore $varf =false
```

Cette méthode n'est toutefois à utiliser que pour modifier explicitement la valeur d'une variable existante ou pour s'assurer de l'existence d'une valeur par défaut.

Nous manipulons généralement non pas des variables booléennes mais des expressions à valeur booléenne dans des instructions conditionnelles, comme if($a<95), dans laquelle l'expression $a<95 a une évaluation à TRUE ou à FALSE selon la valeur de $a.

L'expression peut être une fonction dont la valeur de retour est un booléen. PHP réalise une évaluation booléenne d'un certain nombre d'expressions qui ne comportent pas d'opérateurs de comparaison.

Vous pouvez donc écrire :

```
$a=15;
if($a) {echo "$a existe et vaut $a";}
```

L'expression entre parenthèses qui ne contient que la variable $a est évaluée à TRUE car la variable $a existe et a une valeur non nulle. Dans le contexte d'évaluation booléenne de l'instruction if la valeur de $a n'a pas d'importance.

Vous pouvez traduire if($a) par « si $a existe et a une valeur », ce qui est vrai dans l'exemple ci-dessus. Chaque expression simple ou complexe peut donc être évaluée par une valeur booléenne en dehors de sa valeur propre, numérique ou autre.

Évaluation booléenne des expressions

Le tableau 2-6 indique la manière dont sont évaluées les expressions PHP dans un contexte booléen. Il est important de bien connaître ces règles.

Tableau 2-6 Règles d'évaluation booléenne des expressions

Expressions évaluées à FALSE	– Le mot-clé FALSE – La valeur entière 0 de type integer – La valeur décimale 0.0 de type double – La chaîne "0" de type string – Une variable de type NULL – Une variable non initialisée – Un tableau vide – Un objet sans propriété ni méthode – Une expression logique fausse utilisant un ou plusieurs opérateurs
Expressions évaluées à TRUE	Toutes les autres possibilités, y compris l'entier -1, car il est non nul, et la chaîne "false", car elle est non vide. Les variables de type resource sont également évaluées à TRUE.

Les opérateurs booléens

Quand ils sont associés, les opérateurs booléens servent à écrire des expressions simples ou complexes, qui sont évaluées par une valeur booléenne TRUE ou FALSE.

Typiquement utilisés dans les instructions conditionnelles *(voir le chapitre 3),* ils se décomposent en deux catégories : les opérateurs de comparaison *(voir tableau 2-7),* qui testent, par exemple, l'égalité de deux valeurs, et les opérateurs logiques proprement dits, qui servent à écrire des expressions composées *(voir tableau 2-8).*

Tableau 2-7 Les opérateurs de comparaison

Opérateur	Description
==	Teste l'égalité de deux valeurs. L'expression $a == $b vaut TRUE si la valeur de $a est égale à celle de $b et FALSE dans le cas contraire : $a = 345; $b = "345"; $c = $a==$b; $c est un booléen qui vaut TRUE car dans un contexte de comparaison numérique, la chaîne "345" est évaluée comme le nombre 345. Si $b="345 éléphants" nous obtenons le même résultat.
!= ou <>	Teste l'inégalité de deux valeurs. L'expression $a != $b vaut TRUE si la valeur de $a est différente de celle de $b et FALSE dans le cas contraire.
===	Teste l'identité des valeurs et des types de deux expressions. L'expression $a === $b vaut TRUE si la valeur de $a est égale à celle de $b et que $a et $b sont du même type. Elle vaut FALSE dans le cas contraire : $a = 345; $b = "345"; $c = $a===$b; $c est un booléen qui vaut FALSE car si les valeurs sont égales, les types sont différents (integer et string).
!==	Teste la non-identité de deux expressions. L'expression $a !== $b vaut TRUE si la valeur de $a est différente de celle de $b ou si $a et $b sont d'un type différent. Dans le cas contraire, elle vaut FALSE : $a = 345; $b = "345"; $c = $a!==$b; $c est un booléen qui vaut TRUE car si les valeurs sont égales, les types sont différents (integer et string).
<	Teste si le premier opérande est strictement inférieur au second.
<=	Teste si le premier opérande est inférieur ou égal au second.
>	Teste si le premier opérande est strictement supérieur au second.
>=	Teste si le premier opérande est supérieur ou égal au second.

Variables, constantes et types
CHAPITRE 2

Il est important de bien manipuler ces opérateurs car ils sont à la base de l'élaboration des expressions conditionnelles complexes. En règle générale, les opérandes de ces opérateurs sont des expressions plus ou moins complexes.

> **Attention**
> Une erreur classique dans l'écriture des expressions conditionnelles consiste à confondre l'opérateur de comparaison == avec l'opérateur d'affectation =.
> L'usage des parenthèses dans la rédaction des expressions booléennes est souvent indispensable et toujours recommandé pour éviter les problèmes liés à l'ordre d'évaluation des opérateurs.

Tableau 2-8 Les opérateurs logiques

Opérateur	Description

OR	Teste si l'un au moins des opérandes a la valeur TRUE :
	$a = true;
	$b = false;
	$c = false;
	$d = ($a OR $b);//$d vaut TRUE.
	$e = ($b OR $c); //$e vaut FALSE.

||	Équivaut à l'opérateur OR mais n'a pas la même priorité.

XOR	Teste si un et un seul des opérandes a la valeur TRUE :
	$a = true;
	$b = true;
	$c = false;
	$d = ($a XOR $b); //$d vaut FALSE.
	$e = ($b XOR $c); //$e vaut TRUE.

AND	Teste si les deux opérandes valent TRUE en même temps :
	$a = true;
	$b = true;
	$c = false;
	$d = ($a AND $b); //$d vaut TRUE.
	$e = ($b AND $c); //$e vaut FALSE.

&&	Équivaut à l'opérateur AND mais n'a pas la même priorité.

!	Opérateur unaire de négation, qui inverse la valeur de l'opérande :
	$a = TRUE;
	$b = FALSE;
	$d = !$a; //$d vaut FALSE.
	$e = !$b; //$e vaut TRUE.

Les chaînes de caractères

Les chaînes de caractères sont avec les nombres les types de données les plus manipulés sur un site Web. De surcroît, dans les échanges entre le client et le serveur au moyen de formulaires, toutes les données sont transmises sous forme de chaînes, d'où leur importance.

Définir des chaînes

Une chaîne de caractères est une suite de caractères alphanumériques contenus entre des guillemets simples (apostrophes) ou doubles. Par exemple :

```
$a = 'PHP5 et MySQL';
$b = "PHP5 et MySQL";
```

Si les chaînes ne contiennent que des caractères, les deux types de notation sont parfaitement équivalents. Si une chaîne contient une variable, celle-ci est évaluée, et sa valeur incorporée à la chaîne uniquement si vous utilisez des guillemets et non des apostrophes :

```
$a = 'PHP';
$b = 'MySQL';
$c = "PHP et $b";//affiche : PHP et MySQL
$d = 'PHP et $b';
/*affiche PHP et $b car $ et b sont considérés comme des caractères sans signification
➥particulière*/
```

Se pose alors la question de l'inclusion des guillemets simples ou doubles comme caractères normaux à l'intérieur d'une chaîne.

Pour inclure une apostrophe dans une chaîne délimitée par des apostrophes, il faut la faire précéder du caractère d'échappement antislash \. Le principe est le même pour les guillemets.

L'exemple suivant :

```
$a = 'Faire l\'ouverture ';
echo $a;
```

affiche le texte « Faire l'ouverture », et le suivant :

```
$b = "Sa devise est : \"Liberté, Égalité, Fraternité\" ";
echo $b;
```

affiche « Sa devise est : "Liberté, Égalité, Fraternité" ».

Si vous voulez utiliser le caractère \ en tant que tel dans une chaîne, vous devez le faire précéder d'un autre antislash.

L'exemple suivant :

```
$path = "C:\\php\\www\\exemple.php";
echo $path;
```

affiche « C:\php\www\exemple.php ».

Le tableau 2-9 indique les séquences d'échappement utiles en PHP.

Tableau 2-9 Les séquences d'échappement

Séquence	Signification
\'	Affiche une apostrophe.
\"	Affiche des guillemets.
\$	Affiche le signe $.
\\	Affiche un antislash.
\n	Nouvelle ligne (code ASCII 0x0A).
\r	Retour chariot (code ASCII 0x0D).
\t	Tabulation horizontale (code ASCII 0x09).
\[0-7]{1,3}	Séquence de caractères désignant un nombre octal (de 1 à 3 caractères 0 à 7) et affichant le caractère correspondant : echo "\115\171\123\121\114"; //Affiche MySQL.
\x[0-9 A-F a-f]{1,2}	Séquence de caractères désignant un nombre hexadécimal (de 1 à 2 caractères 0 à 9 et A à F ou a à f) et affichant le caractère correspondant : echo "\x4D\x79\x53\x51\x4C"; affiche MySQL.

Concaténation

L'opérateur PHP de concaténation est le point (.), qui fusionne deux chaînes littérales ou contenues dans des variables en une seule.

Le code suivant :

```
$a = "PHP";
$b = "MySQL";
$c = "Utilisez ".$a." et ".$b." pour construire un site dynamique";
echo $c;
```

affiche :

```
Utilisez PHP et MySQL pour construire un site dynamique
```

Lors de l'affichage avec l'instruction echo, cette concaténation peut être simulée en séparant chaque chaîne ou variable par une virgule.

L'exemple suivant :

```
echo "Utilisez ",$a," et ",$b," pour construire un site dynamique";
```

affiche le même résultat, mais aucune chaîne ne contient l'ensemble du texte.

De nombreuses fonctions permettent d'effectuer toutes sortes de manipulations sur les chaînes de caractères. Le chapitre 4 leur est entièrement consacré.

Les tableaux

Les tableaux représentent un type composé car ils permettent de stocker sous un même nom de variable plusieurs valeurs indépendantes d'un des types de base que vous venez de voir. C'est comme un tiroir divisé en compartiment. Chaque compartiment, que nous nommerons un élément du tableau, est repéré par un indice numérique (le premier ayant par défaut la valeur 0 et non 1). D'où l'expression tableau indicé.

Chaque élément peut être identifié par une étiquette, qui est une chaîne de caractères ou une variable de type string, nommée clé, associée à l'élément du tableau. Ce type de tableau est appelé tableau associatif.

Les éléments de ces tableaux peuvent être de type integer, double, boolean, string ou même array, ce qui permet de créer des tableaux de tableaux, c'est-à-dire des tableaux multidimensionnels, que PHP ne permet pas explicitement, contrairement à d'autres langages.

Les éléments d'un tableau pourraient aussi être des types object ou resource, qui sont présentés dans les sections suivantes.

D'une manière primaire, vous définissez la valeur d'un élément de tableau indicé à l'aide de la syntaxe à crochets [], avec un nom de variable, suivi des crochets, qui contiennent l'indice ou la variable de type integer :

```php
$tab[0] = 2004;
$tab[1] = 31.14E7;
$tab[2] = "PHP5";
$tab[35] = $tab[2]. "et MySQL";
$tab[] = TRUE;
$ind = 40;
$tab[$ind] = "Dernier élément";
echo "Nombre d'éléments = ", count($tab);
```

La variable $tab est un tableau par le simple fait que son nom est suivi de crochets et d'un indice. Il contient maintenant six éléments de types variés.

Les trois premiers éléments sont affectés en utilisant des indices incrémentés d'une unité. Pour le quatrième élément, l'indice utilisé ne succède pas aux précédents. Cela implique que les éléments d'indice 3 à 34 sont non seulement vides mais n'existent pas. En effet, la fonction count($tab), qui retourne le nombre d'éléments du tableau qui lui est passé en paramètre, retourne ici la valeur 6 (en réalité, ces éléments sont de type NULL).

L'élément suivant est affecté sans qu'aucun indice soit précisé. Dans ce cas, il a automatiquement l'indice suivant celui de l'élément précédemment affecté, soit ici l'indice 36. L'avantage de cette syntaxe est de permettre d'ajouter un nouvel élément à la fin d'un tableau sans connaître la valeur du premier indice disponible.

Le dernier élément est créé en lui donnant comme indice la valeur d'une variable de type integer.

Pour lire la valeur d'un élément de tableau dans un script, il suffit d'utiliser la même syntaxe en précisant l'indice de la valeur désirée.

L'exemple suivant :

```
echo "<p> Le langage préféré de l'Open source est $tab[2] <br />";
echo " Utilisez $tab[35] </p>";
```

affiche :

```
Le langage préféré de l'Open source est PHP
Utilisez PHP et MySQL
```

La syntaxe permettant de définir les éléments de tableaux associatifs est similaire, mais vous remplacez l'indice numérique par une chaîne de caractères quelconques ou par une variable ou une constante de type string. Il ne faut donc pas oublier d'inclure cette chaîne dans des apostrophes ou des guillemets, faute de quoi vous vous exposez à quelques problèmes dans des cas particuliers.

Pour bien voir le danger de ne pas utiliser de guillemets pour définir les clés, analysez le code suivant, dans lequel l'élément de clé "lang" est défini avec la valeur "PHP et MySQL" puis un élément dont la clé est CTE (sans guillemets) et la valeur "ASP.NET". Comme vous n'avez pas utilisé les guillemets, CTE ne représente pas la chaîne "CTE" mais la valeur d'une constante définie précédemment et dont la valeur est "lang". En affichant $tab2["lang"] vous obtenez la valeur "ASP.NET" et non "PHP ET MySQL", laquelle a été écrasée. De même, en affichant $tab2["CTE"], vous obtenez la valeur "JAVA".

L'utilisation d'éléments de tableau associatif dans des chaînes pose problème.

Le fait d'écrire :

```
echo "<p> Vous utilisez $tab2['deux'] <br />";
```

provoque une erreur et l'arrêt du script, ce qui ne se produit pas avec un tableau indicé. Pour pallier cet inconvénient, il faut que la variable soit contenue dans des parenthèses, comme dans l'exemple ci-dessous :

```
echo "<p> Vous utilisez {$tab2['deux']} <br />";
```

qui réalise un affichage normal.

Exemple 2-2. Création de tableaux associatifs

```
<?php
$tab2["zéro"] = 2003;
$tab2['un'] = 31.14E7;
$tab2["deux"] = "PHP";
//***La ligne suivante provoque une erreur si elle est décommentée
//ccho "<p> Vous utilisez $tab2['deux'] <br />";
//***on écrira à la place:
echo "<p> Vous utilisez {$tab2['deux']} <br />";
define("CTE","lang");
```

☞ **Exemple 2-2. Création de tableaux associatifs** *(suite)*

```
$tab2["lang"] = " PHP ET MySQL";
$tab2[CTE] = " ASP.NET";
$tab2["CTE"] = "JAVA";
echo "Le nombre d'élements est ", count($tab2),"<br />";
echo "L'élément \$tab2[\"CTE\"] vaut ",$tab2["CTE"],"<br / >";
echo "L'élément \$tab2[CTE] vaut ",$tab2[CTE],"<br />";
echo "<p> Le langage préféré de l _ Open source est{$tab2["lang"]} <br />";
?>
```

Le script retourne le résultat suivant :

```
Vous utilisez PHP
Le nombre d'éléments est 5
L'élément $tab2["CTE"] vaut JAVA
L'élément $tab2[CTE] vaut ASP.NET
Le langage préféré de l'Open source est ASP.NET
```

Remarquez que la dernière ligne ne correspond pas du tout à vos attentes, pas plus d'ailleurs qu'à la réalité.

> **Attention**
> Les clés des tableaux associatifs étant sensibles à la casse,
> `$tab["cle"]`
> est différent de
> `$tab["CLE"]`
> De plus, les chaînes définissant les clés ne doivent pas comporter d'espaces.

L'exemple 2-3 crée dynamiquement une liste de liens à partir des valeurs des éléments d'un tableau associatif. Dans la pratique, les valeurs des éléments du tableau devraient provenir d'une base de données pour que la page soit réellement dynamique. Les liens sont affichés dans un liste à puces créée avec les balises HTML `<ul>` et `<li>`, auxquelles est appliqué un style CSS défini dans l'en-tête du document.

☞ **Exemple 2-3. Utilisation des tableaux**

```
<!DOCTYPE HTML PUBLIC "-//W3C//DTD HTML 4.01//EN" "http://www.w3.org/TR/
➥html4/strict.dtd">
<html>
<head>
<meta http-equiv="Content-Type" content="text/html; charset=iso-8859-1">
<title>Les tableaux</title>
<style type="text/css">
ul {list-style-image:url("etoile.gif");}
</style>
</head>
<body>
<?php
```

```
//création des éléments du tableau
$tab["php"] = "php.net";
$tab["mysql"] = "mysql.com";
$tab["xhtml"] = "w3.org";

//création des liens
echo"<h2> Mes liens préférés </h2>";
echo "<ul><li><a href=\" http://www.{$tab['php']}\" title=\"Le site php.net\">
➥  PHP </a> </li>";
echo "<li><a href=\" http://www.{$tab['mysql']}\" title=\"Le site mysql.com\">
➥   MySQL </a> </li>";
echo "<li><a href=\" http://www.{$tab['xhtml']}\" title=\"Le site du W3C\">
➥   XHTML </a> </li></ul>";
?>
</body>
</html>
```

Le script affiche le résultat illustré à la figure 2-1.

Figure 2-1
Création dynamique de liens

Comme les chaînes, les tableaux offrent de nombreuses possibilités de manipulation des données. PHP fournit en standard un grand nombre de fonctions spécialisées permettant d'améliorer cette gestion. Ils sont abordés en détail au chapitre 5.

Les objets

PHP permet l'utilisation des classes et utilise le type object pour toute variable créée en tant qu'instance d'une classe. Nous reviendrons plus en détail sur les notions de classe et d'objet au chapitre 9.

La version 5 de PHP offre un éventail encore plus large de possibilités de programmation objet.

Le script suivant :

```php
<?php
class myclass{
//définition de la classe
}
$varcl = new myclass; ← ❶
echo "Le type de la variable \$varcl est :",gettype($varcl); ← ❷
?>
```

crée une classe nommée `myclass` puis une variable `$varcl` à l'aide de l'opérateur particulier `new` (repère ❶).

La ligne suivante (repère ❷) affiche :

```
Le type de la variable $varcl est : object
```

Vous venez de créer une variable d'un type nouveau.

Les types divers

PHP offre également deux types particuliers qui sont utilisés dans des circonstances bien définies.

Le type resource

Le type `resource` représente une référence à des informations présentes sur le serveur. Il est le type retourné par certaines fonctions particulières. C'est le cas, entre autres, des fonctions utilisées pour accéder à une base de données lors de la connexion, qui retournent une valeur de type `resource`. Cette dernière permet d'identifier chaque connexion initiée par un utilisateur puis est utilisée pour retourner les données après interrogation de la base par l'utilisateur concerné. Cet identifiant trouve toute son utilité quand il y a plusieurs connexions simultanées sur une même base, notamment à partir d'un même script.

L'exemple suivant réalise une connexion au serveur MySQL à l'aide de la fonction `mysql_connect()` et récupère un identifiant de connexion `$connect`, qui est la valeur retournée par cette fonction. Il affiche ensuite la valeur puis le type de cette variable.

```php
<?php
//**************Le type resource***************
$connect = mysql_connect("localhost","root","") or die ("ERREUR de CONNEXION");
echo "L'identificateur de connexion vaut : $connect <br />";
echo "Le type de la variable \$connect est ",gettype($connect);
?>
```

Le script affiche le résultat suivant :

```
L'identificateur de connexion vaut : Resource id #1
Le type de la variable $connect est resource
```

La valeur de la variable `$connect` n'a pas d'intérêt particulier une fois la connexion réalisée. Pour plus de détails, voir le chapitre 15, consacré à l'accès aux bases de données MySQL.

Le type NULL

Le type NULL, ou null, est celui qui est attribué à une variable qui n'a pas de contenu ou qui a été explicitement initialisée avec la valeur NULL. Aussitôt qu'une valeur légale est donnée à la variable, elle prend le type correspondant.

> **Attention**
>
> Une variable contenant une chaîne vide ou la valeur "0" n'a pas le type NULL mais `string`. De même, une variable contenant la valeur 0 est du type `integer`.

Dans le code suivant, le code de création de la variable `$varvide` (repère ❶) est déconseillé dans un script, car il génère un avertissement. De même, l'utilisation de cette variable par l'instruction echo est à proscrire.

```
<?php
//**************le type NULL**************************
$varvide; ← ❶
echo "La variable vide vaut : $varvide <br />";
echo "Le type de la variable \$varvide est ",gettype($varvide),"<br />";
$varvide="";
echo "La variable vide vaut : $varvide <br />";
echo "Le type de la variable \$varvide est ",gettype($varvide);
?>
```

Le code affiche le résultat suivant :

```
La variable vide vaut :
Le type de la variable $varvide est NULL
La variable vide vaut :
Le type de la variable $varvide est string
```

Mémo des fonctions

`boolean define(string nom_cte, valeur [,bool casse])`

Crée la constante `nom_cte` et lui attribue une valeur. Le paramètre `casse` indique que le nom de la constante est insensible à la casse (`TRUE`) ou non.

`boolean defined(string nom_cte)`

Retourne `TRUE` si la constante `nom_cte` existe et `FALSE` dans le cas contraire.

`string gettype($nom_var)`

Retourne le type de la variable `$nom_var`.

`boolean empty($nom_var)`

Retourne `TRUE` si la variable `$nom_var` n'est pas affectée ou a une des valeurs `NULL`, `0` ou `"0"` et `FALSE` dans le cas contraire.

`boolean isset($nom_var)`

Retourne `TRUE` si la variable `$nom_var` existe et est définie avec une valeur différente de `NULL`.

`array get_defined_constants()`

Retourne un tableau contenant toutes les constantes prédéfinies et celles qui ont été créées dans le script.

`boolean settype($var, string type)`

Effectue le transtypage de `$var` dans le type précisé. Retourne `TRUE` si l'opération est réussie et `FALSE` dans le cas contraire.

`boolean is_array($var)`
`boolean is_bool($var)`
`boolean is_double($var)`
`boolean is_integer($var)`
`boolean is_null($var)`
`boolean is_object($var)`
`boolean is_resource($var)`
`boolean is_string($var)`

Ces fonctions retournent `TRUE` si la variable est du type testé et `FALSE` dans le cas contraire.

Exercices

Exercice 1

Parmi les variables suivantes, lesquelles ont un nom valide : `mavar`, `$mavar`, `$var5`, `$_mavar`, `$_5var`, `$__élément1`, `$hotel4*` ?

Exercice 2

Donnez les valeurs de `$x`, `$y`, `$z` à la fin du script suivant :

```
$x="PostgreSQL";
$y="MySQL";
$z=&$x;
```

```
$x="PHP 5";
$y=&$x;
```

Handwritten: $x = PHP5$, $y = PHP5$, $z = PHP5$

Exercice 3

Lisez les valeurs des variables du script de l'exercice 2 à l'aide du tableau $GLOBALS.

Handwritten: echo " $GLOBALS["$x"]; $GLOBALS["$y"] $GLOBALS["$z"] "

Exercice 4

Handwritten: PHP_VERSION   PHP_OS

Déterminez le numéro de version de PHP, le nom du système d'exploitation de votre serveur ainsi que la langue du navigateur du poste client.

Exercice 5

Donnez la valeur de chacune des variables pendant et à la fin du script suivant, et vérifiez l'évolution du type de ces variables :

```
$x="PHP5";
$a[]=&$x;
$y=" 5 eme version de PHP";
$z=$y*10;
$x.=$y;
$y*=$z;
$a[0]="MySQL";
```

Handwritten annotations: x = PHP5 string; a[0] = PHP5 array; y = 5eme version de PHP string; $z = 50$; x =

Exercice 6

Donnez la valeur des variables $x, $y, $z à la fin du script :

```
$x="7 personnes";
$y=(integer) $x;
$x="9E3";
$z=(double) $x;
```

Exercice 7

Donnez la valeur booléenne des variables $a, $b, $c, $d, $e et $f :

```
$a="0";
$b="TRUE";
$c=FALSE;
$d=($a OR $b);
$e=($a AND $c);
$f=($a XOR $b);
```

3

Les instructions de contrôle

On retrouve dans PHP la plupart des instructions de contrôle des scripts. Indispensables à la gestion du déroulement d'un algorithme quelconque, ces instructions sont présentes dans tous les langages. PHP utilise une syntaxe très proche de celle du langage C.

Ceux qui ont déjà pratiqué un langage tel que le C ou plus simplement JavaScript seront en pays de connaissance. Pour les autres, une adaptation sera sans doute nécessaire. La version 5 de PHP a vu l'apparition de nouvelles instructions dédiées à la gestion des exceptions, comme try...catch ou throw, qui lui faisaient défaut jusqu'à présent.

Les instructions conditionnelles

Comme tout langage, PHP dispose d'instructions conditionnelles qui permettent d'orienter le déroulement d'un script en fonction de la valeur de données.

L'instruction if

L'instruction if est la plus simple et la plus utilisée des instructions conditionnelles. Présente dans tous les langages de programmation, elle est essentielle en ce qu'elle permet d'orienter l'exécution du script en fonction de la valeur d'une expression booléenne.

Sa syntaxe est la suivante :

```
if (expression) instruction;
```

Si l'expression incluse dans les parenthèses est évaluée à la valeur booléenne TRUE, l'instruction qui suit est exécutée. Dans le cas contraire, l'exécution passe directement à la ligne suivante.

L'instruction if peut être suivie d'un bloc d'instructions délimité par des parenthèses qui sera entièrement exécuté dans les mêmes conditions :

```
if(expression)
{
//bloc de code
}
```

La rédaction de l'expression est importante. Elle peut devenir complexe lorsqu'elle comprend des opérateurs logiques associant ses différents composants.

Dans le code suivant :

```
<?php
$a=6;
if(is_integer($a) && ($a<10 && $a>5) && ($a%2==0) ) {echo "Conditions satisfaites";}
?>
```

l'expression composée :

```
(is_integer($a) && ($a<10 && $a>5) && ($a%2==0)
```

est évaluée à TRUE si $a répond simultanément aux trois conditions suivantes : être un entier, être compris entre 5 et 10 et être divisible par 2, soit pour $a les valeurs possibles de 6 et 8 uniquement. Le message ne s'affiche donc que dans ces cas.

PHP réalise une évaluation booléenne d'un grand nombre d'expressions qui ne contiennent pas en elles-mêmes de variables booléennes. Il admet, par exemple, des expressions du genre :

```
$a = 25;
if($a) {echo "La condition est vraie <br />";}
```

Dans ce cas, ce n'est pas la valeur de la variable $a qui est prise en compte mais son évaluation booléenne, qui vaut TRUE. Nous avons déjà abordé ce point au chapitre 2. Le lecteur pourra se reporter au tableau 2-6 pour revoir les conditions d'évaluation dans les différents cas.

> **Ne pas se tromper d'opérateur**
> Une erreur courante consiste à confondre l'opérateur de comparaison = avec l'opérateur d'affectation ==. Dans les expressions conditionnelles, pour tester l'égalité de deux valeurs il faut employer l'opérateur == ou encore === pour tester l'identité (même valeur et même type).

L'instruction if...else

L'instruction if...else permet de traiter le cas où l'expression conditionnelle est vraie et en même temps d'écrire un traitement de rechange quand elle est évaluée à FALSE, ce que ne permet pas une instruction if seule. L'instruction ou le bloc qui suit else est alors le seul à être exécuté.

L'exemple 3-1 suivant calcule le prix net après une remise variable en fonction du montant des achats selon les critères suivants :

- Si le prix total est supérieur à 100 euros, la remise est de 10 %. Cette condition est traitée par l'instruction if (repère ❶).
- Pour les montants inférieurs à 100 euros, la remise est de 5 %. Cette condition est traitée par l'instruction else (repère ❷).

☞ **Exemple 3-1. L'instruction *if...else***

```
<?php
$prix=55;
if($prix>100) ← ❶
{
  echo "<b>Pour un montant d'achat de $prix &euro;, la remise est  de 10 % </b><br />";
  echo "Le prix net est de ",$prix*0.90;
}
else ← ❷
{
  echo "<b>Pour un montant d'achat de $prix &euro;, la remise est   de 5 %</b><br />";
  echo "<h3>Le prix net est de ",$prix*0.95,"</h3>";
}
?>
```

Compte tenu de la valeur attribuée ici à la variable $a, le script affiche le résultat suivant :

```
Pour un montant d'achat de 55 €, la remise est de 5 %

Le prix net est de 52.25 €
```

Le bloc qui suit les instructions if ou else peut contenir toutes sortes d'instructions, y compris d'autres instructions if...else. Nous obtenons dans ce cas une syntaxe plus complexe, de la forme :

```
if(expression1)
{//Bloc 1}
elseif(expression2)
{//Bloc 2}
else
{//Bloc 3}
```

Cette construction s'interprète de la façon suivante : si l'expression 1 est évaluée à TRUE, le bloc 1 est exécuté ; dans le cas contraire, si l'expression 2 qui suit l'instruction elseif est évaluée à TRUE, le bloc 2 est exécuté. Dans les autres cas, c'est le bloc 3 qui est exécuté. Quelle que soit la situation, un seul bloc est exécuté.

Dans l'exemple 3-11, vous voulez afficher le montant d'une remise calculée selon les modalités suivantes :

- Si vous achetez un PC de plus de 1 000 euros, la remise est de 15 %.

- Pour un PC de moins de 1 000 euros, la remise est de 10 %.
- Pour les livres, la remise est de 5 %.
- Pour tous les autres articles, la remise est de 2 %.

La première instruction if…elseif…else (repères ❶, ❷ et ❸) contrôle la catégorie du produit. La deuxième instruction if…else détermine le montant de la remise si le produit est un PC (repères ❹ et ❺). L'indentation du code permet une lecture plus facile. Faute d'une telle indentation, il est difficile de distinguer à quelle instruction if se rapporte une instruction else.

☞ **Exemple 3-2. Les instructions *if* imbriquées**

```
<?php
// ********************if...elseif...else************** **
$cat="PC";
$prix=900;
if($cat=="PC") ← ❶
{
   if($prix >= 1000) ← ❹
   {
      echo "<b>Pour l'achat d'un PC d'un montant de $prix &euro;, la remise est de
      ➡15 %</b><br />";
      echo "<h3> Le prix net est de : ",$prix*0.85, "&euro; </h3>";
   }
   else ← ❺
   {
      echo "<b>Pour l'achat d'un PC d'un montant de $prix &euro;, la remise est de
      ➡10 %</b><br />";
      echo "<h3> Le prix net est de : ",$prix*0.90, "&euro; </h3>";
   }
}
elseif($cat=="Livres") ← ❷
{
   echo "<b>Pour l'achat de livres la remise est de 5 %</ b><br />";
   echo "<h3> Le prix net est de : ",$prix*0.95, "&euro; </h3>";
}
else ← ❸
{
   echo"<b>Pour les autres achats la remise est de 2 %</ b><br />";
   echo "<h3> Le prix net est de : ",$prix*0.98, "&euro; </h3>";
}
?>
```

Le résultat de ce script pour $cat à la valeur "PC" et la variable $prix à la valeur 900 donne l'affichage suivant :

```
Pour l'achat d'un PC d'un montant de 900 €, la remise est de 10 %

Le prix net est de : 810 €
```

L'opérateur ?

L'opérateur ? permet de remplacer avantageusement une instruction if...else en évaluant une expression et en attribuant à une variable une première valeur si la condition est vraie ou une autre valeur si elle est fausse.

Sa syntaxe est la suivante :

```
$var = expression ? valeur1 : valeur2
```

Elle est équivalente à :

```
if(expression) {$var=valeur1;}
else {$var=valeur2;}
```

Le premier exemple de calcul de remise pourrait s'écrire :

```
$var = ($prix>100)? "la remise est de 10 %":"la remise est de 5 %";
echo "<b>Pour un montant d'achat de $prix &euro;: $var </b><br />";
```

au lieu de :

```
if($prix>100)
{
echo "<b>Pour un montant d'achat de $prix &euro;, la remise est de 10 % </b><br />";
}
else
{
echo "<b>Pour un montant d'achat de $prix &euro;, la remise est de 5 %</b><br />";
}
```

Cet opérateur est généralement employé avec des expressions booléennes courtes. L'exemple 3-3 adapte un texte en fonction de la valeur d'une variable, soit pour une formule de politesse en fonction du sexe du visiteur, soit pour mettre au pluriel un mot en fonction d'un nombre.

Exemple 3-3. L'opérateur ?

```
<?php
$ch = "Bonjour ";
$sexe="M";
$ch .= ($sexe=="F")?"Madame":"Monsieur";
echo "<h2>$ch</h2>";
$nb = 3;
$pmu ="Il faut trouver ".$nb;
$mot = ($nb==1)?" cheval":" chevaux";
echo "<h3> $pmu $mot </h3>";
?>
```

Compte tenu des valeur des variables $sexe et $nb le résultat retourné est le suivant :

```
Bonjour Monsieur

Il faut trouver 3 chevaux
```

L'instruction switch...case

Supposez que vous vouliez associer un code de département avec son nom réel. Avec une suite d'instructions if, vous écririez le script suivant :

```php
<?php
$dept=75;
if($dept==75) echo "Paris";
if($dept==78) echo "Hauts de Seine";
if($dept==91) echo "Yvelines";
if($dept==93) echo "Seine Saint Denis";
?>
```

dans lequel la variable $dept proviendrait d'un formulaire, par exemple.

Ce code peut être simplifié sans multiplier les instructions if grâce à l'instruction switch...case. Cette dernière permet de comparer la valeur d'une expression avec une liste de valeurs prédéterminées par le programmeur et d'orienter le script en fonction de la valeur de cette expression.

La syntaxe de cette instruction est la suivante :

```
switch(expression)
{
case valeur1:
blocs d'instruction 1;
break;
case valeur2:
blocs d'instruction 2;
break;
........................
case valeurN:
blocs d'instruction N;
break;
default:
blocs d'instruction par défaut;
break;
}
```

Si l'expression qui suit le mot-clé switch a la valeur 1, les instructions qui suivent la première instruction case sont exécutées, après quoi l'exécution passe à la fin du bloc switch. Il en va de même pour les valeurs suivantes. Si aucune concordance n'est trouvée, ce sont les instructions qui suivent l'instruction default qui sont exécutées.

La présence de cette instruction n'est pas obligatoire, mais elle est conseillée pour faire face à toutes les éventualités, telles les erreurs de saisie, par exemple. Chaque groupe case doit se terminer par une instruction break, faute de quoi les autres blocs case sont aussi exécutés.

La valeur qui suit chaque instruction case peut être une constante littérale ou une constante nommée, déclarée précédemment à switch à l'aide de la fonction define.

Plusieurs instructions case différentes peuvent se succéder avant qu'intervienne un bloc d'instructions (voir repères ❶ dans l'exemple 3-4). Dans ce cas, les différentes valeurs indiquées déclenchent l'exécution du même code (repère ❷).

Le script précédent devient celui de l'exemple 3-4.

☞ **Exemple 3-4. L'instruction *switch...case***

```
<?php
$dept=75;
switch($dept)
{
case 75: ← ❶
case "Capitale": ← ❶
echo "Paris"; ← ❷
break;
case 78:
echo "Hauts de Seine";
break;
case 93:
case "Stade de france":
echo "Seine Saint Denis";
break;
//la suite des départements...
default:
echo "Département inconnu en Ile de France";
break;
}
?>
```

Les instructions de boucle

Les boucles permettent de répéter des opérations élémentaires un grand nombre de fois sans avoir à réécrire le même code. Selon l'instruction de boucle utilisée, le nombre d'itération peut être défini à l'avance ou être déterminé par une condition particulière.

La boucle for

Présente dans de nombreux langages, la boucle for permet d'exécuter plusieurs fois la même instruction ou le même bloc sans avoir à réécrire les mêmes instructions.

Sa syntaxe est la suivante :

```
for(expression1; expression2; expression3)
{
//instruction ou bloc;
}
```

expression1 est toujours évaluée. Il s'agit généralement de l'initialisation d'une variable servant de compteur pour la boucle. expression2 est ensuite évaluée avec une valeur booléenne : si elle vaut TRUE, la boucle continue et les instructions comprises dans le bloc sont exécutées, sinon la boucle s'arrête. Si elle est toujours vraie on obtient une boucle infinie. expression3 n'est exécutée qu'à la fin de chaque itération. Il s'agit le plus souvent d'une instruction d'incrémentation de la variable compteur.

L'exemple 3-5 affiche six titres utilisant les balises <h1> à <h6> en deux lignes de code seulement.

☞ **Exemple 3-5. Une boucle *for* simple**

```
<?php
for($i=1;$i<7;$i++)
{
echo "<h$i> $i :Titre de niveau $i </h$i>";
}
?>
```

Le résultat de la boucle est illustré à la figure 3-1.

Figure 3-1
Création de titres

Les expressions utilisées dans la boucle for peuvent contenir plusieurs parties séparées par des virgules. La boucle peut en ce cas être réalisée sur plusieurs variables, comme illustré à l'exemple 3-6.

Les instructions de contrôle
CHAPITRE 3

☞ **Exemple 3-6. Une boucle à plusieurs variables**

```php
<?php
for($i=1,$j=9;$i<10,$j>0;$i++,$j--)
{
echo "<span style=\"border-style:double;border-width:3;\"> $i + $j =10</span>";
}
?>
```

Le résultat de cette boucle double est la table d'addition de la figure 3-2.

Figure 3-2

Table d'addition créée par une boucle double.

Les boucles imbriquées

Il est possible d'imbriquer des boucles for les unes dans les autres sur autant de niveaux que désiré, le bloc qui suit la première contenant toutes les autres. Chaque variable compteur déclarée dans une boucle n'est utilisable que dans la boucle qui la déclare et dans celles de niveau inférieur.

L'exemple 3-7 ci-dessous crée une table de multiplication dans un tableau HTML à deux dimensions, chaque dimension étant gérée par une variable compteur différente, $i et $j. La première boucle for (repère ❶) ne sert qu'à créer la ligne d'en-tête de la table. La variable $i est locale à la boucle. Le fait de réutiliser le même nom de variable dans la boucle suivante n'a donc aucune importance.

Deux autres boucles imbriquées sont ensuite utilisées pour créer le corps de la table. La première (repère ❷) itère les numéros de ligne avec la variable $i, et la deuxième (repère ❸) les numéros de colonne avec la variable $j.

☞ **Exemple 3-7. Les boucles *for* imbriquées**

```php
<?php
echo "<h2> Révisez votre table de multiplication!</ h2>";
//Début du tableau HTML
echo "<table border=\"2\" style=\"background-color:yellow\"> <th>  X
➥ </th>";
//Création de la première ligne
for($i=1;$i<10;$i++)
{
echo "<th> $i </th>"; ← ❶
```

☞ **Exemple 3-7. Les boucles *for* imbriquées *(suite)***

```
  }
  //*****************************
  //Création du corps de la table
  //*****************************
  //Boucle de création du contenu de la table
  for($i=1;$i<10;$i++) ← ❷
  {
    //Création de la première colonne
    echo "<tr><th> $i </th>";
    //Remplissage de la table
    for($j=1;$j<10;$j++) ← ❸
    {
  echo "<td style=\"background-color:red;color:white\">    <b>".
➥$i*$j. "   </td>";
    }
    echo "</b></tr>";
  }
  echo "</table>"
  ?>
```

La figure 3-3 présente la table de multiplication créée par ce script.

Figure 3-3

Notre table de multiplication

Vous trouverez de nombreux exemples d'utilisation de boucles for tout au long de cet ouvrage, notamment au chapitre 5 pour la lecture de l'ensemble des éléments d'un tableau.

La boucle while

La boucle for oblige à préciser les valeurs limites pour lesquelles la boucle va s'arrêter. À moins d'utiliser une instruction if pour la stopper à l'aide de l'instruction break, il faut connaître ces valeurs limites. La boucle while permet d'affiner ce comportement en réalisant une action de manière répétitive tant qu'une condition est vérifiée ou qu'une expression quelconque est évaluée à TRUE et donc de l'arrêter quand elle n'est plus vérifiée (évaluée à FALSE).

La boucle while permet, par exemple, d'afficher tous les résultats fournis après interrogation d'une base de données, sans en connaître à l'avance le nombre exact. La syntaxe de cette instruction est la suivante :

```
while(expression)
{
//Bloc d'instructions à répéter;
}
```

L'expression précisée doit pouvoir être évaluée de façon booléenne par PHP et pouvoir changer de valeur au cours du script, faute de quoi la boucle serait infinie.

L'exemple suivant :

```
$a = "oui";
while ($a) {echo $a; }
```

constitue une boucle infinie, car $a est évaluée à TRUE en tant que chaîne non vide.

De même, dans le code suivant :

```
$a = 54;
while ($a>100) {echo $a; }
```

l'instruction echo $a n'est jamais exécutée car l'expression $a>100 contenue dans while est toujours fausse.

L'exemple 3-8 ci-dessous effectue une suite de tirages de nombres aléatoires compris entre 1 et 100 grâce à la fonction rand(), avec comme condition supplémentaire que le nombre tiré soit un multiple de 7. Le script affiche les nombres tirés tant qu'il ne s'agit pas d'un multiple de 7.

☛ **Exemple 3-8. Tirage d'un multiple de 7 avec une boucle *while***

```
<?php
$n=1;
while($n%7!=0)
{
$n = rand(1,100);
echo $n,"  /";
}
?>
```

Vous obtenez, par exemple, la suite de nombres 72 / 79 / 50 / 95 / 11 / 43 / 18 / 49 / (cette suite varie évidemment à chaque tirage).

La boucle do...while

La boucle `do...while` apporte une précision à la boucle `while`. Dans celle-ci, en effet, si l'expression booléenne est évaluée à FALSE, les instructions qu'elle contient ne sont jamais exécutées. Avec l'instruction `do...while`, au contraire, la condition n'est évaluée qu'après une première exécution des instructions du bloc compris entre `do` et `while`.

La syntaxe de la boucle do…while est la suivante :

```
do {
//bloc d'instructions
}
while(expression);
```

Le script de l'exemple 3-9 reprend celui de l'exemple 3-8, mais il n'est plus besoin cette fois d'initialiser la variable $i à 1 car la divisibilité par 7 n'est testée qu'après le premier tirage (repère ❶).

☞ **Exemple 3-9. Tirage avec une boucle *do…while***

```
<?php
do
{
$n = rand(1,100);
echo $n,"  / ";
}
while($n%7!=0); ← ❶
?>
```

La boucle foreach

Introduite à partir de la version 4.0 de PHP, l'instruction `foreach` permet de parcourir rapidement l'ensemble des éléments d'un tableau indicé, ce que fait aussi une boucle `for`, mais `foreach` se révèle beaucoup plus efficace.

La boucle `foreach` est particulièrement efficace pour lister les tableaux associatifs dont il n'est nécessaire de connaître ni le nombre d'éléments ni les clés. Sa syntaxe est variable selon que vous souhaitez récupérer seulement les valeurs ou les valeurs et les clés (ou les indices).

Pour lire les valeurs seules, la première syntaxe est la suivante :

```
foreach($tableau as $valeur)
{
//bloc utilisant la valeur de l'élément courant
}
```

La variable $valeur contient successivement chacune des valeurs du tableau. Il importe cependant de ne pas utiliser un nom de variable existant, faute de quoi sa valeur est écrasée. Les variables utilisées dans une boucle foreach ne sont pas locales à la boucle et gardent donc la valeur du dernier élément lu dans tout le script.

Pour lire les valeurs et les clés (ou les indices), la deuxième syntaxe est la suivante :

```
foreach($tableau as $cle=>$valeur)
{
//bloc utilisant la valeur et la clé de l'élément courant
}
```

Ici, la variable $cle contient successivement l'indice ou la clé de chacun des éléments du tableau dans l'ordre numérique pour les tableaux indicés et dans l'ordre de création des éléments pour les tableaux associatifs. La variable $valeur contient la valeur associée à la clé.

Dans ces deux cas, la variable $tableau peut être remplacée par une expression dont la valeur est du type array, comme ce pourrait être le cas, par exemple, d'une fonction retournant un tableau. Cette instruction est abondamment utilisée pour lire tous les résultats obtenus après interrogation d'une base de données.

L'exemple 3-10 crée d'abord un tableau indicé contenant les puissances de 2 à l'aide d'une simple boucle for (repère ❶) puis lit l'intégralité des éléments à l'aide d'une boucle foreach (repère ❷).

☞ **Exemple 3-10. Lecture des valeurs d'un tableau indicé**

```
<?php
//Création du tableau de 9 éléments
for($i=0;$i<=8;$i++)
{
$tab[$i] = pow(2,$i); ← ❶
}
$val ="Une valeur";
echo $val,"<br />";
//Lecture des valeurs du tableau
echo"Les puissances de 2 sont :";
foreach($tab as $val) ← ❷
{echo $val." : ";}
?>
```

Le résultat suivant est affiché :

```
Les puissances de 2 sont :1 : 2 : 4 : 8 : 16 : 32 : 64 : 128 : 256:
```

L'exemple 3-11 lit les indices et les valeurs du même tableau en utilisant la deuxième syntaxe (de la forme $tab as $ind=>$val) pour récupérer les indices dans la variable $ind et les valeurs dans $val (repère ❶). Il est possible de vérifier que les variables $ind et $val sont toujours visibles à l'extérieur de la boucle en affichant leurs valeurs après la fin de la boucle foreach (repère ❷).

☞ **Exemple 3-11. Lecture des indices et des valeurs**

```
<?php
//Création du tableau
for($i=0;$i<=8;$i++)
{
$tab[$i] = pow(2,$i);
}
//Lecture des indices et des valeurs
foreach($tab as $ind=>$val) ←❶
{echo " 2 puissance $ind vaut $val <br />";}
echo "Dernier indice ",$ind, " ,dernière valeur ",$val; ←❷
?>
```

L'exemple affiche la liste suivante :

```
2 puissance 0 vaut 1
2 puissance 1 vaut 2
........................
2 puissance 7 vaut 128
2 puissance 8 vaut 256
Dernier indice 8 ,dernière valeur 256
```

L'exemple 3-12 crée un tableau associatif dont les clés sont des identifiants de clients et associe à chacun un code aléatoire compris entre 100 et 1 000 (repère ❶) puis lit et affiche les clés et les valeurs du tableau (repère ❷).

☞ **Exemple 3-12. Lecture des clés et des valeurs**

```
<?php
//Création d'un tableau associatif
for($i=0;$i<=8;$i++)
{
$tabass["client".$i] = rand(100,1000); ←❶
}
//Lecture des clés et des valeurs
foreach($tabass as $cle=>$val) ←❷
{echo " Le client de login <b>$cle</b> a le code <b>$val</b> <br />";}
?>
```

Les résultats suivants sont affichés :

```
Le client de login client0 a le code 638
Le client de login client1 a le code 569
.......................................
Le client de login client6 a le code 135
Le client de login client7 a le code 786
Le client de login client8 a le code 406
```

Les instructions de contrôle

> **foreach et les objets**
>
> Depuis PHP 5, vous pouvez lire l'ensemble des noms et des valeurs des propriétés d'un objet à l'aide d'une boucle `foreach` comme nous le faisons pour un tableau. Vous rencontrerez aux chapitres 9, 16 et 17 des illustrations de ce type de lecture.

Sortie anticipée des boucles

Vous pouvez avoir besoin d'arrêter une boucle avant son terme normal. Pour cela, vous disposez des instructions `break` et `continue`, qui permettent de réaliser un arrêt partiel ou total.

L'instruction *break*

Il est possible d'arrêter complètement une boucle `for`, `foreach` ou `while` avant son terme normal si une condition particulière est vérifiée à l'aide de l'instruction `break`. Le script n'est pas arrêté, comme avec l'instruction `exit`, et seule la boucle en cours se termine.

Si plusieurs boucles sont imbriquées, seule celle qui contient l'instruction `break` se termine. Pour arrêter plusieurs boucles en même temps, on emploie la syntaxe suivante :

```
break n;
```

dans laquelle n désigne le nombre de boucles les plus internes que vous souhaitez fermer. Celles de niveau supérieur continuent à s'exécuter normalement.

L'exemple 3-13 crée un tableau de noms (repère ❶), puis une boucle `for` lit le tableau (repère ❷). Cette boucle contient une instruction `if` qui vérifie que le nom commence par la lettre A (repère ❸). Si la condition est remplie, le script affiche le nom. La boucle est fermée grâce à une instruction `break` (repère ❹).

> **La notation $tab[$i]**
>
> La notation `$tab[$i][0]` permet de récupérer la première lettre de la chaîne de caractères contenue dans la variable `$tab[$i]`.
>
> **La fonction count($tab)**
>
> La fonction `count($tab)` retourne le nombre d'éléments du tableau `$tab`, ce qui permet de connaître le nombre maximal d'itération de la boucle. Cette expression pourrait être supprimée car c'est l'instruction `break` qui met fin à la boucle. Il est toutefois préférable de l'utiliser pour arrêter la boucle, car si le tableau ne contient aucun nom commençant par la lettre A, vous avez une boucle infinie, ce que le serveur n'appréciera pas.

☞ **Exemple 3-13. L'instruction *break***

```php
<?php
//Création d'un tableau de noms ← ❶
$tab[1]="Basile";
$tab[2]="Conan";
```

☞ **Exemple 3-13. L'instruction *break (suite)***

```
$tab[3]="Albert";
$tab[4]="Vincent";
//Boucle de lecture du tableau
for($i=1;$i<count($tab);$i++) ← ❷
{
   if ($tab[$i][0]=="A") ← ❸
   {
     echo "Le premier nom commençant par A est le n° $i: ",$tab[$i];
     break; ← ❹
   }
}
?>
```

L'instruction *continue*

À la différence de l'instruction break, l'instruction continue n'arrête pas la boucle en cours mais seulement l'itération en cours. La variable compteur est incrémentée immédiatement, et toutes les instructions qui suivent le mot-clé continue ne sont pas exécutées lors de l'itération en cours.

L'exemple 3-14 donne deux illustrations de ce mécanisme :

- La première utilise une boucle for pour afficher tous les nombres de 1 à 20, à l'exception des multiples de 5 grâce au code if($i%5==0) { continue;} (repère ❶).
- La deuxième utilise une boucle foreach qui parcourt un tableau de départements et permet de n'afficher que ceux qui commencent par la lettre E (repère ❷).

☞ **Exemple 3-14. Interruption partielle d'une boucle**

```
<?php
//Interruption d'une boucle for
for($i=0;$i<20;$i++)
{
   if($i%5==0) { continue;} ← ❶
   echo $i,"<br />";
}
//*********************
//Interruption d'une boucle foreach
$tab[1]="Ain";
$tab[2]="Allier";
$tab[27]="Eure";
$tab[28]="Eure et Loir";
$tab[29]="Finistère";
$tab[33]="Gironde";
foreach($tab as $cle=>$valeur)
{
   if($tab[$cle][0]!="E") { continue;} ← ❷
   echo "code $cle : département ",$tab[$cle],"<br />";
}
?>
```

Le résultat affiché par cet exemple est le suivant :

```
1 : 2 : 3 : 4 : 6 : 7 : 8 : 9 : 11 : 12 : 13 : 14 : 16 : 17 : 18 : 19 :
code 27 : département Eure
code 28 : département Eure et Loir
```

De même que pour l'instruction break, si plusieurs boucles sont imbriquées, il est possible d'interrompre les *n* boucles les plus internes en utilisant la syntaxe suivante :

```
continue N
```

Cette possibilité est illustrée à l'exemple 3-15, qui contient trois boucles for imbriquées (repères ❶, ❷ et ❸). La plus interne contient une instruction if qui stoppe les itérations en cours pour les trois boucles si la somme des variables compteur $i, $j et $k est un multiple de 3. C'est l'instruction continue 3 (repère ❹). Si tel est le cas, l'exécution passe directement à l'incrémentation de la variable $i, terminant ainsi de manière anticipée les itérations des trois boucles en cours.

☞ **Exemple 3-15. Interruption de plusieurs boucles**

```php
<?php
for ($i=0;$i<10;$i++) ← ❶
{
  for ($j=0;$j<10;$j++) ← ❷
  {
for ($k=0;$k<10;$k++) ← ❸
{
  if(($i+$j+$k)%3==0) continue 3; ← ❹
  echo "$i : $j : $k <br /> ";
}
  }
}
```

Gestion des erreurs

Un bon script ne devrait théoriquement pas générer d'erreur. Certaines erreurs sont inévitables comme celles qui sont dues à des problèmes de connexion défaillante ou de bogue sur le serveur. Nous nous intéressons ici davantage aux erreurs qui peuvent être provoquées par des actions de l'utilisateur comme des saisies erronées qui provoquent l'arrêt du script ou encore à celles qui peuvent survenir lors de la tentative d'accès à une ressource inexistante.

La gestion des erreurs a pour but de signaler « proprement » les problèmes au visiteur et d'éviter l'affichage des messages d'erreur bruts tels que PHP les envoie au navigateur.

Suppression des messages d'erreur

Si vous écrivez le code ci-dessous :

```
<?php
$a=10;
$b=0;
echo $a/$b; ← ❶
fopen("inconnu.txt","r"); ← ❷
?>
```

les messages suivants apparaissent :

```
Warning: Division by zero in c:\wamp5\www\php5\c3instructions\instruct3.15a.php
on line 4

Warning: fopen(inconnu.txt) [function.fopen]: failed to open stream: No such file
or directory in c:\wamp5\www\php5\c3instructions\instruct3.15a.php on line 5
```

Le premier message correspond à la division par 0 (repère ❶), et le second à la tentative d'ouverture d'un fichier qui n'existe pas (repère ❷). Ces messages affichés dans le cours d'une page HTML sont du plus mauvais effet pour les visiteurs du site.

Pour éviter l'affichage des messages d'erreur de PHP dans le navigateur, il existe les moyens élémentaires suivants :

- Faire précéder l'appel d'une fonction du caractère @ en écrivant par exemple `@fopen ("inconnu.txt","r")`.
- Utiliser la fonction `error_reporting()`, qui permet de n'afficher que certains messages selon le type d'erreur. Sa syntaxe est `int error_reporting ( [int niveau])`. C'est le paramètre `niveau` qui permet de choisir le niveau d'affichage des messages d'erreur. Ses principales valeurs sont indiquées au tableau 3-1. Vous pouvez combiner plusieurs valeurs avec l'opérateur |, comme dans le code suivant :

```
error_reporting(E_WARNING | E_PARSE) ;
```

qui permet de n'afficher que les alertes et les erreurs de syntaxe. Pour bloquer tous les messages d'erreur, il faut passer à la fonction le paramètre 0. Cette fonction doit être utilisée dès le début du script.

Tableau 3-1 Liste des niveaux d'erreur courants

Constante	Valeur	Niveau d'affichage
E_ERROR	1	Erreur fatale qui provoque l'arrêt du script, par exemple, l'appel d'une fonction qui n'existe pas.
E_WARNING	2	Avertissement ne provoquant pas l'arrêt du script, par exemple, une division par 0.
E_PARSE	4	Erreur de syntaxe détectée par l'analyseur PHP et provoquant l'arrêt du script, par exemple l'oubli du point-virgule en fin de ligne.
E_NOTICE	8	Avis que le script a rencontré un problème simple qui peut ne pas être une erreur.
E_ALL	4095	Toutes les erreurs

Il est évident que pendant la phase de développement des scripts, ces méthodes doivent être désactivées pour permettre au programmeur d'être alerté sur les causes et la localisation des erreurs.

Gestion des exceptions

Une exception est un mécanisme qui permet d'intercepter une erreur générée par un script et de déclencher une action en réponse à cette erreur. Si PHP 4 ne permettait pas d'effectuer une gestion des exceptions, la version 5 fournit un mécanisme qui permet de gérer les conséquences d'une erreur.

La classe *Exception*

Si vous n'êtes pas familiarisé avec les notions de classe ou d'objet, ainsi que de propriété et de méthode, reportez vous au chapitre 9 pour acquérir ces quelques notions de base.

PHP 5 introduit la classe prédéfinie Exception qui offre une gestion évoluée des exceptions.

Gérer une exception consiste à délimiter un ou des blocs de code et à prévoir une action particulière qui doit être réalisée dans le cas où l'erreur prévue se produit. Ces blocs constituent les gestionnaires d'exception. Pour les créer, procédez de l'une des façons suivantes :

- Créez un bloc à l'aide de l'instruction try qui délimite le code dans lequel peut survenir une erreur. Il peut s'agir, par exemple, du code qui gère les saisies faites par des utilisateurs dans un formulaire *(voir le chapitre 6)*. Ce bloc contient une instruction throw pour déclencher l'exception en créant un objet de type Exception à l'aide du mot-clé new.
- Créez un bloc à l'aide de l'instruction catch associée au bloc try précédent. Il comporte le code qui va gérer l'erreur si elle se produit. C'est ce bloc qui utilise l'objet Exception créé par l'instruction throw. Si aucune erreur ne se produit dans le bloc try, l'objet Exception n'est pas créé, et le code du bloc catch est ignoré. L'exécution se poursuit dans tous les cas après le bloc catch.

Un gestionnaire d'exception a donc le structure suivante :

```
try
{
  //Code à surveiller
  if(erreur prévue){throw new Exception();}
  else{// Résultat;}
}
catch(Exception $except)
{
  //Gestion de l'erreur
}
```

Le nom de l'objet utilisé dans l'instruction catch est sans importance. Un même script peut comporter autant de bloc try…catch que vous voulez. Il est également possible d'imbriquer des blocs try les uns dans les autres, à condition que chacun ait un bloc catch associé.

Le constructeur de l'objet Exception créé dans l'instruction throw reçoit deux paramètres, correspondant aux propriétés message et code de l'objet. Le premier est une chaîne contenant le message d'erreur et le second un entier qui définit un code d'erreur facultatif. Cet objet est utilisé dans le bloc catch en appelant ses méthodes pour afficher des informations sur l'exception. Le tableau 3-2 donne la liste et le rôle des méthodes de l'objet Exception.

Tableau 3-2 Les méthodes de l'objet *Exception*

Méthode	Définition
__construct()	Constructeur de l'objet. Il est appelé automatiquement lors de la création d'un objet avec le mot-clé new. Il définit les propriétés message et code de l'objet. Cette méthode ne doit pas être appelée explicitement.
getMessage()	Retourne la valeur de la propriété message dans une chaîne.
getCode()	Retourne la valeur de la propriété code sous la forme d'un entier.
getFile()	Retourne la valeur de la propriété file qui contient le nom et le chemin d'accès du fichier dans lequel s'est produite l'erreur.
getLine()	Retourne la valeur de la propriété line qui indique le numéro de ligne à laquelle a été créée l'exception.
__toString()	Retourne une chaîne contenant toutes les informations sur l'exception.

L'exemple 3-16 présente une première mise en œuvre du mécanisme des exceptions. Vous y définissez deux variables dans le but d'afficher le résultat de la division (repères ❶ et ❷). Ces valeurs proviendraient en pratique des saisies d'un utilisateur. L'absence de gestion de l'erreur provoquerait l'affichage d'une alerte (Warning). Supprimer l'affichage de cette alerte en utilisant la fonction 0 laisserait l'utilisateur dubitatif car le résultat attendu ne serait pas affiché, et ce sans aucune explication.

Vous créez donc un bloc try (repère ❸) pour gérer ce type d'erreur. Le contrôle de la valeur de la division permet de déclencher une exception en définissant un message approprié et un code d'erreur (repère ❹). Si la valeur de $b était valide, le résultat de la division serait affiché normalement, et le bloc catch serait ignoré (repère ❺).

Comme ici $b vaut 0, le bloc catch (repère ❻) affiche successivement le message d'erreur (repère ❼), le nom du fichier dans lequel se produit l'erreur (repère ❽), la ligne de l'instruction throw à laquelle l'objet $except a été créé (repère ❾), le code d'erreur (repère ❿) et les informations sur l'exception (repère ⓫). L'affichage du mot "FIN" prouve que l'exécution du script continue normalement, que le bloc catch soit exécuté ou non (repère ⓬).

Les instructions de contrôle
CHAPITRE 3

☛ **Exemple 3-16. Création d'un gestionnaire d'exception**

```php
<?php
$a=100; ← ❶
$b=0; ← ❷
try ← ❸
{
if($b==0){throw new Exception("Division par 0",7);} ← ❹
else{echo "Résultat de : $a / $b = ",$a/$b;} ← ❺
}
catch(Exception $except) ← ❻
{
   echo "Message d'erreur :",$except->getMessage(),"<hr>"; ← ❼
   echo "Nom du fichier :",$except->getFile(),"<hr>"; ← ❽
   echo "Numéro de ligne :",$except->getLine(),"<hr>"; ← ❾
   echo "Code d'erreur :",$except->getCode(),"<hr>"; ← ❿
   echo "__toString :",$except->__toString(),"<hr>"; ← ⓫
}
echo "FIN"; ← ⓬
?>
```

La figure 3-4 montre le résultat obtenu.

Figure 3-4
Affichages créés par l'objet Exception

Cet exemple n'a pour but que d'illustrer l'utilisation des méthodes de l'objet Exception. En production, vous n'afficheriez pas toutes ces informations, qui n'intéressent pas le visiteur.

Vous allez donc modifier ce script pour afficher une boîte d'alerte signalant simplement le problème à l'utilisateur. L'exemple 3-17 montre les modifications opérées. Dans le bloc catch, vous créez une boîte d'alerte utilisant la fonction JavaScript alert(), qui affiche uniquement le message et le code d'erreur (repère ❶).

☞ **Exemple 3-17. Affichage pour le visiteur**

```
<?php
$a=10;
$b=0;
try
{
   if($b==0) {throw new Exception("Division par 0",7);}
   else{echo "Résultat de : $a / $b = ",$a/$b;}
}
catch(Exception $except)
{
   echo "<script type=\"text/javascript\"> alert(' Erreur n°   ",$except ->getCode(),
   ➥" \\n  ",$except ->getMessage() ," ' )</script> ";← ❶
}
echo "FIN";
?>
```

Figure 3-5

Message d'erreur pour le visiteur

Personnalisation de l'objet *Exception*

Le mécanisme de l'héritage *(voir le chapitre 9)* permet d'étendre une classe pour lui ajouter des méthodes ou des propriétés. Vous pouvez donc enrichir l'objet Exception avec de nouvelles méthodes. Il serait même envisageable de créer des objets personnalisés permettant de gérer des types d'erreurs spécifiques.

L'exemple 13-18 illustre cette possibilité d'extension en créant une classe qui hérite de la classe Exception (repère ❶). Une nouvelle méthode, nommée alerte() (repère ❷), est ajoutée pour créer une boîte d'alerte JavaScript. Le simple appel de la méthode alerte() pour l'objet MonException retourne le code qui crée cette boîte (repère ❹) sans avoir à réécrire systématiquement ce code dans chaque script.

Pour montrer qu'un même bloc try peut gérer plusieurs erreurs différentes, vous créez deux conditions if qui correspondent à des situations différentes. La première déclenche une exception si $b vaut 0 (repère ❺), et la seconde une autre exception si le résultat de $a/$b n'est pas un entier, c'est-à-dire si $a n'est pas un multiple entier de $b (repère ❻). En fonction de la valeur de $b, l'appel de la méthode alerte() contenue dans le bloc catch (repère ❼) de l'objet de type MonException qui sera créé affiche une boîte d'alerte identique à celle de la figure 3-5 (si $b vaut 0) ou à celle de la figure 3-6 (comme c'est le cas dans l'exemple où $b vaut 3).

Exemple 3-18. Exception personnalisée

```php
<?php
//Création d'un classe dérivée de Exception
class MonException extends Exception ← ❶
{
  public function alerte() ← ❷
  {
    $this->message ="<script type=\"text/javascript\"> alert(' Erreur n°
    ➥ ".$this->getCode()." \\n  ".$this->getMessage() ." ' )</script> "; ← ❸
    return $this->getMessage(); ← ❹
  }
}
//Utilisation de la classe
$a=100;
$b=3;
try
{
  if($b == 0) {throw new MonException("Division par 0 ",7);} ← ❺
  elseif($a%$b != 0) {throw new MonException("Quotient entier impossible",55);} ← ❻
  else{echo "Résultat de : $a / $b = ",$a/$b;}
}
catch(MonException $except)
{
  echo $except->alerte(); ← ❼
}
echo "FIN";
?>
```

Figure 3-6

Affichage pour une erreur de divisibilité

Vous pouvez envisager de creer un grand nombre d'objets personnalisés permettant de gérer rapidement et d'une manière adaptée toutes sortes d'erreurs de types très différents.

Exercices

Exercice 1

Rédigez une expression conditionnelle pour tester si un nombre est à la fois un multiple de 3 et de 5.

Exercice 2

Écrivez une expression conditionnelle utilisant les variables $age et $sexe dans une instruction if pour sélectionner une personne de sexe féminin dont l'âge est compris entre 21 et 40 ans et afficher un message de bienvenue approprié.

Exercice 3

Effectuez une suite de tirages de nombres aléatoires jusqu'à obtenir une suite composée d'un nombre pair suivi de deux nombres impairs.

Exercice 4

Créez et affichez des numéros d'immatriculation automobile (pour Paris, par exemple) en commençant au numéro 100 PHP 75. Effectuez ensuite la même procédure en mettant en réserve les numéros dont le premier groupe de chiffres est un multiple de 100. Stockez ces numéros particuliers dans un tableau.

Exercice 5

Choisissez un nombre de trois chiffres. Effectuez ensuite des tirages aléatoires, et comptez le nombre de tirages nécessaire pour obtenir le nombre initial. Arrêtez les tirages, et affichez le nombre de coups réalisés. Réalisez ce script d'abord avec l'instruction while puis avec l'instruction for.

Exercice 6

Créez un tableau dont les indices varient de 11 à 36 et dont les valeurs sont des lettres de A à Z. Lisez ensuite ce tableau avec une boucle for puis une boucle foreach, et affichez les indices et les valeurs (la fonction chr(n) retourne le caractère dont le code ASCII vaut n).

Exercice 7

Utilisez une boucle while pour déterminer le premier entier obtenu par tirage aléatoire qui soit un multiple d'un nombre donné. Écrivez la variante utilisant la boucle do…while.

Exercice 8

Recherchez le PGCD (plus grand commun diviseur) de deux nombres donnés. Gérez au moyen d'une exception le cas où au moins un des nombres n'est pas entier.

4

Les chaînes de caractères

Dans un site Web, vous manipulez constamment des chaînes de caractères, qui constituent l'essentiel du contenu de la plupart des pages. Quand le contenu est créé dynamiquement à partir de fichiers ou d'une base de données, ce sont encore pour une part importante des chaînes de caractères qui sont manipulées. De plus, toutes les variables issues de l'envoi d'un formulaire sont de type string.

Affichage des chaînes

Vous avez vu à l'œuvre à plusieurs reprises la « fonction » echo pour afficher des données. Cette fonction est utilisable de plusieurs façons quand il s'agit d'afficher plusieurs chaînes ou variables à la suite l'une de l'autre afin de ne pas multiplier les appels à echo.

Vous pouvez utiliser l'opérateur de concaténation entre chaque expression, comme dans l'exemple suivant :

```
$nom = "Schultz";
echo "Bonjour Monsieur ". $nom. " nous sommes le ". date('d');
```

Dans le code, vous réalisez successivement la concaténation d'une chaîne littérale, d'une variable de type string, d'une deuxième chaîne puis de la valeur retournée par une fonction, qui est ici de type string. Après quoi, echo affiche l'ensemble dans le navigateur.

Le même résultat pourrait être obtenu sans concaténation, en séparant chaque expression par une virgule, comme ci-dessous :

```
echo "Bonjour Monsieur ", $nom," nous sommes le ",date('d');
```

Il n'est pas possible d'inclure de fonction dans une chaîne unique, comme ci-dessous :

```
echo "Bonjour Monsieur $nom nous sommes le date('d')" ;
```

Si la variable $nom est bien évaluée, la fonction date() ne pourrait pas l'être.

La « fonction » print() est quasiment similaire à echo. Vous pouvez écrire, par exemple :

```
print ("Bonjour Monsieur $nom nous sommes le ". date('d') );
```

ou :

```
print ("Bonjour Monsieur $nom nous sommes le "). date('d');
```

Dans ces deux cas, vous obtenez la valeur retournée par la fonction date().

Affichage formaté

Un affichage formaté permet d'obtenir des résultats uniformes, par exemple, pour aligner des chaînes sur plusieurs lignes ou des nombres dans un format particulier, comme un nombre de décimales fixe et une superposition correcte des chiffres en colonnes pour des montants financiers.

Vous disposez de deux fonctions pour cela, printf() et sprintf().

La syntaxe de printf() est la suivante :

```
void printf(string "format", string $ch1, string $ch2,..... $chN)
```

Cette fonction affiche directement le contenu des chaînes $ch1, $ch2, ..., $chN selon le format spécifié dans la chaîne "format".

La syntaxe de sprintf() est la suivante :

```
string sprintf(string "format",string $ch1, string $ch2,..... $chN)
```

Elle retourne une chaîne unique, qui peut être composée de une ou plusieurs fois les chaînes $ch1, $ch2, ..., $chN formatées selon le modèle défini dans la chaîne "format", comme précédemment.

Les fonctions vprintf et vsprintf, dont la syntaxe est la suivante :

```
void vprintf(string "format" , array $tab)
string vsprintf ( string "format", array $tab)
```

jouent des rôles équivalant respectivement à printf() et sprintf(), mais avec pour particularité que les chaînes sont passées en argument dans un tableau.

Le plus difficile est ici de bien définir la chaîne de formatage. Celle-ci peut être composée d'un texte ordinaire, généralement explicatif, et de directives d'affichage. Ces dernières sont constituées de caractères spéciaux qui indiquent la manière dont les variables passées en paramètre doivent être incorporées dans la chaîne. C'est cette chaîne qui est affichée directement ou retournée, selon la fonction utilisée.

Les chaînes de caractères
CHAPITRE 4

Les directives d'affichage sont composées, dans l'ordre, du caractère % suivi de :

- Un caractère de remplissage, utilisé pour compléter la chaîne quand on lui impose une longueur fixe. Pour définir un caractère autre que 0 ou l'espace (valeur par défaut), il faut le préfixer par une apostrophe (').
- Un caractère moins (-), pour indiquer un alignement à droite. Par défaut, l'alignement se fait à gauche.
- Un nombre, indiquant le nombre de caractères pour la chaîne formatée.
- Un point suivi d'un entier, indiquant le nombre de décimales à afficher pour les décimaux.
- Une lettre, indiquant la spécification du type de la valeur à afficher. Le tableau 4-1 donne la liste et les définitions de ces caractères.

> **Spécifier le type**
> La chaîne doit contenir au minimum la spécification du type selon lequel la chaîne doit être traitée (entier décimal, octal, hexadécimal, binaire, double ou chaîne).

Tableau 4-1 Les caractères de formatage du type de donnée

Caractère	Signification
%b	Interprète la chaîne $ch comme un entier et l'affiche en binaire : `$ch="89";` `printf ("En binaire $ch  s'écrit %b  ", $ch) ;` `//Affiche :En binaire 89 s'écrit 1011001`
%c	Interprète la chaîne $ch comme un entier et affiche le caractère dont le code ASCII correspond à ce nombre : `$ch="115";` `printf (" Le caractère de code $ch est %c  ", $ch);` `//Affiche: Le caractère de code 115 est s`

%d	Interprète la chaîne $ch comme un entier signé et l'affiche comme un nombre en base 10 :
	`$ch = "-25";`
	`printf ("La valeur de \$ch est %d", $ch),Affiche -25`

%f	Interprète la chaîne $ch comme un nombre de type double et l'affiche avec sa partie décimale à 0 chiffres. Les caractères non numériques de $ch ne sont pas pris en compte :
	`$ch = "25.52 mètres";`
	`printf ("La longueur est de %f m", $ch);`
	`Affiche: La longueur est de 25.520000 m`

%o	Interprète le chaîne $ch comme un entier et l'affiche en octal :
	`$ch = 252;`
	`printf ("En octal le nombre $ch s'écrit %o", $ch);`
	`Affiche: En octal le nombre 252 s'écrit 374`

Tableau 4-1 Les caractères de formatage du type de donnée *(suite)*

Caractère	Signification
%s	Interprète $ch comme une chaîne et l'affiche telle quelle : $ch1 = "Monsieur " ; $ch2 = " Schtroumpf" ; sprintf ("Bonjour,%s %s bravo !",$ch1 $ch2); Équivaut à : echo "Bonjour $ch1 $ch2, bravo !";
%x ou %X	Interprète la chaîne $ch comme un entier et l'affiche en hexadécimal en minuscules (%x) ou (%X) : $ch ="252756"; printf ("En hexadécimal $ch s'écrit %x ", $ch) ; Affiche: En hexadécimal 252756 s'écrit 3db54

L'exemple 4-1 présente une application des fonctions de formatage des chaînes qui affiche les lignes d'une facture et permet d'aligner tous les montants HT, TVA et TTC de chaque article sur plusieurs lignes. La première fonction, sprintf(), retourne la chaîne des en-têtes affichée avec echo (repère ❶). La chaîne de formatage utilise un caractère de remplissage et un spécificateur de longueur.

Le prix HT de chaque article est contenu dans un tableau (repères ❷, ❸ et ❹). Chaque prix est lu par une boucle for contenant la seconde fonction sprintf(), qui permet d'aligner correctement les montants, quelle que soit leur longueur (repères ❺ et ❻). Un dernier appel à sprintf() retourne la ligne des totaux de chaque colonne (repère ❽). L'utilisation de la fonction str_repeat() permet de créer une chaîne contenant la répétition de *N* fois la même chaîne $ch, sans avoir à multiplier les appels à echo (repère ❼).

La syntaxe de str_repeat() est la suivante :

    string str_repeat (string $ch, int N)

La figure 4-1 illustre le résultat de ce script.

☞ **Exemple 4-1. Utilisation de spécificateurs**

```
<?php
echo"<h3>Votre facture </h3>";
echo sprintf("<b>%'_25s %'_25s %'_25s <br /></b>","Prix H.T.","T.V.A.",
➥"Prix T.T.C.");←❶
$ht[1] = 27.55 ;←❷
$ht[2] = 3450.40 ;←❸
$ht[3] = 320.75 ;←❹
for($i=1;$i<4;$i++)←❺
{
  echo sprintf ("%'_20.2f %'_22.2f %'_20.2f <br />",
  ➥$ht[$i],$ht[$i]*0.196,$ht[$i]*1.196);←❻
  $total+=$ht[$i];
}
echo str_repeat("*",71),"<br />";←❼
echo sprintf ("%'_20.2f %'_22.2f %'_20.2f <br />",$total,
➥$total*0.196,$total*1.196);←❽
?>
```

Figure 4-1

Formatage de l'affichage

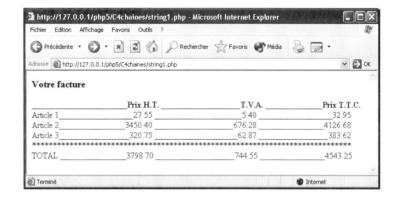

Ordre de passage

La fonction `sprintf()` incorpore les chaînes passées en paramètre dans l'ordre de leur passage. Vous pouvez modifier cet ordre ainsi que réutiliser la même valeur sans avoir à passer plusieurs fois le même paramètre.

Le code ci-dessous illustre cette possibilité. La chaîne de formatage du deuxième appel à `sprintf()` fait référence au premier paramètre en écrivant "%1\$s" et "%2\$s" pour le second :

```
$ch1 = "Monsieur " ;
$ch2 = " Rasmus" ;
echo sprintf ("Bonjour %s %s, bravo !",$ch1,$ch2);
//Affiche: Bonjour Monsieur Rasmus, bravo !
echo sprintf ("Bonjour %2\$s , bravo %1\$s!",$ch1,$ch2);
//Affiche: Bonjour Rasmus , bravo Monsieur !
```

Si le nombre de paramètres de type string est important, il est possible de les placer dans un tableau et de passer ce tableau comme deuxième paramètre à l'aide des fonctions vprintf() et vsprintf(), dont la syntaxe respective est la suivante :

```
void vprintf (string "format", array $tab)
string vsprintf (string "format", array $tab)
```

Ces fonctions équivalent respectivement aux fonctions printf() et sprintf().

Longueur d'une chaîne et codes des caractères

Pour déterminer le nombre de caractères d'une chaîne, utilisez la fonction strlen(), dont la syntaxe est la suivante :

```
int strlen (string $ch)
```

Le paramètre unique peut aussi bien être une variable de type string ou une chaîne littérale entre guillemets.

La fonction strlen() peut servir, par exemple, à vérifier qu'un code postal saisi par un internaute comporte bien cinq chiffres en écrivant :

```
$code = " 7508 " ;
if (strlen($code) != 5) echo "Code erroné !" ;
```

Vous pouvez aussi afficher séparément chaque caractère d'une chaîne à l'aide d'une boucle. Une chaîne est en fait assimilable à un tableau *(voir le chapitre 5)*, dont chaque lettre est un élément. Vous pouvez donc lire chaque lettre en utilisant la notation à crochets des tableaux.

Le code suivant affiche chaque lettre verticalement en réalisant une boucle for dont la condition d'arrêt est déterminée par strlen() :

```
$lang = "PHP 5" ;
for ($i =0;$i< strlen ($lang);$i++)
{echo "<h1> $lang[$i] </h1>";}
```

Vous pouvez retrouver le code UNICODE d'un caractère à l'aide de la fonction ord() et, réciproquement, obtenir le caractère à partir de son code à l'aide de la fonction chr().

La syntaxe de ces fonctions est la suivante :

```
int ord (string car)
string chr (int code)
```

L'exemple 4-2 crée un mot de passe composé de cinq lettres, dont les codes UNICODE compris entre 65 et 90 sont générés aléatoirement par la fonction rand() (repère ❶). Chaque lettre est créée à partir de son code puis concaténée dans la variable $code (repère ❷), après quoi le mot de passe est affiché (repère ❸).

☞ **Exemple 4-2. Création d'un mot de passe littéral**

```
<?php
for($i=1;$i<6;$i++)
{
$nb=rand(65,90); ← ❶
$code.=chr($nb); ← ❷
}
echo "Votre mot de passe est : ",$code; ← ❸
?>
```

Mise en forme des chaînes

Il est souvent nécessaire de remettre en forme les chaînes utilisées dans les scripts, notamment lorsqu'elles émanent d'une source extérieure, comme les saisies faites par des visiteurs dans un formulaire.

Modification de la casse

PHP offre plusieurs fonctions de conversion de la casse d'une chaîne utilisables pour normaliser l'affichage, quelle que soit la casse utilisée par un visiteur pour donner des informations. Il s'agit des fonctions `strtolower`, `strtoupper`, `ucwords` et `ucfirst`.

> string strtolower(string $ch)

retourne la chaîne avec tous les caractères en minuscules.

> string strtoupper(string $ch)

retourne la chaîne avec tous les caractères en majuscules.

> string ucwords(string $ch)

retourne la chaîne avec toutes les initiales des mots qui la composent en majuscules.

> string ucfirst(string $ch)

retourne la chaîne avec uniquement la première lettre en majuscule.

Pour réaliser un affichage conforme aux usages, vous pouvez combiner plusieurs de ces fonctions pour éliminer les fantaisies éventuelles des différents utilisateurs. Par exemple, si la saisie fantaisiste est `"jEaN EngelS"`, utilisez d'abord `strtolower()` pour transformer le texte en minuscules puis `ucwords()` pour mettre les initiales en majuscules.

L'exemple 4-3 utilise les fonctions précédentes pour réaliser un affichage normalisé à partir de chaînes ayant des casses hétéroclites.

☛ **Exemple 4-3. Normalisation de la casse des chaînes**

```php
<?php
$nom = "ENgelS" ;
$prenom = "jEan " ;
$adresse = "21, rue compoinT" ;
$ville = "75018 pAris" ;
$mail = "ENGELS@funPHP.Com" ;
$prenom = ucfirst (strtolower ($prenom )) ;
$nom = strtoupper ($nom) ;
$adresse = ucwords(strtolower ($adresse )) ;
$ville = strtoupper ($ville);
$mail = strtolower ($mail);
echo "Mes coordonnées <br />";
echo $prenom, $nom, "<br />";
echo $adresse, "<br />" ;
echo $ville, "<br />" ;
?>
```

Le script fournit l'affichage standard suivant :

```
Mes coordonnées
Jean ENGELS
21, rue Compoint
75018 PARIS
```

Les utilisateurs peuvent donc saisir leurs coordonnées dans un formulaire dans la casse de leur choix. Les résultats, quant à eux, auront tous la même présentation.

Gestion des espaces

De même, dans le but de réaliser un affichage uniforme à partir de saisies des utilisateurs ou de stocker ces dernières dans une base de données, il peut être utile de supprimer les caractères d'espaces inutiles en début et en fin de chaîne.

Vous disposez pour cela des trois fonctions, ltrim, rtrim et trim.

- string ltrim (string $ch [,string liste])

renvoie la chaîne $ch nettoyée des espaces situées en début de chaîne.

- string rtrim (string $ch [,string liste])

supprime les espaces situées en fin de chaîne.

- string trim (string $ch [,string liste])

supprime les espaces situées en début et en fin de chaîne.

Le paramètre liste permet de définir une liste de caractères à supprimer, qu'ils soient des caractères d'espace ou des caractères quelconques.

Le code suivant supprime les points situés au début et l'espace située à la fin de la chaîne $a ainsi que les caractères de soulignement situés à la fin de la chaîne $b :

```
<?php
$a = "...Jean " ;
$b = "Dupont___";
echo $a,$b,"<br />";
echo trim($a,' .'),rtrim($b,' _');
?>
```

Les résultats affichés sont :

```
...Jean Dupont___
Jean Dupont
```

Dans le même ordre d'idée, la fonction wordwrap() permet d'afficher un texte long avec une largeur maximale déterminée.

Sa syntaxe est la suivante :

```
string wordwrap ( string $ch [, int N [, string car [, boolean coupe]]])
```

Le paramètre N définit cette largeur et car contient la chaîne à insérer dans $ch tous les *N* caractères. Le paramètre booléen coupe, permet, s'il vaut TRUE, d'effectuer une césure des mots dont la longueur dépasse *N* caractères.

Avec le code suivant :

```
echo wordwrap($ch,30,"<br />",1);
```

le contenu de la chaîne $ch s'affiche dans une colonne de 30 caractères de largeur. Dans le code source HTML, vous trouvez donc un élément <br /> tous les 30 caractères.

Entités HTML et caractères spéciaux

Pour ajouter automatiquement le caractère d'échappement \ devant les caractères spéciaux tels que apostrophe ('), guillemets ("), antislash (\) et le caractère NUL, vous devez utiliser la fonction addslashes(), dont la syntaxe est la suivante :

```
string addslashes (string $ch)
```

Cette fonction peut être utilisée avant d'enregistrer des chaînes dans une base de données. Réciproquement, la fonction stripslashes() enlève les caractères d'échappement.

Par exemple, le code suivant :

```
$ch="Le répertoire est : 'C:\PHP_doc\php5'";
$ch = addslashes($ch);
echo $ch;
$ch =stripslashes($ch);
echo $ch;
```

affiche la chaîne $ch après chacune de ces transformations :

```
Le répertoire est : \'C:\\PHP_doc\\php5\'
Le répertoire est : 'C:\PHP_doc\php5'
```

> **Données de formulaire**
>
> La fonction addslashes() est inutile pour les données en provenance d'un formulaire si la directive magic_quotes_runtime est active dans le php.ini.

La fonction quotemeta() est similaire à addslashes(), à la différence près qu'elle introduit un caractère d'échappement devant les métacaractères ., \, +, *, ?, [,], (,), $ et ^. Sa syntaxe est la suivante :

```
string quotemeta ( string $ch)
```

Pour créer du code HTML ou XML, vous devez transformer certains caractères spéciaux (&, ", ', <, >) en entités de caractères. Vous utilisez pour cela la fonction htmlspecialchars(), dont la syntaxe est la suivante :

```
string htmlspecialchars (string $ch [, int CTE[,string charset]])
```

Le paramètre CTE est une constante qui détermine le traitement des guillemets. Elle prend les valeurs suivantes :

- ENT_COMPAT (valeur par défaut) convertit les guillemets doubles mais pas les guillemets simples.
- ENT_QUOTES convertit les guillemets doubles et simples.
- ENT_NOQUOTES ne traite aucun des guillemets.

Le paramètre charset désigne le jeu de caractères utilisé. Par défaut, il s'agit de ISO-8859-1.

La fonction htmlentities(), dont la syntaxe est la suivante :

```
string htmlentities (string $ch [, int CTE[,string charset]])
```

retourne une chaîne dans laquelle tous les caractères spéciaux en HTML, donc tous ceux dont le code UNICODE est supérieur à 128, en entités de caractère interprétables par les navigateurs.

Les paramètres CTE et charset ont les mêmes significations que dans la fonction htmlspecialchars(). Appliquée aux saisies des visiteurs, cette fonction empêche la création intempestive de code HTML en cas de saisie de balises dans une zone de texte.

Dans le code suivant :

```
$ch = "Cliquez sur l'icône en tête pour démarrer" ;
$ch2 = "L'élément HTML du bouton est <button>" ;
echo htmlentities($ch);
echo "<br />";
echo htmlentities($ch2);
```

Si vous écrivez "echo $ch2 ;" vous obtenez un bouton dans la page alors qu'en appelant htmlentities() le texte apparaît normalement. Le code source du fichier HTML contient les lignes suivantes :

```
Cliquez sur l'ic&ocirc;ne en t&ecirc;te pour d&eacute;marrer<br />
L'&eacute;l&eacute;ment HTML du bouton est &lt;button&gt;
```

Pour réaliser l'opération inverse, c'est-à-dire transformer les entités en caractères ordinaires, vous devez faire appel à la fonction suivante :

```
string html_entity_decode (string $ch [, int CTE[,string charset]])
```

qui possède les mêmes paramètres.

Pour transformer les sauts de lignes "\n" d'une chaîne en sauts de ligne XHTML <br />, utilisez la fonction nl2br(). Elle permet d'améliorer la présentation des textes saisis dans les zones multilignes *(voir le chapitre 6)*.

Le code suivant affiche la chaîne $ch sur trois lignes :

```
$ch = "Voici une ligne \n puis une autre \n Fin\n" ;
echo nl2br($ch) ;
```

Nous avons déjà signalé que, dans un site dynamique, de nombreuses chaînes provenaient de saisies opérées par les visiteurs et enregistrées ensuite pour être affichées sous une forme quelconque dans une page HTML.

Imaginez qu'une personne mal intentionnée saisisse la chaîne $ch suivante dans un formulaire afin qu'elle soit enregistrée et réutilisée par la suite :

```
$ch="<script type= text/javascript> alert('Salut'); history.back(); </script>";
```

Si le site doit utiliser cette chaîne pour l'afficher avec une instruction echo, la page ainsi créée est inutilisable car le navigateur affiche d'abord une boîte d'alerte JavaScript, créée par la fonction alert(). L'utilisateur est ensuite redirigé automatiquement vers la page précédente par la fonction history.back(). La page n'est donc jamais visible.

Pour éviter ces problèmes, il est possible d'enlever les balises HTML d'une chaîne grâce à la fonction strips_tags(), dont la syntaxe est la suivante :

```
string strip_tags ( string $ch [, string balise_ok])
```

La fonction retourne la chaîne $ch débarrassée des balises d'ouverture et de fermeture des éléments HTML autres que ceux qui sont précisés dans le deuxième paramètre comme étant acceptés.

Par exemple, dans le code suivant :

```
$ch="<script type =text/javascript> alert('Salut'); history.back();</script>";
//echo $ch; ← ❶
$ch=strip_tags($ch); ← ❷
echo $ch; ← ❸
```

si vous décommentez la deuxième ligne (repère ❶), vous vous exposez au problème signalé ci-dessus, alors qu'en appliquant la fonction strip_tags() à $ch (repère ❷) puis en affichant la chaîne $ch modifiée (repère ❸), la page ne contient que l'affichage :

```
alert('Salut');history.back();
```

Tout en étant parasite, cet affichage n'est pas dangereux.

Recherche de sous-chaînes

Une chaîne pouvant être considérée comme un tableau de caractères (indice de 0 à *N*), vous pouvez récupérer le caractère d'indice *N* en écrivant $ch[N] ou $ch[$N] si la variable $N contient un entier.

Le code suivant :

```
$ch = "Bonjour WorldTrade" ;
echo "Le 9ème caractère de la chaîne $ch est {$ch[8]}" ;
```

affiche le caractère W.

Plusieurs fonctions spécifiques permettent d'extraire une sous-chaîne d'une chaîne donnée. La fonction `strstr()` — ou `strchr()`, qui en est un alias —, dont la syntaxe est la suivante :

```
string strstr (string $ch, string $ch2)
```

recherche si la chaîne `$ch2` est contenue dans `$ch` et retourne tous les caractères allant de la première occurrence de `$ch2` jusqu'à la fin de `$ch`. Cette recherche est sensible à la casse. Pour effectuer une recherche insensible à la casse, vous devez utiliser la fonction suivante :

```
string stristr (string $ch, string $ch2)
```

Par exemple, le code suivant :

```
$ch = "Perette et le pot au lait"
$ssch = strstr ($ch, "pot")
echo $ssch ;
```

affiche la sous-chaîne `"pot au lait"`.

Si `$ch2` ne figure pas dans `$ch`, la fonction retourne FALSE.

Contrairement à la précédente, la fonction `strrchr()`, dont la syntaxe est la suivante :

```
string strrchr (string $ch, string $ch2)
```

ne retourne que la portion de `$ch` présente à partir de la dernière occurrence de `$ch2`. Par exemple :

```
$ch = "Perette et le pot au lait. C'est pas de pot !" ;
$ssch = strrchr($ch, "pot")
echo $ssch ;
```

n'affiche que la sous-chaîne `"pot!"`.

Les fonctions suivantes permettent d'extraire des sous-chaînes en fonction des indices des caractères dans la chaîne analysée (le premier étant à l'indice 0).

La fonction `substr()`, dont la syntaxe est la suivante :

```
string substr (string $ch, integer ind [, integer N])
```

retourne la chaîne contenant *N* caractères de `$ch` extraits à partir de l'indice `ind` inclus. Si le paramètre *N* est omis, elle retourne la sous-chaîne comprise entre l'indice `ind` et la fin de `$ch`.

La fonction `substr_count()` retourne le nombre d'occurrences d'une sous-chaîne `$ssch` dans une chaîne `$ch`.

Les chaînes de caractères
CHAPITRE 4

Sa syntaxe est la suivante :

```
int substr_count (string $ch, string $ssch)
```

Il est possible de remplacer toutes les occurrences d'une sous-chaîne par une autre au moyen de la fonction str_replace() :

```
string str_replace(string $ch1,string $ch2,string $ch [,string $var])
```

La fonction retourne la chaîne $ch, dans laquelle toutes les occurrences de $ch1 sont remplacées par $ch2. Le quatrième paramètre est le nom d'une variable à laquelle est passé par référence le nombre de remplacement effectué. Dans l'exemple 4-6, le mot "pot" est remplacé par "bol".

☛ **Exemple 4-5. Extraction et remplacement de sous-chaînes**

```
<?php
$ch = "Perette et le pot au lait. C'est pas de pot!" ;
$ssch = substr ($ch, 8, 9) ;
echo $ssch,"<br />" ;
$ssch = substr($ch,8);
echo $ssch ,"<br />";
$ch2="pot";
$nb=substr_count($ch,$ch2);
echo "Le mot $ch2 est présent $nb fois dans $ch <br />";
$ch3=str_replace('pot','bol',$ch);
echo $ch3,"<br />" ;
?>
```

Les résultats affichés sont les suivants :

```
et le pot
et le pot au lait. C'est pas de pot!
Le mot pot est présent 2 fois dans Perette et le pot au lait. C'est pas de pot!
Perette et le bol au lait. C'est pas de bol!
2 remplacements
```

La fonction strpos() retourne la position du premier caractère de la première occurrence d'une sous-chaîne $ch2 dans $ch ou FALSE si $ch2 ne figure pas dans $ch.

La syntaxe de la fonction strpos() est la suivante :

```
int strpos (string $ch,string $ch2[,int N])
```

Puisque la fonction retourne FALSE si le mot n'est pas trouvé, elle peut permettre indirectement de détecter la présence d'un mot dans une chaîne en la plaçant dans une condition if, ce qui est réalisé dans l'exemple 4-6 (repère ❶).

Les variantes de cette fonction, aux syntaxes identiques, sont stripos(), qui est insensible à la casse, strrpos(), qui retourne la position de la dernière occurrence trouvée, et strripos(), qui est identique à strrpos() mais insensible à la casse.

Exemple 4-6. Recherche de la position ou de l'existence d'un mot

```php
<?php
$ch = "Perette et le pot au lait. C'est pas de pot ! La Fontaine" ;
echo "\$ch = $ch <br />";
$ch2 = "pot" ;
//recherche sensible à la casse
$n=strpos ($ch, $ch2);
echo "Le mot $ch2 commence à la position $n dans \$ch <br />" ;
//recherche insensible à la casse
$ch3 = "POT" ;
$n2=stripos($ch, $ch3);
echo "Le mot $ch3 commence à la position $n2 dans \$ch <br />" ;
//recherche de la dernière occurrence sensible à la casse
$n3=strrpos($ch, $ch2);
echo "La dernière occurrence du mot $ch2 commence à la position $n3 dans \$ch <br />" ;
//recherche sensible à la casse de l'existence d'un mot
$ch4="fontaine";
if(!strpos ($ch,$ch4))
{ echo "Le mot $ch4 n'est pas dans \$ch";}
?>
```

Le résultat affiché est le suivant :

```
$ch = Perette et le pot au lait. C'est pas de pot ! La Fontaine
Le mot pot commence à la position 14 dans $ch
Le mot POT commence à la position 14 dans $ch
La dernière occurrence du mot pot commence à la position 40 dans $ch
Le mot fontaine n'est pas dans $ch
```

Les mêmes conventions de formatage utilisées par la fonction printf() sont utilisables pour extraire des sous-chaînes et affecter leurs valeurs à des variables. Vous pouvez utiliser ces variables indépendamment de la chaîne dont elles sont extraites à l'aide de la fonction sscanf(), dont la syntaxe est la suivante :

```
array|string sscanf (string $ch, string "format" [, $var1,$var2,…])
```

Pour utiliser cette fonction, la chaîne $ch doit répondre au format défini à l'aide des spécificateurs récapitulés au tableau 4-1, que vous avons déjà rencontrés avec la fonction printf(). Elle peut alors être bien analysée. Chacun de ces éléments est affecté aux variables dont les noms sont donnés dans les paramètres $var1, $var2, etc.

Dans l'exemple 4-6, la chaîne $personne contient quatre informations écrites selon le format précis suivant :

```
"date_de_naissance-date_de_décès prénom nom"
```

Dans l'exemple 4.7, la chaîne de format qui permet d'analyser et de récupérer chacun de ses éléments est la suivante (voir repère ❶) :

```
$format="%d-%d %s %s"
```

La fonction `sscanf()` affecte ces informations aux variables nommées `$ne`, `$mort`, `$prenom` et `$nom` (repère ❷) et retourne le nombre d'informations dans la variable `$nb`. Ces variables sont utilisées pour un affichage (repère ❸).

☞ Exemple 4-7. Capture de sous-chaînes dans des variables

```php
<?php
$personne = "1685-1750 Jean-Sébastien Bach";
$format="%d-%d %s %s"; ← ❶
$nb = sscanf($personne,$format,$ne,$mort,$prenom,$nom); ← ❷
echo "$prenom $nom né en $ne, mort en $mort <br />"; ← ❸
echo "Nous lisons $nb informations";;
?>
```

Le résultat affiché est le suivant :

```
Jean-Sébastien Bach né en 1685, mort en 1750
Nous lisons 4 informations
```

Comparaison de chaînes

Les opérateurs de comparaison usuels sont utilisables avec les chaînes. Cela inclut bien sûr les opérateurs d'égalité (==) et d'identité (===), ce dernier ne permettant d'obtenir la valeur TRUE dans une expression conditionnelle que si les deux opérandes ont non seulement la même valeur mais aussi le même type.

Avec l'opérateur d'égalité, si les deux opérandes sont des chaînes, elles doivent avoir exactement les mêmes caractères pour que l'égalité soit vérifiée. Le code suivant affiche FALSE :

```php
$ch="scripts PHP 5";
$ch2="script PHP 5";
if($ch2==$nb) echo "TRUE <br />";
else echo "FALSE <br />";
```

Si la comparaison se fait entre une chaîne commençant par des chiffres et un nombre, elle a lieu comme s'il s'agissait de deux nombres, seuls les caractères numériques de la chaîne étant pris en compte. Le code suivant affiche TRUE :

```php
$nb=59;
$ch="59scripts";
if($ch==$nb) echo "TRUE <br />";
else echo "FALSE <br />";
```

Par contre, si vous écrivez `if($ch===$nb)`, le script affiche FALSE car les types sont différents.

De même, si vous utilisez les opérateurs arithmétiques +, -, *, /, , et % entre une chaîne et un nombre, vous obtenez un nombre si la chaîne commence par des chiffres. Le code suivant affiche, par exemple, le nombre 531. Il ne s'agit pas de la chaîne "531" mais d'un entier, ce qui est vérifiable en utilisant la fonction gettype() :

```
$nb=59;
$ch="9scripts";
echo $nb*$ch;//Affiche 531
echo gettype($nb*$ch);//Affiche integer
```

Moins habituel, vous pouvez comparer des chaînes alphabétiques entre elles ou avec des nombres au moyen des opérateurs *a priori* réservés à des nombres. Il s'agit des opérateurs <, >, <= et >=. Si les opérandes sont des chaînes, la comparaison est effectuée en fonction de l'ordre ASCII des caractères des chaînes. Par exemple, le code suivant :

```
$ch1="Blanc";
$ch2="Bleu";
$ch3="blanc";
if($ch1>$ch2) echo "TRUE <br />";
else echo "FALSE <br />"; //Affiche FALSE
if($ch1<$ch3) echo "TRUE <br />";
else echo "FALSE <br />"; //Affiche TRUE
```

affiche d'abord FALSE pour la comparaison ($ch1>$ch2) car les deux premiers caractères sont identiques et que "a<e" est vrai dans l'ordre ASCII. Il affiche ensuite TRUE pour la comparaison ($ch1<$ch3) car les minuscules ont des codes inférieurs aux majuscules.

Pour comparer des chaînes et obtenir leur ordre alphabétique, au sens ASCII du terme, vous disposez aussi des fonctions PHP suivantes :

```
int strcmp (string $ch1, string $ch2)
int strcasecmp (string $ch1, string $ch2)
```

Leur fonctionnement est identique, mais la première fonction est sensible à la casse alors que la seconde ne l'est pas. Elles retournent toutes deux un nombre négatif (généralement -1) si $ch1 est inférieure à $ch2, un nombre positif (généralement 1) dans le cas contraire et 0 en cas d'égalité.

Les fonctions strncmp() et strncasecmp() réalisent respectivement les mêmes actions que strcmp() et strcasecmp() mais en limitant la comparaison aux *N* premiers caractères. Leurs syntaxes sont les suivantes :

```
int strncmp(string $ch1, string $ch2, int N)
int strncasecmp ( string $ch1, string $ch2, int N)
```

Le code suivant assure la même comparaison que les opérateurs vus précédemment :

```
$ch1="Blanc";
$ch2="Bleu";
$ch3="blanc";
echo strcmp ($ch1,$ch2);//Affiche -1
echo strcasecmp ($ch1,$ch3);//Affiche 0
echo strncasecmp ( $ch1, $ch2,2);//Affiche 0
```

La méthode de comparaison de ces fonctions étant fondée sur les codes des caractères, elle donne des résultats qui peuvent paraître étranges. Par exemple, le code suivant :

```
$ch4="page2";
$ch5="page12";
echo strcmp ( $ch4,$ch5);//Affiche 1
```

affiche la valeur 1. `"page2"` est donc considéré supérieur à `"page12"`. Si vous souhaitez réaliser un tri, cela n'est pas concevable.

Pour pallier cet inconvénient, vous disposez des fonctions suivantes, qui effectuent une comparaison dans l'ordre « naturel », dans lequel `"page2"` est avant `"page12"` :

```
int strnatcmp (string $ch1, string $ch2)
int strnatcasecmp (string $ch1, string $ch2)
```

La première fonction est sensible à la casse mais pas la seconde. Le code suivant :

```
$ch4="page2";
$ch5="page12";
echo strnatcmp($ch4,$ch5);//Affiche -1
```

affiche une valeur négative, et vous avez donc bien `"page2"` inférieur à `"page12"`.

Dans des recherches de mots, il est possible d'obtenir le nombre de caractères communs à deux chaînes en utilisant la fonction suivante :

```
int similar_text ( string $ch1, string $ch2 [, $pourcent])
```

qui retourne ce nombre. Si le troisième paramètre est utilisé, le pourcentage de similarité est retourné dans la variable `$pourcent` (le nom de la variable est ici arbitraire). Notez que la comparaison est sensible à la casse.

Par exemple, le code suivant :

```
$ch4="MySQL";
$ch5="PgSQL";
echo similar_text($ch4,$ch5,$pourc), " caractères communs";
echo "Similarité : ",$pourc,"%";
```

affiche le résultat suivant :

```
3 caractères communs
Similarité : 60%
```

Transformation de chaînes en tableaux

Vous avez la possibilité d'extraire chacun des « mots » d'une chaîne et d'obtenir un tableau dont les éléments contiennent chacun de ces mots. Vous devez pour cela utiliser la fonction suivante :

```
array explode ( string sep, string $ch [, int N])
```

La fonction retourne un tableau des mots de $ch, le critère de séparation étant donné par la chaîne sep (souvent une espace). Si le dernier paramètre est fourni, le tableau ne contient que *N* éléments au maximum, le dernier élément contenant toute la fin de la chaîne initiale.

La fonction implode() est la réciproque de explode(). Elle retourne une chaîne composée des éléments d'un tableau séparés par un caractère donné. Sa syntaxe est la suivante :

```
string implode ( string sep, array $tab)
```

L'exemple 4-8 illustre ces deux fonctions avec différents séparateurs.

☞ **Exemple 4-8. Passages réciproques de chaînes en tableaux**

```php
<?php
//Passage chaîne -> tableau
$ch1="L'avenir est à PHP5 et MySQL";
$tab1=explode(" ",$ch1);
echo $ch1,"<br />";
print_r($tab1);
echo "<hr />";
$ch2="C:\wampserver\www\php5\chaines\string2.php";
$tab2=explode("\\",$ch2);
echo $ch2,"<br />";
print_r($tab2);
echo "<hr />";
//Passage tableau  -> chaîne
$tab3[0]="Bonjour";
$tab3[1]="monsieur";
$tab3[2]="Rasmus";
$tab3[3]="Merci!";
$ch3=implode(" ",$tab3);
echo $ch3,"<br />";
?>
```

L'exemple retourne les résultats suivants :

```
L'avenir est à PHP5 et MySQL
Array ( [0] => L'avenir [1] => est [2] => à [3] => PHP5 [4] => et [5] => MySQL )

C:\wampserver\www\php5\chaines\string2.php
Array ( [0] => C: [1] => wampserver [2] => www [3] => php5 [4] => chaines [5] => string2.php )

Bonjour monsieur Rasmus Merci!
```

Les expressions régulières

Une expression régulière, ou *regular expression,* ou encore expression rationnelle, permet de définir un modèle général, appelé motif de l'expression régulière, au moyen de caractères particuliers, représentatifs d'un ensemble de chaînes de caractères très variées.

Si vous définissez, par exemple, comme caractéristique d'un modèle de mot que la première et la troisième lettre d'un mot doivent être un "p", quantité de mots d'un dictionnaire français répondent à ce critère, tels papa, pipe, pipeau, pipelette, etc. Ces motifs permettent de rechercher dans un texte s'il existe des occurrences d'un mot ou de retrouver tous les mots qui répondent à tel critère particulier, comme vous venez de le voir.

Ils peuvent aussi permettre de vérifier si une saisie faite par un visiteur du site est conforme au format couramment attendu, comme celui d'une adresse e-mail, et, dans le cas contraire, d'afficher un message d'erreur. Sans ce type de vérification, tout contact serait impossible entre un client qui se serait identifié avec une adresse contenant une erreur de format et un site commercial qui enregistre les adresses e-mail pour envoyer une confirmation de commande, par exemple.

Vous allez voir successivement comment écrire des motifs représentatifs puis les différentes fonctions offertes par PHP pour opérer des vérifications sur des chaînes de caractères. Dans la pratique, ces chaînes proviennent le plus souvent de saisies effectuées dans un formulaire.

Définition d'un motif élémentaire

L'écriture des motifs d'expressions régulières est la partie la plus rébarbative du travail de codage. Un grand soin est requis dans leurs écritures car cela conditionne la qualité du résultat. Les motifs sont toujours contenus dans des chaînes de caractères, et donc entre guillemets.

Recherche de un ou plusieurs caractères

Pour rechercher la présence d'un caractère particulier, il suffit de l'inclure entre des guillemets simples ou doubles. Pour rechercher le caractère @, vous écrivez le modèle :

```
$modele="@";
```

Pour vérifier si une chaîne contient un au moins des caractères d'une liste, vous énumérez tous ces caractères entre crochets.

Pour rechercher un ou plusieurs des caractères xyz, vous avez donc le motif suivant :

```
$modele="[xyz]";
```

Avec la même syntaxe, vous pouvez définir comme motif un intervalle de lettres ou de chiffres.

> **Caractère et caractères**
> La présence d'un seul des caractères de la liste dans la chaîne sur laquelle s'effectue la recherche fournit un résultat positif. La présence d'autres caractères quelconques est donc possible. En d'autres termes, la présence d'au moins un des caractères définis dans le motif ne signifie pas qu'il n'y en a pas d'autres non contenus dans le motif.

Par exemple, si vous écrivez :

```
$modele = "[a-z]";
```

vous recherchez un mot d'au moins un caractère contenant n'importe quelles lettres minuscules.

De même, le motif suivant :

```
$modele = "[A-Z]";
```

recherche n'importe quel groupe de majuscules.

Le suivant :

```
$modele = "[0-9]";
```

recherche la présence d'au moins un chiffre entre 0 et 9.

> **Échappement des caractères spéciaux**
> Pour rechercher dans une chaîne les caractères qui ont une signification particulière, vous devez les échapper en les faisant précéder d'un antislash (\). Cela s'applique aux caractères ., $, ^, ?, \, [,], (,), + et *.

Il existe des classes de caractères prédéfinies, qui évitent d'avoir à créer vous-même les ensembles de caractères recherchés. Ces classes sont récapitulées au tableau 4.2.

Tableau 4-2 Les classes de caractères prédéfinies

Classe	Définition de la recherche
[[:alnum:]]	Tous les caractères alphanumériques. Équivalent de l'ensemble [a-zA-Z0-9]
[[:alpha:]]	Tous les caractères alphabétiques. Équivalent de l'ensemble [a-zA-Z]
[[:blank:]]	Tous les caractères blancs (espaces, tabulations, etc.)
[[:ctrl:]]	Tous les caractères de contrôle
[[:digit:]]	Tous les chiffres. Équivalent de l'ensemble [0-9]
[[:print:]]	Tous les caractères imprimables, non compris les caractères de contrôle
[[:punct:]]	Tous les caractères de ponctuation
[[:space:]]	Tous les caractères d'espace (espace, tabulation, saut de ligne)
[[:upper:]]	Tous les caractères en majuscules
[[:xdigit:]]	Tous les caractères en hexadécimal

Les classes du tableau sont utilisables comme les autres motifs en les écrivant dans une chaîne de caractères délimitée par des guillemets.

Vous écrivez, par exemple, le modèle suivant :

```
$modele="[[:alpha:]]" ;
```

pour rechercher des caractères alphabétiques en minuscule ou en majuscule.

Le modèle suivant :

```
$modele="[[:digit:]]" ;
```

vous permet de rechercher la présence de chiffres.

Recherche d'une chaîne précise

Pour rechercher la présence d'un mot précis dans une chaîne, créez le motif en écrivant le mot entre guillemets. La recherche est validée si le mot se trouve exactement dans la chaîne analysée et en respectant la casse.

Le motif suivant :

```
$modele = "Paris";
```

vérifie si le mot Paris est présent dans la chaîne analysée. La chaîne Visite à Paris est donc conforme au modèle mais pas la chaîne Visite à paris.

Pour détecter la présence d'au moins une chaîne parmi deux, vous devez utiliser l'opérateur logique OU, symbolisé par le caractère pipe (|) placé entre les mots à rechercher.

Le motif suivant :

```
$modele="\.com|\.net";
```

recherche des chaînes .com ou .net. L'adresse www.php.net est donc validée mais pas www.w3c.org.

Restriction de caractères

Pour interdire la présence d'un groupe de caractères, faites-le précéder par le caractère ^. Pour exclure une plage entière de caractères, incluez le caractère ^ devant les caractères entre crochets qui définissent l'ensemble des caractères ou la plage de caractères.

Prenez garde à cette définition car la présence d'un seul caractère différent de ceux qui sont exclus rend la vérification valide, même si ce caractère est précédé ou suivi de caractères interdits.

Par exemple, le motif suivant :

```
$modele="[^abc]";
```

exclut les caractères abc. La chaîne caba ne répond donc pas à cette définition alors que la chaîne cabas est conforme au modèle par le seul ajout du caractère s.

De même, le motif suivant :

- `$modele="[^A-Z]";`

exclut les chaînes composées uniquement de lettres majuscules. Par exemple, la chaîne PHP est exclue mais pas PHP 5.

Le motif :

- `$modele="[^0-9]";`

exclut les chaînes composées uniquement de chiffres. Par exemple, la chaîne 2005, qui ne comporte que des chiffres, est exclue mais pas la chaîne 02-03-2005, qui comporte un autre caractère.

Ce même caractère caret ^ peut avoir une autre signification s'il est placé devant un caractère ou une classe de caractères mais pas entre crochets. Dans ce cas, la chaîne sur laquelle est effectuée la recherche doit commencer par les caractères qui suivent.

Par exemple, le motif suivant :

- `$modele= "^bon";`

permet de rechercher si une chaîne commence par les lettres bon, comme bonjour Max ou bonne blague.

Pour imposer qu'une chaîne se termine pas un ou plusieurs caractères déterminés, faites suivre ces derniers du caractère $.

Pour imposer, par exemple, qu'une adresse e-mail se termine par .com, écrivez le motif suivant :

- `$modele= "\.com$";`

Création de modèles généraux

L'utilisation de caractères spéciaux permet de créer des modèles, dans lesquels vous pouvez préciser si un caractère doit être présent zéro, une ou plusieurs fois de suite.

Le caractère point (.) permet de rechercher n'importe quel caractère. L'exemple suivant :

- `$modele= "mat."`

crée le modèle permettant de rechercher tous les mots contenant le mot mat suivi d'au moins un caractère. Vous obtenez aussi bien mate, math que matériel mais pas la chaîne échec et mat, car mat n'est suivi d'aucun caractère.

Le caractère ? indique que le caractère qui précède doit être présent zéro ou une fois. Le caractère recherché peut être présent plusieurs fois sans pour autant invalider la recherche.

L'exemple suivant :

- `$modele= "math?"`

crée le modèle permettant de chercher la présence des lettres mat suivies ou non de la lettre h dans une chaîne quelconque. Vous pouvez obtenir math, mathématiques, matrice, mais aussi mathh, car il peut exister d'autres caractères identiques après le motif défini.

Le caractère + indique que le caractère qui précède doit être présent au moins une fois dans la chaîne analysée.

L'exemple suivant :

```
$modele= "nat+"
```

recherche si une chaîne contient les lettres na suivies de une ou de plusieurs lettres t. Vous obtenez, par exemple, nat, nathalie, natte, naturel, mais pas naval.

Le caractère * indique que le caractère qui précède doit être présent zéro ou plusieurs fois dans la chaîne sur laquelle s'effectue la recherche.

Le motif suivant :

```
$modele= "pour*" ;
```

recherche les lettres pou suivies de la lettre r présente un nombre quelconque de fois puis, éventuellement, d'une suite de caractères quelconque. Vous pouvez obtenir les mots pou, poulette, pourri, etc.

En associant les caractères . et *, vous pouvez rechercher une suite quelconque de caractères, le point spécifiant n'importe quel caractère et l'étoile zéro à *N* occurrences d'un même caractère.

Le motif suivant :

```
$modele= "mat.*" ;
```

recherche tous les mots d'un nombre de caractères quelconque contenant les lettres mat. Vous trouvez, par exemple, mat, math, matériel ou matter.

L'usage des parenthèses associées aux caractères précédents effectue des regroupements permettant des recherches plus précises.

Le motif suivant :

```
$modele= "(ma)+" ;
```

recherche la présence du groupe de caractères ma au moins une fois.

Recherche d'un nombre donné de caractères

L'usage des accolades permet de préciser le nombre de fois que vous souhaitez voir apparaître un caractère ou un groupe de caractères, selon les définitions suivantes :

- {n} cherche exactement *n* fois le caractère ou le groupe qui précède.
- {n,} cherche au minimum *n* fois le caractère ou le groupe qui précède.
- {n,m} cherche entre *n* et *m* fois le caractère ou le groupe qui précède.

Par exemple, le motif suivant :

```
$modele= "cor{2}" ;
```

recherche des mots contenant les caractères `corr`.

Ici encore, le modèle recherché peut être suivi d'autres caractères, y compris celui sur lequel s'appliquent les accolades. Les chaînes `correcteur`, `corrigé` mais aussi `corrr` sont donc valides. En revanche, `corsage` ne l'est pas.

Le motif suivant :

```
$modele= "cor{1,}" ;
```

recherche dans une chaîne la présence des lettres `co`, suivies d'un nombre quelconque de caractères `r`. Les chaînes `cor`, `corr`, `corrr`, etc., sont donc valides.

Les fonctions de recherche PHP

Comme expliqué précédemment, plusieurs extensions PHP permettent d'utiliser des expressions régulières et donc plusieurs séries de fonctions utilisables dans ce but.

Nous nous penchons ici sur les fonctions standards de PHP.

Les fonctions élémentaires de recherche de PHP sont les suivantes :

```
bool ereg ( string $modele, string $ch [, array $tab])
bool eregi ( string $modele, string $ch [, array $tab])
```

Elles permettent de contrôler la présence d'une sous-chaîne répondant au motif d'expression régulière `$modele` dans `$ch`. Le troisième paramètre est un tableau indicé qui contient la chaîne `$ch` dans l'élément d'indice 0 ainsi que les sous-chaînes répondant au modèle dans les éléments suivants. Elles retournent TRUE si le motif est trouvé et FALSE dans le cas contraire. La seule différence entre ces deux fonctions est que `ereg()` est sensible à la casse alors que `eregi()` ne l'est pas.

L'exemple 4-9 constitue votre première application pratique. La définition du motif (repère ❶) exige la présence de quatre chiffres (code (`[[:digit:]]{4}`)), suivis d'un nombre quelconque de caractères (code (`.*`)). L'utilisation de la fonction `ereg()` permet de valider ce motif (repère ❷). Si la chaîne `$ch` contient le motif, un message est affiché (repère ❸). L'utilisation du tableau `$tab` permet ensuite de récupérer et d'afficher la date (repère ❹) et l'événement (repère ❺). Dans le cas contraire un message indique la non-conformité du motif recherché (repère ❻).

☞ **Exemple 4-9. Recherche dans une chaîne**

```
< ?php
$ch="1789 Prise de la Bastille";
$modele= "([[:digit:]]{4})(.*) ← ❶
if(ereg($modele,$ch,$tab)) ← ❷
{
    echo "La chaîne \"$ch\" est conforme au modèle \"$modele\" <br />"; ← ❸
```

```
        echo "Date : ",$tab[1],"<br />";←❹
        echo "Evénement : ",$tab[2],"<br />";←❺
    }
    else echo "La chaîne \"$ch\" n'est pas conforme au modèle \"$modele\" ";←❻
    ?>
```

L'exemple affiche le résultat suivant :

```
La chaîne "1789 Prise de la Bastille" est conforme au modèle "([[:digit:]]{4})(.*)"
Date : 1789
Evénement : Prise de la Bastille
```

Les fonctions suivantes permettent de réaliser des opérations de remplacement d'une sous-chaîne conforme à un motif défini par une autre chaîne. Elles retournent une chaîne modifiée, mais la chaîne initiale $ch reste intacte (à nouveau, la seule différence entre les deux fonctions est que eregi_replace() est insensible à la casse) :

```
string ereg_replace ( string $modele, string $remp, string $ch)
string eregi_replace ( string $modele, string $remp, string $ch)
```

L'exemple 4-10 utilise ces fonctions. La première remplace un chiffre défini par le motif [[:digit:]] par le chiffre 5 (repère ❶). Toutes les occurrences de ce chiffre sont remplacées. La deuxième remplace un mot par un autre (repère ❷) ou le caractère de saut de ligne \n par l'élément HTML
 (repère ❸). La suivante effectue deux remplacements successifs dans la même chaîne (repères ❹ et ❺). La dernière montre que la chaîne de remplacement peut être définie par une fonction à condition qu'elle retourne une valeur de type string. Ici, n'importe quel groupe de quatre chiffres défini par le motif [0-9]{4} (typiquement une année) est remplacé par la chaîne 2004 (repère ❻).

☞ **Exemple 4-10. Remplacement de sous-chaînes**

```
<?php
//
$ch = "La 4e \n version est PHP 4:\n Viva PHP4";
$ch2=ereg_replace ("[[:digit:]]", "5", $ch);←❶
echo $ch2,"<br />";
echo ereg_replace (" est", " fut", $ch),"<br />" ;←❷
echo ereg_replace ("\n", "<br />", $ch2),"<br />";←❸
echo $ch,"<br />";;
//
$ch = "Quatre mariages et un enterrement ";
$ch2=eregi_replace ("MARIAGE", "divorce", $ch);←❹
$ch2=ereg_replace ("enterrement", "mariage", $ch2);←❺
echo $ch2,"<br />";
//
$ch = "Nous sommes en 2003 ";
echo ereg_replace ("[0-9]{4}", date("Y"), $ch);←❻
?>
```

L'exemple affiche le résultat suivant :

```
La 5e version est PHP 5: Viva PHP5
La 4e version fut PHP 4: Viva PHP4
La 5e
version est PHP 5:
Viva PHP5
La 4e version est PHP 4: Viva PHP4
Quatre divorces et un mariage
Nous sommes en 2004
```

Définition d'un motif complexe

Vous allez maintenant aborder la manière de créer des modèles complexes afin de réaliser des recherches ou des validations d'expressions complexes, comme des montants financiers ou des adresses e-mail.

Elle consiste à combiner les différentes possibilités que vous avez découvertes à la section précédente.

Validation d'un nom

En prenant pour hypothèse qu'un nom de famille est composé uniquement de lettres et des caractères apostrophes (') et tiret (-) pour les prénoms composés, à l'exclusion de tout autre, vous créez le modèle suivant :

```
$modele="^([a-zA-Z])([- a-zA-Z]*)$";
```

Il ne recherche que les noms commençant par des lettres suivies éventuellement d'un tiret, d'une espace et de lettres, ces caractères devant constituer la fin du nom. Les chiffres et les autres caractères sont exclus.

L'exemple 4-11 affiche un message si le nom ne correspond pas à ces critères.

☞ **Exemple 4-11. Validation d'un nom complet**

```
<?php
$modele="^([a-zA-Z])([- a-zA-Z]*)$";
$nom="Jean-Paul DEUX";
if(!eregi($modele,$nom))
{echo "Le nom \"$nom\" n'est pas conforme. Veuillez le ressaisir!";}
?>
```

Le nom Jean-Paul Deux est accepté, mais pas Jean-Paul 2. Ce script peut être utilisé pour vérifier les saisies effectuées dans un formulaire avant l'enregistrement des données.

Valider une adresse e-mail

Vous cherchez maintenant à valider une adresse e-mail saisie par un utilisateur.

Les adresses valides sont de la forme :

```
nom@domaine.uk
prenom.nom@domaine.com
prenom-nom@domaine.info
```

Les extensions des domaines sont limitées à quatre caractères.

Le modèle suivant est beaucoup plus complexe que les précédents :

```
$modele="(^[a-z])([a-z0-9])+(\.|-)?([a-z0-9]+)@([a-z0-9]+)\.([a-z]{2,4}$)";
```

Il oblige l'adresse à commencer par des lettres (partie (^[a-z])), suivies de un ou plusieurs caractères alphanumériques (partie ([a-z0-9])+) puis d'un point ou d'un tiret optionnels (partie (\.|-)?). Le groupe de caractères suivant peut être alphanumérique (partie ([a-z0-9]+)). La présence du caractère @ est obligatoire. Il doit être suivi d'au moins deux caractères alphanumériques représentant le nom de domaine (partie ([a-z0-9]{2,})). La présence d'un point puis d'une extension alphabétique de deux à quatre lettres doit terminer l'adresse (partie \.([a-z]{2,4}$)) pour être valide.

Le script de l'exemple 4-12 utilise ce motif pour créer une fonction de validation (repère ❶). Le paramètre unique $ch représente l'adresse à vérifier. L'adresse est d'abord convertie en minuscules (repère ❷), puis la fonction ereg() vérifie la conformité de l'adresse au motif (repère ❸). Selon le cas, la fonction affiche le message adéquat et retourne TRUE ou FALSE.

Exemple 4-12. Validation d'une adresse e-mail

```
<?php
//Création de la fonction de validation
function validmail($ch) ← ❶
{
  $modele="(^[a-z])([a-z0-9])+(\.|-)?([a-z0-9]+)@([a-z0-9]{2,})\.([a-z]{2,4}$)";
  $ch=strtolower($ch); ← ❷
  if (ereg($modele, $ch)) ← ❸
  {
    echo "$ch est valide <br />";
return TRUE;
  }
  else
  {
    echo "$ch est invalide <br />";
return FALSE;
  }
}
//Utilisation de la fonction de validation
$mail="Jean5.dupont@laposte2.uk";
$mail2="5pierre.dupapi@plusloin.info";
$mail3="engels-jean@funphp.com";
validmail($mail);
validmail($mail2);
validmail($mail3);
?>
```

Le résultat affiché est le suivant :

```
jean5.dupont@laposte2.net est valide
5pierre.dupap@plusloin.info est invalide
```

Mémo des fonctions

```
string addslashes(string str)
```
Ajoute des antislashs dans une chaîne.

```
string chunk_split(string $ch , int N , string $fin)
```
Scinde une chaîne en introduisant la chaîne `$fin` tous les *N* caractères.

```
string crypt(string $ch [, string $sel])
```
Crypte la chaîne `$ch` à l'aide de `$sel`.

```
void echo string $ch1 ,..., string $chN
```
Affiche une ou plusieurs chaînes de caractères.

```
array explode(string $sep , string $ch [, int N])
```
Transforme une chaîne en tableau indicé d'au maximum *N* éléments en utilisant le caractère `$sep` comme critère de coupure.

```
string html_entity_decode(string $ch , int CTE[,string charset]])
```
Convertit toutes les entités HTML en caractères normaux.

```
string htmlentities(string string , int quote_style , string charset)
```
Convertit tous les caractères en entités HTML.

```
string htmlspecialchars(string string , int quote_style , string charset)
```
Convertit les caractères spéciaux en entités HTML.

```
string implode(string $sep , array $tab)
```
Réunit tous les éléments d'un tableau dans une chaîne en les séparant par le caractère `$sep`.

```
string ltrim(string $ch [, string $liste])
```
Supprime tous les caractères d'espace en début de chaîne ou seulement ceux qui sont listés dans `$liste`.

```
string nl2br(string $ch)
```
Remplace les sauts de ligne \n par l'élément HTML `<br />`.

```
int ord(string $ch)
```
Retourne le code ASCII du caractère `$ch`.

```
int print(string $ch)
```
Affiche une chaîne de caractères.

```
void printf(string "format" , string $ch1,...$chN)
```
Affiche des chaînes de caractères formatées à l'aide de caractères spéciaux.

```
string quotemeta(string $ch)
```
Échappe les caractères ., \, +, *, ?, [,], (,), $ et ^.

```
string rtrim(string $ch [, string $liste])
```
Supprime tous les caractères d'espace en fin de chaîne ou seulement ceux qui sont listés dans $liste.

```
int similar_text(string $ch1 , string $ch2 [, $pourcent])
```
Calcule la similarité de deux chaînes en nombre de caractères ou en pourcentage retourné dans la variable $pourcent.

```
string sprintf(string "format" , string $ch1, string $ch2,... $chN)
```
Retourne une chaîne formatée contenant les variables $ch1 à $chN.

```
divers sscanf(string $ch , string "format" [, string $ch1,...,$chN])
```
Décompose une chaîne selon un format donné et retourne ses éléments dans un tableau ou dans les variables $ch1 à $chN.

```
mixed str_ireplace(mixed search , mixed replace , mixed subject , int &count)
```
Version insensible à la casse de str_replace().

```
string str_pad(string input , int pad_length , string pad_string , int pad_type)
```
Complète une chaîne jusqu'à une taille donnée.

```
string str_repeat(string input , int multiplier)
```
Répète une chaîne.

```
mixed str_replace(string $ch1,string $ch2,string $ch [,string $var])
```
Remplace toutes les occurrences de $ch1 par $ch2 dans une chaîne $ch. Le nombre de remplacement est contenu dans $var.

```
string str_shuffle(string $ch)
```
Mélange aléatoirement les caractères d'une chaîne de $ch.

```
array str_split(string $ch [, int N])
```
Convertit une chaîne de caractères en tableau dont chaque élément a *N* caractères (1 par défaut).

```
mixed str_word_count(string $ch)
```
Retourne le nombre de mots présents dans une chaîne.

```
int strcasecmp(string $ch1 , string $ch2)
```
Compare les chaînes $ch1 et $ch2 (sensible à la casse).

```
string strip_tags(string $ch [, string $liste])
```
Supprime les balises HTML et PHP d'une chaîne, sauf celles qui sont contenues dans la chaîne $liste.

```
int stripos(string haystack , string needle , int offset)
```
Version insensible à la casse de strpos().

```
string stripslashes(string $ch)
```
Supprime les antislashs d'une chaîne et retourne la chaîne nettoyée.

```
string stristr(string $ch , string $ch2)
```
Version insensible à la casse de strstr().

```
int strlen(string $ch)
```
Retourne la taille d'une chaîne.

```
int strnatcasecmp(string $ch, string $ch2)
```
Comparaison de chaînes avec l'algorithme d'ordre naturel mais insensible à la casse.

```
int strnatcmp(string str1 , string str2)
```
Comparaison de chaînes avec l'algorithme d'ordre naturel.

```
int strncasecmp(string $ch, string $ch2, int N)
```
Compare en binaire des chaînes de caractères.

```
int strncmp(string $ch, string $ch2, int N)
```
Compare en binaire les *n* premiers caractères.

```
array strpbrk(string $ch, string $ch2)
```
Recherche une chaîne de caractères dans un ensemble de caractères.

```
int strpos(string $ch, string $ch, int offset)
```
Trouve la position d'un caractère dans une chaîne.

```
string strrchr(string $ch, char needle)
```
Trouve la dernière occurrence d'un caractère dans une chaîne.

```
string strrev(string $ch)
```
Inverse une chaîne.

```
int strripos(string $ch, string $ch, int offset)
```
Trouve la position de la dernière occurrence d'une chaîne dans une autre de façon insensible à la casse.

```
int strrpos(string $ch, string $ch, int offset)
```
Trouve la position de la dernière occurrence d'un caractère dans une chaîne.

```
int strspn(string $ch, string $ch2, int start , int length)
```
Trouve le premier segment d'une chaîne.

```
string strstr(string $ch, string $ch2)
```
Recherche la première occurrence dans une chaîne $ch2 dans $ch et retourne tous les caractères de $ch2 compris à la fin de la chaîne $ch.

```
string strtolower(string $ch)
```
Retourne $ch en minuscules.

```
string strtoupper(string $ch)
```
Retourne $ch en majuscules.

```
string strtr(string $ch, string $liste1 , string liste2)
```
Remplace les caractères de $liste1 par ceux de $liste2 dans une chaîne $ch.

```
int substr_count(string $ch, string $ch)
```
Retourne le nombre d'occurrences de $ch2 dans la chaîne $ch.

```
string substr(string $ch, int ind , int N)
```
Retourne la chaîne contenant *N* caractères de $ch extraits à partir de l'indice ind. Si le paramètre *N* est omis, retourne la sous-chaîne comprise entre l'indice ind et la fin de $ch.

```
string trim(string $ch [, string liste])
```
Supprime tous les caractères d'espace en début et en fin de chaîne ou seulement ceux qui sont listés dans $liste.

```
string ucfirst(string $ch)
```
Retourne $ch avec le premier caractère en majuscule.

```
string ucwords(string $ch)
```
Retourne $ch avec le premier caractère de chaque mot en majuscule.

```
void vprintf(string "format" , array $tab)
```
Affiche une chaîne formatée composée des éléments du tableau $tab.

```
string vsprintf(string format , array $tab)
```
Retourne une chaîne formatée composée des éléments du tableau $tab.

```
string wordwrap(string $ch [, int N [, string car [, boolean coupe]]])
```
Réalise la césure de $ch tous les *N* caractères. car contient la chaîne à insérer dans $ch tous les *N* caractères. Le paramètre booléen coupe, s'il vaut TRUE, permet d'effectuer une césure des mots dont la longueur dépasse *N* caractères.

Exercices

Exercice 1

Transformez une chaîne écrite dans des casses différentes afin que chaque mot ait une initiale en majuscule.

Exercice 2

En utilisant la fonction strlen(), écrivez une boucle qui affiche chaque lettre de la chaîne PHP 5 sur une ligne différente.

Exercice 3

Formatez l'affichage d'une suite de chaînes contenant des noms et prénoms en respectant les critères suivants : un prénom et un nom par ligne affichés sur 20 caractères ; toutes les initiales des mots doivent se superposer verticalement.

Exercice 4

Utilisez les fonctions adéquates afin que la chaîne <form action="script.php"> soit affichée telle quelle et non comme du code HTML.

Exercice 5

À partir de deux chaînes quelconques contenues dans des variables, effectuez une comparaison entre elles pour pouvoir les afficher en ordre alphabétique naturel.

Exercice 6

Effectuez une censure sur des textes en n'affichant pas ceux qui contiennent le mot zut.

Exercice 7

Créez une fonction de validation d'une adresse HTTP ou FTP en vous inspirant de l'exemple 4-13.

Exercice 8

Créez une expression régulière pour valider un âge inférieur à 100 ans.

Exercice 9

Dans la chaîne `PHP 5 \n est meilleur \n que ASP \n et JSP \n réunis`, remplacez les caractères `\n` par `<br />` en utilisant deux méthodes différentes (une fonction ou une expression régulière).

5

Les tableaux

Comme expliqué au chapitre 3, consacré aux types de données accessibles dans PHP, les tableaux représentés par le type `array` sont d'une utilisation courante dans les scripts. La possibilité de stocker un grand nombre de valeurs sous un seul nom de variable offre des avantages appréciables, notamment une grande souplesse dans la manipulation des données. Les nombreuses fonctions natives de PHP applicables aux tableaux permettent les opérations les plus diverses dans la gestion des tableaux.

Dans ce chapitre, vous verrez :

- les différentes façons de créer des tableaux ;
- les méthodes de lecture des éléments de tableau ;
- les fonctions de manipulation des tableaux.

Créer des tableaux

La fonction array()

La fonction `array()` permet de créer de manière rapide des tableaux indicés ou associatifs. C'est elle qui sera le plus souvent utilisée pour la création de tableaux.

Les tableaux indicés

La façon la plus élémentaire de créer un tableau indicé consiste à définir individuellement une valeur pour chacun de ses éléments, et ce de la manière suivante :

```
$tab[n] = valeur;
```

où n est un indice entier quelconque, et valeur un scalaire ou une variable de type integer, double, boolean, string ou array.

Cette manière de procéder se révèle rapidement rébarbative dès qu'il s'agit de définir un nombre plus important d'éléments. Pour créer un tableau composé de plusieurs éléments en une seule opération, vous disposez heureusement de la fonction array(), dont la syntaxe est la suivante :

    $tab = array(valeur0,valeur1,…,valeurN)

La variable $tab est un tableau indicé dont les valeurs d'indice varient de 0 à N. Ce tableau a donc N + 1 éléments, accessibles par la notation habituelle $tab[0], $tab[1], …, $tab[N], dont les valeurs respectives peuvent avoir l'un quelconque des types précités.

> **Premier indice**
> Avec ce mode de création de tableau, le premier indice a, une fois encore, toujours la valeur 0. Il ne faut pas oublier d'en tenir compte lors des opérations de lecture des éléments.

Les tableaux associatifs

La même fonction array() permet aussi de créer rapidement un tableau associatif en définissant pour chacun de ses éléments une clé et une valeur.

La syntaxe de la fonction array() est la suivante :

    $tabasso = array("cléA"=>valeurA, "cléB"=>valeurB,… "cléZ"=>valeurZ)

Comme vous l'avez vu au chapitre 2, chaque clé est une chaîne de caractères délimitée par des guillemets.

Pour lire "valeurA", vous écrivez :

    $tabasso["cléA"]

de la même façon que lorsque chaque élément est créé individuellement.

Dans un tableau associatif, la notion d'ordre des éléments perd la valeur qu'elle peut avoir dans un tableau indicé. Les clés ne sont pas numérotées, par exemple. Vous pourriez énumérer clés et valeurs dans un ordre différent sans que cela gêne la lecture individuelle de chaque élément.

Vous auriez donc pu créer le même tableau en écrivant :

    $tabasso = array("cléZ"=>valeurZ, "cléY"=>valeurY,… "cléA"=>valeurA)

qui correspond à l'ordre inverse. Vous pouvez en fait effectuer la création dans un ordre quelconque, sans changer quoi que ce soit à l'accès aux valeurs à l'aide de leur clé. Cela confirme la souplesse d'utilisation des tableaux associatifs en comparaison des tableaux indicés. Cette souplesse se révèle particulièrement utile dans les opérations de suppression d'éléments ou de tri sur des tableaux, lesquelles peuvent faire perdre les associations entre indices et valeurs.

Les tableaux multidimensionnels

Contrairement aux langages dans lesquels vous déclarez les variables et leur type, comme ASP.Net utilisé avec C#, PHP ne comporte pas de méthode explicite de création de tableaux multidimensionnels. C'est tout l'avantage de ce langage que d'autoriser qu'un élément de tableau puisse être un tableau lui-même. La création de tableau comportant un nombre quelconque de dimension en est d'autant facilitée.

Un tableau multidimensionnel est similaire à une matrice, au sens mathématique du terme. La structure d'un tableau à deux dimensions peut se représenter sous la forme d'un tableau à double entrée, comme l'exprime le listing de l'exemple 5-1, dont le résultat est illustré à la figure 5-1.

Figure 5-1
Visualisation d'un tableau multidimensionnel

Les valeurs des éléments ont été choisies de manière à montrer clairement par la suite comment accéder à une valeur particulière. Le premier chiffre est celui de la ligne, et le second celui de la colonne. Chaque ligne est à la fois un élément du tableau principal, qui contient quatre éléments, et est elle-même un tableau à trois éléments.

Vous obtenez au total douze valeurs dans le tableau, mais il n'a que quatre éléments.

De même que pour repérer un élément dans un espace à n dimensions il faut utiliser N coordonnées, pour lire une valeur dans un tableau à n dimensions, il faut utiliser N indices, ou clés, différents.

Par exemple, pour récupérer dans la variable $a la deuxième valeur (indice 1) de la troisième ligne (indice 2) du tableau précédent $tabmulti, écrivez :

```
$a = $tabmulti[2][1]
```

Dans cet exemple, chaque élément du tableau est un tableau ayant autant d'éléments que les autres, ce qui réalise une matrice rectangulaire 4 × 3. Il est évidemment possible de créer des tableaux multidimensionnels non symétriques, dans lesquels le premier élément pourrait être, par exemple, une valeur entière ou une chaîne de caractères, le deuxième élément un tableau à dix éléments, le troisième un tableau avec un nombre d'éléments différents puis tout autre combinaison possible. Quoique parfaitement réalisable, ce type de tableau, qui est irrégulier, risque de se révéler difficile à lire avec une boucle, comme vous le verrez dans les exemples présentés dans la suite du chapitre.

> **Pour en savoir plus**
> Les boucles sont abordées en détail au chapitre 3.

Le listing 5-1 utilise deux boucles de lecture pour afficher le contenu du tableau. Comme vous n'avez pas encore vu les boucles, l'essentiel à retenir ici est la structure d'un tableau multidimensionnel. Vous pouvez très bien envisager de créer de la même façon des tableaux à trois, quatre dimensions et bien plus encore, mais la visualisation en devient vite difficile.

Pour créer le tableau de la figure 5-1, utilisez la fonction `array()` de la façon suivante :

```
$tabmulti=array(
array("ligne 0-colonne 0","ligne 0-colonne 1","ligne 0-colonne 2"),
array("ligne 1-colonne 0","ligne 1-colonne 1","ligne 1-colonne 2"),
array("ligne 2-colonne 0","ligne 2-colonne 1","ligne 2-colonne 2"),
array("ligne 3-colonne 0","ligne 3-colonne 1","ligne 3-colonne 2")
);
```

Afin de visualiser la structure complète du tableau `$tabmulti`, vous pouvez, dans les phases de test des scripts, utiliser la fonction `print_r($tabmulti)`, qui affiche la structure suivante :

```
Array (
[0] => Array ( [0] => ligne 0-colonne 0 [1] => ligne 0-colonne 1 [2] => ligne 0-colonne 2 )

[1] => Array ( [0] => ligne 1-colonne 0 [1] => ligne 1-colonne 1 [2] => ligne 1-colonne 2 )

[2] => Array ( [0] => ligne 2-colonne 0 [1] => ligne 2-colonne 1 [2] => ligne 2-colonne 2 )

[3] => Array ( [0] => ligne 3-colonne 0 [1] => ligne 3-colonne 1 [2] => ligne 3-colonne 2 ) )
```

Vous retrouvez bien les différents éléments du tableau et leur contenu.

La fonction `var_dump($tabmulti)` permet d'afficher un ensemble d'informations encore plus complètes sur le tableau. Elle donne le nombre d'éléments et la description de chacun d'eux, ainsi que le type et le contenu de chaque valeur. Vous obtenez ainsi pour le même tableau :

```
array(4) { [0]=> array(3) { [0]=> string(17) "ligne 0-colonne 0" [1]=> string(17)
➥"ligne 0-colonne 1" [2]=> string(17) "ligne 0-colonne 2" }
[1]=> array(3) { [0]=> string(17) "ligne 1-colonne 0" [1]=> string(17)
➥"ligne 1-colonne 1" [2]=> string(17) "ligne 1-colonne 2" }
```

```
[2]=> array(3) { [0]=> string(17) "ligne 2-colonne 0" [1]=> string(17)
➥"ligne 2-colonne 1" [2]=> string(17) "ligne 2-colonne 2" }
[3]=> array(3) { [0]=> string(17) "ligne 3-colonne 0" [1]=> string(17)
➥"ligne 3-colonne 1" [2]=> string(17) "ligne 3-colonne 2" } }
```

Dans cette description, `array(4)` signifie que la variable `$tabmulti` est un tableau à quatre éléments. Vient ensuite la description de tous les éléments sur le même principe. Les expressions du type :

```
[0]=> array(3)
```

signifient que le premier élément du tableau est lui-même un tableau à trois éléments. Les accolades qui suivent donnent le type et la valeur de chacun des éléments du dernier tableau. Par exemple :

```
[0]=> string(17) "ligne 0-colonne 0"
```

indique que l'élément d'indice 0 est une chaîne de dix-sept caractères, dont la valeur est `"ligne 0-colonne 0"`.

L'utilisation de ces fonctions sert au programmeur à des fins de débogage des scripts. Il serait maladroit de les employer pour créer un affichage à destination de l'utilisateur final, qui les trouverait pour le moins obscures et peu « parlantes ».

☞ **Exemple 5-1. Création d'un tableau multidimensionnel**

```
<?php
$tabmulti=array(array("ligne 0-colonne 0","ligne 0-colonne 1",
➥"ligne 0-colonne 2"),array("ligne 1-colonne 0","ligne 1-colonne 1",
➥"ligne 1-colonne 2"),array("ligne 2-colonne 0","ligne 2-colonne 1",
➥"ligne 2-colonne 2"),array("ligne 3-colonne 0","ligne 3-colonne 1",
➥"ligne 3-colonne 2"));
echo "<h3>Tableau multimensionnel</h3><table border='1' width=\"100%\"> <tboby>";
for ($i=0;$i<count($tabmulti);$i++)
{
  for($j=0;$j<count($tabmulti[$i]);$j++)
  {
  echo "<td><h3> .. ",$tabmulti[$i][$j]," .. </h3></td>",
  }
  echo "</tr>";
}
echo " </tbody> </table> ";
?>
```

Créer des suites

Pour créer des tableaux dont les éléments sont des suites de nombres et éventuellement de lettres, comme vous le verrez à l'exemple 5-2, vous pourriez envisager d'utiliser une boucle `for`. PHP propose toutefois une fonction `range()`, qui permet de réaliser cette opération en une seule ligne de code.

Sa syntaxe est la suivante :

```
array range(int mini,int maxi)
```

Cette fonction retourne un tableau indicé contenant tous les entiers compris entre les valeurs mini et maxi.

Pour créer des suites de lettres, le moyen le plus classique serait d'écrire une boucle utilisant la fonction chr(n), qui retourne le caractère dont le code ASCII est n. Pour créer un tableau contenant la suite de lettres de "A" à "Z", vous utiliseriez donc les valeurs de n comprises entre 65 et 90, ou 97 et 122 pour la suite de "a" à "z". Au lieu de cela, PHP vous permet d'utiliser la fonction range(), dont la syntaxe est la suivante :

```
$tabalpha = range("A","Z")
```

Cette possibilité n'est pas mentionnée dans la documentation officielle, d'où l'utilité de l'expérimentation personnelle.

> **Script de tableau**
> Dans les résultats affichés par le script des tableaux créés à l'aide de la fonction range(), le premier indice est 0 alors qu'avec une boucle for il serait possible de choisir l'indice 1.

☛ **Exemple 5-2. La création de suites**

```php
<?php
//Suite de nombres de 1 à 10
$tabnombre= range(1,10);
print_r($tabnombre);
echo "<hr>";
//Suite de lettres de a à z
for($i=97;$i<=122;$i++)
{
$tabalpha[$i-96]=chr($i);
}
print_r($tabalpha);
echo "<hr>";
//Suite de lettres de A à M
$tabalpha2  = range("A","M");
print_r($tabalpha2);
?>
```

Le script de l'exemple 5-2 affiche les résultats suivants :

Array ([0] => 1 [1] => 2 [2] => 3 [3] => 4 [4] => 5 [5] => 6 [6] => 7 [7] => 8 [8] => 9
➥[9] => 10)

Array ([1] => a [2] => b [3] => c [4] => d [5] => e [6] => f [7] => g [8] => h [9] => i
➥[10] => j [11] => k [12] => l [13] => m [14] => n [15] => o [16] => p [17] => q [18] => r

```
➥[19] => s [20] => t [21] => u [22] => v [23] => w [24] => x [25] => y [26] => z )

Array ( [0] => A [1] => B [2] => C [3] => D [4] => E [5] => F [6] => G [7] => H [8] => I
➥[9] => J [10] => K [11] => L [12] => M )
```

Créer un tableau à partir d'une chaîne

Une dernière façon utile de créer des tableaux consiste à décomposer une chaîne de caractères en un ensemble de sous-chaînes, dont chacune devient un élément de tableau.

Le critère de coupure de la chaîne est un caractère quelconque à choisir par le programmeur. Cela peut être une espace, pour décomposer une phrase en mots au sens courant du terme, ou le caractère "@", pour séparer le nom d'utilisateur de celui de son serveur de courrier dans une adresse e-mail.

Cette opération peut être effectuée très simplement au moyen de la fonction explode(), dont la syntaxe est la suivante :

```
array explode(string "coupe",string $chaine,[int nbmax])
```

Cette fonction retourne un tableau composé des sous-chaînes de $chaine créées avec le critère de coupure contenu dans la chaîne "coupe", l'entier nbmax facultatif donnant le nombre maximal de sous-chaîne désiré.

Le code suivant :

```
<?php
$chaine="La cigale et la fourmi";
$tabmot = explode(" ",$chaine);
print_r($tabmot);
?>
```

affiche la structure du tableau $tabmot :

```
Array ( [0] => La [1] => cigale [2] => et [3] => la [4] => fourmi )
```

En passant comme premier paramètre le caractère "@", vous pouvez décomposer une adresse e-mail avec le code suivant :

```
<?php
$adresse="machin@wanadoo.fr" ;
$tabsite=explode("@",$adresse);
echo "L'utilisateur est : {$tabsite[0]} et son serveur mail est {$tabsite[1]} ";
?>
```

qui affiche :

```
L'utilisateur est : machin et son serveur mail est wanadoo.fr
```

Compter le nombre de valeurs d'un tableau

Vous venez de voir la distinction entre le nombre d'éléments d'un tableau et le nombre de valeurs qu'il contient. Vous allez maintenant découvrir comment déterminer le nombre exact de valeurs d'un tableau.

Vous avez déjà employé la fonction count() pour déterminer le nombre d'éléments d'un tableau. Quand un tableau n'a qu'une seule dimension, la valeur obtenue correspond au nombre de valeurs contenues dans le tableau. Si le tableau est multidimensionnel, en revanche, la valeur retournée par count() n'est pas égale au nombre de valeurs.

L'exemple 5-3 fournit une méthode permettant de déterminer le nombre de valeurs d'un tableau à l'aide d'une boucle. Cette dernière examine le type de chacun des six éléments du tableau $tabdiv, qui contient des chaînes de caractères, des tableaux et des entiers.

Si l'un des éléments est un tableau, vous réutilisez la fonction count() pour trouver le nombre de valeurs qu'il contient et incrémentez le compteur $nb_val d'autant, sauf pour les entiers et les chaînes, pour lesquels vous l'incrémentez d'une unité seulement. Vous obtenez de la sorte le nombre total d'éléments.

Si le tableau avait trois dimensions au lieu de deux, il vous faudrait ajouter une boucle for supplémentaire pour arriver au même résultat.

Le listing de l'exemple 5-3 fournit le résultat suivant :

```
Le tableau $tabdiv contient 6 éléments
Le tableau $tabdiv contient 11 valeurs
```

☞ **Exemple 5-3. Comptage du nombre de valeurs**

```php
<?php
//Compte du nombre d'éléments
$tabdiv=array("Bonjour","Web",array("1-0","1-1","1-2"),1970,2002,array("3-0","3-1",
➥"3-2","3-3"));
echo "Le tableau \$tabdiv contient ",count($tabdiv)," éléments <br>";
//ou encore: echo "Le tableau \$tabdiv contient ",sizeof($tabdiv)," éléments <br>";
//Compte du nombre de valeurs
$nb_val=0;
for ($i=0;$i<count($tabdiv);$i++)
{
  if(gettype($tabdiv[$i])=="array")
  {
    $nb_val+=count($tabdiv[$i]);
  }
  else
  {
    $nb_val++;
  }
}
echo "Le tableau \$tabdiv contient ",$nb_val," valeurs <br>";
?>
```

> **La fonction *sizeof()***
>
> La fonction sizeof() est un alias de la fonction count(). Vous pouvez l'employer à la place dans tous les exemples précédents.

Dans le même ordre d'idée, vous pouvez être amené à vouloir compter non pas le nombre total de valeurs d'un tableau mais le nombre de valeurs différentes qu'il contient.

La fonction array_count_values(), dont la syntaxe est la suivante :

```
$result = array_count_values($tab)
```

retourne le tableau associatif $result, ayant pour clés les valeurs du tableau $tab et pour valeur associée à chaque clé le nombre de fois que chacune apparaît dans le tableau $tab.

Cette fonction peut vous permettre de réaliser une analyse statistique des données contenues dans un tableau. Cela se révèle pratique lorsque les données sont nombreuses, comme après une requête de sélection dans une base de données.

Le listing 5-4 offre une illustration de l'emploi de cette fonction. La fonction count() affiche le nombre d'éléments du tableau $tab. La fonction array_count_values() affiche le nombre de valeurs différentes que contient le tableau. Enfin, la fonction $result donne des informations statistiques sur le nombre d'occurrences de chaque valeur.

☛ **Exemple 5-4. Comptage du nombre de valeurs**

```php
<?php
$tab= array("Web","Internet","PHP",»JavaScript","PHP","ASP","PHP","ASP");
$result=array_count_values($tab);
echo "Le tableau \$tab contient ",count($tab)," éléments  <br>";
echo "Le tableau \$tab contient ",count($result)," valeurs différentes <br>";
print_r($result);
?>
```

Le listing de l'exemple 5-4 fournit le résultat suivant :

```
Le tableau $tab contient 8 éléments
Le tableau $tab contient 5 valeurs différentes
Array ( [Web] => 1 [Internet] => 1 [PHP] => 3 [Javascript] => 1 [ASP] => 2 )
```

> **La fonction *array_count_values()***
>
> La fonction array_count_values() ne s'applique que si les éléments sont de type integer, double ou string. Elle n'est pas adaptée pour compter le nombre de valeurs d'un tableau multidimensionnel.

En comparaison des fonctions print_r() et var_dump(), que vous avez utilisées pour afficher l'ensemble des éléments d'un tableau, les boucles de lecture des éléments de tableau, de leur indice et de leur clé offrent un meilleur affichage, sous forme de tableau HTML, par exemple.

Ce sont ces méthodes que vous mettrez en pratique dans les sections suivantes et dans la suite de l'ouvrage pour lire les données d'un tableau et les restituer dans des pages HTML.

Lire des tableaux

Comme vous venez de le voir, il est souvent utile d'afficher l'ensemble des informations contenues dans un tableau, que ce soit la valeur des éléments qu'il contient ou les couples indice-valeur et clé-valeur des tableaux indicés ou associatifs.

Cette section présente un large éventail des possibilités de lecture des tableaux. Ces dernières répondent à tous les besoins, y compris la lecture intégrale des tableaux multi-dimensionnels.

Lire avec une boucle for

La boucle for a besoin d'un paramètre d'arrêt. Vous allez employer pour cela la fonction count(), qui retourne le nombre total d'éléments de la boucle. L'utilisation de la variable $i comme compteur de la boucle permet de parcourir l'ensemble des valeurs du tableau.

Le listing de l'exemple 5-5 donne un exemple de lecture d'un tableau indicé.

☞ **Exemple 5-5. Lecture d'un tableau indicé à l'aide de la boucle *for***

```
<?php
$montab=array("Paris","London","Brüssel");
for ($i=0;$i<count($montab);$i++)
{ echo "L'élément $i est $montab[$i]<br />";}
?>
```

Le listing fournit le résultat suivant :

```
L'élément 0 est Paris
L'élément 1 est London
L'élément 2 est Brüssel
```

La boucle for peut permettre la lecture de tableaux multidimensionnels, à condition d'écrire autant de niveaux de boucles qu'il y a de dimensions dans le tableau.

Le listing de l'exemple 5-6 donne un exemple de lecture de ce type de tableau à l'aide de deux boucles imbriquées. La première parcourt les éléments du tableau `$clients` à l'aide d'un compteur `$i`. Comme chacun de ces éléments est un tableau, la seconde boucle de compteur `$j` lit l'ensemble des éléments contenus dans ces tableaux.

L'affichage s'effectue sous la forme d'un tableau HTML avec en-tête et pied à l'aide des éléments HTML `<thead>` et `<tfoot>`. Ces derniers sont très utiles pour améliorer la présentation des tableaux, notamment des longs tableaux.

☞ **Exemple 5-6. Lecture d'un tableau multidimensionnel indicé à l'aide de la boucle *for***

```php
<?php
//Création du tableau
$clients = array(array ("Leparc", "Paris", "35"), array("Duroc", "Vincennes", "22"),
 array("Denoël","Saint Cloud","47"));
/*Alternative à la création du même tableau
$tab1=    array("Leparc","Paris","35") ;
$tab2=    array("Duroc","Vincennes","22");
$tab3=    array("Denoël","Saint Cloud","47");
$clients=array($tab1,$tab2,$tab3);    */
echo "<table border='1'width=\"100%\" >
<tbody>";
//En tête du tableau
echo "<thead>
<tr> <th> Client </th>
<th> Nom </th>
<th> Ville </th>
<th> Age </th>
</thead>";
//Pied de tableau
echo "<tfoot> <tr>
<th> Client </th>
<th> Nom </th>
<th> Ville </th>
<th> Age </th>
</tfoot>";
//Lecture des indices et des valeurs
for ($i=0;$i<count($clients);$i++)
{
  echo "<tr><td align=\"center\"><b>$i </b></td>";
  for($j=0;$j<count($clients[$i]);$j++)
  { echo "<td><b>",$clients[$i][$j]," </b></td>";}
  echo "</tr>";
}
echo " </tbody> </table> ";
?>
```

Figure 5-2

Lecture d'un tableau à deux dimensions et affichage sous forme de tableau HTML

Lire avec une boucle while

La boucle for nécessite par définition de connaître le nombre d'itérations à effectuer tel que fourni par la fonction count(). Ce n'est pas le cas avec la boucle while, qui se révèle de ce fait plus efficace dans le cas d'un tableau retourné après une requête sur une base de données, le nombre de réponses étant bien évidemment inconnu.

Pour un tableau à une seule dimension, l'expression booléenne contenue dans l'instruction while est isset($tab[$i]). Cette expression prend la valeur TRUE tant que l'élément désigné par $tab[$i] existe. Sinon, elle prend la valeur FALSE, ce qui est le cas en fin de tableau.

La variable $i étant incrémentée dans la boucle, isset($tab[$i]) prend la valeur FALSE quand $i dépasse le nombre d'éléments du tableau $tab, ce qui provoque l'arrêt de la boucle.

Par précaution, vous pouvez initialiser la variable $i à 0 avant de démarrer la boucle de lecture. L'exemple 5-7 illustre la lecture d'un tableau indicé à une dimension qui fournit le même affichage que le listing de l'exemple 5-5.

☞ **Exemple 5-7. Lecture d'un tableau indicé à l'aide de la boucle *while***

```
<?php
$montab=array("Paris","London","Brüssel");
$i=0;
while(isset($montab[$i]) )
{
  echo "L'élément $i est $montab[$i]<br />";
  $i++;
}
?>
```

Si le tableau est multidimensionnel, vous opérez de même au moyen de deux boucles while imbriquées. L'expression booléenne de la seconde boucle est isset($tab[$i][$j]). Elle est évaluée de la même façon que précédemment.

Le compteur $j du nombre d'éléments est également initialisé à 0 avant le début de la boucle — c'est ici indispensable pour pouvoir lire les lignes suivantes — et est incrémenté après chaque affichage d'un élément.

☛ **Exemple 5-8. Lecture d'un tableau indicé multidimensionnel à l'aide de la boucle *while***

```php
<?php
//création du tableau
$clients = array(array ("Leparc", "Paris", "35"), array("Duroc", "Vincennes", "22"),
 array("Denoël","Saint Cloud","47"));
//Ajout d'un élément
$clients[7] = array("Duval","Marseille","76");
//création du tableau HTML
echo "<table border='1'width=\"100%\" >
<tbody>
<thead>
<tr> <th> Client </th>
<th> Nom </th>
<th> Ville </th>
<th> Age </th>
</thead>
<tfoot> <tr>
<th> Client </th>
<th> Nom </th>
<th> Ville </th>
<th> Age </th>
</tfoot>";
//Lecture des éléments
$i=0;
while(isset($clients[$i]))
{
  echo "<tr><td align=\"center\"><b>$i </b></td>";
  $j=0;
  while(isset($clients[$i][$j]))
  {
    echo "<td><b>",$clients[$i][$j]," </b></td>";
    $j++;
  }
  echo "</tr>";
  $i++;
}
echo " </tbody> </table> ";
?>
```

Le résultat de l'exemple 5-8 est identique à celui de la figure 5-2 réalisé avec une boucle `for`.

> **Indice non consécutif**
>
> Si, après avoir défini le tableau `$clients`, vous lui ajoutez un élément au moyen de l'instruction :
>
> `$clients[7] = array("Duval","Marseille","76");`
>
> créant ainsi un indice non consécutif aux trois premiers, cet élément n'est pas lu dans la boucle. Cette méthode n'est donc pas adaptée à ce cas particulier.

Lire à l'aide de la fonction each()

Pour pallier l'inconvénient signalé à la remarque précédente, il est possible d'utiliser une autre méthode de lecture. Cette dernière fait appel à la fois à une boucle `while` et à la fonction `each()`, qui reçoit comme paramètre une variable de type `array`. Cette dernière a la particularité de retourner un tableau à quatre éléments qui contient les informations sur l'élément courant du tableau passé en paramètre puis de pointer sur l'élément suivant.

La syntaxe de la fonction `each()` est la suivante :

```
$element = each($tab)
```

`$tab` est le tableau à lire et `$element` le tableau de résultats contenant les informations sur l'élément courant de `$tab`, sous la forme :

- `$element[0]`, qui contient l'indice de l'élément courant.
- `$element[1]`, qui contient la valeur de l'élément courant.
- `$element["key"]`, qui contient la clé de l'élément courant.
- `$element["value"]`, qui contient la valeur de l'élément courant.

Les couples `$element[0]`-`$element[1]` sont généralement utilisés pour récupérer les couples indice-valeur des tableaux indicés, et les couples `$element["key"]`- `$element["value"]` pour récupérer les couples clé-valeur des tableaux associatifs. Cet usage n'a toutefois d'autre justification que la force de l'habitude.

Par exemple, les deux lignes de code suivantes :

```
echo "L'élément d'indice $element[0] a la valeur $element[1]<br />";
echo "L'élément de clé {$element['key']} a la valeur {$element['value']}<br />";
```

affichent exactement le même résultat.

L'expression `$element=each($tab)` étant évaluée à `TRUE` tant que le tableau contient des éléments, placez-la dans une boucle `while` de façon à pouvoir lire l'ensemble des éléments. Arrivé à la fin du tableau, cette expression prend la valeur `FALSE`, ce qui arrête la boucle.

Pour vous assurer que le pointeur interne du tableau est positionné au début du tableau, vous pouvez appeler la fonction `reset()`, dont c'est le rôle, avant de commencer la lecture. L'avantage principal de cette méthode de lecture est de donner accès aussi bien à des tableaux indicés qu'à des tableaux associatifs.

Comme vous pouvez le constater au listing 5-9, l'ajout d'un élément après la création du tableau, en particulier avec un indice non consécutif aux précédents, ne perturbe pas la lecture de l'intégralité du tableau, à la différence de l'exemple 5-8.

> **La notation *{$element['key']}***
>
> Dans le listing 5.9, la notation {$element['key']} permet que l'élément soit évalué à l'intérieur de la chaîne de caractères. Le fait d'écrire à la place $element['key'] provoque une erreur.

Exemple 5-9. Lecture à l'aide de la fonction *each()*

```php
<?php
//******Lecture d'un tableau indicé******
$montab=array("Paris","London","Brüssel");
//Ajout d'un élément au tableau
$montab[9]="Berlin";
//Lecture des éléments
reset($montab);
while($element=each($montab))
{
echo "L'élément d'indice $element[0] a la valeur $element[1]<br />";
//$i++;
}
echo "<hr>";
//******Lecture d'un tableau associatif******
$montab=array("France"=>"Paris","Great Britain"=>"London","België"=>"Brüssel");
//Ajout d'un élément au tableau
$montab["Deutschland"]="Berlin";
//Lecture des éléments
reset($montab);
while($element=each($montab))
{
echo "L'élément de clé {$element['key']} a la valeur {$element['value']}<br />";
//$i++;
}
?>
```

Le listing 5-9 affiche le résultat suivant :

```
L'élément d'indice 0 a la valeur Paris
L'élément d'indice 1 a la valeur London
L'élément d'indice 2 a la valeur Brüssel
L'élément d'indice 9 a la valeur Berlin
```

```
L'élément de clé France a la valeur Paris
L'élément de clé Great Britain a la valeur London
L'élément de clé België a la valeur Brüssel
L'élément de clé Deutschland a la valeur Berlin
```

La fonction each() offre une lecture encore plus perfectionnée du fait qu'elle s'applique à des tableaux multidimensionnels indicés ou même associatifs d'une manière plus simple que les méthodes précédentes.

Il suffit pour cela d'utiliser deux boucles while imbriquées. La première récupère les indices de chacun des éléments du tableau. Comme chaque élément est lui-même un tableau, la seconde récupère les clés et valeurs contenues dans chacun d'eux.

Le listing 5-10 donne un exemple de lecture de tableaux multidimensionnels, l'un indicé et l'autre associatif. Malgré l'ajout d'un élément après la création du tableau, la lecture est intégrale.

☞ **Exemple 5-10. Lecture de tableaux multidimensionnels à l'aide de la fonction *each()***

```php
<?php
//*******************************
//Tableau indicé multidimensionnel
//*******************************
//Création du tableau
$clients = array(
array ("Leparc", "Paris", "35"),
array("Duroc", "Vincennes", "22"),
array("Denoël","Saint Cloud","47"));
//Ajout d'un élément
$clients[7] = array("Duval","Marseille","76");
echo "<table border=\"1\"><tbody>  ";
while($element=each($clients))
{
  echo "<tr> <td> élément <b>$element[0] </b></td>";
  while($val=each($element[1]))
  {
    echo "<td><b>",$val[1]," </b></td>";
  }
  echo "</tr>";
}
echo " </tbody> </table> <hr>";
//***********************************
//Tableau associatif multidimensionnel
//***********************************
//Création du tableau
$clients = array(
array("client1"=>"Leparc","ville1"=>"Paris","age1"=>"35"),
array("client2"=>"Duroc","ville2"=>"Vincennes","age2"=>"22"),
array("client3"=>"Denoël","ville3"=>"Saint Cloud","age3"=>"47"));
```

```php
//ajout d'un élément
$clients[7] = array("client7"=>"Duval","ville7"=>"Marseille","age7"=>"76");
echo " <table border=\"1\"><tbody>  ";
//Lecture des éléments
while($element=each($clients))
{
  echo "<tr><td> élément <b>$element[0] </b></td>";
  while($val=each($element[1]))
  {
    echo "<td> clé :<b>",$val[0],"</b></td><td><b>",$val[1]," </b></ td>";
  }
  echo "</tr>";
}
echo " </tbody> </table>";
?>
```

La figure 5-3 illustre le résultat de ce listing sous la forme d'un tableau HTML affichant à la fois les indices, ou les clés selon le cas, et toutes les valeurs contenues dans les tableaux $clients.

Figure 5-3
Lecture de tableaux multidimensionnels à l'aide de la fonction each

Lire avec each() *et* list()

La fonction list() permet d'affecter à *N* variables la valeur des *n* premiers éléments d'un tableau indicé. Sa syntaxe est la suivante :

```
list($x,$y,$z,…) = $tab
```

La variable $x prend la valeur du premier élément du tableau $tab (d'indice 0 ou de première clé). $y prend la valeur du deuxième élément, et ainsi de suite.

Le code suivant :

```php
$tab=array("Paris","London","Brüssel");
list($x,$y) = $tab;
echo "Les deux premiers éléments sont : $x et $y <br />";
```

affiche uniquement les valeurs "Paris" et "London", sans les indices, qui ne sont pas récupérés.

La fonction list() ne déplace pas le pointeur interne du tableau sur les éléments suivants. Si vous appelez de nouveau list($x,$y), vous obtenez les mêmes valeurs.

L'intérêt de cette fonction dans la lecture des tableaux peut donc paraître limité. Si vous l'associez cependant à la fonction each(), son rôle appréciable devient plus évident. En effet, each() déplace le pointeur interne sur les éléments suivants, tandis que list() permet de lire les deux premiers éléments du tableau retourné par la fonction each(), éléments qui contiennent respectivement l'indice et la valeur du tableau à lire.

Si vous écrivez le code :

```php
list($x,$y) = each($tab)
```

la variable $x contient l'indice ou la clé, et $y la valeur associée.

L'ensemble list() et each() placé comme expression booléenne dans une boucle while vous permet donc de lire l'intégralité du tableau en récupérant les indices, ou les clés selon les cas.

Le listing 5-11 donne un exemple d'utilisation de la fonction list() ainsi que de lecture de tableaux indicés et associatifs.

> **Plusieurs virgules**
>
> Si vous écrivez :
> list($x,,$y,,$z) = $tab
> en plaçant plusieurs virgules de suite, $x contient bien le premier élément de $tab, mais $y contient le troisième et $z le cinquième. Cette particularité peut se révéler utile, par exemple, pour ne récupérer que les éléments d'indice pair ou impair.
>
> **Attention**
>
> La fonction list() ne s'applique pas aux tableaux associatifs, desquels elle ne récupère ni clés ni valeurs.

☛ **Exemple 5-11. Lecture avec *list()* et *each()***

```php
<?php
//list() avec un tableau indicé
$tab=array("Paris","London","Brüssel");
list($x,$y) = $tab;
echo "Les deux premiers éléments sont : $x et $y <hr />";
//list() avec un tableau associatif (ne fonctionne pas)
$tab=array("France"=>"Paris","Great Britain"=>"London","België"=>"Brüssel");
list($x,$y) = $tab;
```

```
echo "Les deux premiers éléments sont : $x et $y <hr />";
//**************************
//Lecture de tableau indicé
//**************************
$tab=array("Paris","London","Brüssel");
while(list($indice,$valeur) = each($tab) )
{
echo "L'élément d'indice <b>$indice</b> a la valeur <b>$valeur</b> <br>";
}
echo"<hr>";
//*****************************
//Lecture de tableau associatif
//*****************************
$tab=array("France"=>"Paris","Great Britain"=>"London","België"=>"Brüssel");
while(list($cle,$valeur) = each($tab) )
{
echo "L'élément de clé <b>$cle</b> a la valeur <b>$valeur</b> <br>";
}
?>
```

La lecture des tableaux affiche les résultats suivants :

```
Les deux premiers éléments sont : Paris et London

Notice: Undefined offset: 1 in c:\eyrolles\php5\tableaux\tableau11.php on line 8

Notice: Undefined offset: 0 in c:\eyrolles\php5\tableaux\tableau11.php on line 8
Les deux premiers éléments sont : et

L'élément d'indice 0 a la valeur Paris
L'élément d'indice 1 a la valeur London
L'élément d'indice 2 a la valeur Brüssel

L'élément de clé France a la valeur Paris
L'élément de clé Great Britain a la valeur London
L'élément de clé België a la valeur Brüssel
```

Remarquez l'avis d'erreur si vous utilisez la fonction list() seule pour un tableau associatif.

L'instruction foreach

Plus pratique encore que les méthodes précédentes, l'instruction foreach() n'est utilisable qu'à partir des versions 4 de PHP. Elle se révèle particulièrement efficace pour les tableaux associatifs mais fonctionne également pour les tableaux indicés.

Contrairement à la boucle for, l'instruction foreach() ne nécessite pas de connaître par avance le nombre d'éléments du tableau à lire. Sa syntaxe varie en fonction du type de tableau.

Pour les tableaux indicés, vous écrivez le code suivant :

```
foreach($tab as $valeur)
{
//bloc de code utilisant les valeurs de la variable $valeur;
}
```

Indispensable, le mot-clé as permet de récupérer successivement toutes les valeurs des éléments du tableau $tab dans la variable $valeur, mais sans les indices correspondants.

Pour les tableaux associatifs, vous disposez d'une syntaxe plus perfectionnée.

Le code suivant :

```
foreach($tab as $cle=>$valeur)
{
//bloc de code utilisant les valeurs des variables $cle et $valeur;
}
```

permet de récupérer dans la variable $cle les valeurs et les clés successives des éléments. De plus, si le tableau est indicé numériquement, la variable $cle contient cet indice.

Si vous disposez d'un serveur équipé des versions 4 et suivantes de PHP, ces méthodes de lecture sont particulièrement recommandées du fait de leur simplicité d'écriture et de leur rapidité d'exécution.

Vous allez maintenant envisager un ensemble d'exemples d'utilisation de l'instruction foreach appliquée à la lecture de tableaux de formes diverses.

Lecture de tableaux indicés ou associatifs

Le listing 5-12 effectue une lecture de tableaux indicés et associatifs à l'aide de l'instruction foreach avec et sans récupération des indices ou clés des éléments. Le résultat est similaire à celui obtenu avec les fonctions list() et each() de la section précédente, mais le code est plus élégant.

☛ **Exemple 5-12. Lecture de tableaux à l'aide de l'instruction *foreach***

```php
<?php
//*********************************************************
//Lecture de tableau indicé sans récupération des indices
//*********************************************************
$tab=array("Paris","London","Brüssel");
echo "<H3>Lecture des valeurs des éléments </H3>";
foreach($tab as $ville)
{
echo "<b>$ville</b> <br>";
}
echo"<hr>";
//*********************************************************
//Lecture de tableau indicé avec récupération des indices
//*********************************************************
echo "<h3>lecture des indices et des valeurs des éléments </h3>";
```

```
foreach($tab as $indice=>$ville)
{
echo "L'élément d'indice <b>$indice</b> a la valeur <b>$ville</b> <br>";
}
echo"<hr>";
//**********************************************************
//Lecture de tableau associatif avec récupération des clés
//**********************************************************
$tab2=array("France"=>"Paris","Great Britain"=>"London","België"=>"Brüssel");
echo "<h3>lecture des clés et des valeurs des éléments</h3>";
foreach($tab2 as $cle=>$ville)
{
echo "L'élément de clé <b>$cle</b> a la valeur <b>$ville</b> <br>";
}
echo"<hr>";
?>
```

Lecture d'un tableau multidimensionnel

L'exemple 5-13 illustre la lecture du tableau multidimensionnel et associatif $clients répertoriant un ensemble de clients dont chaque élément de premier niveau est lui-même un tableau associatif contenant les caractéristiques de chaque client.

Ce tableau multidimensionnel contient deux boucles foreach imbriquées. La première récupère la clé de chacun des éléments du tableau $clients dans la variable $cle et son contenu de type array dans la variable $tab. La seconde boucle lit chaque tableau $tab en récupérant chaque clé contenue dans la variable $key et la valeur de chaque élément dans la variable $valeur. L'affichage se fait dans un tableau HTML.

La figure 5-4 donne un aperçu du résultat affiché par ce script.

☛ **Exemple 5-13. Lecture de tableaux multidimensionnels avec *foreach()***

```
<?php
//Création du tableau
$clients = array(
"client 1"=>array("nom 1"=>"Leparc","ville 1"=>"Paris","age 1"=>"35"),
"client 2"=>array("nom 2"=>"Duroc","ville 2"=>"Vincennes","age 2"=>"22"),
"client 3"=>array("nom 3"=>"Denoël","ville 3"=>"St Cloud","age 3"=>"47"));
//Ajout d'un élément
$clients["client 7"] = array("nom 7"=>"Duval","ville 7"=>"Marseille","age 7"=>"76");
echo "<table border='1'width=\"100%\" >
<tbody>
<thead>
<tr> <th> Client </th>
<th> Nom </th>
<th> Ville </th>
<th> Age </th>
</thead>";
foreach($clients as $cle=>$tab)
{
```

☞ **Exemple 5-13. Lecture de tableaux multidimensionnels avec *foreach()* (suite)**

```
    echo "<tr><td align=\"center\"><b> $cle </b></td>";
    foreach($tab as $key=>$valeur)
    {
      echo "<td>  $key : <b> $valeur </b></td>";
    }
    echo "</tr>";
  }
  echo " </tbody> </table> ";
?>
```

Figure 5-4

Lecture d'un tableau multidimensionnel associatif avec foreach()

Manipuler des tableaux

PHP dispose d'un grand nombre de fonctions permettant d'effectuer toutes sortes de manipulations de tableaux existants. Citons notamment l'extraction, l'ajout ou la suppression d'une partie des éléments, la fusion ou l'intersection de plusieurs tableaux, diverses opérations de tri des éléments ou des clés ou encore l'application d'une fonction à l'ensemble des éléments.

Extraire une partie d'un tableau

À partir d'un tableau donné, il est possible de créer un nouveau tableau comme sous-ensemble du tableau initial et ne contenant qu'un nombre déterminé de ses éléments. Cette opération est réalisée à l'aide de la fonction array_slice(), qui permet d'effectuer divers types d'extractions.

La syntaxe de la fonction array_slice() est la suivante :

```
$sous_tab = array_slice(array $tab,int ind, int nb)
```

Cette fonction ne modifie pas le tableau initial mais retourne le sous-tableau dans la variable $sous_tab.

Sa manipulation pouvant se révéler relativement complexe en fonction des valeurs des paramètres ind et nb, nous envisageons ci-après tous les cas possibles :

- Si ind et nb sont positifs, le tableau $sous_tab contient nb éléments du tableau initial extrait en commençant à l'indice ind.

  Par exemple, array_slice($tab,2,3) retourne un tableau comprenant trois éléments extraits à partir de l'indice 2. Il contient donc les éléments d'indice 2, 3 et 4 du tableau $tab.

- Si le paramètre ind est négatif et que nb soit positif, le compte des éléments se fait en partant de la fin du tableau $tab, le dernier se trouvant affecté virtuellement de l'indice -1, l'avant-dernier de l'indice –2, et ainsi de suite. Le paramètre nb désigne encore le nombre d'élément à extraire.

  Par exemple, array_slice($tab,-5,4) retourne quatre éléments de $tab extraits en commençant au cinquième à partir de la fin.

- Si ind est positif et nb négatif, le tableau $sous_tab contient les éléments de $tab extraits en commençant à l'indice ind et en s'arrêtant à celui qui a l'indice négatif virtuel nb (toujours en commençant par la fin).

  Par exemple, array_slice($tab,2,-4) retourne tous les éléments à partir de l'indice 2 jusqu'à la fin, sauf les quatre derniers.

- Si ind et nb sont négatifs, le tableau $sous_tab contient les éléments de $tab extraits en commençant à l'indice négatif ind et en s'arrêtant à celui d'indice négatif nb.

  Par exemple, array_slice($tab,-5,-2) retourne trois éléments compris entre les indices virtuels -5 et -2 non compris.

L'exemple 5-14 donne deux types d'utilisation de la fonction array_slice(). Le premier n'utilise que des paramètres positifs et s'applique à un tableau multidimensionnel dont les éléments sont des tableaux indicés ou associatifs. Le second envisage toutes les possibilités de valeurs pour les paramètres ind et nb en les appliquant à un tableau simple.

☛ **Exemple 5-14. Utilisation de la fonction *array_slice()***

```
<?php
echo"Exemple 1<br>";
$tab= array("UN"=>range(1,5),"DEUX"=>range("a","c"),range("A","E"),range(11,15));
echo "Structure du tableau initial :<br>";
print_r($tab);
echo "<hr>";
$soustab = array_slice($tab,1,2);
echo"array_slice(\$tab,1,2) donne : ";
print_r($soustab);
echo "<hr>";
echo"Exemple 2<br>";
$heros= array("Spock","Batman","Dark Vador","Hal","Frodo","Sky Walker","Amidala",
➥"Alien");
```

Exemple 5-14. Utilisation de la fonction *array_slice()* *(suite)*

```php
echo "Structure du tableau initial :<br>";
print_r($heros);
echo "<hr>";
//Extrait des 5 premiers
echo "array_slice(\$heros,0,5)";
$prem=array_slice($heros,0,5);
print_r($prem);
echo "<hr>";
//Extrait des 5 derniers  (le dernier est considéré comme ayant l'indice -1 et non
➥pas 0)
$der=array_slice($heros,-5,5);
echo"array_slice(\$heros,-5,5)   ";
print_r($der);
echo "<hr>";
//Extrait de 3 noms en commençant à la position -5
$der=array_slice($heros,-5,3);
echo"array_slice(\$heros,-5,3)   ";
print_r($der);
echo "<hr>";
//Extrait des éléments de l'indice 1 jusqu'à la fin hormis les deux derniers
$der=array_slice($heros,1,-2);
echo"array_slice(\$heros,1,-2)   ";
print_r($der);
echo "<hr>";
//Extrait des éléments de l'indice -5 jusqu'à la fin hormis les deux derniers
$der=array_slice($heros,-5,-2);
echo"array_slice(\$heros,-5,-2)    ";
print_r($der);
echo "<hr>";
?>
```

Le listing de l'exemple 5-14 affiche le résultat suivant :

```
Exemple 1
Structure du tableau initial :
Array ( [UN] => Array ( [0] => 1 [1] => 2 [2] => 3 [3] => 4 [4] => 5 ) [DEUX] => Array
➥( [0] => a [1] => b [2] => c ) [0] => Array ( [0] => A [1] => B [2] => C [3] => D
➥[4] => E ) [1] => Array ( [0] => 11 [1] => 12 [2] => 13 [3] => 14 [4] => 15 ) )

array_slice($tab,1,2) donne : Array ( [DEUX] => Array ( [0] => a [1] => b [2] => c )
➥[0] => Array ( [0] => A [1] => B [2] => C [3] => D [4] => E ) )

Exemple 2
Structure du tableau initial :
Array ( [0] => Spock [1] => Batman [2] => Dark Vador [3] => Hal [4] => Frodo [5] =>
➥Sky Walker [6] => Amidala [7] => Alien )

array_slice($heros,0,5)Array ( [0] => Spock [1] => Batman [2] => Dark Vador [3] => Hal
➥[4] => Frodo )
```

```
array_slice($heros,-5,5) Array ( [0] => Hal [1] => Frodo [2] => Sky Walker [3] =>
➥Amidala [4] => Alien )

array_slice($heros,-5,3) Array ( [0] => Hal [1] => Frodo [2] => Sky Walker )

array_slice($heros,1,-2) Array ( [0] => Batman [1] => Dark Vador [2] => Hal [3] => Frodo
➥[4] => Sky Walker )

array_slice($heros,-5,-2) Array ( [0] => Hal [1] => Frodo [2] => Sky Walker )
```

Ajouter et enlever des éléments

Une fois un tableau créé à l'aide de la fonction array() et certaines valeurs affectées à ses éléments, vous pouvez effectuer diverses manipulations d'ajout ou de retrait d'éléments selon les besoins.

La fonction :

```
int array_push($tab, valeur1, valeur2,…, valeurN)
```

ajoute en une seule opération les *N* éléments passés en paramètres à la fin du tableau désigné par la variable $tab. Vous pouvez évidemment remplacer les valeurs passées en paramètres par des variables.

Les nouveaux indices ainsi créés ont pour valeur celle du plus grand indice existant (donc égal à count($tab)-1) incrémenté de 1 jusqu'à *N*. La fonction retourne également le nouveau nombre d'éléments du tableau modifié.

Pour ajouter des éléments au début d'un tableau, vous pouvez utiliser la fonction suivante :

```
int array_unshift($tab, valeur1, valeur2,…, valeurN)
```

Cette fonction ajoute également au tableau $tab les *N* éléments passés en paramètres mais cette fois au début du tableau. Les indices existants sont tous décalés de la valeur *N*, et la fonction retourne le nouveau nombre d'éléments du tableau.

Réciproquement, vous pouvez supprimer des éléments d'un tableau à l'aide de la fonction suivante :

```
array_pop($tab)
```

qui supprime le dernier élément du tableau $tab et retourne cet élément s'il existe ou la valeur NULL dans le cas contraire, par exemple, si le tableau est vide ou si le paramètre $tab n'est pas de type array.

Dans ce cas, un avertissement du type :

```
Warning: array_pop(): The argument should be an array in c:\eyrolles\php5\tableaux
➥\tableau15.php on line 18
```

est affiché, ce qui n'est pas du meilleur effet sur les utilisateurs. Dans le doute, il est préférable d'utiliser la fonction `gettype()` pour s'assurer que le paramètre `$tab` est bien de type `array`.

Pour supprimer le premier élément d'un tableau, utilisez la fonction suivante :

```
array_shift($tab)
```

qui retourne la valeur de l'élément supprimé.

Enfin, il est possible de supprimer un élément d'indice ou de clé quelconque du tableau `$tab` à l'aide de la fonction `unset()` en précisant explicitement le nom de l'élément et son indice ou sa clé.

Par exemple :

```
unset($tab[4])
```

supprime l'élément d'indice 4 du tableau `$tab` et

```
unset($tab["quatre"])
```

l'élément dont la clé est `"quatre"`.

Cette fonction n'a pas d'effet sur les autres indices du tableau, qui conservent tous la valeur qu'ils avaient avant la suppression.

L'exemple 5-15 illustre toutes ces fonctions de modification des tableaux et affiche la structure du tableau après chacune d'elles.

☞ **Exemple 5-15. Ajout et suppression d'éléments**

```php
<?php
$tab= array(800,1492, 1515, 1789);
print_r($tab);
echo "<hr>";
//Ajout au début du tableau
$poitiers=732;
$nb=array_unshift($tab,500,$poitiers);
echo "Le tableau \$tab a maintenant $nb éléments <br>";
print_r($tab);
echo "<hr>";
//Ajout à la fin du tableau
$armi=1918;
$newnb=array_push($tab,1870,1914,$armi);
echo "Le tableau \$tab a maintenant $newnb éléments <br>";
print_r($tab);
echo "<hr>";
//Suppression du dernier élément
$suppr= array_pop($tab);
echo "Le tableau \$tab a perdu l'élément $suppr <br>";
print_r($tab);
```

```
echo "<hr>";
//Suppression du premier élément
$suppr= array_shift($tab);
echo "Le tableau \$tab a perdu l'élément $suppr <br>";
print_r($tab);
echo "<hr>";
//Suppression de l'élément d'indice 4
unset($tab[4]);
print_r($tab);
?>
```

Le résultat du listing de l'exemple 5-15 permet de suivre l'évolution du tableau initial au fur et à mesure des modifications opérées :

```
Array ( [0] => 800 [1] => 1492 [2] => 1515 [3] => 1789 )

Le tableau $tab a maintenant 6 éléments

Array ( [0] => 500 [1] => 732 [2] => 800 [3] => 1492 [4] => 1515 [5] => 1789 )

Le tableau $tab a maintenant 9 éléments

Array ( [0] => 500 [1] => 732 [2] => 800 [3] => 1492 [4] => 1515 [5] => 1789 [6] => 1870
➥[7] => 1914 [8] => 1918 )

Le tableau $tab a perdu l'élément 1918

Array ( [0] => 500 [1] => 732 [2] => 800 [3] => 1492 [4] => 1515 [5] => 1789 [6] => 1870
➥[7] => 1914 )

Le tableau $tab a perdu l'élément 500

Array ( [0] => 732 [1] => 800 [2] => 1492 [3] => 1515 [4] => 1789 [5] => 1870 [6] => 1914 )

L'élément d'indice 4 a été supprimé

Array ( [0] => 732 [1] => 800 [2] => 1492 [3] => 1515 [5] => 1870 [6] => 1914 )
```

Suite à une recherche dans une base de données à l'aide de critères multiples, un tableau peut être amené à contenir plusieurs fois les mêmes valeurs. Avant de traiter les données du tableau, il est préférable en ce cas d'éliminer les éléments faisant double emploi.

La fonction `array_unique($tab)` retourne un nouveau tableau ne contenant que la dernière occurrence de chaque valeur présente plusieurs fois dans le tableau $tab. Les indices ou les clés associés à chaque élément sont conservés, et le tableau retourné comporte des « trous » dans la suite des indices si ces derniers sont numériques.

Par exemple, le code suivant :

```php
<?php
$tab = array("Jacques","Paul","Pierre","Alban","Paul","Jack","Paul");
$tab2 = array_unique($tab);
print_r($tab2);
?>
```

supprime les éléments d'indices 1 et 4 qui ont la valeur "Paul" pour ne conserver que l'élément d'indice 6. Vous obtenez l'affichage suivant de la structure du tableau résultant $tab2 :

```
Array ( [0] => Jacques [2] => Pierre [3] => Alban [5] => Jack [6] => Paul )
```

Opérations sur plusieurs tableaux

Il est possible d'effectuer différents types d'opérations faisant intervenir plusieurs tableaux, qu'il s'agisse de les fusionner ou d'effectuer des opérations ensemblistes, comme leur intersection ou leur différence.

Fusionner des tableaux

Si des données figurent dans plusieurs tableaux différents, vous pouvez être amené à vouloir effectuer des opérations sur ces différents tableaux afin d'obtenir un tableau unique contenant soit la réunion des éléments de chacun en un seul, soit les éléments communs aux deux, soit encore les éléments présents dans l'un et pas dans l'autre.

Vous pouvez, par exemple, réunir deux ou plusieurs tableaux en un seul à l'aide de la fonction array_merge(), dont la syntaxe est la suivante :

```php
$tab = array_merge($tab1,$tab2,…,$tabN)
```

Cette fonction retourne dans $tab l'ensemble des éléments présents dans les tableaux $tab1, $tab2, ..., $tabN. Les tableaux passés en paramètres sont tous sauvegardés tels qu'ils étaient avant l'appel de la fonction.

La fusion des tableaux est réalisée dans les conditions suivantes :

- Si les tableaux à fusionner sont indicés, les éléments du tableau passé en premier paramètre sont conservés, ceux des autres paramètres ayant les indices suivants. Les éléments présents dans plusieurs des paramètres sont présents en double dans le tableau final. Vous pouvez utiliser la fonction array_unique() pour les éliminer.

- Si les tableaux à fusionner sont associatifs, les clés et les associations clé-valeur sont préservées. Par contre, si plusieurs des paramètres ont des clés communes, seule l'association clé-valeur du dernier paramètre est conservée, et celle du tableau précédent est perdue.

Les tableaux

Pour ne pas perdre les informations correspondant à une même clé, il est possible d'utiliser la fonction `array_merge_recursive()`. Cette dernière n'efface pas la première valeur associée à une clé double mais associe à chaque clé présente plusieurs fois un tableau contenant toutes les valeurs ayant la même clé.

Le listing de l'exemple 5-16 donne deux exemples de fusion de tableaux, le premier pour les tableaux indicés et le second pour les tableaux associatifs. Remarquez la disparition de la valeur "75" associée à la clé "Paris" du tableau $tab1, remplacée par la valeur "Capitale" présente dans le tableau $tab2. La fonction `array_merge_recursive()` préserve les deux valeurs, comme le montre le résultat du script.

☞ **Exemple 5-16. Fusion de tableaux à l'aide de *array_merge()***

```
<?php
//Fusion de tableaux indicés
echo "Tableaux indicés <br>";
$tab1= array("Paris","Lyon","Marseille");
$tab2 = array("Nantes","Orléans","Tours","Paris");
$tab = array_merge($tab1,$tab2);
echo "array_merge donne: ";
print_r($tab);
echo "<hr>";
//Fusion de tableaux associatifs
echo "Tableaux associatifs <br>";
$tabass1= array("Paris"  => "75","Lyon"  => "69","Marseille" => "13");
$tabass2 = array("Nantes"  => "44","Orléans"  => "45","Tours"  => "37","Paris" =>
➥"Ville lumière");
echo "array_merge donne: ";
$tabass = array_merge($tabass1,$tabass2);
print_r($tabass);
echo "<hr>";
//Fusion
echo "array_merge_recursive donne : ";
$tabass3 = array_merge_recursive($tabass1,$tabass2);
print_r($tabass3);
?>
```

Le script affiche le résultat suivant, qui montre la structure des tableaux résultant de la fusion :

```
Tableaux indicés
array_merge donne: Array ( [0] => Paris [1] => Lyon [2] => Marseille [3] => Nantes
➥[4] => Orléans [5] => Tours [6] => Paris )

Tableaux associatifs
array_merge donne: Array ( [Paris] => Ville lumière [Lyon] => 69 [Marseille] => 13
➥[Nantes] => 44 [Orléans] => 45 [Tours] => 37 )

array_merge_recursive donne : Array ( [Paris] => Array ( [0] => 75 [1] => Ville lumière )
➥[Lyon] => 69 [Marseille] => 13 [Nantes] => 44 [Orléans] => 45 [Tours] => 37 )
```

Vous pouvez également créer un tableau associatif à partir de deux autres tableaux. Le premier contient les clés du tableau à créer et le second les valeurs qui sont associées aux clés. Cette opération est réalisable grâce à la fonction `array_combine()` introduite dans PHP 5. Sa syntaxe est la suivante :

```
array array_combine(array $tabcle, array $tabval)
```

Le code suivant :

```
$tabcle = array('F','D','B');
$tabval = array('France','Allemagne','Belgique');
$tabasso = array_combine($tabcle, $tabval);
print_r($tabasso);
```

affiche le résultat :

```
Array ( [F] => France [D] => Allemagne [B] => Belgique )
```

Intersection et différence de deux tableaux

Quelques souvenirs de manipulation des ensembles devraient vous permettre de mieux saisir l'utilité des fonctions permettant d'obtenir soit l'intersection de deux tableaux considérés comme des ensembles de valeurs, soit leur différence.

L'intersection de deux ensembles est constituée par les éléments qui appartiennent à la fois aux deux ensembles. La différence de deux ensembles désigne les éléments qui appartiennent au premier et pas au second. En d'autres termes, sont enlevés du premier tableau les éléments qui appartiennent aussi au second.

PHP offre deux fonctions pour réaliser ces opérations sur des tableaux, `array_intersect()` et `array_diff()`.

Pour l'intersection de deux tableaux, la syntaxe de `array_intersect()` est la suivante :

```
array array_intersect($tab1,$tab2)
```

Cette fonction retourne un tableau contenant tous les éléments communs aux tableaux $tab1 et $tab2. Les indices associés aux valeurs du tableau retourné comme résultat correspondent à ceux du tableau passé en premier paramètre. L'inversion de ces deux paramètres ne fournit pas les mêmes indices (voir le résultat du listing de l'exemple 5-17 ci-après).

Pour la différence de deux tableaux, la syntaxe de la fonction `array_diff()` est la suivante :

```
array_diff($tab1,$tab2)
```

Elle retourne un tableau contenant les éléments présents dans le premier paramètre mais pas dans le second. Comme pour la soustraction de nombres, il est logique que l'inversion des paramètres ne fournisse pas le même résultat. Les indices associés aux valeurs dans les tableaux d'origine sont conservés.

Les tableaux
Chapitre 5

Si vous appliquez ces deux fonctions à des tableaux associatifs, les clés sont conservées dans les mêmes conditions. De plus, si vos exemples ne montrent que l'intersection de deux tableaux, il est parfaitement licite de passer à ces fonctions un nombre quelconque de paramètres, du moment qu'il s'agit bien de variables de type array.

Exemple 5-17. Intersection et différence de deux tableaux

```php
<?php
$tab1=array("Blanc","Jaune","Rouge","Vert","Bleu","Noir");
$tab2=array("Bleu","Rouge","Violet","Noir","Jaune","Orange");
echo"Le tableau 1 contient les éléments:<br>";
print_r($tab1);
echo "<hr>";
echo"Le tableau 2 contient les éléments:<br>";
print_r($tab2);
echo "<hr>";
echo "Intersection de \$tab1 et \$tab2 : ";
$tab3=array_intersect($tab1,$tab2);
print_r($tab3);
echo"<br>";
echo "Intersection de \$tab2 et \$tab1 : ";
$tab4= array_intersect($tab2,$tab1);
print_r($tab4);
echo"<hr>";
$tab5= array_diff($tab1,$tab2);
echo "Différence de \$tab1 et \$tab2 : ";
print_r($tab5);
echo"<br>";
$tab6= array_diff($tab2,$tab1);
echo "Différence de \$tab2 et \$tab1 : ";
print_r($tab6);
echo"<br>";
?>
```

Le script affiche les résultats suivants, qui montrent bien l'importance de l'ordre des paramètres.

```
Le tableau 1 contient les éléments:

Array ( [0] => Blanc [1] => Jaune [2] => Rouge [3] => Vert [4] => Bleu [5] => Noir )

Le tableau 2 contient les éléments:

Array ( [0] => Bleu [1] => Rouge [2] => Violet [3] => Noir [4] => Jaune [5] => Orange )
```

```
Intersection de $tab1 et $tab2 : Array ( [1] => Jaune [2] => Rouge [4] => Bleu [5] =>
➥Noir )

Intersection de $tab2 et $tab1 : Array ( [0] => Bleu [1] => Rouge [3] => Noir [4] =>
➥Jaune )

Différence de $tab1 et $tab2 : Array ( [0] => Blanc [3] => Vert )

Différence de $tab2 et $tab1 : Array ( [2] => Violet [5] => Orange )
```

Trier les éléments d'un tableau

Quand une fonction retourne un tableau de valeurs, comme le font, par exemple, les fonctions de recherche sur une base de données MySQL, les valeurs des éléments apparaissent dans un ordre qui n'est pas nécessairement celui souhaité pour l'affichage des informations.

Pour améliorer la présentation des données, il est souvent utile d'effectuer un tri des valeurs contenues dans le tableau avant de les utiliser pour créer un affichage dans une page Web. PHP fournit nombre de fonctions natives permettant de réaliser les opérations de tri les plus diverses. Ces opérations peuvent concerner les valeurs comme les clés des éléments de tableau, aussi bien en ordre alphabétique ASCII, direct ou inversé, que selon l'ordre dit « naturel » ou encore d'après des critères personnalisés définis par le programmeur lui-même.

La quasi-totalité de ces fonctions agit directement sur le tableau qui leur est passé en paramètre en modifiant l'ordre de ses éléments ou de ses clés. Le tableau initial n'est pas récupérable. C'est pour cette raison que les exemples qui suivent créent dès le début du script une copie du tableau initial qui est réutilisée pour chaque fonction.

Certaines fonctions sont plus appropriées à des tableaux indicés et d'autres à des tableaux associatifs. La présentation de ces fonctions est donc divisée en plusieurs sections.

Trier des tableaux indicés

Les fonctions natives offertes par PHP permettent les opérations de tri des éléments des tableaux selon les critères les plus variés.

Trier selon l'ordre ASCII

L'ordre ASCII n'a rien d'évident pour qui est habitué à l'ordre lexicographique, qui est celui du dictionnaire. Dans un tri ASCII, `"rouge"` se trouve après `"Vert"` car la lettre `"r"` se trouve après la lettre `"V"`.

Les fonctions de tri dans l'ordre ASCII proposées par PHP sont les suivantes :

- `array sort($tab)`. Trie les valeurs du tableau `$tab` en ordre croissant des codes ASCII des caractères qui les composent (en tenant compte de la casse des caractères). Les correspondances entre les indices et les valeurs des éléments sont perdues après le tri.
- `array rsort($tab)`. Trie les valeurs du tableau `$tab` en ordre décroissant des codes ASCII des caractères qui les composent. Les correspondances entre les indices et les valeurs des éléments sont perdues après le tri.
- `array array_reverse($tab)`. Inverse l'ordre des valeurs des éléments de `$tab`. Les indices sont évidemment perdus.

L'exemple 5-18 illustre l'emploi de ces fonctions et affiche le tableau initial puis le tableau une fois trié.

☞ **Exemple 5-18. Tri selon l'ordre ASCII**

```php
<?php
//******************
//TABLEAU INDICE
//******************
//Définition du tableau
$tabind=array("Blanc2","Jaune","rouge","Vert","Bleu","Noir","Blanc10");
$copie= $tabind;
echo "<b>Tableau indicé d'origine</b><br>";
print_r($tabind);
//Fonction sort
echo "<hr>Tri en ordre ASCII sans sauvegarde des indices<br>";
$tabind=$copie;
sort($tabind);
print_r($tabind);
//Fonction rsort
echo "<hr> Tri en ordre ASCII inverse sans sauvegarde des indices<br>";
$tabind=$copie;
rsort($tabind);
print_r($tabind);
//Fonction array_reverse
echo "<hr>Inversion de l'ordre des éléments<br>";
$tabind=$copie;
$tabrev=array_reverse($tabind);
print_r($tabrev);
?>
```

Le script donne les résultats suivants :

```
Tableau indicé d'origine
Array ( [0] => Blanc2 [1] => Jaune [2] => rouge [3] => Vert [4] => Bleu [5] => Noir [6]
↪=> Blanc10 )
```

```
Tri en ordre ASCII sans sauvegarde des indices
Array ( [0] => Blanc10 [1] => Blanc2 [2] => Bleu [3] => Jaune [4] => Noir [5] => Vert
➥[6] => rouge )

Tri en ordre ASCII inverse sans sauvegarde des indices
Array ( [0] => rouge [1] => Vert [2] => Noir [3] => Jaune [4] => Bleu [5] => Blanc2
➥[6] => Blanc10 )

Inversion de l'ordre des éléments
Array ( [0] => Blanc10 [1] => Noir [2] => Bleu [3] => Vert [4] => rouge [5] => Jaune
➥[6] => Blanc2 )
```

Trier selon l'ordre naturel

L'ordre dit naturel est plus proche de ce que chacun connaît dans la vie courante. Par exemple, pour un tri en ordre croissant, la chaîne "Blanc10" se trouve après "Blanc2" et "1ZZ" avant "2AA", les chiffres étant considérés comme précédant les lettres.

Il existe deux variantes de fonctions de tri selon l'ordre naturel, suivant qu'il est tenu compte ou non de la casse des caractères :

- array natsort($tab). Trie les valeurs du tableau $tab selon l'ordre naturel croissant des caractères qui les composent. Le tri étant effectué en tenant compte de la casse, les majuscules sont placées avant les minuscules, par exemple "Vert" avant "rouge". Les correspondances entre les indices ou les clés et les valeurs des éléments sont sauvegardées après le tri, ce qui rend la fonction également applicable aux tableaux associatifs.
- array natcasesort($tab). Trie les valeurs du tableau $tab selon l'ordre naturel croissant, sans tenir compte de la casse, ce qui correspond davantage à l'ordre courant du dictionnaire, dans lequel "rouge" se trouve avant "Vert". Les correspondances entre les indices ou les clés et les valeurs des éléments sont sauvegardées après le tri.

> **for ou foreach ?**
> Du fait que les fonctions array natsort() et array natcasesort() conservent les correspondances entre les indices ou les clés et les valeurs, il est déconseillé d'utiliser une boucle for pour lire l'ensemble des données, faute à risquer de perdre l'ordre créé par le tri. Une boucle foreach est indispensable, même pour des tableaux indicés.

☞ **Exemple 5-19. Tri selon l'ordre naturel**

```php
<?php
//******************
//TABLEAU INDICE
//******************
//Définition du tableau
$tabind=array("Blanc2","Jaune","rouge","Vert","Bleu","Noir","Blanc10","1ZZ","2AA");
$copie= $tabind;
echo "<b>Tableau indicé d'origine</b><br>";
```

```
print_r($tabind);
//*******************************
echo "<hr>Tri en ordre naturel avec sauvegarde des indices<br>";
$tabind=$copie;
natsort($tabind);
print_r($tabind);
//*******************************
echo "<hr>Tri en ordre naturel insensible à la casse avec sauvegarde des indices<br>";
$tabind=$copie;
natcasesort($tabind);
print_r($tabind);
foreach ($tabind as $cle=>$val)
{
echo "$cle => $val <br />";
}
?>
```

Les résultats des tris sont les suivants :

```
Tableau indicé d'origine
Array ( [0] => Blanc2 [1] => Jaune [2] => rouge [3] => Vert [4] => Bleu [5] => Noir
➥[6] => Blanc10 [7] => 1ZZ [8] => 2AA )

Tri en ordre naturel avec sauvegarde des indices
Array ( [7] => 1ZZ [8] => 2AA [0] => Blanc2 [6] => Blanc10 [4] => Bleu [1] => Jaune
➥[5] => Noir [3] => Vert [2] => rouge )

Tri en ordre naturel insensible à la casse avec sauvegarde des indices
Array ( [7] => 1ZZ [8] => 2AA [0] => Blanc2 [6] => Blanc10 [4] => Bleu [1] => Jaune
➥[5] => Noir [2] => rouge [3] => Vert )
```

Trier selon un critère personnel

Si les fonctions de tri précédentes ne nous conviennent pas, vous pouvez définir vous-même un critère de tri. Il vous suffit pour cela de créer une fonction de comparaison. Cette dernière effectue un test contenant un opérateur impliquant une relation d'ordre sur les valeurs des éléments.

> **Pour en savoir plus**
> Pour savoir comment définir une fonction personnalisée, reportez-vous au chapitre 7.

La fonction doit retourner une valeur entière positive, négative ou nulle selon le résultat du test. Vous choisirez généralement les valeurs 1, -1 et 0, mais vous pourriez tout aussi bien choisir N, N et 0. Le tri s'effectue dans les conditions suivantes :

- Si le test est évalué à TRUE et que la fonction retourne un nombre négatif, les éléments sont triés dans l'ordre défini par le critère du test.

- Si le test est évalué à TRUE et que la fonction retourne un nombre positif, les éléments sont triés dans l'ordre inverse de celui défini par le critère du test.
- Si le test est évalué à TRUE et que la fonction retourne 0, les éléments sont de même rang dans l'ordre du test.

Dans l'exemple 5-20, la fonction de test long(), dont le code figure ci-dessous, compare la longueur des chaînes de caractères à l'aide de la fonction strlen(). Si la chaîne contenue dans $mot1 est plus longue que celle contenue dans $mot2, la fonction retourne -1, et $mot1 est placé avant $mot2.

```
function long($mot1,$mot2)
{
   if(strlen($mot1)>strlen($mot2))  return -1;
   elseif(strlen($mot1)<strlen($mot2)) return 1;
   else return 0;
}
```

La fonction de tri utilisable pour les tableaux indicés est la suivante :

```
void usort($tab,"nom_fonction")
```

Elle trie les valeurs des éléments de $tab selon le critère défini dans la fonction dont le nom est passé en second paramètre. Les associations entre les indices ou les clés du tableau et les valeurs ne sont pas sauvegardées. La fonction ne retourne aucune valeur et agit sur le tableau initial, lequel est donc perdu.

Le listing de l'exemple 5-20 définit une fonction de tri selon la longueur des chaînes, utilise la fonction usort() et affiche le tableau trié.

☞ **Exemple 5-20. Tri personnalisé**

```
<?php
//*******************************
//TRI SUR UN CRITERE PERSONNALISE
//*******************************
//Définition de la fonction de tri
function long($mot1,$mot2)
{
   if(strlen($mot1)==strlen($mot2))  return 0;
   elseif(strlen($mot1)>strlen($mot2)) return -1;
   else return 1;
}
//Tableau à trier
$tab=array("Blanc","Jaune","rouge","Vert","Orange","Noir","Emeraude");
//Utilisation de la fonction de tri
echo "Tri selon la longueur des chaînes de caractères<br>";
echo "Tableau initial<br />";
print_r($tab);
usort($tab,"long");
echo "<br />Tableau trié selon la longueur croissante des mots<br />";
print_r($tab);
?>
```

Mélanger les valeurs de façon aléatoire

Certaines applications gèrent des nombres aléatoires, pour des tirages au sort, par exemple. D'autres affichent des informations dans un ordre différent pour chaque visiteur. Dans tous ces cas, vous pouvez utiliser un tableau contenant les informations à afficher et mélanger ces éléments de manière aléatoire au moyen de la fonction shuffle(), dont la syntaxe est la suivante :

```
void shuffle(array $tab)
```

Cette fonction retourne le tableau $tab, dont les valeurs des éléments sont mélangées de façon aléatoire. Là encore, le tableau initial est perdu.

Il est recommandé d'initialiser le générateur de nombres aléatoires en appelant la fonction srand() avec un paramètre entier avant son utilisation. Les associations des indices et des valeurs ne sont pas sauvegardées.

☞ **Exemple 5-21. Mélange aléatoire des éléments**

```
<?php
//Création du tableau
$tab = range(1,10);
echo "<h4> Tableau initial</h4>";
print_r($tab);
echo "<h4> Mélange en ordre aléatoire</h4>";
//Initialisation du générateur aléatoire
srand(time());
//Mélange des éléments puis affichage du tableau
shuffle($tab);
print_r($tab);
?>
```

Le listing affiche le résultat suivant :

```
Tableau initial

Array ( [0] => 1 [1] => 2 [2] => 3 [3] => 4 [4] => 5 [5] => 6 [6] => 7 [7] => 8 [8] => 9
➥[9] => 10 )

Mélange en ordre aléatoire

Array ( [0] => 4 [1] => 7 [2] => 5 [3] => 6 [4] => 8 [5] => 10 [6] => 1 [7] => 3
➥[8] => 9 [9] => 2 )
```

Le mélange étant aléatoire, vous avez évidemment peu de chance de retrouver le même si vous testez le script.

Trier des tableaux associatifs

Les fonctions que vous venez d'étudier pourraient s'appliquer également aux tableaux associatifs, mais elles ont l'inconvénient de ne pas conserver les associations entre les valeurs, ce qui, pour ce genre de tableau, est rédhibitoire.

Trier des valeurs

Les fonctions suivantes sont spécialement dédiées aux tableaux associatifs car elles préservent toutes les associations entre les clés et les valeurs :

- `void asort(array $tab)`. Trie les valeurs du tableau `$tab` selon l'ordre croissant des codes ASCII des caractères qui les composent en préservant les associations clé-valeur.
- `void arsort(array $tab)`. Trie les valeurs du tableau `$tab` selon l'ordre décroissant des codes ASCII des caractères qui les composent en préservant les associations clé-valeur.
- `void uasort(array $tab,string "nom_fonction")`. Joue le même rôle que la fonction `usort()`, déjà présentée pour les tableaux indicés, en effectuant un tri selon le critère défini dans la fonction de comparaison. Elle conserve en outre les clés associées aux valeurs.

Les fonctions `natsort()` et `natcasesort()`, qui permettent de trier les éléments selon l'ordre naturel, sont également utilisables dans les tableaux associatifs car elles préservent les associations entre les clés et les valeurs.

☞ **Exemple 5-22. Tri de tableaux associatifs**

```
<?php
//TABLEAUX ASSOCIATIFS
$tabass= array("white2"=>"Blanc2","yellow"=>"Jaune","red"=>"rouge","green"=>"Vert",
➡"blue"=>"Bleu","black"=>"Noir","white10"=>"Blanc10");
$copieass=$tabass;
echo "<h4>Tableau associatif d'origine</h4>";
print_r($tabass);
echo "<h4>Tri en ordre alpha des valeurs avec sauvegarde des clés</h4>";
$tabass=$copieass;
asort($tabass);
print_r($tabass);
echo "<h4>Tri en ordre alpha inverse avec sauvegarde des clés</h4>";
$tabass=$copieass;
arsort($tabass);
print_r($tabass);
echo "<h4>Tri en ordre naturel avec sauvegarde des clés</h4>";
$tabass=$copieass;
natsort($tabass);
print_r($tabass);
echo "<h4>Tri en ordre naturel insensible à la casse avec sauvegarde des clés</h4>";
$tabass=$copieass;
natcasesort($tabass);
print_r($tabass);
?>
```

Le listing affiche le résultat suivant :

```
Tableau associatif d'origine

Array ( [white2] => Blanc2 [yellow] => Jaune [red] => rouge [green] => Vert [ blue] =>
➥Bleu [black] => Noir [white10] => Blanc10 )

Tri en ordre ASCII des valeurs

Array ( [white10] => Blanc10 [white2] => Blanc2 [ blue] => Bleu [yellow] => Jaune
➥[black] => Noir [green] => Vert [red] => rouge )

Tri en ordre ASCII inverse

Array ( [red] => rouge [green] => Vert [black] => Noir [yellow] => Jaune [ blue] => Bleu
➥[white2] => Blanc2 [white10] => Blanc10 )

Tri en ordre naturel avec sauvegarde des clés

Array ( [white2] => Blanc2 [white10] => Blanc10 [ blue] => Bleu [yellow] => Jaune
➥[black] => Noir [green] => Vert [red] => rouge )

Tri en ordre naturel insensible à la casse avec sauvegarde des clés

Array ( [white2] => Blanc2 [white10] => Blanc10 [ blue] => Bleu [yellow] => Jaune
➥[black] => Noir [red] => rouge [green] => Vert )
```

Trier les clés

La caractéristique des tableaux associatifs est d'utiliser une clé à la place d'un indice numérique. Il peut dès lors être utile d'opérer des tris non plus sur les valeurs mais sur les clés des éléments.

La fonction suivante :

```
boolean ksort(array $tab)
```

trie les clés de $tab selon l'ordre croissant des codes ASCII des caractères. Les associations clé-valeur sont conservées. Cette fonction retourne une valeur booléenne indiquant que l'opération de tri a réussi ou non.

La fonction suivante permet de trier les clés selon l'ordre décroissant des codes ASCII des caractères :

```
boolean krsort(array $tab)
```

Elle conserve également les associations clé-valeur et retourne une valeur booléenne indiquant que l'opération de tri a réussi ou non.

Comme pour les tableaux indicés, la fonction suivante :

```
void uksort(array $tab ,string "nom_fonction")
```

permet de trier les clés des éléments de $tab selon le critère défini dans la fonction passée en second paramètre. La fonction de tri doit retourner -1 ou 1 selon que le critère est vérifié ou non ou 0 en cas d'égalité dans les mêmes conditions que la fonction usort() présentée précédemment.

L'exemple 5-23 utilise ces fonctions.

☞ **Exemple 5-23. Tri des clés**

```php
<?php
//******************
//TABLEAU ASSOCIATIF
$tabass= array("white2"=>"Blanc2","yellow"=>"Jaune","red"=>"rouge","green"=>"Vert",
"blue"=>"Bleu","black"=>"Noir","white10"=>"Blanc10");
$copieass=$tabass;
echo "<h4>Tableau associatif d'origine</h4>";
print_r($tabass);
echo "<h4>Tri en ordre ASCII des clés</h4>";
$tabass=$copieass;
ksort($tabass);
print_r($tabass);
echo "<h4>Tri en ordre ASCII inverse des clés</h4>";
$tabass=$copieass;
krsort($tabass);
print_r($tabass);
//*******************************
//TRI SUR UN CRITERE PERSONNALISE
//*******************************
function long($mot1,$mot2)
{
  if(strlen($mot1)>strlen($mot2))  return -1;
  elseif(strlen($mot1)<strlen($mot2)) return 1;
  else return 0;
}
echo "<h4>Tri selon la longueur des clés </h4>";
uksort($tabass,"long");
print_r($tabass);
?>
```

Le listing fournit les résultats ci-dessous, dans lesquels le tri des clés se fait selon l'ordre ASCII et non pas naturel. C'est pour cette raison qu'il est préférable que les clés aient toutes la même casse lors de la création du tableau.

Il est possible de transformer la casse des clés en appliquant au tableau la fonction array_change_key_case(), dont la syntaxe est la suivante :

```
array array_change_key_case (array $tab, int CTE)
```

Cette fonction transforme toutes les clés du tableau $tab en minuscules si la constante CTE vaut CASE_LOWER (valeur par défaut) et en majuscules si elle vaut CASE_UPPER.

```
Tableau associatif d'origine

Array ( [white2] => Blanc2 [yellow] => Jaune [red] => rouge [green] => Vert [ blue] =>
➥Bleu [black] => Noir [white10] => Blanc10 )

Tri en ordre alpha des clés

Array ( [ blue] => Bleu [black] => Noir [green] => Vert [red] => rouge [white10] =>
➥Blanc10 [white2] => Blanc2 [yellow] => Jaune )

Tri en ordre alpha inverse des clés

Array ( [yellow] => Jaune [white2] => Blanc2 [white10] => Blanc10 [red] => rouge [green]
➥=> Vert [black] => Noir [ blue] => Bleu )

Tri selon la longueur des clés

Array ( [white10] => Blanc10 [white2] => Blanc2 [yellow] => Jaune [black] => Noir
➥[green] => Vert [ blue] => Bleu [red] => rouge )
```

Opérer une sélection des éléments

Lorsqu'un tableau contient un nombre important d'informations, vous pouvez réaliser une sélection de ses éléments à l'aide de la fonction array_filter() et ne retenir que ceux qui répondent à une condition particulière définie par le programmeur.

La syntaxe de la fonction array_filter() est la suivante :

```
array array_filter(array $tab,string "nom_fonction")
```

Elle retourne un nouveau tableau ne contenant que les éléments de $tab qui répondent à la condition définie dans la fonction dont le nom est passé en second paramètre.

L'exemple 5-24 utilise la fonction array_filter() pour sélectionner parmi les éléments d'un tableau contenant des noms de villes celles dont l'initiale est "P" ou "p".

La fonction de sélection doit avoir comme paramètre une variable qui représente la valeur d'un élément courant du tableau sur lequel s'effectue la sélection et retourner cette variable si elle répond à la condition énoncée.

☞ **Exemple 5-24. Sélection dans un tableau**

```
<?php
//Définition du tableau
$villes=array("Paris","Perpignan","Marseille","pau","Nantes","Lille");
//Fonction de sélection
```

☞ **Exemple 5-24. Sélection dans un tableau** *(suite)*

```
function init($ville)
{
   if($ville[0]=="P" || $ville[0]=="p" )
   {
   return $ville;
   }
}
//Utilisation de array_filter()
$select=array_filter($villes,"init");
print_r($select);
?>
```

Ce script retourne le tableau $select, dont la structure est la suivante :

```
Array ( [0] => Paris [1] => Perpignan [3] => pau )
```

Appliquer une fonction à un tableau

Si vous souhaitez appliquer une même opération ou fonction à l'ensemble des valeurs des éléments d'un tableau, vous pouvez envisager d'effectuer une boucle for ou while et d'appliquer la fonction à chacun des éléments lus. Outre l'allongement du code qui en résulterait, cette méthode présenterait l'inconvénient de multiplier les appels à la fonction de calcul et entraînerait une perte de temps.

Une façon plus élégante et plus rapide de parvenir au même résultat consiste à utiliser la fonction array_walk(), qui peut avoir deux syntaxes différentes selon le nombre de paramètres qui lui sont passés.

Avec deux paramètres la syntaxe de la fonction array_walk() est la suivante :

```
int array_walk($tab,"nom_fonction")
```

La fonction dont vous précisez le nom est appliquée à toutes les valeurs des éléments du tableau $tab, que ce dernier soit indicé ou associatif. La fonction appliquée aux valeurs doit être une fonction personnalisée et non une fonction native de PHP. Elle doit de surcroît avoir au moins deux paramètres, le premier faisant référence à la valeur de l'élément de tableau à traiter et le second à l'indice ou la clé de cet élément.

Vous pouvez évidemment détourner l'interdiction d'utilisation d'une fonction native en appelant celle-ci dans la fonction personnalisée. Le listing de l'exemple 5-25 utilise cette syntaxe pour afficher sous forme de tableau HTML le tableau de valeurs de la fonction $\cos(\sqrt{}/x)$ appliquée à toutes les valeurs du tableau $tabx, lequel contient les valeurs entières de 1 à 10.

La figure 5-5 donne le résultat de cet exemple.

Avec trois paramètres, la syntaxe de la fonction array_walk() est la suivante :

```
array array_walk(array $tab,string "nom_fonction",divers param)
```

Elle permet d'utiliser la valeur du troisième paramètre param comme troisième paramètre de la fonction "nom_fonction". Vous pouvez de la sorte personnaliser l'affichage, comme dans le deuxième exemple du listing de l'exemple 5-25, qui utilise ce paramètre pour créer la couleur de fond des cellules de la colonne affichant le prix TTC.

Exemple 5-25. Application d'une fonction aux éléments d'un tableau

```php
<?php
//*******************************
//array_walk() avec deux paramètres
//*******************************
$tabx= range(1,10);
function tabval($val,$ind)
{
echo "<tr><td><b>", $ind+1,"</b></td><td>".cos(m_pi   /$val)."</td></tr>";
}
echo"<table border=\"3\"><tr>
<td> <h2>tableau de valeurs</h2>
<table border=\"1\" >
<thead><th> x </th><th> cos(pi/x)</th></thead>";
array_walk($tabx,"tabval");
echo"</table></td> ";
//*******************************
//array_walk() avec trois paramètres
//*******************************
$prix=array("22"=>"5.50","32.50"=>"19.60","80.00"=>"19.60");
//fonction de calcul ht et ttc
function taxe($taux,$prix,$col)
{
echo "<tr><td > $prix </td><td > $taux </td><td>". $prix*($taux/100) .
"</td><td style=\"background-color:$col \">".$prix*(1+$taux/100)."</td></ tr>";
}
echo"<td><h2>facture détaillée</h2>
<table border=\"1\" >
<thead><th> h t</th><th> taux</th><th> t.v.a.</th><th> t.t.c..</th></ thead>";
array_walk($prix,"taxe","red");
echo"</td></tr></table></table>";
?>
```

PHP propose un autre type de fonction, la fonction array_reduce(), non pas pour appliquer une fonction à chacun des éléments d'un tableau, comme précédemment, mais pour retourner un seul résultat à partir de l'ensemble des valeurs contenues dans le tableau. Cela peut permettre, par exemple, de calculer la somme ou le produit de l'ensemble des valeurs du tableau.

La syntaxe de la fonction array_reduce() est la suivante :

```
divers array_reduce(array $tab,string "nom_fonction"[,divers param])
```

Figure 5-5

Application de fonctions à des tableaux de données

Comme le ferait une boucle for, elle applique de façon itérative la fonction dont le nom est passé en paramètre à l'ensemble des valeurs du tableau $tab. Le troisième paramètre facultatif est considéré comme étant la première valeur du tableau. C'est la valeur retournée par défaut si $tab est vide.

Le code de l'exemple 5-26 illustre l'utilisation de cette fonction pour calculer le produit d'un nombre de valeurs entières en l'appliquant au calcul de la factorielle d'un entier N.

> **Rappel**
> La factorielle de N est notée M. Elle est égale à $1 \times 2 \times 3 \times ... N$.

Il permet d'opérer la concaténation répétée de toutes les chaînes de caractères contenues dans les éléments d'un tableau. Il utilise comme troisième paramètre la chaîne de caractères "Salut à", qui constituera les premiers mots de tous les résultats retournés, quel que soit le tableau.

☞ **Exemple 5-26. La fonction *array_reduce()***

```
<?php
//Définition de la fonction produit
function multi($a,$b)
{
if($a==0) $a=1;
return $a*$b;
}
//array_reduce avec deux paramètres
$n=10;
```

```
$tabn= range(1,$n);
$prod=array_reduce($tabn, "multi");
echo "<hr>Produit des éléments = factorielle $n = $n! = ",$prod;
//Définition de la fonction de concaténation
function concat($a,$b)
{
$a.=$b;
return $a;
}
// array_reduce avec trois paramètres
$tabch= array("messieurs "," Hulot", " et "," Tati");
$chaine=array_reduce($tabch,"concat","Salut à ");
echo "<hr>Concaténation des éléments : ",$chaine;
?>
```

Le script de l'exemple 5-26 affiche les résultats suivants :

```
Produit des éléments = factorielle 10 = 10! = 3628800

Concaténation des éléments : Salut à messieurs Hulot et Tati
```

L'objet *ArrayObject*

À l'instar de ASP.Net, PHP 5 introduit un objet prédéfini ArrayObject représentant un tableau. Il permet de créer des tableaux qui ne sont pas du type array. Ces objets possèdent des méthodes qui permettent d'effectuer diverses opérations. Si vous n'êtes pas familiarisé avec les notions d'objet et de méthode reportez-vous au préalable au chapitre 9.

Pour créer un objet tableau, utilisez le mot-clé new selon la syntaxe suivante :

```
$objtab=new ArrayObject() ;
```

qui appelle le constructeur de l'objet. Le tableau créé est alors vide. Pour lui affecter des éléments au moment de sa création, vous pouvez passer au constructeur un paramètre qui est un tableau PHP classique de type array selon le modèle suivant :

```
$tab = array("Linux","Apache");
$objtab = new arrayObject($tab);
```

Le tableau passé en paramètre au constructeur peut également être un tableau associatif, selon le modèle suivant (repères ❶ et ❷ de l'exemple 5-27) :

```
$tab = array('a'=>"Linux",'b'=>"Apache"); ← ❶
$objtab = new arrayObject($tab); ← ❷
```

La méthode append() permet d'ajouter des éléments au tableau un par un (repères ❸, ❹ et ❺). Sa syntaxe est la suivante :

```
$objtab->append("PHP 5");
```

L'élément ajouté a l'indice immédiatement supérieur au dernier existant dans le tableau. Ici, l'élément de valeur "PHP 5" aura l'indice 0 car les indices précédents sont des chaînes.

La boucle foreach étant applicable aux objets, elle permet de lire l'ensemble des clés (ou des indices) et les valeurs associées contenues dans le tableau (repère ❻).

L'équivalent de la fonction count() applicable au type array est la méthode count(), qui permet de lire le nombre d'éléments de l'objet tableau (repère ❼).

Il est encore possible de récupérer les clés et les valeurs contenues dans l'objet dans un tableau associatif habituel de type array en appliquant la méthode getArrayCopy() à l'objet (repère ❽). L'affichage de ce tableau avec la fonction print_r() (repère ❾) confirme que la variable obtenue est du type non plus object mais array. Vous pourriez alors appliquer à cette variable une des fonctions applicables aux tableaux que vous avez vues dans les sections précédentes.

Vous pouvez vérifier l'existence d'un élément d'indice ou de clé donné en utilisant la méthode offsetExists(), qui retourne TRUE si l'élément existe et FALSE sinon (repère ❿).

Pour lire un élément du tableau, connaissant son indice ou sa clé, vous utilisez la méthode offsetGet(), dont la syntaxe est la suivante :

```
echo $objtab->offsetGet(cle) ;
```

Le paramètre est un nombre ou une chaîne de caractères selon les cas (repère ⓫).

Pour ajouter un élément en précisant sa clé numérique ou alphabétique, vous devez appeler la méthode offsetSet(), dont la syntaxe est la suivante :

```
$objtab->offsetSet(cle,valeur);
```

Le paramètre est également un nombre ou une chaîne de caractères selon les cas (repères ⓬ et ⓭). L'affichage du tableau (repère ⓮) permet de contrôler l'insertion des éléments.

Vous pouvez enfin supprimer un élément au moyen de la méthode offsetUnset() en lui donnant comme paramètre l'indice ou la clé de l'élément à supprimer (repère ⓯). Là aussi, vous affichez le tableau pour vérifier la suppression de l'élément (repère ⓰).

☞ **Exemple 5-27. Création et manipulation d'un objet *ArrayObject***

```
<?php
$tab = array('a'=>"Linux",'b'=>"Apache"); ← ❶
//Création de l'objet ArrayObject
$objtab =new ArrayObject($tab); ← ❷
//Ajout de trois éléments
$objtab->append("PHP 5"); ← ❸
$objtab->append("MySQL"); ← ❹
$objtab->append("SQLite"); ← ❺
//Lecture des éléments
foreach($objtab as $cle=>$val) ← ❻
{
echo "$cle : $val<br />";
}
```

Les tableaux
CHAPITRE 5

```
echo "<hr />";
//Affichage du nombre d'éléments
echo "Nombre d'éléments = ",$objtab->count();← ❼
//Copie dans un tableau array
$tab2=$objtab->getArrayCopy();← ❽
print_r($objtab2);← ❾
echo "<hr />";
//Vérification de l'existence d'un élément d'indice donné
$val='a';
if($objtab->offsetExists($val))← ❿
{
echo "L'élément d'indice $val existe dans le tableau. ";
echo "Il a la valeur :",$objtab->offsetGet($val),"<br />";← ⓫
}
echo "<hr />";
//Ajout d'un élément d'indice ou de clé donné
$objtab->offsetSet(3,'SimpleXML');← ⓬
$objtab->offsetSet('c','ArrayObject');← ⓭
print_r($objtab);← ⓮
echo "<hr />";
//Suppression d'un élément d'indice donné
$objtab->offsetUnset(3);← ⓯
print_r($objtab);← ⓰
?>
```

Cet exemple affiche les résultats suivants, qui illustrent les possibilités offertes par les méthodes de l'objet ArrayObject.

```
a : Linux
b : Apache
0 : PHP 5
1 : MySQL
2 : SQLite

Nombre d'éléments = 5

Array ( [a] => Linux [b] => Apache [0] => PHP 5 [1] => MySQL [2] => SQLite )

L'élément d'indice a existe dans le tableau. Il a la valeur :Linux

ArrayObject Object ( [a] => Linux [b] => Apache [0] => PHP 5 [1] => MySQL [2] => SQLite
➥[3] => SimpleXML [c] => ArrayObject )

ArrayObject Object ( [a] => Linux [b] => Apache [0] => PHP 5 [1] => MySQL [2] => SQLite
➥[c] => ArrayObject )
```

Le nombre de méthodes disponibles actuellement pour l'objet ArrayObject est assez limité, mais nul doute qu'il va progresser dans l'avenir, ce qui rendra obsolète le type array.

Mémo des fonctions

Les tableaux, qu'ils soient indicés, associatifs ou multidimensionnels, fournissent un type de donnée riche de possibilités pour le stockage d'informations. Pour bien utiliser ces tableaux, vous devez en avoir une bonne connaissance car vous les retrouverez dans tous les types de scripts.

PHP fournit un grand nombre de fonctions natives permettant les opérations les plus diverses, allant de la création aux manipulations les plus variées. Là encore, la connaissance de ces possibilités est gage d'efficacité dans l'écriture de scripts.

```
array_change_key_case(array $tab, int cte)
```
Modifie la casse des clés du tableau $tab. La constante CTE vaut CASE_UPPER pour les majuscules ou CASE_LOWER pour les minuscules.

```
array_chunk(array $tab, int NB [, boolean CLE])
```
Scinde le tableau $tab en un tableau multidimensionnel dont chaque élément est un tableau indicé contenant NB éléments de $tab. Le paramètre CLE indique s'il faut conserver les indices initiaux (TRUE pour oui).

```
array array_combine(array $tabclé, array $tabval)
```
Crée un tableau associatif dont les clés sont les éléments de $tabclé et les valeurs ceux des $tabval.

```
array_count_values(array $tab)
```
Compte le nombre d'occurrences de chaque valeur des éléments de $tab et retourne un tableau dont les clés sont les valeurs du tableau $tab et les valeurs le nombre d'occurrences.

```
array array_diff ( array $tab1, array $tab2 [, array $tabN])
```
Retourne un tableau qui est la différence ensembliste des tableaux $tab1 et $tab2. Il contient les éléments de $tab1 moins ceux qui sont communs aux deux tableaux. Vous pouvez généraliser avec *N* tableaux.

```
array array_fill(integer depart, int N, divers valeur)
```
Retourne un tableau dont tous les éléments d'indices compris entre depart et depart+N ont la valeur contenue dans le paramètre valeur.

```
array array_filter(array $tab,string nom_fonction)
```
Supprime tous les éléments de $tab pour lesquels la fonction de tri passée en deuxième paramètre retourne FALSE.

```
array array_flip(array $tab)
```
Retourne un tableau associatif qui a pour clés les valeurs des éléments de $tab et pour valeurs les clés de $tab.

```
array array_intersect_assoc ( array $tab1, array $tab2 [, array $tabN])
```
Retourne un tableau associatif contenant les éléments ayant même clé et même valeur pour les tableaux $tab1, $tab2, ..., $tabN.

```
array array_intersect ( array $tab1, array $tab2 [, array $tabN])
```
Retourne un tableau contenant les éléments ayant la même valeur dans les tableaux $tab1, $tab2, ..., $tabN.

```
bool array_key_exists ( divers cle, array $tab)
```
Retourne TRUE si la clé (ou l'indice) de valeur cle existe dans $tab.

```
array array_keys ( array $tab [, divers val])
```
Retourne un tableau contenant uniquement les clés de $tab. Si le paramètre val est précisé, le tableau retourné contient la position des clés ayant la valeur val.

```
array array_map ( string nom_fonction, array $tab1 [, array $tab2,..., $tabN])
```
Applique la fonction indiquée à tous les éléments des tableaux $tab1, $tab2, ..., $tabN.

```
array array_merge ( array $tab1, array $tab2 [, array $tabN])
```
Retourne un tableau rassemblant tous les éléments des tableaux $tab1, ... $tabN. Si les clés sont identiques, c'est celle du dernier tableau qui l'emporte.

```
bool array_multisort ( array $tab1 [, cte1,cte2 [,... [, array $tabN,cte1,cte2]]])
```
Trie plusieurs tableaux $tab1, ..., $tabN selon les critères précisés pour chacun d'eux par les constantes cte1 et cte2. Ces constantes ont pour valeurs :
cte1 SORT_ASC : tri en ordre croissant (par défaut) ou SORT_DESC : tri en ordre décroissant.
cte2 SORT_REGULAR : comparaison alphabétique ou SORT_NUMERIC : comparaison numérique ou SORT_STRING : comparaison des chaînes.

```
array array_pad ( array $tab, int N, divers val)
```
Retourne un tableau contenant les éléments de $tab auxquels sont ajoutés plusieurs fois la valeur val pour obtenir N éléments au total. Si N > 0 les éléments sont ajoutés au début sinon à la fin.

```
divers array_pop ( array $tab)
```
Supprime le dernier élément de $tab et retourne sa valeur.

```
int array_push ( array $tab, divers $var1[, divers $varN])
```
Ajoute les valeurs $var1, ..., $varN à la fin du tableau $tab et retourne la taille du nouveau tableau.

```
divers array_rand ( array $tab [, int N])
```
Choisit N éléments au hasard dans $tab et retourne un tableau contenant les clés des éléments choisis. Si N vaut 1 la fonction retourne une chaîne contenant sa clé.

```
divers array_reduce ( array $tab, string nom_fonction [, int N])
```
Applique la fonction précisée à l'ensemble des éléments de $tab et retourne une valeur unique calculée à partir de ces valeurs (par exemple, la somme de tous les éléments). Si le paramètre N est passé, il est inclus dans les calculs comme valeur initiale.

```
array array_reverse ( array $tab [, bool cle])
```
Inverse l'ordre des éléments du tableau. Préserve les clés si le paramètre cle vaut TRUE.

```
mixed array_shift ( array $tab)
```
Supprime le premier élément du tableau et retourne cet élément.

```
array array_slice ( array $tab, int N [, int L])
```
Retourne un tableau contenant L éléments extraits de $tab et dont le premier a l'indice N.

```
array array_splice ( array $tab, int N [, int L [, array $tab2]])
```
Supprime L éléments de $tab à partir de l'indice N et les remplace éventuellement par ceux du tableau $tab2.

```
mixed array_sum ( array $tab)
```
Retourne la somme des éléments du tableau.

```
array array_unique ( array $tab)
```
Élimine les doublons et retourne un nouveau tableau.

```
int array_unshift ( array $tab, divers $var1 [, divers $varN])
```
Ajoute les valeurs contenues dans les variables $var1, ..., $varN à la fin du tableau et retourne le nombre d'éléments ajoutés.

```
array array_values ( array $tab)
```
Retourne un tableau ne contenant que les valeurs du tableau associatif $tab. Crée des indices numériques de 0 à N.

```
bool array_walk ( array $tab, string nom_fonction)
```
Applique la fonction indiquée à tous les éléments de $tab. Si la fonction a plusieurs paramètres, les éléments sont passés comme premier paramètre. Retourne TRUE si l'opération est réussie et FALSE sinon.

```
bool arsort ( array $tab )
```
Trie le tableau associatif $tab en ordre décroissant des valeurs et en préservant les clés. Retourne TRUE si l'opération est réussie et FALSE sinon.

```
bool asort ( array $tab [, int sort_flags])
```
Tri le tableau associatif $tab en ordre croissant des valeurs et en préservant les clés. Retourne TRUE si l'opération est réussie et FALSE sinon.

```
array compact ( divers $var1 [,divers $varN])
```
Crée un tableau dont les éléments sont les valeurs des variables $var1, ..., $varN. Ces variables peuvent être des tableaux.

```
int count ( array $tab [, int COUNT_RECURSIVE])
```
Retourne le nombre d'éléments de $tab. Pour obtenir le nombre d'éléments d'un tableau multidimensionnel, il faut utiliser le deuxième paramètre.

```
mixed current ( array $tab)
```
Retourne la valeur de l'élément pointé par le pointeur du tableau.

```
array each ( array $tab)
```
Retourne la clé (ou l'indice) et la valeur de l'élément en cours dans un tableau à quatre éléments. Les éléments d'indice 0 et key contiennent la clé de l'élément de $tab. Les éléments 1 et value contiennent la valeur associée.

```
divers end ( array array)
```
Place le pointeur de tableau sur le dernier élément et retourne sa valeur.

```
int extract ( array $tab [, int N [, string prefixe]])
```
Crée des variables dont les noms sont les clés de $tab et les valeurs celles de ses éléments.

```
bool in_array ( divers val, array $tab [, bool type])
```
Retourne TRUE si la valeur val est présente dans le tableau $tab. Si le paramètre type vaut TRUE les types de la valeur recherchée et de l'élément doivent être identiques.

```
divers key ( array $tab)
```
Retourne la clé de l'élément actuellement pointé dans $tab.

```
bool krsort ( array $tab)
```
Trie $tab selon les clés en ordre décroissant. Les associations clé/valeur sont préservées.

```
bool ksort ( array $tab)
```
Trie $tab selon les clés en ordre croissant. Les associations clé/valeur sont préservées.

```
void list ( $var1,...,$varN)
```
Permet d'affecter une liste de variables avec les éléments du tableau $tab.

```
void natcasesort ( array $tab)
```
Trie le tableau en ordre naturel sans tenir compte de la casse.

`divers next ( array $tab)`	
Retourne l'élément suivant de `$tab` ou `FALSE` en fin de tableau.	
`mixed prev ( array $tab)`	
Retourne l'élément précédent de `$tab` ou `FALSE` en fin de tableau.	
`array range ( int min, int max [, int pas])`	
Crée un tableau contenant une suite d'entiers incrémentée de une unité par défaut, en commençant à la valeur `min` et en finissant à `max`. Le paramètre éventuel ne modifie pas cet incrément.	
`mixed reset ( array $tab)`	
Replace le pointeur de tableau sur le premier élément et retourne cette valeur.	
`bool rsort ( array $tab [, int sort_flags])`	
Trie les éléments de `$tab` en ordre décroissant.	
`void shuffle ( array $tab)`	
Mélange tous les éléments du tableau au hasard.	
`bool sort ( array $tab [, int sort_flags])`	
Trie les éléments de `$tab` en ordre croissant.	
`bool uasort ( array $tab, string nom_fonction)`	
Trie les éléments du tableau associatif `$tab` en fonction d'un critère de comparaison défini par la fonction personnalisée `nom_fonction`. Les clés sont préservées.	
`bool uksort ( array $tab, string nom_fonction)`	
Trie les clés de `$tab` en fonction d'un critère de comparaison défini par la fonction personnalisée `nom_fonction`.	
`bool usort ( array $tab, string nom_fonction)`	
Trie les éléments de `$tab` en fonction d'un critère de comparaison défini par la fonction personnalisée `nom_fonction`. Les clés sont préservées.	

Exercices

Exercice 1

Écrivez un tableau multidimensionnel associatif dont les clés sont des noms de personne et les valeurs des tableaux indicés contenant le prénom, la ville de résidence et l'âge de la personne.

Exercice 2

Écrivez un tableau multidimensionnel associatif dont les clés sont des noms de personne et les valeurs des tableaux associatifs dont les clés sont le prénom, la ville de résidence et l'âge de la personne avec une série de valeurs associées.

Exercice 3

Utilisez une boucle `foreach` pour lire les tableaux des exercices 1 et 2.

Exercice 4

Utilisez une boucle while pour lire les tableaux des exercices 1 et 2.

Exercice 5

Créez un tableau contenant une liste d'adresses de sites recommandés, puis créez un lien aléatoire vers le premier site de la liste après avoir trié le tableau en ordre aléatoire.

Exercice 6

Créez un tableau d'entiers variant de 1 à 63 puis, à partir de celui-ci, un autre tableau de nombres variant de 0 à 6.3. Créez ensuite un tableau associatif dont les clés X varient de 0 à 6.3 et dont les valeurs sont sin(X). Affichez le tableau de valeurs dans un tableau HTML.

Exercice 7

Créez un tableau contenant une liste d'adresses e-mail. Extrayez le nom de serveur de ces données, puis réalisez des statistiques sur les occurrences de chaque fournisseur d'accès.

6

Les formulaires

Les formulaires introduits dans le HTML depuis ses plus anciennes versions sont l'élément essentiel qui permet l'interactivité entre un site et ses visiteurs. Ils constituent pour cette raison la base de la création de sites dynamiques. L'envoi d'informations du poste client vers le serveur *via* le protocole HTTP concerne aussi bien l'envoi des données personnelles d'un internaute qui souhaite passer une commande que le déclenchement d'une requête dans une base de données ou la création de page dynamique en réponse à cette demande.

Tout échange entre visiteur et serveur passe par un formulaire, dans lequel l'utilisateur peut saisir textes ou mots de passe, opérer des choix grâce à des boutons radio, des cases à cocher ou des listes de sélection, voire envoyer ses propres fichiers depuis le poste client. Il est donc important d'en maîtriser la création à la fois en HTML, pour obtenir des formulaires présentables, et en PHP, pour gérer les informations fournies par le formulaire au script côté serveur.

Création d'un formulaire HTML

Avant toute chose, il faut créer la structure HTML d'un formulaire.

Pour être conforme au HTML 4, le document contenant le formulaire doit avoir la structure minimale suivante :

```
<!DOCTYPE HTML PUBLIC "-//W3C//DTD HTML 4.01//EN"
"http://www.w3.org/TR/html4/strict.dtd">
<html>
<head>
<meta http-equiv="Content-Type" content="text/html; charset=iso-8859-1">
```

```
<title>Titre de la page</title>
</head>
<body>
  <form action="nom_de_fichier.php"> ← ❶
   <fieldset>
    <legend>Titre du formulaire</legend>
    <!-- Corps du formulaire contenant les différentes composants-->
   </fieldset> ← ❷
  </form>
</body>
</html>
```

L'élément `<form>` possède certains attributs obligatoires. D'autres sont utilisés dans des circonstances particulières en fonction des besoins.

L'attribut `action="nom_de_fichier.php"` (repère ❶) est obligatoire. Il désigne le fichier qui va traiter, sur le serveur, les informations saisies dans le formulaire. Il est recommandé que ce fichier soit présent dans le même répertoire que celui contenant le formulaire, mais ce n'est pas obligatoire. Si le fichier se trouve dans un autre dossier, voire sur un autre serveur, il faut utiliser une adresse absolue, en écrivant, par exemple :

`action= "http://www.abcphp.com/dossier/nom_de_fichier.php"`

Dans le cadre de ce livre, il s'agira toujours d'un fichier PHP. Il existe d'autres solutions sur des serveurs non-PHP, comme ASP.Net, qui va probablement devenir un concurrent sérieux de PHP.

Pour que le fichier qui traite les données soit à coup sûr celui qui contient le formulaire, vous pouvez utiliser la variable `$_SERVER["PHP_SELF"]`, qui contient le nom du fichier en cours d'exécution comme valeur de l'attribut `action`. Pour les versions antérieures à PHP 4.1, il fallait utiliser la variable `$PHP_SELF`. En cas de maintenance du code entraînant le changement du nom du fichier, il n'est pas nécessaire de modifier la valeur de l'attribut `action`.

Vous pouvez avoir, par exemple, le code suivant :

`<form method="post" action="<?= $_SERVER["PHP_SELF"] ?>">`

L'attribut `action="nom_de_fichier.php"` peut aussi avoir la valeur `"mailto:"`, qui provoque l'envoi des données vers une adresse e-mail, qu'il faut préciser à la suite du mot `mailto` en écrivant, par exemple :

`action="mailto:nom@abcphp.com"`

Cette méthode ne peut servir qu'à recueillir des informations. Comme elle ne permet pas de les traiter facilement, elle ne nous est pas très utile en PHP.

`method="post|get"` détermine la méthode d'envoi des données vers le serveur. La méthode `get`, qui est la méthode par défaut, présente l'inconvénient d'ajouter les données du formulaire à l'adresse URI du fichier qui les traite, ce qui les rend visibles par le visiteur. Cet inconvénient peut être exploité pour passer des données à un script dès son appel. De plus, il existe une limite à la longueur des URI et donc à la quantité de données à transmettre. Ces problèmes ne se retrouvent pas avec la valeur post, que vous utiliserez dans la plupart des cas.

name="chaine_de_caractères" attribue un nom au formulaire. Cet attribut est surtout utilisé pour accéder aux éléments du formulaire *via* un script JavaScript.

enctype="type_d'encodage" détermine le type d'encodage des données transmises au serveur. Sa valeur par défaut, "application/x-www-form-urlencoded", est utilisable dans la plupart des cas, à l'exception du transfert de fichiers du poste client vers le serveur, pour lequel elle doit être "multipart/form-data". Si l'attribut action a la valeur "mailto:", l'attribut enctype a pour valeur "text/plain" ou "text/html", selon que le contenu est envoyé à une adresse e-mail au format texte ou HTML.

L'élément <fieldset> (repère ❷) permet, à l'intérieur d'un même formulaire, de créer des blocs visuels contenus entre les balises <fieldset> et </fieldset> et donc de structurer le formulaire en fonction des champs qu'il contient, ce qui améliore la présentation. L'élément <legend> contient le titre de chacun de ces blocs. À l'intérieur de chaque bloc se trouvent les éléments HTML qui créent les champs visibles ou invisibles du formulaire.

Les sections qui suivent rappellent les différents composants HTML d'un formulaire et leurs rôles respectifs.

L'élément <input>

La balise unique <input> permet de créer des composants d'aspect et de rôle très différents. La différenciation de ces composants s'effectue en définissant la valeur de leurs attributs, et notamment de l'attribut type.

L'attribut name est obligatoire, car c'est lui qui permet d'identifier les champs côté serveur et ainsi de récupérer leur contenu. Les sections qui suivent détaillent les éléments "text", "password", "checkbox", "radio", "submit", "reset", "file" et "hidden".

L'élément *<input type="text" />*

Cet élément crée un champ de saisie de texte d'une seule ligne. En plus de l'attribut name, vous pouvez apporter des précisions supplémentaires à l'aide des attributs suivants :

- size="nombre". Détermine la largeur de la zone en nombre de caractères.
- maxlength="nombre". Détermine le nombre maximal de caractères que l'utilisateur est autorisé à saisir.
- value="texte". Définit un texte par défaut tant que l'utilisateur ne l'a pas modifié. C'est cette valeur qui est transmise au serveur si l'internaute ne saisit aucun texte, comme dans l'exemple ci-dessous :

```
<input type ="text" name="ville" size="30" maxlength="40" value="Votre ville"/>
```

L'aspect visuel de ce composant est illustré à la figure 6-1 (repères ❶, ❷, ❸ et ❹).

> **L'attribut *value***
>
> Pour des raisons d'ergonomie, il est préférable que le texte par défaut défini à l'aide de l'attribut value s'efface tout seul au moment où l'utilisateur clique dessus car cela lui évite de devoir l'effacer.
>
> Il suffit pour cela d'utiliser une instruction JavaScript très simple :
>
> Pour réagir à l'événement clic :
>
> ```
> <input type ="text" name="ville" size="30" maxlength="40" value="Votre ville" onclick="this.value='' "/>
> ```
>
> Pour que le texte s'efface dès que la zone de texte reçoit le focus (le curseur passe dans la zone) :
>
> ```
> <input type ="text" name="ville" size="30" maxlength="40" value="Votre ville" onfocus="this.value='' "/>
> ```

L'élément *<input type="password" />*

Crée un champ de saisie de mot de passe semblable à un champ texte mais dans lequel les caractères saisis sont invisibles et remplacés par des astérisques.

Les attributs size et maxlength y jouent le même rôle que précédemment.

En voici un exemple :

```
<input type ="password" name="code" size="10" maxlength="6"/>
```

L'élément *<input type="checkbox" />*

Crée une case à cocher utilisée pour effectuer un ou plusieurs choix parmi ceux qui sont préétablis par le programmeur. L'attribut value contient le texte qui sera transmis au serveur si l'utilisateur coche la case. Il est obligatoire.

Dans les groupes de cases à cocher, il est possible de cocher plusieurs cases simultanément, ce qui n'est pas le cas des cases d'option (boutons radio). Dans ce cas, il faut que le nom de tous les composants soit le même et qu'il soit suivi de crochets ouvrants et fermants de façon à récupérer les valeurs dans un tableau, comme vous le verrez en détail par la suite.

En voici un exemple :

```
<input type ="checkbox" name="lang[]" value="français" />
<input type ="checkbox" name="lang[]" value="anglais" />
```

L'aspect visuel de ce composant est illustré à la figure 6-1 (repère ❼).

L'élément *<input type="radio" />*

Crée un bouton radio. Employé seul, un bouton radio peut servir à valider des choix. Employé en groupe, il implique, à la différence de cases à cocher, qu'un seul choix est autorisé. Dans ce cas, tous les boutons radio du groupe doivent avoir une même valeur pour l'attribut "name". Le fait d'en activer un désactive celui qui l'était auparavant.

L'attribut checked="checked" définit le bouton coché par défaut. L'attribut value joue le même rôle que pour les cases à cocher et est également indispensable.

Voici un exemple d'utilisation de l'élément "radio" :

```
<label>Débutant</label><input type ="radio" name="capa" value="débutant" />
<label>Initié</label><input type ="radio" name="capa" value="initié" />
```

L'aspect visuel de ce composant est illustré à la figure 6-1 (repère ❺).

L'élément *<input type="submit" />*

Crée un bouton sur lequel l'utilisateur doit cliquer pour déclencher l'envoi des données de tout le formulaire vers le serveur.

Il est indispensable d'avoir au moins un bouton d'envoi par formulaire, mais il est possible d'en utiliser plusieurs. Le clic sur l'un de ces boutons est alors analysé par le script désigné par l'attribut action de l'élément <form>. Cela permet d'effectuer des tâches spécialisées en fonction de la valeur associée à chaque bouton grâce à son attribut value. C'est le contenu de l'attribut value qui constitue le texte visible du bouton dans le formulaire.

Vous pourrez voir des exemples d'utilisation de plusieurs boutons d'envoi à la fin de ce chapitre ainsi qu'au chapitre 13. L'attribut name n'est *a priori* pas utile, en particulier s'il n'y a qu'un seul bouton d'envoi.

Voici un exemple simple d'utilisation de l'élément "submit" :

```
<input type ="submit" value="Envoi" />
```

L'aspect visuel de ce composant est illustré à la figure 6-1 (repère ⓫).

L'élément *<input type="reset" />*

Crée un bouton de réinitialisation du formulaire et non d'effacement systématique, comme on le croit souvent. Si les éléments du formulaire ont des attributs value qui définissent des valeurs par défaut, ce sont ces valeurs qui apparaissent au démarrage de la page et qui sont réaffichées si l'utilisateur clique sur le bouton reset.

Le contenu de l'attribut value du bouton d'effacement constitue le texte visible du bouton dans le formulaire.

En voici un exemple :

```
<input type ="reset" value="Effacer" />
```

L'aspect visuel de ce composant est illustré à la figure 6-1 (repère ❿).

L'élément *<input type="file" />*

Permet le transfert de fichiers du poste client vers le serveur. Cet élément crée un champ de saisie de même aspect qu'un champ de texte et un bouton de sélection de fichier permettant à l'utilisateur de choisir le fichier à transférer.

L'attribut name est obligatoire. Les attributs size limitent la taille de la zone de saisie, et plus particulièrement l'attribut accept, qui définit le ou les types de fichier acceptés. Par sécurité, l'utilisation de cet attribut est recommandée car il permet de limiter le transfert à certains types de fichiers.

Dans l'exemple ci-dessous, le serveur n'accepte que le transfert de fichiers ayant les extensions **.gif** ou **.jpeg** et refuse tout autre type :

```
<input type="file" name="monfichier" accept="image/gif,image/jpeg" size="30"/>
```

L'aspect visuel de ce composant est illustré à la figure 6-1 (repère ❾).

L'élément *<input type="hidden" />*

Crée un champ caché n'ayant, comme son nom l'indique, aucun rendu visuel dans le formulaire mais permettant de transmettre des informations invisibles pour l'utilisateur.

Les informations sont contenues dans l'attribut value. L'attribut name est obligatoire.

En voici un exemple :

```
<input type="hidden" name="MAX_FILE_SIZE" value="20000"/>
```

L'élément <textarea>

À l'instar de l'élément <input> avec l'attribut type=text, l'élément <textarea> crée un champ de saisie de texte mais, contrairement au précédent, en permettant la saisie sur plusieurs lignes.

Cet élément comporte une balise de fermeture </textarea> et un contenu de texte par défaut affiché dans la zone de texte. Les attributs cols et rows, qui donnent respectivement le nombre de colonnes et de lignes de la zone de texte, doivent être définis.

L'exemple suivant :

```
<textarea name="commentaire" cols="45" rows="8" >
Tapez vos commentaires ici
</textarea>
```

crée une zone de saisie de texte de 45 colonnes et 8 lignes au maximum.

L'aspect visuel de ce composant est illustré à la figure 6-1 (repère ❽).

L'élément <select>

Crée une liste de sélection d'options parmi lesquelles l'utilisateur fait un choix, chaque option devant être définie par un élément <option> séparé.

L'élément <select> a la structure suivante :

```
<select name="maliste">
 <option value="valeur 1"> Texte choix 1</option>
 <option value="valeur 2"> Texte choix 2</option>
 <option value="valeur 3"> Texte choix 3</option>
</select>
```

Les formulaires

Il comporte les attributs suivants :

- `name="nom_select"`. Obligatoire. Donne le nom de la liste.
- `size="Nombre"`. Détermine le nombre de choix visibles simultanément. Par défaut, sa valeur est 1.
- `multiple="multiple"`. Autorise la sélection de plusieurs options simultanément.

L'élément `<option>` comporte les attributs suivants :

- `value="chaine"`. Obligatoire. Définit la valeur transmise au serveur si l'option est sélectionnée.
- `selected="selected"`. Définit l'option qui est sélectionnée par défaut dans la liste si l'utilisateur ne fait pas de choix.

L'aspect visuel de ce composant est illustré à la figure 6-1 (repère ❻).

Exemple de code <form>

L'exemple 6-2 fournit le code d'un formulaire contenant tous les éléments possibles répartis en trois groupes :

- saisie des données personnelles du visiteur et zones de texte « nom », « prenom » et « mail » (repères ❶, ❷ et ❸), champ de saisie de mot de passe (repère ❹), boutons radio (repère ❺) et de sélection (repère ❻) à quatre options ;
- cases à cocher (repère ❼) et zone de texte multiligne (repère ❽) ;
- envoi d'un fichier du client vers le serveur (repère ❾), champ caché contenant la taille maximale des fichiers transférables et boutons de réinitialisation (repère ❿) et d'envoi (repère ⓫).

☞ **Exemple 6-1. Formulaire type**

```
<!DOCTYPE HTML PUBLIC "-//W3C//DTD HTML 4.01//EN" "http:// www.w3.org/TR/html4/
➥strict.dtd">
<html>
<head>
<meta http-equiv="Content-Type" content="text/html; charset=iso-8859-1">
<title>Formulaire traité par PHP</title>
<style type="text/css">
fieldset {border-width: 3px; border-style: double; border: #993300}
</style>
</head>
<body>
<form action="cible.php" method="post" enctype="application/x-www-form-urlencoded">
<!-- Premier groupe de composants-->
  <fieldset>
    <legend><b>Vos coordonnées</b></legend>
    <label>Nom : </label><input type="text" name="nom" size="40"  maxlength="256"
    ➥value="votre nom"><br />←❶
```

☞ **Exemple 6-1. Formulaire type** *(suite)*

```
      <label>Prénom : </label><input type="text" name="prenom" size="40" maxlength="256"
➥value="votre prénom"><br /> ← ❷
      <label>Mail : </label><input type="text" name="mail" size="40" maxlength="256"
➥value="votre mail"><br /> ← ❸
      <label>Code : </label><input type="password" name="code" size="40"
➥maxlength="6" > <br /> ← ❹
      <input type="radio" name="sexe" value="homme"> Homme<br /> ← ❺
      <input type="radio" name="sexe" value="femme"> Femme<br />
      <select name="pays" size="1"> ← ❻
        <option value="France"> France</option>
        <option value="Belgique"> Belgique</option>
        <option value="Suisse"> Suisse</option>
        <option value="Canada"> Canada</option>
      </select>
      <br />
  </fieldset>
  <br />
<!-- Deuxième groupe de composants-->
  <fieldset>
     <legend><b>Vos goûts</b></legend>
     <input type="checkbox" name="pomme" value="pomme"> Pommes<br /> ← ❼
     <input type="checkbox" name="poire" value="poire"> Poires<br />
     <input type="checkbox" name="scoubidou" value="scoubidou">  Scoubidous<br />
     <textarea name="gouts" cols="50" rows="5" onclick="this.value=''"> ← ❽
      Décrivez vos goûts en détail
     </textarea>
     <br /><br />
  </fieldset>
  <br />
<!-- Troisième groupe de composants-->
  <fieldset>
     <legend><b>Envoyez nous votre photo</b></legend>
     <input type="file" name="fichier" accept="image/jpeg"> ← ❾
     <input type="hidden" name="MAX_FILE_SIZE" value="10000" />
     <br /><br />
     <input type="reset" value="Effacer"> ← ❿
        <input type="submit" value="Envoyer"> ← ⓫
     <br /><br />
  </fieldset><br />
</form>
</body>
</html>
```

La figure 6-1 fournit une image du formulaire que vous venez de créer avec les repères correspondant au code HTML.

Figure 6-1

Formulaire type complet

> **Fichier**
>
> Le fichier peut être enregistré sans problème avec l'extension **.htm,** car il ne contient aucun code PHP. C'est le fichier **cible.php,** donné comme valeur de l'attribut action de l'élément <form>, qui traite les données du formulaire côté serveur.

Récupération des données du formulaire

Maintenant que vous savez créer de beaux formulaires, vous allez voir comment récupérer les données entrées par l'utilisateur dans les différents champs du formulaire.

Tout d'abord, que se passe-t-il lorsque l'utilisateur clique sur le bouton d'envoi ? Une requête HTTP est envoyée au serveur à destination du script désigné par l'attribut action de l'élément <form>. La requête contient toutes les associations entre les noms des champs et leur valeur. Ces associations se trouvent dans l'en-tête HTTP si la méthode POST est utilisée et dans l'URL s'il s'agit de la méthode GET.

Valeurs uniques

Les valeurs uniques proviennent des champs de formulaire dans lesquels l'utilisateur ne peut entrer qu'une valeur, un texte par exemple, ou ne peut faire qu'un seul choix (bouton radio, liste de sélection à choix unique).

Depuis PHP 4.1, ces valeurs sont contenues sur le serveur dans des tableaux associatifs dits superglobaux appelés $_POST et $_GET, selon la méthode choisie. Les clés de ces tableaux sont les noms associés aux champs par l'attribut name.

Voyons tout de suite ce mécanisme à l'œuvre avec un formulaire élémentaire ne contenant qu'un seul champ de saisie de texte. Dans la suite de l'ouvrage, nous privilégions l'emploi de la méthode post pour l'envoi des formulaires. Dans ce chapitre, en revanche, nous envisageons la méthode get à titre informatif.

> **W3C**
> Le W3C, l'organisme de « normalisation » du Web, envisage de supprimer la valeur get pour l'attribut method des formulaires en HTML ou xHTML.

Cas de la méthode POST

Dans le code de l'exemple 6-3, l'élément <form> est écrit de la façon suivante :

```
action= "<?= $_SERVER["PHP_SELF"] ?>
```

Cela désigne le script lui-même comme cible pour le traitement des données.

Le code PHP proprement dit est le suivant :

```
<?php
if(isset($_POST["nom"]) && isset($_POST["niveau"]))
{
echo "<h2> Bonjour ". stripslashes($_POST["nom"]). " vous êtes ".$_POST["niveau"].
➥" en PHP</h2>";
}
?>
```

Il contrôle d'abord l'existence des variables $_POST["nom"] et $_POST["niveau"], qui représentent respectivement le texte saisi et la valeur associée à la case cochée de façon à n'afficher le message qu'après l'envoi des données. Sans ces précautions, le message s'afficherait même en l'absence de saisie de données par le visiteur. Ces variables n'existent que si l'utilisateur a complété les champs et a cliqué sur le bouton d'envoi. Lorsqu'elles existent, elles sont utilisées pour créer un affichage de bienvenue, comme illustré à la figure 6-2.

La fonction stripslashes() est utilisée pour supprimer les caractères d'échappement ajoutés automatiquement devant les caractères spéciaux éventuellement utilisés dans les données saisies avant de les afficher dans la page.

Les formulaires
CHAPITRE 6

🖝 **Exemple 6-2. Récupération des valeurs dans un formulaire élémentaire**

```
<!DOCTYPE HTML PUBLIC "-//W3C//DTD HTML 4.01//EN" "http:// www.w3.org/TR/html4/
➥strict.dtd">
<html>
<head>
<meta http-equiv="Content-Type" content="text/html; charset=iso-8859-1">
<title>Formulaire traité par PHP</title>
</head>
<body>
<form action= "<?= $_SERVER["PHP_SELF"] ?>" method="post" enctype="application/
➥x-www-form-urlencoded">
<fieldset>
<legend><b>Infos</b></legend>
Nom : <input type="text" name="nom" size="40" />
<br />
Débutant : <input type="radio" name="niveau" value="débutant" />
Initié :   <input type="radio" name="niveau" value="initié" /><br />
<input type="reset" value="Effacer">
<input type="submit" value="Envoyer">
</fieldset>
</form>
<?php
if(isset($_POST["nom"]) && isset($_POST["niveau"]))
{
echo "<h2> Bonjour ". htmlentities($_POST["nom"]). " vous êtes ".$_POST["niveau"].
➥" en PHP</h2>";
}
?>
</body>
</html>
```

Après avoir saisi « Jan Geelsen » dans le champ texte et coché la case « débutant », vous obtenez l'affichage illustré à la figure 6-2.

Figure 6-2

Formulaire élémentaire et résultat

Cas de la méthode *GET*

Avec la méthode GET, vous récupérez les données du formulaire dans les variables $_GET["nom"] et $_GET["niveau"], comme ci-dessous :

```php
<?php
if(isset($_GET["nom"]) && isset($_GET["niveau"]))
{
echo "<h2> Bonjour ". htmlentities($_GET["nom"]). " vous êtes ".$_GET["niveau"].
➥" en PHP</h2>";
}
?>
```

Contrairement à ce qui se passe avec la méthode POST, vous constatez que lors du clic sur le bouton d'envoi l'adresse de la page cible désignée par l'attribut action est suivie par le caractère ? puis par le nom de chaque champ et la valeur qui y est associée.

Par exemple, si le nom de l'utilisateur est « Jean-René d'Orléans » et que la case « débutant » soit cochée, le navigateur affiche l'adresse complète :

```
http://localhost/php5/C6form/form6.3_get.php?nom=
➥Jean-Ren%E9+d%920rl%E9ans&niveau=initi%E9
```

Les caractères accentués « é » et l'apostrophe sont codés en hexadécimal respectivement par %E9 et %92. Les espaces sont remplacées par le signe +, et chaque paire nom=valeur est séparée par le signe &.

Dans les versions antérieures à PHP 4.1, les données sont récupérables dans les variables $HTTP_POST_VARS ou $HTTP_GET_VARS ou encore directement dans des variables globales portant le nom des champs du formulaire, soit ici $nom et $niveau. Ces méthodes sont encore utilisables avec PHP 5 dans certaines conditions de configuration du serveur, mais elles sont appelées à disparaître complètement, et il faut les considérer comme obsolètes.

Pour simplifier la manipulation des valeurs issues du formulaire, vous pouvez récupérer chaque valeur dans des variables scalaires dès le début du script de traitement, comme ci-dessous :

```php
$sonnom= $_POST["nom"];
$sonniveau=$_POST["niveau"];
```

puis les réutiliser sous cette forme par la suite.

Maintien de l'état du formulaire

Lorsque le script contenant le formulaire est chargé du traitement des données, l'ensemble de la page est réaffiché après traitement, de même que l'ensemble du formulaire. Le formulaire se retrouve alors dans son état initial, et toutes les saisies effectuées sont effacées *(voir figure 6-2)*.

En cas d'erreur de saisie sur un seul champ, l'utilisateur est obligé de recommencer l'ensemble de la saisie. S'il s'agit d'un long questionnaire, il y a de quoi s'impatienter.

Les formulaires
CHAPITRE 6

Pour éviter cela, il est utile de maintenir l'état du formulaire après traitement en réaffichant l'ensemble des saisies. Vous allez effectuer cette opération à partir du code de l'exemple 6-2 :

- Pour la zone de saisie de texte dont l'attribut name a la valeur "nom", il suffit de définir l'attribut value avec la variable $_POST["nom"], non sans avoir au préalable contrôlé l'existence de cette variable. Lors du premier affichage de la page, la zone est donc vide ou contient le dernier nom saisi (repère ❶). Le code PHP est donc :

```
<?php if(isset($_POST["nom"])) echo $_POST["nom"]?>
```

- Pour les boutons radio dont l'attribut name a la valeur "niveau" et qui permettent le choix entre les valeurs "Débutant" et "Initié", il faut définir l'attribut checked du bouton choisi à la valeur "checked" en fonction de la valeur de la variable $_POST["niveau"] (repère ❷). Pour le premier bouton, le code PHP devient :

```
<?php if(isset($_POST["niveau"]) && $_POST["niveau"]=="débutant") echo
➥"checked=\"checked\"" ?>
```

Après une saisie identique à celle de la figure 6-2, vous obtenez un écran identique à celui de la figure 6-3, dans lequel toutes les données saisies sont encore visibles après le traitement du formulaire.

Figure 6-3
Maintien de l'état du formulaire

Exemple 6-3. Maintien de l'état du formulaire

```
<!DOCTYPE HTML PUBLIC "-//W3C//DTD HTML 4.01//EN" "http:// www.w3.org/TR/html4/
➥strict.dtd">
<html>
<head>
<meta http-equiv="Content-Type" content="text/html; charset=iso-8859-1">
<title>Formulaire traité par PHP</title>
</head>
<body>
<form action= "<?= $_SERVER["PHP_SELF"] ?>" method="post" enctype="application/
➥x-www-form-urlencoded">
<fieldset>
<legend><b>Infos</b></legend>
```

☞ **Exemple 6-3. Maintien de l'état du formulaire** *(suite)*

```
Nom : <input type="text" name="nom" size="40" <-- Maintient de la zone de texte -->
value="<?php if(isset($_POST["nom"])) echo $_POST["nom"]?>"/>← ❶
<br />
Débutant : <input type="radio" name="niveau" value="débutant"
<!-- Maintient des boutons radio -->
<?php if(isset($_POST["niveau"]) && $_POST["niveau"]=="débutant")
➥echo "checked=\"checked\"" ?>← ❷
Initié :   <input type="radio" name="niveau" value="initié"
<?php if(isset($_POST["niveau"]) && $_POST["niveau"]=="initié")
➥echo "checked=\"checked\"" ?>/><br />
<input type="reset" value="Effacer">
<input type="submit" value="Envoyer">
</fieldset>
</form>
<?php
if(isset($_POST["nom"]) && isset($_POST["niveau"]))
{
echo "<h2> Bonjour ". htmlentities($_POST["nom"]). " vous êtes ".$_POST["niveau"].
➥" en PHP</h2>";
}
?>
</body>
</html>
```

Exemple pratique

L'exemple 6-4 offre une illustration pratique d'utilisation de formulaire. Il s'agit d'un site d'annonces immobilières proposant un plan de financement aux visiteurs.

L'application est constituée de deux fichiers, **form6.5.htm** et **form6.5a.php.**

Le fichier **form6.5.htm** affiche le formulaire de saisie des données nécessaires au calcul du prêt *(voir figure 6-4)*. Il ne contient aucun code PHP et peut donc être enregistré avec l'extension **.htm.** L'attribut action de l'élément <form> (repère ❶) désigne le fichier **form6.5a.php,** qui est chargé du traitement des données et de l'affichage des résultats.

Le fichier **form6.5a.php** vérifie d'abord l'existence des variables $_POST["capital"], $_POST["taux"] et $_POST["duree"], toutes nécessaires au calcul du prêt. La variable $_POST["assur"] est nécessaire dans tous les cas. Elle a la valeur 1 puisque le bouton radio « OUI » est coché par défaut. $capital correspond au capital emprunté (repère ❷). $taux désigne le taux mensuel sous forme décimale. Si l'utilisateur saisit **6** pour le taux annuel, la variable $taux vaut 6/100/12, soit 0,005, ou 0,5 % par mois (repère ❸). $duree est la durée en mois (repère ❹). $assur renvoie au montant de l'assurance mensuelle, soit 0,035 % du capital emprunté. Cette variable prend la valeur 0 si $_POST["assur"] vaut 0 (repère ❺).

Vient ensuite le calcul de la mensualité selon la formule financière suivante (repère ❻) :

```
$mens=($capital*$taux)/(1-pow((1+$taux),-$duree))
```

Les formulaires
CHAPITRE 6

Le script affiche la mensualité hors assurance (repère ❼) ainsi que le tableau d'amortissement contenant, entre autres, le capital restant dû et les intérêts de chaque période (repère ❽). La figure 6-5 donne un exemple de résultat.

Si le formulaire est incomplet, l'instruction `header()` affiche à nouveau la page de saisie **form6.5.htm,** obligeant l'utilisateur à effectuer une saisie complète (repère ❾).

☞ **Exemple 6-4. Calcul de prêt bancaire**

Page de saisie des données (fichier **form6.5.htm**) :

```html
<!DOCTYPE HTML PUBLIC "-//W3C//DTD HTML 4.01//EN"
"http://www.w3.org/TR/html4/strict.dtd">
<html>
<head>
<meta http-equiv="Content-Type" content="text/html; charset=iso-8859-1">
<title>Calcul de prêts</title>
</head>
<body>
<h3>Prêts </h3>
<form method=post action="form6.5a.php"> ← ❶
  <fieldset>
  <legend>Les caractéristiques de votre prêt</legend>
  <table>
  <tr>
   <td>Montant</td>
   <td><input type="text" name="capital" /></td>
  </tr>
  <tr>
   <td>Taux</td>
   <td><input type="text" name="taux" /></td>
  </tr>
  <tr>
   <td>Durée en année</td>
   <td><input type="text" name="duree" /></td>
  </tr>
  <tr>
   <td>Assurance</td>
   <td>OUI : <input type="radio" name="assur" checked="checked"   value="1">
   ➥ NON<input type="radio" name="assur" value="0"></td>
  </tr>
  <tr>
   <td><input type="reset" name="" value="Effacer"/></td>
   <td><input type="submit" name="" value="Calculer"/></td>
  </tr>
  </table>
  </fieldset>
</form>
</body>
</html>
```

Figure 6-4

Page principale de saisie des données

Page de traitement des données et d'affichage des résultats (fichier **form6.5a.php**) :

```php
<?php
if(isset($_POST["capital"])&&$_POST["taux"]&&$_POST["duree"])
{
  $capital=$_POST["capital"]← ❷
  $taux=$_POST["taux"]/100/12;← ❸
  $duree=$_POST["duree"]*12;← ❹
  $assur=$_POST["assur"]*$capital*0.00035;← ❺
  $mens=($capital*$taux)/(1-pow((1+$taux),-$duree));← ❻
  echo "<h3>Pour un prêt de $capital &euro; à ", $_POST["taux"] ,"%, sur ",
  ➥$_POST["duree"]," ans la mensualité est de ",round($mens,2)," &euro;
  ➥hors assurance</h3>";← ❼
//Affichage du tableau d'amortissement
  echo "<h4>Tableau d'amortissement du prêt</h4>";
  echo "<table border=\"1\"> <tr><th>Mois </th><th>Capital<br />restant</ th>
  ➥<th> Mensualité <br />Hors Ass.</th><th>Amortissement </ th><th>Intérêt</th>
  ➥<th> Assurance</th><th>Mensualité <br />Ass. cis </ th>";← ❽
  for($i=1;$i<=$duree;$i++)
  {
    $int=$capital*$taux;
    $amort=$mens-$int;
    echo "<tr>";
    echo "<td>$i</td>";
    echo "<td>",round($capital,2),"</td>";
    echo "<td>",round($mens,2),"</td>";
    echo "<td>",round($amort,2),"</td>";
    echo "<td>",round($int,2),"</td>";
    echo "<td>$assur</td>";
    echo "<td>",round($mens+$assur,2),"</td>";
    echo "</tr>";
    $capital=$capital-$amort;
  }
  echo "</table>";
```

```
}
else
{
   header("Location:form6.5.php");← ❾
}
?>
```

Figure 6-5
Page d'affichage des résultats

Les valeurs multiples

Certains champs de formulaire peuvent permettre aux visiteurs de saisir plusieurs valeurs sous un même nom de composant.

Cela peut concerner un groupe de cases à cocher ayant le même attribut name, par exemple, dont il est possible de cocher une ou plusieurs cases simultanément. Ce peut également être le cas d'une liste de sélection ayant toujours un nom unique mais dans laquelle l'attribut multiple="multiple" est défini. Il est enfin possible de donner le même nom à des éléments de saisie de texte différents, mais cela présente moins d'intérêt.

Dans tous les cas, ce n'est pas une valeur scalaire mais un tableau qui est récupéré côté serveur. Il faut pour cela faire suivre le nom du composant de crochets, comme pour créer une variable de type array.

Dans l'exemple suivant :

```
Bleu:<input type="checkbox" name="choix[]" value="bleu" />
Blanc:<input type="checkbox" name="choix[]" value="blanc" />
```

l'utilisateur peut cocher les deux cases simultanément. Le programmeur récupère ces valeurs dans les variables suivantes :

```
$_POST["choix"][0] qui contient la valeur "bleu"
$_POST["choix"][1] qui contient la valeur "blanc"
```

La variable `$_POST` est un tableau multidimensionnel, en l'occurrence à deux dimensions.

L'exemple 6-5 illustre la méthode de récupération des valeurs multiples. Le formulaire créé par le fichier **form6.6.htm** contient trois zones de saisie de texte portant le même nom, une liste de sélection avec l'attribut multiple et quatre cases à cocher ayant le même nom. Dans les listes de sélection, l'utilisateur doit maintenir la touche Ctrl enfoncée pour faire plusieurs choix. Il peut être utile de lui rappeler cette fonctionnalité.

L'objet du formulaire est de faire saisir une fiche de renseignements par l'utilisateur puis d'afficher l'ensemble de ces informations. Le script cible du formulaire contenu dans le fichier **form6.6a.php** récupère les données et réalise une fiche récapitulative des renseignements personnels si les variables du tableau `$_POST` existent (repère ❶) ou, dans le cas contraire, une boîte d'alerte, à l'aide de la fonction JavaScript alert() (repère ❷), et une redirection vers la page de saisie, *via* la fonction JavaScript window.history.back() (repère ❸).

La figure 6-6 illustre le formulaire de saisie et la figure 6-7 un exemple de fiche de résultat.

☞ **Exemple 6-5. Récupération des valeurs multiples**

Le fichier **form6.6.htm** :

```
<!DOCTYPE HTML PUBLIC "-//W3C//DTD HTML 4.01//EN"
"http://www.w3.org/TR/html4/strict.dtd">
<html>
<head>
<meta http-equiv="Content-Type" content="text/html; charset=iso-8859-1">
<title>Choix multiples</title>
</head>
<body>
<form method="post"  action="fiche.php" >
<fieldset>
<legend>Recherche d'emploi: complétez la fiche </legend>
<span>Nom<input type="text" name="ident[]" />
Prénom<input type="text" name="ident[]" />
Age<input type="text" name="ident[]" />
<br /><br />
Langues pratiquées<br />
<select name="lang[]" multiple="multiple" size="1">
<option value="français"> français</option>
<option value="anglais"> anglais</option>
<option value="anglais"> allemand</option>
<option value="anglais"> espagnol</option>
</select><br /><br />
Compétences informatiques<br />
XHTML<input type="checkbox" name="competent[]" value="XHTML" />
```

Les formulaires
CHAPITRE 6

```
PHP<input type="checkbox" name="competent[]" value="PHP" />
MySQL<input type="checkbox" name="competent[]" value="MySQL" />
ASP.Net<input type="checkbox" name="competent[]" value="ASP.Net" />
</span><br /><br />
<input type="reset"   value="EFFACER"/>
<input type="submit"  value="ENVOI"/>
</fieldset>
</form>
</body>
</html>
```

Figure 6-6

Formulaire de saisie

Le fichier **form6.6a.php** :

```
<?php
if(isset($_POST["ident"]) && isset($_POST["lang"]) && isset($_POST["competent"]))←❶
{
  echo "<table border=\"1\"><tr><th>  Récapitulatif de votre fiche   d'information
  ➥personnelle  </th></tr><tr><td>";
  $nom=$_POST["ident"][0];
  $prenom=$_POST["ident"][1];
  $age=$_POST["ident"][2];
  $lang = $_POST["lang"];
  $competent=$_POST["competent"];
  echo"Vous êtes :<b> $prenom ", stripslashes($nom) ,"</b><br />Vous avez <b>$age
  ➥ans </b> ";
  echo "<br />Vous parlez :";
  echo "<ul>";
foreach($lang as $valeur)
{
  echo " <li> $valeur </li>";
}
echo "</ul>";
echo "Vous avez des   compétences informatiques en :";
```

```
      echo "<ul>";
      foreach($competent as $valeur)
      {
        echo "<li> $valeur </li> ";
      }
      echo "</ul> </td></tr>";
   }
   else
   {
     echo"<script type=\"text/javascript\">" ;
     echo "alert('Complétez tous les champs');"; ← ❷
     echo "window.history.back();"; ← ❸
     echo "</script>";
   }
   ?>
```

Figure 6-7
Page de résultat

Transfert de fichier vers le serveur

L'inclusion d'un élément HTML `<input type="file">` dans un formulaire crée une situation particulière. Il ne s'agit plus de transmettre une ou plusieurs valeurs scalaires au serveur mais l'intégralité d'un fichier, lequel peut avoir une taille importante et un type quelconque. Ce fichier doit évidemment être présent sur l'ordinateur du visiteur.

Par rapport au transfert de données, le transfert de fichiers présente un problème de sécurité pour votre site puisque des fichiers vont être écrits et éventuellement exécutés sur le serveur.

Supposez qu'un utilisateur mal intentionné transfère un fichier nommé **index.php** ou **index.htm** sur le serveur. Ce fichier est exécuté automatiquement à l'appel de l'URL de votre nom de domaine. Pour éviter tout problème, il est prudent de prévoir une vérification de l'extension du fichier préalablement à la définition des extensions autorisées lors de la création du formulaire.

Pour cette définition, vous utilisez l'attribut `accept` de l'élément `<input>`. Cet attribut peut prendre un grand nombre de valeurs, correspondant aux types MIME des fichiers acceptés, par exemple `"image/gif"`, comme dans l'exemple 6-6, ou `"text/html"`. Un fichier d'un type différent est rejeté, ce qui confère une protection contre les utilisateurs mal intentionnés.

Contrairement aux exemples précédents, l'élément `<form>` doit avoir l'attribut `method` à la valeur `post` et l'attribut `enctype` à la valeur `multipart/form-data`.

Précaution supplémentaire, vous pouvez envisager de limiter la taille des fichiers à télécharger en ajoutant au formulaire un champ caché `MAX_FILE_SIZE`, dont l'attribut `value` contienne la taille maximale admise en octet. Cette valeur est récupérée dans la variable `$_POST["MAX_FILE_SIZE"]` (repère ❷) lorsque le champ caché est défini par le code suivant (repère ❶) :

```
<input type="hidden" name="MAX_FILE_SIZE" value="100000" />
```

L'utilisation de ce champ n'est pas obligatoire puisque le fichier **php.ini** du serveur contient la directive `"upload_max_filesize"`, dont la valeur est un entier indiquant la taille maximale en octet admise par défaut par le serveur. En local avec Wampserver, cette valeur est de 2 Mo. L'hébergeur peut toutefois définir une valeur très différente, qu'il vous appartient de vérifier à l'aide de la fonction `phpinfo()`.

L'ajout d'un bouton d'envoi à votre formulaire est bien sûr toujours indispensable.

Lors de l'affichage de la page, l'utilisateur se retrouve face à ce qui ressemble à une zone de saisie de texte accompagnée d'un bouton dont l'intitulé est « Parcourir... ». Il peut saisir manuellement l'emplacement exact du fichier à transférer ou le choisir sur son disque en cliquant sur le bouton, comme il le ferait pour ouvrir un fichier à partir d'un traitement de texte, par exemple. Il n'est donc pas nécessaire de lui expliquer la procédure en détail.

Une fois le fichier sélectionné, un clic sur le bouton Submit provoque l'envoi du fichier au serveur et son traitement par un script, que vous devez encore écrire. À ce moment, le fichier est bien transféré sur le serveur, mais il se trouve dans un répertoire tampon défini par la directive `"upload_tmp_dir"` du fichier **php.ini**. Si vous n'en faites rien, il est perdu lors de la déconnexion du client. De plus, il est enregistré sous un nom différent de celui qu'il avait sur le poste client, et vous ne savez pas encore sous quel nom, puisque celui-ci est créé arbitrairement par le serveur.

De même que pour le transfert de données simples, vous allez utilisé les tableaux superglobaux `$_POST` ou `$_GET`. Vous disposez également depuis la version PHP 4.1 du tableau associatif multidimensionnel `$_FILES`, qui contient les informations nécessaires au traitement du fichier transféré.

Si, comme dans le code de l'exemple 6-6, le nom de l'élément `<input type="file"../>` est `name="fich"`, vous pouvez lire les valeurs suivantes :

- `$_FILES["fich"]["name"]` : contient le nom qu'avait le fichier sur le poste client.
- `$_FILES["fich"]["type"]` : contient le type MIME initial du fichier et permet un contrôle et une censure éventuelle du fichier transféré.
- `$_FILES["fich"]["size"]` : donne la taille réelle en octet du fichier transféré.
- `$_FILES["fich"]["tmp_name"]` : donne le nom temporaire que le serveur attribue automatiquement au fichier en l'enregistrant dans le répertoire tampon.
- `$_FILES["fich"]["error"]` : donne le code d'erreur éventuel associé au fichier téléchargé et permet d'afficher un message d'erreur en clair en créant un tableau indicé de 0 à 4 contenant les messages appropriés. Ces codes sont définis par les constantes entières suivantes depuis PHP 4.3 :
    - `UPLOAD_ERR_OK` : de valeur 0, indique que le transfert est bien réalisé.
    - `UPLOAD_ERR_INI_SIZE` : de valeur 1, indique que la taille du fichier est supérieure à celle définie dans la **php.ini.**
    - `UPLOAD_ERR_FORM_SIZE` : de valeur 2, indique que la taille est supérieure à celle définie dans le champ caché `MAX_FILE_SIZE`.
    - `UPLOAD_ERR_PARTIAL` : de valeur 3, indique que le fichier n'a été que partiellement téléchargé.
    - `UPLOAD_ERR_NO_FILE` : de valeur 4, indique qu'aucun fichier n'a été téléchargé.

En dernier lieu, vous devez procéder à l'enregistrement et au renommage éventuel du fichier sur le serveur. Vous disposez pour cela de la fonction `move_uploaded_file()`, dont la syntaxe est la suivante :

```
boolean move_uploaded_file( string "fichtmp", string "fichfinal")
```

`"fichtmp"` est le chemin d'accès du fichier temporaire et `"fichfinal"` le nom sous lequel sera enregistré définitivement le fichier. La fonction retourne TRUE si l'opération est bien réalisée et FALSE dans le cas contraire.

Dans l'exemple 6-6, le code suivant (repère ❸) :

```
move_uploaded_file($_FILES["fich"]["tmp_name"],"imagephp.gif");
```

enregistre le fichier transféré désigné par `$_FILES["fich"]["tmp_name"]` dans le répertoire du fichier **form6.7.php** du serveur sous le nom `"imagephp.gif"`. Le fichier est alors pleinement utilisable dans une page du site, comme si vous l'aviez transféré vous-même à l'aide d'un logiciel FTP.

Si le transfert est bien réalisé, vous affichez un message de bonne fin (repère ❹). En cas de problème de transmission ou de renommage du fichier, le script affiche le code de l'erreur générée à l'aide de la variable `$_FILES["fich"]["error"]` (repère ❺).

Les formulaires

CHAPITRE 6

Exemple 6-6. Transfert de fichier

```html
<!DOCTYPE HTML PUBLIC "-//W3C//DTD HTML 4.01//EN"
"http://www.w3.org/TR/html4/strict.dtd">
<html>
<head>
<meta http-equiv="Content-Type" content="text/html; charset=iso-8859-1">
<title>Transfert de fichier</title>
</head>
<body>
<form action="form6.7.php" method="post" enctype="multipart/form-data" >
<input type="hidden" name="MAX_FILE_SIZE" value="100000" />←❶
<fieldset>
<legend><b>Transfert de fichier</b></legend>
<table>
<tbody>
<tr>
<th>Fichier</th>
<td> <input type="file" name="fich" accept="image/gif" size="50"/></td>
</tr>
<tr>
<th>Clic!</th>
<td> <input type="submit" value="Envoi" /></td>
</tr>
</tbody>
</table>
</fieldset>
</form>
<!--Code PHP   -->
<?php
if(isset($_FILES))
{
echo "Taille maximale autorisée :",$_POST["MAX_FILE_SIZE"]," octets<hr / >";←❷
echo "<b>Clés et valeurs du tableau \$_FILES </b><br />";
foreach($_FILES["fich"] as $cle => $valeur)
{
echo «clé:: $cle   valeur : $valeur <br />";
}
//Enregistrement et renommage du fichier
$result=move_uploaded_file($_FILES["fich"]["tmp_name"],"imagephp.gif");←❸
if($result==TRUE){echo "<hr /><big>Le  transfert est réalisé !</big>";}←❹
else{echo "<hr /> Erreur de transfert n°",$_FILES["fich"]["error"];}←❺
}
?>
</body>
</html>
```

La figure 6-8 illustre l'aspect de la page d'envoi des fichiers et la figure 6-9 celui de la page de confirmation affichant le résultat de l'opération de transfert et les clés et valeurs du tableau $_FILES.

Figure 6-8

Formulaire d'envoi de fichier

Figure 6-9

Page de confirmation du transfert

Transfert de plusieurs fichiers

Il est possible de proposer à l'utilisateur de transférer plusieurs fichiers simultanément pour lui éviter de recommencer plusieurs fois la même opération à partir de l'exemple précédent. Vous devez en ce cas faire en sorte que les éléments <input type="file"…> soient tous écrits de la manière suivante :

```
<input type="file" name="fich[]"accept="image/gif" size="50"/>
```

avec le même nom suivi de crochets (repères ❶ et ❷).

La page de transfert correspondante est illustrée à la figure 6-10.

Figure 6-10

Formulaire de transfert de plusieurs fichiers

Vous récupérez les informations sur les fichiers transférés dans le tableau $_FILES, devenu multidimensionnel à trois dimensions.

Par exemple, la variable suivante :

```
$_FILES["fich"]["name"][0]
```

permet de connaître le nom du premier fichier transféré.

Vous pouvez lire les caractéristiques de chacun des fichiers transférés à l'aide des boucles foreach imbriquées (repères ❸ et ❹). Ce code n'a toutefois d'intérêt que pour le programmeur lors des tests et est à supprimer dans un site réel.

Vous procédez enfin au renommage et à la sauvegarde des fichiers transférés (repères ❺ et ❻) puis au contrôle du bon déroulement de l'ensemble des opérations (repère ❼).

☞ **Exemple 6-7. Transfert simultané de plusieurs fichiers**

```
<!DOCTYPE HTML PUBLIC "-//W3C//DTD HTML 4.01//EN"
"http://www.w3.org/TR/html4/strict.dtd">
<html>
<head>
<meta http-equiv="Content-Type" content="text/html; charset=iso-8859-1">
<title>Transfert de plusieurs fichiers</title>
</head>
<body>
<!-- Code HTML du formulaire -->
<form action="<?= $_SERVER['PHP_SELF'] ?>" method="post" enctype="multipart/
➥form-data" >
<input type="hidden" name="MAX_FILE_SIZE" value="100000" />
<fieldset>
<legend><b>Transferts de plusieurs fichiers</b></legend>
<table>
<tbody>
<tr>
<th>Fichier 1</th>
<td> <input type="file" name="fich[]" accept="image/gif" size="50"/></td>←❶
```

☞ **Exemple 6-7. Transfert simultané de plusieurs fichiers** *(suite)*

```
        </tr>
        <tr>
        <th>Fichier 2</th>
        <td> <input type="file" name="fich[]" accept="image/gif" size="50"/> </td>←❷
        </tr>
        <tr>
        <th>Clic!</th>
        <td> <input type="submit" value="Envoi" /></td>
        </tr>
        </tbody>
        </table>
        </fieldset>
        </form>
        <!-- Code PHP -->
        <?php
        if(!empty($_FILES))
        {
          echo "Taille maximale autorisée :",$_POST["MAX_FILE_SIZE"]," octets<hr / >";
          foreach($_FILES["fich"] as $cle => $valeur)←❸
          {
            echo «clé:: $cle <br />";
            foreach($valeur as $key=>$val)←❹
            {
              echo "fichier : $key   valeur : $val <br />";
            }
          }
          //Déplacement et renommage des fichiers    $result1=move_uploaded_file
          ➥($_FILES["fich"]["tmp_name"][0],"image1.gif");←❺
          $result2=move_uploaded_file($_FILES["fich"]["tmp_name"][1],"image2.gif");←❻
          if($result1==true && $result2==true)←❼
          {echo "<br /> Transferts réalisés !<br />";}
          else
          {echo "<br /> Transferts non effectués <br />";}
        }
        else   echo "<h4>Choisissez les fichiers à transférer </h4>";
        ?>
        </body>
        </html>
```

Les informations écrites par les boucles foreach ont l'aspect suivant en cas de réussite des transferts :

```
Taille maximale autorisée :100000 octets

Clé : name
Fichier : 0 valeur : figuregif.gif
Fichier : 1 valeur : figuregif2.gif
Clé : type
Fichier : 0 valeur : image/gif
```

```
Fichier : 1 valeur : image/gif
Clé : tmp_name
Fichier : 0 valeur : C:\DOCUME~2\PROPRI~1\LOCALS~1\Temp\php2B8C.tmp
Fichier : 1 valeur : C:\DOCUME~2\PROPRI~1\LOCALS~1\Temp\php2B8D.tmp
Clé : error
Fichier : 0 valeur : 0
Fichier : 1 valeur : 0
Clé : size
Fichier : 0 valeur : 24420
Fichier : 1 valeur : 27614

Transferts réalisés !
```

Gérer les boutons d'envoi multiples

L'utilisation de plusieurs boutons submit dans un même formulaire permet de déclencher des actions différentes en fonction du bouton activé par l'utilisateur. Il est nécessaire pour cela que les boutons aient le même nom et que la sélection de l'action se fasse en fonction de la valeur associée à chaque bouton *via* l'attribut value.

L'exemple 6-8 crée une calculatrice en ligne proposant les opérations d'addition, de soustraction, de division et de puissance. Il est évidemment possible d'ajouter autant d'opérations que de besoin. À chaque opération est associé un bouton submit (repères ❶, ❷, ❸ et ❹).

Deux zones de saisie de texte permettent d'entrer deux opérandes. Dans cet exemple, vous utilisez le maintien de l'état du formulaire de façon que ces derniers restent visibles lors de l'affichage du résultat (repères ❺ et ❻).

Le code PHP commence comme d'habitude par vérifier l'existence des variables contenues dans le tableau $_POST en fonction de la valeur de la variable $_POST["calcul"] de l'attribut value des boutons Submit. Selon l'opération désirée, une instruction switch effectue le calcul approprié, dont le résultat est contenu dans la variable $resultat. Cette valeur est affichée dans le champ de text nommé result (repère ❼).

☞ **Exemple 6-8. Une calculatrice en ligne**

```
<!DOCTYPE HTML PUBLIC "-//W3C//DTD HTML 4.01//EN"
        "http://www.w3.org/TR/html4/strict.dtd">
<html>
<head>
  <title>Calculatrice en ligne</title>
  <meta http-equiv="Content-Type" content="text/html; charset=ISO-8859-1">
</head>
<body>
<!--Code PHP -->
<?php
if(isset($_POST["calcul"])&&isset($_POST["nb1"])&&isset($_POST["nb2"]))
```

☞ **Exemple 6-8. Une calculatrice en ligne** *(suite)*

```php
{
  switch($_POST["calcul"])
  {
  case "Addition x+y":
  $resultat= $_POST["nb1"]+$_POST["nb2"];
  break;
  case "Soustraction x-y":
  $resultat= $_POST["nb1"]-$_POST["nb2"];
  break;
  case "Division x/y":
  $resultat= $_POST["nb1"]/$_POST["nb2"];
  break;
  case "Puissance x^y":
  $resultat= pow($_POST["nb1"],$_POST["nb2"]);
  break;
  }
}
else
{
  echo "<b>Entrez deux nombres : </b>";
}
?>
<!-- Code HTML du formulaire   -->
<form action="<?=$_SERVER['PHP_SELF']?>" method="post" >
<fieldset>
<legend><b>Calculatrice en ligne</b></legend>
<table>
<tbody>
<tr>
  <th>Nombre 1</th>
  <td><input type="text" name="nb1" value="<?php if(isset($_POST["nb1"]))
  ➥echo $_POST['nb1'];else echo'' ?>"/> ← ❺
  </td>
</tr>
<tr>
  <th>Nombre 2</th>
  <td><input type="text" name="nb2" value="<?php if(isset($_POST["nb2"]))
  ➥echo $_POST['nb2'];else echo'' ?>"/> ← ❻
  </td>
</tr>
<tr>
  <th>Résultat </th>
  <td> <input type="text" name="result" value="<?php if(isset($resultat))
  ➥echo $resultat;else echo''?>"/> ← ❼
  </td>
</tr>
<tr>
  <th>Choisissez!</th>
  <td>
```

```
      <input type="submit" name="calcul" value="Addition x+y" />←❶
      <input type="submit" name="calcul" value="Soustraction x-y" />←❷
      <input type="submit" name="calcul" value="Division x/y" />←❸
      <input type="submit" name="calcul" value="Puissance x^y" />←❹
    </td>
  </tr>
 </tbody>
</table>
</fieldset>
</form>
</body>
</html>
```

La figure 6-11 illustre une page de résultat pour la fonction Puissance.

Figure 6-11
Une calculatrice en ligne

Exercices

Exercice 1

Créez un formulaire comprenant un groupe de champs ayant pour titre `"Adresse client"`. Le groupe doit permettre la saisie du nom, du prénom, de l'adresse, de la ville et du code postal. Les données sont ensuite traitées par un fichier PHP séparé récupérant les données et les affichant dans un tableau HTML.

Exercice 2

Améliorez le script précédent en vérifiant l'existence des données et en affichant une boîte d'alerte JavaScript si l'une des données est manquante.

Exercice 3

Le fichier suivant peut-il être enregistré avec l'extension **.php** ou **.htm** ? Où se fait le traitement des données ?

```
<!DOCTYPE HTML PUBLIC "-//W3C//DTD HTML 4.01 //EN" "http://www.w3.org/TR/html4/
➥strict.dtd">
```

```
<html>
<head>
<title> Insertion des données </title>
</head>
<body>
<form method="post"  action="ajout.php" >
//Suite du formulaire
</form>
</body>
</html>
```

Exercice 4

Comment faire en sorte que les données soient traitées par le même fichier que celui qui contient le formulaire ? Proposez deux solutions.

Exercice 5

Créez un formulaire de saisie d'adresse e-mail contenant un champ caché destiné à récupérer le type du navigateur de l'utilisateur. Le code PHP affiche l'adresse et le nom du navigateur dans la même page après vérification de l'existence des données.

Exercice 6

Créez un formulaire demandant la saisie d'un prix HT et d'un taux de TVA. Le script affiche le montant de la TVA et le prix TTC dans deux zones de texte créées dynamiquement. Le formulaire maintient les données saisies.

Exercice 7

Créez un formulaire n'effectuant que le transfert de fichiers ZIP et d'une taille limitée à 1 Mo. Le script affiche le nom du fichier du poste client ainsi que la taille du fichier transféré et la confirmation de réception.

Exercice 8

Dans la perspective de création d'un site d'agence immobilière, créez un formulaire comprenant trois boutons Submit nommés Vendre, Acheter et Louer. En fonction du choix effectué par le visiteur, redirigez-le vers une page spécialisée dont le contenu réponde au critère choisi.

7

Une fonction est un bloc de code qu...
Ce code ne le sera que lors de l'app...
peut être exécuté aussi souvent qu...

Les fonctions natives de PH...

PHP propose en standard une multitude de fonctions nativ... ainsi que quantité de modules d'extension qu'il est possible d'associer à la ... ndard. Les modules sont tous décrits dans la documentation officielle, et il est r... mandé d'utiliser les fonctions qu'ils contiennent plutôt que de les réinventer vous-même.

Avant d'utiliser un module, il convient de vérifier qu'il est bien installé sur le serveur de votre hébergeur. On recense aujourd'hui une bonne centaine d'extensions. Or je ne connais personnellement aucun hébergeur qui en ait installé ne serait-ce que la moitié, loin s'en faut. Pour vérifier la disponibilité d'un module, vous disposez de la fonction array get_loaded_extensions(), qui retourne un tableau contenant tous les modules d'extension installés sur le serveur.

En écrivant le script suivant, vous obtenez la liste des modules, affichée à l'aide d'une boucle foreach :

```
<?php
$tabext = get_loaded_extensions();
foreach($tabext as $cle=>$valeur)
{
        echo "$cle    $valeur ";
}
?>
```

Avec le serveur local Wampserver 5, vous obtenez la liste suivante :

0	bcmath	1	calendar	2	com_dotnet	3	ctype
4	ftp	5	iconv	6	libxml	7	odbc
8	pcre	9	session	10	SPL	11	SQLite
12	standard	13	tokenizer	14	zlib	15	dom
16	SimpleXML	17	wddx	18	xml	19	apache
20	mysql						

et sur le serveur de l'hébergeur online.net :

0	xmlrpc	1	xml	2	tokenizer	3	standard
4	sockets	5	session	6	pcre	7	payement
8	overload	9	mbstring	10	iconv	11	gettext
12	filepro	13	exif	14	email	15	dba
16	ctype	17	calendar	18	bz2	19	bcmath
20	zlib	21	mysql	22	mhash	23	gd
24	xslt	25	domxml				

Vous constatez qu'il existe peu d'extensions communes entre le serveur local installé avec Wampserver et un serveur distant susceptible d'héberger votre site.

Pour chaque module, il est possible de lister l'ensemble des fonctions disponibles. Cela n'est toutefois guère utile, car même si une fonction fait partie d'un module, votre hébergeur peut très bien l'avoir désactivée, notamment pour des raisons de sécurité ou d'abus d'occupation du serveur. La fonction `mail()` d'envoi de courrier, par exemple, est souvent désactivée chez les hébergeurs, en particulier les gratuits.

Pour obtenir la liste des fonctions d'un module, vous disposez de la fonction suivante :

```
array get_extensions_funcs("nom_module")
```

Cette fonction retourne un tableau indicé, dont les valeurs sont les noms des fonctions de chaque module.

Les fonctions
CHAPITRE 7

Par curiosité, exécutez le petit script de l'exemple 7-1 sur votre serveur distant pour vérifier les modules et fonctions que vous pouvez utiliser. Quoi de plus frustrant, en effet, que d'écrire de superbes scripts alors que les fonctions correspondantes sont disponibles sur le serveur local mais pas sur le serveur distant.

Exemple 7-1. Liste des modules et des fonctions affichées sur le serveur distant

```php
<?php
//Tableau contenant le nom des extensions
$tabext = get_loaded_extensions();
//Lecture des extensions
foreach($tabext as $cle=>$valeur)
{
echo "<h3>Extension  $valeur </h3> ";
//Tableau  contenant le nom des fonctions
$fonct = get_extension_funcs($valeur);
//Tri alphabétique des noms de fonction
sort($fonct);
//Lecture et affichage du nom des fonctions des extensions
for($i=0;$i<count($fonct);$i++)
   {
   echo $fonct[$i],"    \n";
   echo "<hr />";
   }
}
?>
```

La figure 7-1 illustre la liste impressionnante de fonctions disponibles. Par simple copier-coller, vous obtenez à bon marché un mémo des fonctions utilisables sur votre serveur.

Pour vérifier la disponibilité d'une fonction connue, vous pouvez tester sa présence à l'aide de la fonction *boolean* function_exists("nom_fonction"), qui renvoie la valeur TRUE si la fonction passée en paramètre existe et FALSE dans le cas contraire.

Pour vérifier, par exemple, que la fonction mysql_pconnect() est utilisable, vous pouvez écrire :

```php
if (function_exists('mysql_pconnect'))
{
    echo "La fonction est utilisable.<br />";
}
```

Figure 7-1
Liste des fonctions disponibles sur le serveur de l'hébergeur online.net

Créer ses propres fonctions

Malgré les quelques deux mille fonctions contenues dans l'ensemble des modules existants à ce jour, il arrive, faute de fonction disponible, de devoir effectuer plusieurs fois le même traitement dans un script. Heureusement, il est possible de créer des fonctions personnalisées, qui permettent tout à la fois de gagner du temps de saisie et d'alléger votre script en ne répétant pas plusieurs fois un même code.

Au fur et à mesure de l'écriture de vos scripts, vous pouvez de la sorte réutiliser du code déjà écrit dans un script précédent. Il vous faut pour cela identifier, dès la conception du ou des sites que vous souhaitez réaliser, les tâches susceptibles de se retrouver dans d'autres situations et qui ne sont pas prises en compte par une fonction existante de PHP.

Ces fonctions personnalisées doivent être écrites dans un ou des scripts séparés, qu'il vous suffit ensuite d'inclure dans de nouveaux scripts au moyen d'une instruction `include()` ou `require()`.

Définir une fonction

La procédure de déclaration d'une fonction doit suivre les règles de syntaxe suivantes :

- Commencez par définir l'en-tête de la fonction à l'aide du mot-clé function suivi du nom de la fonction et de parenthèses. Les noms de fonctions suivent les règles énoncées pour les variables : caractères alphabétiques et signe « _ » pour le premier caractère puis caractères alphanumériques pour la suite. Il est déconseillé de commencer un nom de fonction par deux caractères de soulignement, car cette convention est réservée pour définir des fonctions natives de PHP 5. La redéfinition de fonction étant interdite dans PHP, contrairement à ce qui se fait dans d'autres langages, il est interdit de créer une fonction dont le nom soit identique à une fonction existante dans un des modules installés. En contrevenant à cette règle, vous vous exposez à une erreur fatale et au méchant message suivant, qui met fin au script :

```
"Fatal error: Cannot redeclare date() in c:\eyrolles\php5\fonctions\fonction2.php
➥on line 3"
```

Dans cet exemple, vous souhaitez définir une fonction nommée date() au lieu de ladate(), comme à l'exemple 7-2, alors qu'il existe déjà une fonction portant ce nom dans le module standard.

- Les parenthèses qui suivent le nom de la fonction peuvent contenir différents noms de variables comme paramètres de la fonction. Ces noms de paramètres n'ont aucune importance en soi, et vous pouvez même leur donner des noms qui existent déjà dans le script, quoique ce ne soit pas conseillé. L'utilisation des paramètres n'est pas obligatoire.

- Ouvrez un bloc de code limité par des accolades contenant l'ensemble du code de définition de la fonction. Cette partie, qui constitue le corps de la fonction, peut contenir toutes les instructions de PHP ainsi que n'importe quelle fonction native.

- Si la fonction doit retourner une valeur, ce qui n'est pas obligatoire, il faut faire précéder la variable ou l'expression qui contient cette valeur du mot-clé "return".

Vous obtenez la structure générale suivante :

```
function mafonction($x,$y,...)
{
//code de définition de la fonction
return $var;
}
```

Pour appeler la fonction, vous écrivez :

```
mafonction($a,$b,...)
```

ou encore :

```
mafonction(4,5,...)
```

Les paramètres peuvent être ici indifféremment des scalaires ou des variables. Il importe dans les deux cas de donner à la fonction autant de paramètres que dans sa déclaration, sauf si vous avez défini des paramètres par défaut *(voir plus loin)*.

La position de la déclaration d'une fonction dans le script n'a pas d'importance depuis PHP 4. Vous pouvez ainsi appeler une fonction au début du script alors qu'elle n'est définie qu'en fin de script. Il est toutefois préférable de définir les fonctions en début de script, comme dans PHP 3, car cela améliore la présentation et la lisibilité du code.

Pour les fonctions définies dans des scripts séparés, il est préférable de les inclure dès le début du script qui les utilise, et ce au moyen de l'instruction include() ou require().

Les fonctions qui ne retournent pas de valeur

Dans l'exemple 7-2, vous créez deux fonctions qui ne retournent pas de valeur. La première, ladate(), crée un affichage de la date et de l'heure sans aucun paramètre, et la seconde ladate2(), y ajoute un message qui est passé en paramètre unique.

Ces deux fonctions créent un affichage dans une cellule de tableau HTML munie d'un style particulier, qui peut être le même dans toutes les pages du même site.

> **Pour en savoir plus**
> Pour plus de détails sur la syntaxe de la fonction date() utilisée dans le script, reportez-vous au chapitre 8.

Lors des appels de ces fonctions, les trois premiers appels fonctionnent sans problème. En revanche, l'appel de la fonction ladate2() sans paramètre, alors même que sa définition en comporte un, provoque un avertissement, ou "warning", mais sans mettre fin pour autant au script, à la différence d'une erreur fatale. Pour éviter ce genre de problème, vous pouvez faire précéder, lors de son appel, le nom de la fonction par le caractère @, qui empêche l'apparition du message d'alerte.

La figure 7-2 illustre le résultat de ces différents appels.

☛ **Exemple 7-2. Fonctions ne retournant pas de valeur**

```
<?php
//Fonction sans argument
function ladate()
echo "<table ><tr><td style=\"background-color:blue;color:yellow;border-width:10px;
➥border-style:groove;border color:#FFCC66; font-style:fantasy;font-size:30px\"> ";
echo date("\le d/m/Y \i\l e\s\\t  H:i:s");
echo "</td></tr></table><hr>";
}
//Fonction avec un argument
function ladate2($a)
{
echo "<table><tr><td style=\"background-color:blue;color:yellow; border-width:10px;
```

```
➥border-style:groove;border-color:#FFCC66; fontstyle:fantasy; font-size:30px\">";
echo "$a ",date("\le d/m/Y \i\l e\s\\t  H:i:s");
echo "</td></tr></table><hr>";
}
//Appels des fonctions
echo ladate();
echo ladate2("Bonjour");
echo ladate2("Salut");
echo ladate2();//provoque un avertissement (Warning)
echo @ladate2();//empêche l'apparition du message d'avertissement
?>
```

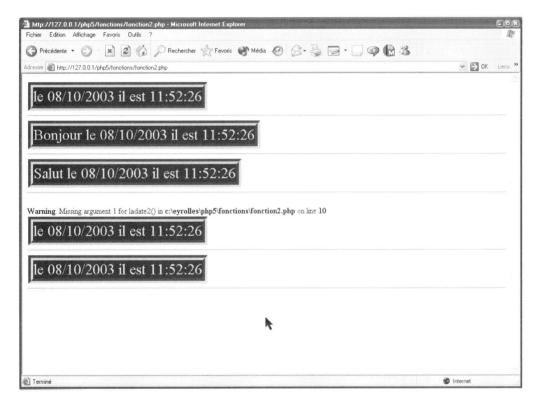

Figure 7-2

Fonctions d'affichage de la date

Vous avez vu en détail au chapitre 5 la manière de lire l'intégralité d'un tableau. Si vous utilisez souvent ce tableau, vous avez tout intérêt à créer une fonction de lecture du tableau et d'affichage de leurs éléments sous la forme d'un tableau HTML à deux colonnes.

Cet exemple peut être réutilisé ou adapté pour afficher les résultats de l'interrogation d'une base de données, lorsque les résultats sont récupérés sous forme de tableau, ce qui est souvent le cas. C'est l'objet de l'exemple 7-3, qui lit un tableau unidimensionnel.

Les paramètres de la fonction sont, dans l'ordre, le nom du tableau, la largeur de la bordure des cellules HTML et les libellés des colonnes. Le corps de la fonction est essentiellement composé d'une boucle chargée de lire les clés et les valeurs des éléments du tableau et ne présente pas de difficultés. Comme la première, cette fonction ne retourne pas de valeur mais crée un affichage HTML. La figure 7-3 donne un exemple du résultat obtenu pour des tableaux de données.

Figure 7-3
Affichages réalisés par la fonction tabuni()

☞ **Exemple 7-3. Fonction de lecture de tableaux**

```
<!DOCTYPE HTML PUBLIC "-//W3C//DTD HTML 4.01//EN"
"http://www.w3.org/TR/html4/strict.dtd">
<html>
<head>
<meta http-equiv="Content-Type" content="text/html; charset=iso-8859-1">
<title>Fonction de lecture de tableaux</title>
</head>
<body>
<?php
//Définition de la fonction
function tabuni($tab,$bord,$lib1,$lib2)
{
echo "<table border=\"$bord\"width=\"75%\"> <tbody><tr><th>$lib1</th> <th>$lib2
➥</th><tr>";
foreach($tab as $cle=>$valeur)
{
echo "<tr><td>$cle</td> <td>$valeur </td><tr>";
}
echo "<br /></tbody> </table>";
}
//Définition des tableaux associatifs
```

```
$tab1 = array("France"=>"Paris", "Allemagne"=>"Berlin", "Espagne"=>"Madrid");
$tab2 = array("Poisson"=>"Requin","Cétacé"=>"Dauphin","Oiseau"=>"Aigle");
//Appels de la fonction
tabuni($tab1,1,"Pays","Capitale");
tabuni($tab2,6,"Genre","Espèce");
?>
</body>
</html>
```

Les fonctions qui retournent une valeur

Au sens mathématique du terme, une fonction se doit de retourner une valeur calculée à partir des paramètres qui lui sont passés. Vous allez illustrer cette possibilité en créant une fonction qui calcule et retourne la mensualité à payer pour un prêt en fonction du capital emprunté, du taux d'intérêt et de la durée du prêt.

Ce type de fonction financière se retrouve couramment, dans Excel par exemple. En revanche, elle n'existe pas nativement dans PHP ni dans aucun module additionnel. Sa définition nécessite quelques commentaires pour en comprendre l'écriture.

La formule de calcul d'une mensualité *M* est la suivante :

$$M = (C \times T)/[1 - (1 + T)^{-n}]$$

C est le capital emprunté, désigné par le paramètre $capital. *T* est le taux mensuel sous forme de nombre décimal — tel que ne nous l'indique jamais notre banquier, qui préfère nous donner un taux annuel. Ce paramètre annuel est passé à la fonction et désigné par la variable $tauxann. *n* est la durée en nombre de mois. Le paramètre correspondant fourni à la fonction est exprimé en années au moyen du paramètre $dureeann puis est converti en mois. Le quatrième paramètre de la fonction, $assur, permet de calculer le montant de l'assurance. Il vaut 1 si le client désire s'assurer et 0 dans le cas contraire.

La fonction commence par adapter les données bancaires usuelles à la formule du calcul financier. Le taux annuel, par exemple, est converti en taux mensuel décimal. Par exemple, 5 % l'an devient 5/100/12, soit 0.00416666. La fonction calcule ensuite la mensualité au moyen de la formule ci-dessus puis retourne cette valeur arrondie au centime près à l'aide de la fonction round().

Le script de l'exemple 7-4 s'achève par l'utilisation de cette fonction avec des paramètres scalaires puis avec des variables.

☛ **Exemple 7-4. Fonction de calcul de prêt**

```
<!DOCTYPE HTML PUBLIC "-//W3C//DTD HTML 4.01//EN"
"http://www.w3.org/TR/html4/strict.dtd">
<html>
<head>
<meta http-equiv="Content-Type" content="text/html; charset=iso-8859-1">
<title>CALCUL DE PRETS</title>
```

☛ **Exemple 7-4. Fonction de calcul de prêt** *(suite)*

```
</head>
<body>
<?php
function mensualité($capital, $tauxann, $dureeann,$assur)
{
//calcul du taux mensuel décimal
$tauxmensuel=$tauxann/100/12;
//calcul de la durée en mois
$duree=$dureeann*12;
//calcul de l'assurance
$ass=$assur*$capital*0.00035;//vaut 0 si $assur vaut 0
//calcul de la mensualité
$mens=($capital*$tauxmensuel)/(1-pow((1+$tauxmensuel),-$duree)) + $ass;
return round($mens,2);
}
$mens = mensualité(10000,5,3,1);
echo "<h3>Pour un prêt de 10000 € à 5% l'an sur 3 ans, la mensualité est de
➥",$mens ," € assurance comprise </h3>";
//
$mens = mensualité(10000,5,3,0);
echo "<h3>Pour un prêt de 10000 € à 5% l'an sur 3 ans, la mensualité est de
➥",$mens ," €   sans assurance </h3>";
?>
</body>
</html>
```

Le script retourne le résultat suivant :

```
Pour un prêt de 10000 € à 5% l'an sur 3 ans, la mensualité est de 303.21 € assurance
➥comprise

Pour un prêt de 80000 € à 3.5% l'an sur 10 ans, la mensualité est de 791.09 € sans
➥assurance
```

Au chapitre 6, vous avez déjà réalisé un formulaire de saisie de données pour un calcul de prêt. La fonction que vous venez de créer peut être incorporée à ce script pour rendre l'ensemble plus élégant.

Retourner plusieurs valeurs

PHP n'offre pas la possibilité de retourner explicitement plusieurs variables à l'aide d'une syntaxe du type :

```
return $a,$b,$c,...
```

Les fonctions
CHAPITRE 7

Pour pallier cet inconvénient, il suffit de retourner une variable de type `array` contenant autant de valeurs que désiré. Vous pourriez aussi envisager de retourner un objet doté de plusieurs propriétés, mais il serait quelque peu fastidieux de créer une classe et des objets spécialement pour la circonstance si la création d'objets ne faisait pas partie de la conception générale du script.

L'exemple 7-5 illustre le retour de plusieurs valeurs par le biais de la création d'une fonction appliquée à un nombre complexe qui retourne à la fois le module et l'argument du nombre.

> **Rappel**
> Un nombre complexe s'écrit $a + ib$, avec $i^2 = -1$. Son module est égal à la racine carrée de $(a^2 + b^2)$. Son argument est l'angle (Ox,OM) en radian si le point M a pour coordonnées *(a,b)*.
> La fonction `modagr()` reçoit comme paramètres les nombres *a* et *b* passés dans les variables `$reel` et `$imag` et retourne un tableau associatif dont les clés sont les chaînes `"module"` et `"argument"` avec les valeurs associées correspondantes.

☞ **Exemple 7-5. Fonction de calcul sur des nombres complexes**

```
<!DOCTYPE HTML PUBLIC "-//W3C//DTD HTML 4.01//EN"
 "http://www.w3.org/TR/html4/strict.dtd">
<html>
<head>
<meta http-equiv="Content-Type" content="text/html; charset=iso-8859-1">
<title>Fonctions tableaux</title>
</head>
<body>
<?php
function modarg($reel,$imag)
{
$mod= hypot($reel,$imag);
//ou encore si vous n'avez pas la fonction hypot():
//$mod =sqrt($reel*$reel + $imag*$imag);
$arg = atan2($imag,$reel);
return array("module"=>$mod,"argument"=>$arg);
}
//Appels de la fonction
$a= 5;
$b= 8;
$complex= modarg($a,$b);
echo "<b>Nombre complexe $a + $b i:</b><br /> module = ", $complex["module"] ,
➥"<br />argument = ",$complex["argument"]," radians<br />";
?>
</body>
</html>
```

Le script retourne le résultat suivant :

```
Nombre complexe 5 + 8 i:
module = 9.4339811320566
argument = 1.0121970114513 radians
```

Grâce à l'artifice consistant à retourner un tableau de valeurs, vous pouvez créer des fonctions qui retournent autant de valeurs que désiré. Vous utiliserez cette dernière méthode systématiquement pour retourner plusieurs valeurs.

Les paramètres par défaut

Il n'est pas rare dans l'écriture de code HTML de ne pas définir certaines valeurs d'attributs d'un élément donné car vous savez qu'il prendra automatiquement une valeur par défaut.

Par exemple, le formulaire écrit de la façon suivante :

```
<form action="machin.php">
```

est l'équivalent de celui-ci :

```
<form action="machin.php" method="get" enctype="application/x-www-form-url-encoded">
```

Les attributs method et enctype ayant les valeurs par défaut ci-dessus il n'est pas nécessaire de les préciser si ces valeurs vous conviennent.

Lorsque vous créez une fonction personnalisée, vous pouvez procéder de même et donner des valeurs par défaut aux paramètres de la fonction. Il suffit pour cela d'affecter une valeur au paramètre dans la définition de la fonction.

Si vous ne donnez pas de valeur à ces paramètres lors de l'appel de la fonction, ils auront automatiquement la valeur définie dans la déclaration de la fonction.

L'exemple 7-6 illustre la définition d'une fonction élémentaire qui retourne un prix hors taxes en utilisant comme paramètres le prix TTC et le taux de TVA.

En réalisant les appels :

```
echo ht(154,19.6)
```

ou :

```
echo ht(154)
```

vous obtenez le même résultat, à savoir 123.82, le paramètre $tax désignant le taux de TVA valant 19.6 par défaut.

En revanche, l'appel suivant :

```
echo ht(154, 5.5)
```

retourne la valeur 145.53 car le paramètre $tax est défini explicitement à la valeur 5.5.

Exemple 7-6. Fonction avec une valeur par défaut

```
<?php
function ht($prix,$tax=19.6)
{
return "Prix Hors Taxes :". round($prix*(1-$tax/100),2);
}
$prix=154;
echo "Prix TTC= $prix _ ",ht($prix)," _<br />";
echo "Prix TTC= $prix _ ",ht($prix,19.6)," _<br />";
echo "Prix TTC= $prix _ ",ht($prix,5.5)," _<br />";
?>
```

> **Attention**
>
> Dans la définition d'une fonction, tous les paramètres qui ont une valeur par défaut doivent figurer en dernier dans la liste des variables.
>
> La fonction `ht()` de l'exemple 7-6 peut être appelée en omettant le deuxième paramètre avec `ht(154)`. En revanche, si vous la définissez par le biais de :
>
> `function ht($tax=19.6,$prix) {....}`
>
> et que vous tentiez de l'appeler à l'aide du code `ht( ,154)` ou `ht(154)`, elle ne fonctionne pas, le premier code provoquant une erreur fatale et un arrêt du script et le second un avertissement indiquant qu'il manque un argument.

Les fonctions avec un nombre de paramètres variable

Dans les définitions précédentes de fonctions, vous avez l'obligation de définir clairement le nombre de paramètres utilisés par la fonction. Cela pose un problème si le nombre de paramètres n'est pas connu à l'avance. Il existe heureusement plusieurs méthodes, adaptées à différentes circonstances, pour créer des fonctions acceptant un nombre variable de paramètres.

Les paramètres de type array

En passant un tableau comme paramètre à une fonction, cette dernière n'a en apparence qu'un seul paramètre. Ce sont en fait les éléments du tableau qui sont utilisés et traités par la fonction, chacun devenant comme un paramètre particulier. C'est donc dans le corps de la fonction que vous pourrez déterminer le nombre d'éléments du tableau et utiliser cet ensemble de valeurs, qui seront lues à l'aide d'une boucle.

La fonction créée à l'exemple 7-7 réalise le produit de *N* nombres qui lui sont passés en tant qu'éléments du tableau `$tab`, affiche le nombre de paramètres et retourne leur produit. Elle peut, par exemple, servir au calcul de la factorielle d'un entier sans pour autant être récursive, pour peu que le tableau contienne une suite de nombres créée au moyen de la fonction `range()`.

☞ **Exemple 7-7. Produit des éléments d'un tableau**

```
<!DOCTYPE HTML PUBLIC "-//W3C//DTD HTML 4.01//EN"
"http://www.w3.org/TR/html4/strict.dtd">
<html>
<head>
<meta http-equiv="Content-Type" content="text/html; charset=iso-8859-1">
<title>Nombre de paramètres variable</title>
</head>
<body>
<?php
function prod($tab)
{
$n=count($tab);
echo "Il y a $n paramètres :";
$prod = 1;
foreach($tab as $val)
{
 echo "$val, "    ;
 $prod *=$val;
 }
 echo " le produit vaut ";
 return $prod;
}
$tab1= range(1,10);
echo "Produit des nombres de 1 à 10 :", prod($tab1),"<br />";
$tab2 = array(7,12,15,3,21);
echo "Produit des éléments :", prod($tab2),"<br />";
?>
</body>
</html>
```

Le script retourne le résultat suivant :

```
Produit des nombres de 1 à 10 :Il y a 10 paramètres :1, 2, 3, 4, 5, 6, 7, 8, 9, 10,
➥le produit vaut 3628800
Produit des éléments :Il y a 5 paramètres :7, 12, 15, 3, 21, le produit vaut 79380
```

Les fonctions particulières de PHP

Vous pouvez obtenir des informations sur les paramètres d'une fonction à l'aide de fonctions spécialisées de PHP.

La fonction suivante :

```
integer func_num_args()
```

s'utilise sans argument et seulement dans le corps même d'une fonction. Elle retourne le nombre d'arguments passés à cette fonction.

Pour accéder à chacun des paramètres, vous utilisez ensuite la fonction :

```
divers func_get_arg(integer $N)
```

qui retourne la valeur du paramètre passé à la position $N. Comme dans les tableaux, le premier paramètre a l'indice 0. Vous pouvez donc lire chacun des paramètres à l'aide d'une boucle.

La fonction suivante :

```
array func_get_args()
```

s'utilise sans paramètre et retourne un tableau indicé contenant tous les paramètres passés à la fonction personnalisée.

Pour illustrer l'utilisation de ces deux fonctions, vous allez réécrire la fonction prod() de l'exemple 7-7 pour détecter le nombre et la valeur des paramètres sous deux formes différentes et en faire le produit.

La fonction prod1() détermine le nombre de paramètres à l'aide de func_num_args() puis les lit un par un à l'aide d'une boucle for. La fonction prod2() récupère le tableau contenant l'ensemble des paramètres à l'aide de func_get_args() puis les récupère à l'aide d'une boucle foreach.

> **Remarque**
> La définition des fonctions prod1() et prod2() ne contient plus l'énumération des paramètres mais ce n'est pas obligatoire. Vous pouvez très bien préciser un nombre minimal de paramètres et en passer davantage — mais jamais moins — lors de l'appel.

☞ **Exemple 7-8. Produit d'un nombre indéterminé de nombres**

```php
<?php
//Utilisation de func_num_arg() et func_get_arg()
function prod1()
{
  $prod = 1;
  //détermine le nombre d'arguments
  $n=func_num_args();
  for($i=0;$i<$n;$i++)
  {
  echo func_get_arg($i);
  ($i==$n-1)?print(" = "):print(" * ");
    $prod *=func_get_arg($i);
  }
  return $prod;
}
//Appels de la fonction prod1()
echo "Produit des nombres   :", prod1(5,6,7,8,11,15),"<br />";
$a=55;$b=22;$c=5;$d=9;
echo "Produit de ",prod1($a,$b,$c,$d),"<hr />";
```

☞ **Exemple 7-8. Produit d'un nombre indéterminé de nombres** *(suite)*

```
//***********************************
//Utilisation de func_get_args() seule
//***********************************
function prod2()
{
  $prod = 1;
  //Récupération des paramètres dans un tableau
  $tabparam = func_get_args();
   foreach($tabparam as $cle=>$val)
  {
    //Présentation
    echo $val;
    ($cle==count($tabparam)-1)?print(" = "):print(" * ");
    //Calcul du produit
    $prod *=$val;
  }
  return $prod;
}
echo "Produit des nombres  :", prod2(5,6,7,8,11,15),"<br />";
$a=55;$b=22;$c=5;$d=9;
echo "Produit de ",prod2($a,$b,$c,$d),"<hr />";
?>
```

Vous obtenez l'affichage suivant pour les deux fonctions :

```
Produit des nombres :5 * 6 * 7 * 8 * 11 * 15 = 277200
Produit de 55 * 22 * 5 * 9 = 54450
```

Portée des variables

Toutes les variables ont une portée déterminée selon le contexte.

Variables locales et globales

Toutes les variables utilisées dans la déclaration d'une fonction sont, sauf indication contraire, locales au bloc de définition de la fonction. Cela permet d'utiliser n'importe quel nom de variable dans le corps de la fonction et comme valeur de retour, même si ce nom est déjà utilisé dans le reste du script (il vaut toutefois mieux éviter ces répétitions de noms de variables). Toutes les variables qui sont définies en dehors d'une fonction ou d'une classe sont globales et accessibles partout dans le script qui les a créées.

En conséquence, toute modification du paramètre d'une fonction opérée dans le corps de celle-ci n'a aucun effet sur une variable externe à la fonction et portant le même nom.

Dans l'exemple 7-9, la fonction waytu() utilise le paramètre $interne, qui est local à la fonction, et les deux variables globales $interne et $externe, initialisées en dehors de la fonction. Quelle que soit la variable utilisée lors des appels de la fonction, les deux variables globales $externe et $interne ne sont pas modifiées, comme le montrent les résultats affichés.

Le corps de la fonction comprend également la variable locale $externe — une exception à la règle énoncée précédemment. L'affectation d'une valeur à cette variable ne se répercute pas en dehors du corps de la fonction, la variable globale gardant sa valeur initiale.

☞ **Exemple 7-9. Variables locales et globales**

```php
<?php
$externe="dehors";
$interne ="dedans";
function waytu($interne)
{
$interne = "Si tu me cherches, je suis ".$interne ." <br />";
$externe = "n'importe quoi!";
return $interne;
}
echo   waytu($interne);//affiche "Si tu me cherches, je suis dedans"
echo   $interne," <br />";//affiche "dedans"
echo   waytu($externe);//affiche "Si tu me cherches, je suis dehors"
echo   $externe," <br />";//affiche "dehors"
?>
```

Si vous souhaitez utiliser la valeur d'une variable globale dans le corps d'une fonction, il vous faut déclarer cette variable dans le corps de la fonction en la faisant précéder du mot-clé global pour les versions de PHP antérieures à la 4.1 et, de manière plus élégante depuis, en utilisant le tableau associatif superglobal $GLOBALS. Les clés de ce dernier sont les noms des variables globales du script sans le signe "$".

Pour utiliser la valeur de la variable globale $mavar, vous écrivez par exemple :

```
$GLOBALS["mavar"]
```

L'exemple 7-10 illustre l'emploi de variables globales dans une fonction pour rédiger un message. La fonction message() utilise le paramètre $machin, qui contient le nom d'une ville, et les valeurs des variables globales $truc et $intro déclarées de deux manières différentes.

☞ **Exemple 7-10. Utilisation de variables globales dans une fonction**

```php
<?php
function message($machin)
{
global $truc;
$machin = $GLOBALS['intro']." je suis $truc   $machin <br />";
$truc = "zzzzzzzzzzzzzzzzzzzz!";
return $machin;
```

☞ **Exemple 7-10. Utilisation de variables globales dans une fonction** *(suite)*

```
 }
//Initialisation des variables globales
$intro= "Ne me cherches pas,";
$truc = " partie ";
echo message("à Londres");
//Modification des variables globales
$intro= "Si tu me cherches,";
$truc=" revenue ";
echo message(" de Nantes");
echo $truc;
?>
```

Le script retourne le résultat suivant :

```
Ne me cherches pas, je suis partie à Londres
Si tu me cherches, je suis revenue de Nantes
zzzzzzzzzzzzzzzzzzzzz!
```

Chaque modification de la valeur des variables $truc et $intro est sensible dans la fonction message(). En particulier, la modification de la variable globale $truc dans le corps de la fonction est répercutée dans le reste du script, ce qui peut créer un danger si vous n'y prenez garde.

Par précaution, il est recommandé de n'utiliser les variables globales dans une fonction que comme source de donnée et de ne pas modifier leur valeur. Si, comme il convient, vous prenez la bonne habitude de constituer des bibliothèques de fonctions externes, le code de celles-ci n'est plus visible directement. L'utilisation de variables globales risque d'opérer des modifications sans qu'elles soient visibles. La recherche d'erreurs peut alors devenir difficile.

Les variables statiques

Lors de l'appel d'une fonction, les variables locales utilisées dans le corps de la fonction ne conservent pas la valeur qui leur est affectée par la fonction. La variable redevient en quelque sorte vierge après chaque appel.

Pour conserver la valeur précédemment affectée entre deux appels d'une même fonction, il faut déclarer la variable comme statique en la faisant précéder du mot-clé static, et ce avant de l'utiliser dans le corps de la fonction. Le deuxième appel de la fonction peut réutiliser la valeur qu'avait la variable après le premier appel de la fonction, et ainsi de suite à chaque nouvel appel.

L'utilisation typique des variables statiques concerne les fonctions qui effectuent des opérations de cumul. Une variable déclarée comme static ne conserve toutefois une valeur que pendant la durée du script. Lors d'une nouvelle exécution de la page, elle reprend sa valeur initiale. Il ne faut donc pas compter sur cette méthode pour transmettre des valeurs d'une page à une autre, même si ces dernières appellent la même fonction contenant des variables statiques.

Dans l'exemple suivant :

```
function acquis($capital,$taux)
{
static $acquis;
//corps de la fonction
}
```

la variable $acquis n'a pas de valeur initiale et doit être affectée dans la suite du code. Par contre, vous pouvez lui donner une valeur initiale lors de sa déclaration en écrivant :

```
function acquis($capital,$taux)
{
static $acquis=1;
//corps de la fonction
}
```

L'exemple 7-11 crée une fonction acquis() qui affiche successivement les valeurs acquises d'un placement réalisé à un taux fixe. L'utilisateur choisit le capital et le taux dans deux champs texte d'un formulaire de saisie, nommés capital et taux.

Vous utilisez dans le corps de la fonction deux variables statiques, $acquis et $an, qui représentent le coefficient multiplicateur du prêt et la durée du placement. Entre chaque appel de la fonction, ces variables conservent leur valeur pour permettre d'afficher la valeur acquise année après année à l'aide d'une boucle.

La fonction retourne la valeur acquise totale à chaque appel et crée une boîte d'alerte en JavaScript contenant la même valeur du capital acquis.

La partie HTML du fichier consiste uniquement en la création du formulaire de saisie des informations nécessaires au calcul du placement.

☞ **Exemple 7-11. Utilisation d'une variable statique**

```
<?php
function acquis($capital,$taux)
{
  static $acquis=1;
  static $an=1;
  $coeff = 1+$taux/100;
  $acquis *= $coeff;
  echo "<script type=\"text/javascript\" > alert('En $an ans vous aurez
  ➥ ". round($capital*$acquis,2) ." euros') </script>";
  $an++;
  return round($capital*$acquis,2);
}
//
if(isset($_POST["taux"])&& isset($_POST["capital"])&& is_numeric
➥($_POST["capital"]) && is_numeric($_POST["taux"]))
{
```

Exemple 7-11. Utilisation d'une variable statique *(suite)*

```
    for($i=1;$i<5;$i++)
    {
    echo "Au bout de $i ans vous aurez ". acquis($_POST["capital"],
    ➥$_POST["taux"]). " euros <br />";
    }
}
?>
<!DOCTYPE HTML PUBLIC "-//W3C//DTD HTML 4.01//EN"
"http://www.w3.org/TR/html4/strict.dtd">
<html>
<head>
<meta http-equiv="Content-Type" content="text/html; charset=iso-8859-1">
<title>Variables statiques: Placement</title>
</head>
<body>
<form method="post"  action="fonction8.9.php" >
<fieldset>
<LEGEND>Placements</LEGEND>
<p>Indiquez votre CAPITAL :
<input type="text" name="capital" value=""/></p>
<p>Indiquez votre TAUX en %:
<input type="text" name="taux" value=""/></p>
<input type="submit" name="calcul" value="CALCULER"/><br />
</fieldset>
</form>
</body>
</html>
```

La figure 7-4 donne un aperçu du formulaire de saisie ainsi que de l'affichage des résultats dans la page et sous forme de boîte d'alerte JavaScript.

Figure 7-4

Utilisation des variables statiques dans un formulaire de saisie

Passer des arguments par référence

Dans les définitions des fonctions que vous venez de créer, les arguments sont passés par valeur. C'est donc une copie de ces variables qui est utilisée par la fonction. En aucun cas les modifications de la valeur des paramètres ne sont visibles à l'extérieur de la fonction.

Comme vous l'avez vu au chapitre 2 pour l'affectation des variables par référence, il est possible de passer à une fonction un argument par référence. Dans ce cas, les modifications effectuées dans le corps de la fonction sont répercutées à l'extérieur.

Vous avez le choix entre deux possibilités, passer des arguments par référence de façon systématique *(voir l'exemple 7-12)* et passer des arguments par référence occasionnellement *(voir l'exemple 7-13)*.

Si vous voulez que le passage des arguments par référence soit fait systématiquement, il vous faut faire précéder les paramètres que vous désirez passer par référence du signe & dans la définition de la fonction elle-même.

Vous utilisez pour cela la syntaxe suivante :

```
function nom_fonction(&$param1,&$param2,....)
{
//corps de la fonction
}
```

Il n'y a pas obligation de passer tous les paramètres par référence dans la même fonction, et vous pouvez n'en passer qu'une partie. Dans l'exemple 7-12, la fonction prod() reçoit comme paramètre un tableau passé par référence et un coefficient passé par valeur. La fonction vérifie d'abord que chaque élément du tableau est numérique. Si tel est le cas, il est multiplié par le coefficient passé en second paramètre.

La fonction retourne ensuite un tableau contenant ces nouvelles valeurs, ou, si un seul des éléments n'est pas numérique, retourne FALSE.

L'ensemble des résultats du script montre que le tableau passé en paramètre a été modifié et qu'il est le même que celui retourné par la fonction (la variable $result). En pratique, il serait inutile de retourner une valeur dans le corps de la fonction. Remarquez en revanche que toutes les valeurs initiales sont perdues.

☛ **Exemple 7-12. Passage d'arguments par référence**

```
<!DOCTYPE HTML PUBLIC "-//W3C//DTD HTML 4.01//EN"
"http://www.w3.org/TR/html4/strict.dtd">
<html>
<headmeta http-equiv="Content-Type" content="text/html; charset=iso8859-1">
<title>Passage par référence</title>
</head>
<body>
<?php
//Définition de la fonction
function prod(&$tab,$coeff)
```

☞ **Exemple 7-12. Passage d'arguments par référence** *(suite)*

```php
{
  foreach($tab as $cle=>$val)
  {
    if(is_numeric($val))
     {$tab[$cle]*=$coeff;}
    else
    {
      echo "Tableau non numérique <br />";
      return FALSE;
    }
  }
  return $tab;
}
//Tableau numérique
$tabnum = range(1,7);
echo "Tableau avant l'appel ",print_r( $tabnum),"<br />";
//Passage du tableau à la fonction
$result= prod($tabnum,3.5);
echo "Tableau résultat ",print_r( $result),"<br />";
echo "Tableau après l'appel ",print_r( $tabnum),"<br />";
//tableau alphabétique
$tabalpha= range("A","F");
$resultal=prod($tabalpha,3);//retourne FALSE
echo "Tableau après l'appel ",print_r( $tabalpha),"<br />";
?>
</body>
</html>
```

Le script retourne le résultat suivant :

```
Tableau numérique
Tableau avant l'appel Array ( [0] => 1 [1] => 2 [2] => 3 [3] => 4 [4] => 5 [5] => 6
➥[6] => 7 ) 1
Tableau résultat Array ( [0] => 3.5 [1] => 7 [2] => 10.5 [3] => 14 [4] => 17.5 [5] => 21
➥[6] => 24.5 ) 1
Tableau initial après l'appel Array ( [0] => 3.5 [1] => 7 [2] => 10.5 [3] => 14
➥[4] => 17.5 [5] => 21 [6] => 24.5 ) 1

Tableau alphabétique
Erreur: Le paramètre tableau n'est pas numérique
Résultat 1
Tableau après l'appel Array ( [0] => A [1] => B [2] => C [3] => D [4] => E [5] => F ) 1
```

La deuxième possibilité s'offre à vous si vous voulez que le passage des arguments par référence ne soit pas systématique mais occasionnel et choisi à chaque appel de la fonction.

Dans ce cas, vous définissez la fonction comme pour un passage des arguments par valeur. C'est seulement lors de l'appel que vous choisissez le passage par référence en faisant précéder chaque paramètre du signe &.

Il est alors évident que vous ne pouvez plus passer de valeurs scalaires mais seulement des variables. L'exemple 7-13 en donne une illustration.

☛ **Exemple 7-13. Passage par référence occasionnel**

```
<?php
function hausse($prix,$pourcent)
{
$prix *=(1+$pourcent/100);
return round($prix,2);
}
$prix = 1500;
echo hausse($prix,12),"<br />";
echo $prix,"<br />";
echo hausse(&$prix,12),"<br />";
echo $prix,"<br />";
?>
```

L'instruction suivante :

```
echo hausse($prix,12)
```

affiche la valeur 1680, et :

```
echo $prix
```

affiche 1500, montrant que la valeur de la variable $prix n'a pas été modifiée.

L'appel de la fonction par le code suivant :

```
echo hausse(&$prix,12)
```

affiche le même résultat, mais il est nécessaire de vérifier ensuite que la variable $prix vaut également 1680, le deuxième appel étant fait par référence. Cette deuxième solution est préférable lorsque vous souhaitez créer des bibliothèques de fonctions dont le code ne soit pas directement visible dans le script. Ainsi, le passage par référence ne risque pas d'être involontaire.

Cette possibilité est toutefois considérée aujourd'hui comme obsolète, et le passage par référence doit faire partie de la déclaration de la fonction. En conséquence, il est important de bien documenter vos fonctions pour ne pas oublier quels sont les arguments passés par référence et ceux qui ne le sont pas.

Les fonctions dynamiques

Les fonctions que vous avez écrites jusqu'à présent ont un nom fixe et bien défini dans les scripts. La lecture du script permet de connaître immédiatement la fonction appelée. PHP offre la possibilité de travailler avec des noms de fonctions dynamiques, qui peuvent être variables et donc dépendants de l'utilisateur du site ou de l'interrogation d'une base de données.

Pour réaliser cette opération, il faut que le nom de la fonction — sans les parenthèses ni les paramètres — soit contenu dans une variable de type chaîne de caractères. Pour utiliser la fonction il n'y a plus ensuite qu'à faire suivre cette variable de parenthèses et de ses paramètres éventuels.

Le code suivant :

```
$ch ="phpinfo";
$ch();
```

équivaut au code :

```
phpinfo()
```

qui appelle directement la fonction `phpinfo()`.

De même, le code suivant :

```
$ch = "date";
echo $ch(" D d/M/Y H:i:s ");
```

permet d'appeler la fonction `date()` avec comme paramètre la chaîne `"D d/M/Y H:i:s"`.

Il est envisageable de créer un tableau de chaînes contenant des noms de fonctions et d'appeler celles-ci en écrivant le nom de l'élément du tableau suivi de parenthèses et de paramètres s'il en existe.

Le code suivant :

```
<?php
$tabfonc= array("phpinfo","date");
$tabfonc[0]();
echo $tabfonc[1]("D d m Y H:i:s");
?>
```

serait ainsi l'équivalent des précédents.

Pour illustrer les possibilités des fonctions dynamiques, l'exemple 7-14 crée un formulaire de saisie permettant à l'utilisateur d'entrer un nom de fonction native de PHP et la valeur d'un paramètre. L'envoi du formulaire provoque l'affichage de la valeur désirée.

Le formulaire contient deux zones de saisie de texte. La première, `"fonction"`, permet la saisie du nom de la fonction, et la seconde, `"param"`, de la valeur du paramètre.

Le code contenu dans l'attribut `value` des éléments `<input>` (repères ❶) permet de conserver l'état du formulaire avant son envoi et donc de réafficher les données saisies par l'utilisateur.

Le code PHP de gestion du formulaire vérifie d'abord l'existence d'une saisie de nom de fonction et d'un paramètre (repère ❷) puis, s'ils existent, affiche la valeur désirée (repère ❸).

☞ **Exemple 7-14. Fonctions dynamiques**

```html
<!DOCTYPE HTML PUBLIC "-//W3C//DTD HTML 4.01//EN"
"http://www.w3.org/TR/html4/strict.dtd">
<html>
<head>
<meta http-equiv="Content-Type" content="text/html; charset=iso-8859-1">
<title>Fonctions dynamiques</title>
</head>
<body>
<form method="post"  action="fonction14.php" >
<fieldset>
<legend>Choisissez votre fonction et son paramètre</legend>
<input type="text" name="fonction" value="<?=  isset($_POST["fonction"]) ?
➥$_POST["fonction"] : "" ?>"/>← ❶
<input type="text" name="param" value="<?= isset($_POST["param"]) ? $_POST["param"] :
➥"" ?>"/>← ❶
<input type="submit"  value="Calculer"/>
</fieldset>
</form>
<!-- Code PHP : gestion du formulaire-->
<?php
if((isset($_POST["fonction"])&& $_POST["fonction"]!="") && $_POST["param"]!="")← ❷
{
$fonction = $_POST["fonction"];
$param = $_POST["param"];
echo "Résultat : $fonction($param) = ",$fonction($param);← ❸
}
?>
</body>
</html>
```

Exercices

Exercice 1

Créez une fonction PHP qui affiche une boîte d'alerte à partir de la fonction JavaScript dont la syntaxe est `alert("chaine_de caractères")`. Cette fonction peut être appelée avec comme paramètre le texte du message à afficher. Elle est particulièrement utile pour afficher des messages d'erreur de manière élégante, sans que ces derniers restent écrits dans la page.

Exercice 2

Écrivez une fonction de lecture de tableaux multidimensionnels en vous inspirant de l'exemple 7-3. L'affichage se fait sous forme de tableau HTML dont les titres sont les clés des tableaux.

Exercice 3

Écrivez une fonction qui retourne la somme de la série de terme général $u_n = x^{2n+1}/n!$. Les paramètres de la fonction sont n pour le nombre d'itérations et d pour le nombre de décimales affichées pour le résultat. Il est possible de réutiliser la fonction prod() présentée dans ce chapitre pour calculer la factorielle $n!$.

Exercice 4

Écrivez une fonction dont le paramètre passé par référence est un tableau de chaînes de caractères et qui transforme chacun des éléments du tableau de manière que le premier caractère soit en majuscule et les autres en minuscules, quelle que soit la casse initiale des éléments, même si elle est mixte.

Exercice 5

À partir de la fonction sinus de PHP, écrivez une fonction qui donne le sinus d'un angle donné en radian, en degré ou en grade. Les paramètres sont la mesure de l'angle, et l'unité est symbolisée par une lettre. Le deuxième paramètre doit avoir une valeur par défaut correspondant aux radians.

Exercice 6

Créez une fonction de création de formulaires comprenant une zone de texte, une case d'option *(radio button)*, un bouton Submit et un bouton Reset. Choisissez comme paramètres les attributs des différents éléments HTML en cause. Chaque appel de la fonction doit incorporer le code HTML du formulaire à la page.

Exercice 7

Décomposez la fonction précédente en plusieurs fonctions, de façon à constituer un module complet de création de formulaire. Au total, il doit y avoir une fonction pour l'en-tête du formulaire, une pour le champ texte, une pour la case d'option, une pour les boutons Submit et Reset et une pour la fermeture du formulaire. Incorporez ces fonctions dans un script, et utilisez-les pour créer un formulaire contenant un nombre quelconque de champ de saisie de texte et de cases d'option.

8

Dates et calendriers

Les fonctions de date de PHP permettent d'afficher le jour, la date et l'heure sur les pages Web, qu'elles soient statiques ou créées dynamiquement.

La gestion du temps se révèle non moins utile pour déterminer la durée de validité des cookies, stocker dans une base de données des informations de date de commande ou calculer un délai.

Les dates

La révolution du système décimal, il y a deux siècles, n'a pas atteint la gestion du temps. Vieux des premiers âges babyloniens, le système sexagésimal, consistant à diviser le jour en vingt-quatre heures de soixante minutes de soixante secondes, continue donc d'empoisonner nos calculs de durée.

Les informaticiens ne pouvaient se contenter d'un système dans lequel l'ajout d'une seconde peut amener à changer d'heure, de jour, d'année et même de siècle ou de millénaire. Pour pallier les difficultés de ce système, les informaticiens ont défini une date d'origine arbitraire, correspondant au 1er janvier 1970 00 h 00 m 00 s. À partir de cette date, le temps est compté en secondes. Ce nombre de secondes est nommé timestamp, ou instant UNIX.

> **Timestamp négatif**
> L'inconvénient de ce système est de fournir des timestamps négatifs pour les dates antérieures à l'origine. De plus, sous Windows, aucune des fonctions de date de PHP n'accepte comme paramètres les instants UNIX négatifs, alors que les serveurs sous Linux les autorisent.

La fonction time(), que vous utiliserez souvent par la suite, retourne le timestamp de l'instant présent. Cette valeur n'est pas affichée au visiteur du site. Elle sert seulement d'intermédiaire sous-jacent pour calculer des durées et déterminer des dates futures ou passées. Le timestamp est alors passé à d'autres fonctions, qui réalisent l'affichage en clair de la date désirée. Un timestamp permet par ailleurs de stocker plus facilement une date à un seul nombre et constitue le moyen le plus sûr pour conserver une date dans une base de données.

L'exemple 8-1 montre la manière d'utiliser cette fonction pour afficher le timestamp en cours directement avec la fonction time() (repère ❶) ainsi que celui de dates futures (repère ❷) et passées (repère ❸). Il suffit pour cela d'ajouter ou d'enlever le nombre de seconde désiré. Pour calculer le nombre d'heures ou de jours correspondant au timestamp de l'instant en cours, il suffit de diviser la valeur donnée par la fonction time() par 3 600 pour le nombre d'heures (repère ❹) et par 3 600 puis 24 pour le nombre de jours (repère ❺).

> **Décalage horaire**
> Le timestamp retourné par la fonction time() est bien sûr celui qui est calculé côté serveur. Il n'est pas forcément identique à celui du poste client. Il faut donc tenir compte du décalage horaire éventuel.

☞ **Exemple 8-1. La fonction *time()***

```php
<?php
echo "A cet instant précis le timestamp est : ", time(),"<br />";←❶
echo "Dans 23 jours le timestamp sera : ", time()+23*24*3600,"<br />";←❷
echo "Il y a 12 jours le timestamp était : ", time()-12*24*3600,"<br />";←❸
echo"Nombre d'heures depuis le 1/1/1970 = ",round(time()/ 3600),"<br />";←❹
echo"Nombre de jours depuis le 1/1/1970 = ",round(time()/3600/ 24),"<br />";←❺
?>
```

Le résultat obtenu à l'instant du test est le suivant :

```
A cet instant précis le timestamp est : 1098480456
Dans 23 jours le timestamp sera : 1100467656
Il y a 12 jours le timestamp était : 1097443656
Nombre d'heures depuis le 1/1/1970 = 305133
Nombre de jours depuis le 1/1/1970 = 12714
```

Les fonctions abordées dans les sections qui suivent vous permettront de savoir à quelle date précise ce test a été effectué.

La fonction microtime() fournit également le nombre de seconde et de microseconde de l'instant en cours, mais en retournant non pas un nombre décimal mais une chaîne de caractères commençant par le nombre de microseconde suivi du nombre de seconde. Cela est dû au manque de précision des nombres décimaux de type double, qui ne permettent pas d'afficher suffisamment de chiffres significatifs. Il faut donc extraire les

Dates et calendriers
CHAPITRE 8

renseignements utiles de la chaîne à l'aide de la fonction substr(), qui découpe la chaîne en deux sous-chaînes.

Si le nombre de microseconde ne présente aucun intérêt pour l'utilisateur, il se révèle en revanche très utile pour calculer des temps d'exécution. Le script de l'exemple 8-2 extrait les renseignements fournis par la fonction microtime() (repères ❶ et ❷). Il calcule ensuite la durée d'exécution du script après l'ajout d'une boucle (repère ❸), destinée à augmenter le temps d'exécution. Cette durée étant inférieure à la seconde, le calcul ne se fait que sur le nombre de microseconde.

Si le nombre final est inférieur au nombre initial, la durée calculée est négative et donc fausse. Il est toutefois possible d'obtenir un résultat juste dans tous les cas en utilisant l'opérateur conditionnel ?, comme dans le code suivant :

```
$duree=($duree>0) ? ($duree):(1000000+$duree);
```

☛ **Exemple 8-2. Calcul de durée en microseconde**

```
<?php
//La fonction microtime()
$temps = microtime();
echo "Chaîne microtime = ", $temps,"<br />";
//Lecture du nombre de microsecondes
$microsec= (integer)substr($temps,2,6); ← ❶
//Lecture du nombre de secondes
$sec = substr($temps,11,10); ← ❷
echo "À la microseconde près le timestamp est : $sec.$microsec secondes<br />";
echo "Le nombre de microseconde est: $microsec µs<br />";
echo "Le nombre de seconde est: $sec secondes<br />";
$x=0;
//Boucle pour perdre du temps
for($i=0;$i<200000;$i++) ← ❸
{$x+=$i;}
//Temps final
$tempsfin=microtime();
$microsecfin = substr($tempsfin,2,6);
$duree=$microsecfin-$microsec;
$duree=($duree>0) ? ($duree):(1000000+$duree);
echo "Temps d'exécution du script=", $duree," microsecondes";
?>
```

L'exemple retourne le résultat suivant :

```
Chaîne microtime = 0.79204400 1098480614
A la microseconde près le timestamp est : 1098480614.792044 secondes
Le nombre de microsecondes est: 792044 µs
Le nombre de secondes est: 1098480614 secondes
Temps d'exécution du script=514971 microsecondes
```

> **Ralentir un script**
>
> Ce n'est généralement pas le but d'un programmeur, mais il peut être utile de retarder l'exécution d'un script. Il suffit d'appeler la fonction `sleep(integer N)`, qui crée un délai de *N* seconde. Pour créer un délai en microseconde, il faut utliser la fonction `usleep(integer N)` en indiquant le nombre de microseconde *N*.

Définir une date

La fonction `time()` ne donne que le timestamp de l'instant en cours et se montre inadaptée pour créer des dates antérieures ou postérieures. Pour cela, il faut avoir recours à la fonction `mktime()`, dont la syntaxe est la suivante :

```
int mktime(int heure, int minute, int seconde, int mois, int jour, int année, int été)
```

La fonction retourne le timestamp correspondant à la date définie par les valeurs entières passées en paramètres. La signification de ces valeurs est évidente, à l'exception de la dernière, qui doit valoir 1 pour l'heure d'hiver, 0 pour l'heure d'été et – 1, valeur par défaut, si vous ne savez pas. Comme expliqué précédemment, il est impossible de définir des dates antérieures au 1er janvier 1970 sur un serveur sous Windows.

Pour gérer des dates GMT, vous disposez de la fonction `gmmktime()`, dont la syntaxe est la suivante :

```
int gmmktime(int heure, int minute, int seconde, int mois, int jour, int année, int été)
```

Cette fonction retourne le timestamp correspondant à la date GMT. Elle peut servir à corriger la date et l'heure fournies par un serveur hébergé, par exemple, aux États-Unis. Les valeurs passées en paramètres sont identiques à celles de la fonction `mktime()`.

L'exemple 8-3 définit une date passée à l'aide de la fonction `mktime()` (repère ❶) et calcule la durée écoulée jusqu'à l'instant présent (repère ❷). Ces opérations sont répétées pour une date future (repères ❸ et ❹). La fonction `gmmktime()` mesure ensuite le décalage horaire du serveur par rapport à l'heure GMT (repères ❺ et ❻).

☞ **Exemple 8-3. Définition de dates et calcul de durées**

```
<!DOCTYPE HTML PUBLIC "-//W3C//DTD HTML 4.01//EN"
"http://www.w3.org/TR/html4/strict.dtd">
<html>
<head>
<meta http-equiv="Content-Type" content="text/html; charset=iso-8859-1">
<title>Dates et durées</title>
</head>
<body>
<?php
//la fonction mktime()
$timepasse= mktime(12,5,30,5,30,1969); ←❶
$timeaujour = time();
$duree = $timeaujour-$timepasse; ←❷
```

```
echo "Entre le 30/05/1969 à 12h05m30s et maintenant il s'est écoulé
➥",$duree," secondes <br />";
echo "Soit ",round($duree/3600), " heures <br />";
echo "Ou encore ",round($duree/3600/24)," jours <br />";
$timefutur = mktime(12,5,30,12,25,2004);
$noel = $timefutur-$timeaujour;← ❸
echo "Plus que ",$noel,  " secondes entre maintenant et Noël, soit ",
➥round($noel/3600/24)," jours. Patience ! <br />";← ❹
//la fonction gmmktime()
$timepassegmt = gmmktime(12,5,30,5,30,1969);← ❺
echo "Timestamp serveur pour le 30/5/1969= ",$timepasse,"<br />";
echo "Timestamp GMT pour le 30/5/1969= ",$timepassegmt,"<br />";
echo "Décalage horaire = ",$timepasse-$timepassegmt," secondes<br />";← ❻
?>
</body>
</html>
```

L'exemple retourne le résultat suivant sur un serveur Linux :

```
Entre le 30/05/1969 à 12h05m30s et maintenant il s'est écoulé 1098480669 secondes
Soit 305134 heures
Ou encore 12714 jours
Plus que 5492062secondes entre maintenant et Noël, soit 64 jours, Patience!
Timestamp serveur pour le 30/5/1969= -18622470
Timestamp GMT pour le 30/5/1969= -18618870
Décalage horaire = -3600 secondes
```

Sur un serveur Windows, le même script affiche l'erreur suivante, qui confirme que les timestamps négatifs n'y sont pas admis :

```
Warning: mktime(): Windows does not support negative values for this function in
➥c:\eyrolles\php5\c8dates\date8.3.php on line 11
```

Vérifier une date

Dans un formulaire complété par un visiteur, il n'est pas rare que celui-ci indique une date, ne serait-ce que sa date de naissance. Même si une expression régulière peut vous permettre de vérifier si la saisie répond à un format imposé, par exemple JJ/MM/AAAA, elle ne peut vérifier si la date indiquée existe ou si le nombre des jours et celui des mois sont inversés.

Il peut être opportun dans de tels cas d'utiliser la fonction checkdate(), dont la syntaxe est la suivante :

```
boolean checkdate(int mois, int jour, int année)
```

La fonction checkdate() retourne une valeur booléenne TRUE si la date existe et FALSE dans le cas contraire.

Dans l'exemple 8-4, la chaîne de caractères contenue dans la variable `$_POST["date"]` après l'envoi du formulaire est décomposée grâce à la fonction `explode()`. Chaque élément de la date (jour, mois, année) est récupéré dans un élément de tableau (repère ❶). Les éléments `$tabdate[0]`, `$tabdate[0]` et `$tabdate[0]` contiennent respectivement le jour, le mois et l'année saisies par l'utilisateur. Ces données sont ensuite passées comme arguments à la fonction `checkdate()` dans l'ordre « mois, jour, année » pour respecter la syntaxe de la fonction (repère ❷). Un message s'affiche selon que la date est valide ou non (repères ❸ et ❹).

Figure 8-1

Le formulaire de vérification des dates

☞ **Exemple 8-4. Formulaire de vérification de date**

```
<!DOCTYPE HTML PUBLIC "-//W3C//DTD HTML 4.01//EN"
"http://www.w3.org/TR/html4/strict.dtd">
<html>
<head>
<meta http-equiv="Content-Type" content="text/html; charset=iso-8859-1">
<title>Validation de date</title>
</head>
<body>
<form method="post"  action="<?= $_SERVER["PHP_SELF"] ?>" >
<fieldset>
<LEGEND>Entrez votre date de naissance sous la forme JJ/MM/AAAA</LEGEND>
<input type="text" name="date" />
<input type="submit"  value="Envoi"/>
</fieldset>
</form>
<?php
//checkdate
if(isset($_POST["date"]))
{
$date=$_POST["date"];
$tabdate=explode("/",$date); ←❶
if(!checkdate($tabdate[1],$tabdate[0],$tabdate[2]) ←❷) {echo "<hr /> La date $date
➥n'est pas valide. Recommencez! <hr />";} ←❸
  else {echo "<hr /> La date $date est   valide. Merci!<hr />";} ←❹
```

```
}
?>
</body>
</html>
</body>
</html>
```

Afficher une date en clair

La fonction date() permet d'afficher une date selon des paramètres plus lisibles qu'un timestamp UNIX. Sa syntaxe est la suivante :

```
string date(string format_de_date,[int timestamp])
```

Elle retourne une chaîne contenant des informations de date dont la mise en forme est définie par des caractères spéciaux *(voir leur signification au tableau 8-1)*. La date retournée correspond à celle du timestamp passé en deuxième paramètre ou, si ce dernier est omis, à celle de l'instant en cours.

Pour afficher un des caractères spéciaux indépendamment de sa fonction de formatage, il faut le faire précéder d'un antislash. Par exemple, \h affiche le caractère « h » et non le nombre d'heure. Pour afficher les caractères « n » et « t », il faut écrire \\n et \\t car \n et \t sont employés pour le saut de ligne et la tabulation.

Par exemple, pour obtenir l'affichage :

```
Aujourd'hui Friday, 22 October 2004 il est 23:36:27
```

vous écrivez :

```
echo "Aujourd'hui ",date("l, d F Y \i\l  \e\s\\t H:i:s ");
```

La fonction date() tient compte de l'heure d'été.

L'exemple ci-dessous utilise la fonction date() pour des timestamps futurs (repère ❶) et passés (repère ❷) :

```
echo "Dans 40 jours nous serons le ",date("l, d F Y H:i:s", time()+40*3600*24);  ❶
echo "Il y 24 jours nous étions le ",date("l, d F Y H:i:s",time()-24*3600*24),
➥"<br />"; ← ❷
```

L'exemple retourne le résultat suivant :

```
Dans 40 jours nous serons le Wednesday, 01 December 2004 22:38:52
Il y 24 jours nous étions le Tuesday, 28 September 2004 23:38:52
```

La fonction date() permet de récupérer des informations numériques individuelles en n'utilisant qu'un seul caractère dans la chaîne de formatage.

Tableau 8-1 Caractères de définition du format d'affichage

Caractère de définition	Définition et résultat affiché
y	L'année en deux chiffres (05 pour 2005)
Y	L'année en quatre chiffres (2005)
L	Affiche 1 si l'année est bissextile et 0 sinon.
m	Le mois en deux chiffres de 01 à 12
n	Le mois en un ou deux chiffres de 1 à 12
M	Le mois en trois lettres (en anglais)
F	Le mois en toutes lettres (en anglais)
t	Le nombre de jours du mois de 28 à 31
d	Le jour du mois en deux chiffres de 01 à 31
j	Le jour du mois en un chiffre de 1 à 31
D	Le jour de la semaine en trois lettres (en anglais)
l (petit L)	Le jour de la semaine en toutes lettres (en anglais)
w	Le jour de la semaine codé de 0 pour dimanche à 6 pour samedi
S	Affiche le suffixe anglais « th » ou « nd » après les chiffres du jour.
z	Le jour de l'année de 0 à 366
g	Les heures de 1 à 12 (avec AM et PM)
h	Les heures de 01 à 12 (avec AM et PM)
G	Les heures de 0 à 23
H	Les heures sur deux chiffres de 00 à 23
a	Ajoute « am » pour le matin ou « pm » pour l'après-midi.
A	Ajoute « AM » pour le matin ou « PM » pour l'après-midi.
i	Les minutes en deux chiffres de 00 à 59
s	Les secondes en deux chiffres de 00 à 59
U	Affiche le timestamp UNIX.
Z	Donne le décalage horaire par rapport au temps GMT ou UTC en seconde, de −43200 à 43200.
T	Affiche la ville significative du fuseau horaire, par exemple « Paris, Madrid ».
I	Affiche 0 pendant l'heure d'hiver et 1 pendant l'heure d'été.
r	Affiche la date complète au format RFC 822, par exemple : « Sun, 13 Apr 2003 22:34:46 +0200 ».
B	Heure Internet Swatch : invention de la société Swatch selon laquelle 24 heures sont divisées en 1 000 éléments nommés « beats ». Par exemple, midi vaut 500 beats.

Par exemple :

```
$numjour = date("w");
```

récupère le numéro du jour de la semaine, de 0 pour dimanche à 6 pour samedi ;

```
$nummois=date("n");
```

récupère le numéro du mois de 1 à 12 ;

```
$bissext=date("L");
```

récupère la valeur 1 si l'année est bissextile et 0 dans le cas contraire.

L'exemple ci-dessous :

```
$bissext=(bool) date("L");
if($bissext) {echo "L'année ",date("Y")," est bissextile";}
else {echo "L'année ",date("Y")," n'est pas bissextile";}
```

retourne le résultat suivant :

```
L'année 2004 est bissextile
```

La fonction getdate()

Contrairement à la fonction `date()`, `getdate()` ne retourne pas une chaîne de caractères mais un tableau contenant toutes les informations de date.

Sa syntaxe est la suivante :

```
array getdate([int timestamp])
```

Si le paramètre `timestamp` est omis, la fonction `getdate()` retourne les informations sur la date en cours.

Le tableau retourné est un tableau associatif, dont les clés sont fournies au tableau 8-2.

Tableau 8-2 Clés du tableau retourné par la fonction *getdate()*

Clé	Description
wday	Le jour de la semaine sous forme d'entier de 0 (dimanche) à 6 (samedi)
weekday	Le jour de la semaine sous forme de chaîne (en anglais)
mday	Le jour du mois sous forme d'entier de 0 à 31
mon	Le mois sous forme d'entier de 1 à 12
month	Le mois sous forme de chaîne (en anglais)
year	L'année en entier sur 4 chiffres
hours	L'heure de 0 à 23
minutes	Les minutes de 0 à 59
seconds	Les secondes de 0 à 59
yday	Le jour de l'année de 1 à 366
0	Le timestamp correspondant à la date

La récupération des informations se fait en deux temps, l'appel de la fonction getdate() puis la lecture des éléments du tableau retourné.

L'exemple ci-dessous :

```
$jour = getdate();
echo "Aujourd'hui {$jour["weekday"]} {$jour["mday"]} {$jour["month"]} {$jour["year"]}";
```

affiche le résultat suivant :

```
Aujourd'hui Friday 22 October 2004
```

Afficher la date en français

Comme vous venez de le voir, les fonctions getdate() et date() affichent les noms des jours et des mois en anglais. Une première manière d'obtenir un affichage en français consiste à utiliser ces fonctions d'une manière détournée.

Vous créez pour cela deux tableaux indicés, $semaine et $mois, destinés à contenir respectivement les noms des jours et des mois en français. Pour un site multilingue, vous pouvez créer autant de tableaux que de langues désirées. Il vous suffit ensuite de récupérer les données numériques du jour de la semaine, avec date("j") ou $tab["wday"] si $tab=getdate(), puis du numéro de mois, avec date("n") ou $tab["mon"], qui vous serviront d'indice pour lire le jour et le mois à partir des tableaux $semaine et $mois.

Pour obtenir l'affichage suivant :

```
Aujourd'hui Vendredi 22 Octobre 2004
```

au lieu de « Thursday 22 October », vous écrivez :

```
$jour = getdate();
echo "Aujourd'hui ", $semaine[$jour['wday']], $jour["mday"], $mois[$jour['mon']] ,"<br>";
```

ou :

```
echo "Aujourd'hui ",$semaine[date('w')], date("d"), $mois[date('n')];
echo $semaine[date('w')],$mois[date('n')];
```

L'exemple 8-5 donne l'ensemble du code nécessaire pour afficher une date en français avec les fonctions getdate() (repère ❶) et date() (repère ❷).

☞ **Exemple 8-5. Affichage d'une date en français avec *date()* et *getdate()***

```
<?php
//Date en français
$jour = getdate();
echo "Anglais: Aujourd'hui {$jour["weekday"]} {$jour["mday"]} {$jour["month"]}
➥{$jour["year"]} <br />";
$semaine = array(" dimanche "," lundi "," mardi "," mercredi "," jeudi ",
```

```
➥" vendredi "," samedi ");
$mois =array(1=>" janvier "," février "," mars "," avril "," mai "," juin ",
➥" juillet "," août "," septembre "," octobre "," novembre "," décembre ");
//Avec getdate()
echo "Avec getdate() : Aujourd'hui ", $semaine[$jour['wday']] ,$jour['mday'],
➥$mois[$jour['mon']], $jour['year'],"<br />"; ← ❶
//Avec date()
echo "Avec date() : Aujourd'hui ", $semaine[date('w')] ," ",date('j')," ",
➥$mois[date('n')], date('Y'),"<br />"; ← ❷
?>
```

L'exemple retourne le résultat suivant :

```
En Anglais: Aujourd'hui Friday 22 October 2004
En français: avec getdate() : Aujourd'hui vendredi 22 octobre 2004
En français: avec date() :Aujourd'hui vendredi 22 octobre 2004
```

L'affichage de la date en français se retrouvant fréquemment sur toutes les pages d'un même site, il est dommage de réécrire le même code dans chaque page. Dans un but de modularisation du code, il est préférable de créer une fonction personnalisée.

C'est l'objet de l'exemple 8-6, qui crée une fonction datefr() pour afficher le jour et le mois en français et un paramètre $njour pour afficher la date située un nombre de jours donné après la date en cours. Ce paramètre ayant par défaut la valeur 0, l'appel de datefr() sans paramètre affiche la date du jour.

☞ **Exemple 8-6. Création d'une fonction de date en français**

```
<?php
//*********************************************
//Définition d'une fonction d'affichage en français
//*********************************************
function datefr($njour=0)
{
$timestamp=time() + $njour*24*3600;
$semaine = array(" dimanche "," lundi "," mardi "," mercredi "," jeudi ",
➥" vendredi "," samedi ");
$mois =array(1=>" janvier "," février "," mars "," avril "," mai "," juin ",
➥" juillet "," août "," septembre "," octobre "," novembre "," décembre ");
$chdate= $semaine[date('w',$timestamp)] ." ".date('j',$timestamp)." ".
➥$mois[date('n',$timestamp)];
return $chdate;
}
?>
```

Vous pouvez utiliser cette fonction dans n'importe quel script en l'incluant avec include().

Par exemple, le code suivant :

```
<?php
include("date8.6.php");
```

```
echo "Aujourd'hui :",datefr(),"<br />";
echo "Dans 12 jours : ",datefr(45),"<br />";
?>
```

affiche, comme le script 8-5, le résultat suivant :

```
Aujourd'hui : vendredi 22 octobre
Dans 45 jours : lundi 6 décembre
```

Proche de la fonction date() par son fonctionnement, la fonction strftime() permet d'afficher, en anglais, les informations de date composées à l'aide des caractères spéciaux du tableau 8-3. Sa syntaxe est la suivante :

```
string strftime(string format_de_date, int timestamp)
```

Tableau 8-3 Caractères de formatage de la fonction *strftime()*

Caractère	Description
%a	Jour de la semaine abrégé
%A	Jour de la semaine en entier
%b	Mois abrégé
%B	Mois en entier
%c	Affiche la date et l'heure au format local (exemple 24/ 04/2005 15:32:52 si la langue est le français).
%C	Numéro du siècle
%d	Jour du mois numérique de 01 à 31
%D	Équivalent de l'ensemble "%m%d%y"
%e	Jour du mois de 1 à 31 précédé d'une espace
%h	Équivalent de %b
%H	Nombre d'heures de 00 à 23
%I	Nombre d'heures de 00 à 12 (voir %p pour afficher am ou pm)
%j	Numéro du jour de l'année de 1 à 366
%m	Numéro du mois de 1 à 12
%M	Nombre de minutes de 0 à 59
%n	Saut de ligne
%p	Affiche « am » ou « pm » selon l'heure
%S	Nombre de seconde
%t	Équivalent de la tabulation /t
%T	Équivalent de l'ensemble "%H:%M:%S"
%u	Le jour de la semaine de 1 pour lundi à 7 pour dimanche (attention cette notation est différente de celle des fonctions date et getdate).

Tableau 8-3 Caractères de formatage de la fonction *strftime()*

%U	Numéro de la semaine (la première semaine commençant avec le premier dimanche de l'année, les jours qui précèdent ne comptent pas).
%V	Numéro de la semaine ISO de 01 à 53. La première semaine est celle qui a plus de 4 jours ; le lundi est le premier jour de la semaine.
%w	Le jour de la semaine de 0 pour dimanche à 6 pour samedi
%W	Numéro de la semaine (la première semaine commençant avec le premier lundi de l'année, les jours qui précèdent ne comptent pas).
%x	Affiche la date au format local défini par setlocale(). Exemple JJ/ MM/AAAA.
%X	Affiche l'heure au format local défini par setlocale(). Exemple HH:MM:SS.
%y	L'année sur deux chiffres de 00 à 99
%Y	L'année sur quatre chiffres
%Z	Les villes correspondant au fuseau horaire
%%	Affiche le caractère « % » seul.

La fonction gmstrftime() fournit les mêmes résultats en heure GMT. Pour afficher l'équivalant de ces dates en français (ou dans une autre langue), il suffit d'utiliser auparavant la fonction setlocale() selon la syntaxe suivante :

```
string setlocale(int constante, string lang)
```

La constante prend les valeurs LC_ALL ou LC_TIME dans le contexte temporel et pour paramètre lang le code de la langue désirée, par exemple "fr" pour le français.

Pour adapter automatiquement l'affichage de la date à la langue du navigateur, qui n'est pas forcément celle du pays, vous pouvez récupérer ce paramètre de langue à l'aide de la variable $_SERVER["HTTP_ACCEPT_LANGUAGE"].

L'exemple 8-7 utilise cette propriété pour afficher la date en français puis en italien après avoir configuré le navigateur dans cette langue. L'utilisation conjointe des fonctions strftime() et setlocale() est très pratique, mais il vous appartient de vérifier qu'elles marchent sur votre serveur distant, en particulier la fonction setlocale(), car ce n'est pas toujours le cas.

La langue est d'abord définie avec le paramètre "fr" (repère ❶). Le script affiche ensuite en français la date complète en heure locale (repère ❷) puis en GMT (repère ❸). La variable $lang récupère la valeur prioritaire du navigateur (repère ❹), puis l'affichage se fait en italien (repère ❺).

☞ **Exemple 8-7. Affichage de la date avec *setlocale()* et *strftime()***

```
<?php
//******************************
//Avec setlocale() et strftime()
//******************************
echo «fonction strftime() et setlocale() <br />";
setlocale (LC_ALL, "fr"); ←❶
```

☞ **Exemple 8-7. Affichage de la date avec *setlocale()* et *strftime() (suite)***

```
echo "Français : Aujourd'hui",strftime(" %A %d %B %Y %H h %M m %S s %Z",time()),
➥"<br />"; ← ❷
echo "Français GMT : Aujourd'hui",gmstrftime(" %A %d %B %Y %H h %M m %S
➥s %Z",time()),"<br />"; ← ❸
$lang = $_SERVER["HTTP_ACCEPT_LANGUAGE"]; ← ❹
echo "Langue utilisée par le navigateur = ",$lang,"<br />";
setlocale (LC_ALL, $lang);
echo "Italiano : ",strftime(" %A %d %B %Y %H h %M m %S s",time()),"<br />"; ← ❺
?>
```

Le script retourne le résultat suivant :

```
Fonctions strftime() et setlocale()
Français : Aujourd'hui vendredi 22 octobre 2004 23 h 53 m 46 s Paris, Madrid (heure d'été)
Français GMT : Aujourd'hui vendredi 22 octobre 2004 21 h 53 m 46 s Paris, Madrid
Langue utilisée par le navigateur = it,fr;q=0.5
Italiano : venerdì 22 ottobre 2004 23 h 53 m 46 s
```

Les fonctions de calendrier

L'extension nommée calendar installée par défaut dans PHP propose quelques autres fonctions, plus anecdotiques que les précédentes, comme la fonction easter_date(), qui retourne le timestamp du jour de Pâques de l'année passée en paramètre et dont la syntaxe est la suivante :

```
int easter_date(int année)
```

Cette fonction permet de fabriquer un calendrier complet pour une année donnée, les autres fêtes religieuses des mois suivants étant calculées par rapport à la date de Pâques, ou encore de prévoir vos week-ends des années futures.

En écrivant, par exemple :

```
echo "Pâques 2005 sera le : ",date( "d F Y", easter_date(2005));
```

vous obtenez l'affichage suivant :

```
Pâques 2005 sera le : 27 March 2005
```

Le calendrier actuel, dit grégorien, a été instauré en 1582 en Europe continentale et en 1753 au Royaume-Uni et dans le Commonwealth. Auparavant, c'était le calendrier Julien, instauré par Jules César, qui gouvernait le temps. L'usage de ces calendriers permet de gérer des dates antérieures à l'epoch UNIX (origine des timestamps au 1er janvier 1970).

Pour contourner le problème de non-prise en charge d'une date antérieure à 1970 sous Windows, par exemple, vous pouvez utiliser des fonctions qui font appel au calendrier Julien. La fonction gregoriantojd(), dont la syntaxe est la suivante :

```
int gregoriantojd ( int mois, int jour, int année)
```

retourne le nombre de jours du calendrier Julien. Utilisée comme paramètre pour d'autres fonctions, elle se révèle fort utile.

L'exemple suivant :

```
divers jddayofweek ( int jour_julien, int mode)
```

retourne le jour de la semaine sous la forme d'un entier de 0 (dimanche) à 6 (samedi) si le paramètre mode vaut 0 et sous la forme d'une chaîne de caractères en anglais s'il vaut 1. Cette fonction vous permet, comme à l'exemple 8-8, de connaître la date de naissance d'une personne née avant le 1er janvier 1970 ou le jour d'un évènement historique dont vous saisissez le jour du mois, le mois et l'année dans un formulaire (repères ❶, ❷ et ❸). Dans cet exemple, vous utilisez en outre un tableau pour traduire les jours de la semaine en français (repère ❹).

☞ **Exemple 8-8. Recherche d'un jour de semaine antérieur à 1970**

```
<!DOCTYPE HTML PUBLIC "-//W3C//DTD HTML 4.01//EN"
"http://www.w3.org/TR/html4/strict.dtd">
<html>
<head>
<meta http-equiv="Content-Type" content="text/html; charset=iso-8859-1">
<title>Quel jour c'était?</title>
</head>
<body>
<h1> Quel jour c'était? </h1>
<form method="post"  action="<?= $_SERVER["PHP_SELF"] ?>" >
<fieldset>
<legend>Quel jour c'était? </legend>
Jour   <input type="text" name="jour" /><br> ← ❶
Mois  <input type="text" name="mois" /><br> ← ❷
Annee<input type="text" name="an" /><br> ← ❸
<input type="submit"  name="envoi" value="Calculer"/><br>
</fieldset>
</form>
<?php
//Utiliser un formulaire de saisie de date et donner le jour de la semaine
if(isset($_POST["envoi"]))
{
//Récupération des valeurs
$jour= $_POST["jour"];
$mois= $_POST["mois"];
$an= $_POST["an"];
//Transformation Grégorien/Julien
$jd = gregoriantojd($mois,$jour,$an);
```

Exemple 8-8. Recherche d'un jour de semaine antérieur à 1970 *(suite)*

```
//Traduction en français
$semaine = array("Sunday"=>" dimanche ","Monday"=>" lundi ","Tuesday"=>" mardi ",
➥"Wednesday"=>" mercredi ","Thursday"=>" jeudi ","Friday"=>" vendredi ",
➥"Saturday"=>" samedi ");←❹
//Affichage du résultat
echo "<h2>Le $jour/$mois/$an était un ",$semaine[jddayofweek($jd,1)],"</h2>";
}
?>
</body>
</html>
```

Figure 8-2

Calcul d'un jour de semaine antérieur à 1970

D'autres fonctions anecdotiques fournissent les mois des calendriers julien, juif ou révolutionnaire, qui permettent de comprendre, par exemple, pourquoi la révolution russe, dite d'octobre 1917 dans le calendrier Julien en vigueur alors en Russie, a eu lieu en novembre dans le calendrier grégorien en vigueur en France, ou de savoir quel jour a eu lieu le coup d'État de Bonaparte le 18 Brumaire an VIII (9 novembre 1799) ou la chute de Robespierre le 9 Thermidor an II (27 juillet 1794).

Mémo des fonctions

```
bool checkdate (int mois, int jour, int annee)
```
Vérifie la validité de la date définie à l'aide des paramètres `mois, jour, annee`.

```
string date(string format, int timestamp)
```
Retourne en clair la date composée des informations indiquées dans la chaîne de formatage *(voir le tableau 8-1)*.

```
array getdate(int timestamp)
```
Retourne un tableau associatif contenant toute information de date correspondant au timestamp *(voir le tableau 8-2)*.

```
array gettimeofday()
```

Retourne un tableau associatif dont les clés sont `sec`, `usec`, `minuteswest` et `dsttime` correspondant respectivement au nombre de seconde et de microseconde et au décalage horaire par rapport à l'heure GMT. L'élément de clé `dsttime` vaut 1 pour l'heure d'hiver et 0 en été. Les valeurs sont celles du serveur.

```
string gmdate(string format, int timestamp)
```

Identique à la fonction `date()` mais avec des données GMT

```
int gmmktime(int heure,int minute,int seconde, int mois, int jour, int annee, int hiver)
```

Retourne le timestamp GMT correspondant à l'instant défini par les paramètres. L'entier `hiver` vaut 1 pour l'heure d'hiver et 0 sinon.

```
string Gmstrftime(string format, int timesatmp)
```

Identique à `strftime()` mais en heure GMT

```
string microtime()
```

Retourne une chaîne composée du nombre de microseconde suivi d'une espace puis du nombre de secondes de l'instant présent.

```
int mktime(int heure,int minute,int seconde, int mois, int jour, int annee, int hiver)
```

Retourne le timestamp (en heure locale du serveur) correspondant à l'instant défini par les paramètres. L'entier `hiver` vaut 1 pour l'heure d'hiver et 0 sinon.

```
string Strftime(string format, int timestamp)
```

Retourne un tableau associatif contenant toutes les informations de date correspondant au timestamp *(voir le tableau 8-3)*.

```
int time()
```

Retourne le timestamp de l'instant en cours sur le serveur.

Exercices

Exercice 1

Après avoir consulté le résultat affiché par l'exemple 8-1, déterminez la date et l'heure de l'exécution de ce script.

Exercice 2

Calculez votre âge à l'instant en cours à la seconde près.

Exercice 3

Vérifiez si la date du 29 février 1962 a existé.

Exercice 4

Quel jour de la semaine était le 3 mars 1993 ? Affichez le résultat en français.

Exercice 5

Affichez toutes les années bissextiles comprises entre 2005 et 2052.

Exercice 6

Déterminez quel jour de la semaine seront tous les 1er mai des années comprises entre 2005 et 2010. Si le jour est un samedi ou un dimanche, affichez le message « Désolé ! ». Si le jour est un vendredi ou un lundi, affichez « Week-end prolongé ! ».

Exercice 7

L'Ascension est le quarantième jour après Pâques (Pâques compris dans les 40 jours). Calculez les dates de l'Ascension pour les années 2005 à 2010.

9

La programmation objet

Avant la version 5, PHP était loin d'être un langage de programmation orientée objet (POO), en comparaison de Java ou de C++, dont, il est vrai, la destination n'est pas la même. Dans ASP.Net, destiné typiquement au Web, toute action de programmation entraîne la création et la manipulation d'objets préexistants. Du fait de cette lacune de PHP 4, les projets de grande envergure le délaissaient au profit d'ASP.Net ou de JSP.

Les concepteurs de PHP 5 ont dû effectuer une refonte totale du modèle objet pour le rendre plus proche de celui de Java. Sans devenir un langage de POO à part entière, PHP 5 fournit néanmoins désormais les outils nécessaires à ceux qui souhaitent choisir cette orientation. La manipulation d'objets n'est pas une obligation dans le plupart des cas mais pourrait devenir une nécessité dans un avenir proche.

D'ores et déjà, l'extension SimpleXML, qui permet de gérer les documents XML *(voir le chapitre 17)* ne fournit qu'une approche objet et aucune fonction, contrairement aux autres extensions. De son côté, la base SQLite est certes encore accessible *via* une méthode procédurale, mais elle offre en parallèle un accès orienté objet, dont l'utilisation est recommandée. MySQL est également engagé dans cette voie. C'est donc une tendance lourde de PHP 5. Même si elle est discutable, il paraît évident qu'elle ne fera que s'accentuer.

Ce chapitre aborde non pas l'utilisation d'objets prédéfinis mais l'ensemble des outils qui permettent au programmeur de créer ses propres objets.

De même que vous écrivez une fonction pour effectuer une tâche répétitive, vous avez intérêt à créer des objets pour gérer des projets complexes. Un objet correspond à la modélisation d'une entité réelle ou abstraite, par exemple, un client, l'article qu'il commande ou la commande elle même. La POO permet de modulariser le code des scripts en décomposant les données à traiter en différentes entités, chacune étant représentée par un type d'objet. Elle offre de surcroît la possibilité de réutiliser des classes déjà créées grâce au mécanisme de l'héritage, qui permet de créer de nouvelles classes à partir des classes existantes et en leur ajoutant de nouvelles fonctionnalités.

Terminologie des objets

Si vous avez déjà pratiqué d'autres langages de programmation réellement orientés objet, les notions de classe et d'objet vous sont familières. Vous pouvez donc passer directement à la section suivante, qui vous permettra de voir la manière d'implémenter les classes et les objets dans PHP.

La terminologie propre aux classes et aux objets est très variable selon les sources. Pour cette raison, il apparaît utile de préciser le vocabulaire qui sera employé dans ce chapitre.

Un objet informatique est la représentation d'un objet réel au sens large. Il peut aussi bien s'agir d'un produit commercial, d'une personne ou d'un bon de commande. Le travail d'analyse du programmeur consiste dans un premier à dégager les différents types d'objets qui interviennent dans son application et leurs interactions. Il lui faut ensuite décrire les caractéristiques communes à chaque type d'objet.

Chaque client d'un site de commerce en ligne, par exemple, a un nom, un prénom, une carte bancaire, une adresse, etc., mais chaque personne est différente. Quand vous modélisez un objet, ses caractéristiques sont nommées champs, attributs, membres ou propriétés, selon les auteurs. De même, un objet modélisé peut réaliser des actions. Une personne vue sous l'angle client peut effectuer les actions « commander », « déménager » ou « payer ». Ces actions, représentées par des fonctions, sont généralement nommées méthodes ou fonctions propres. Elles permettent d'agir sur les propriétés de l'objet. Vous utiliserez ici, une fois n'est pas coutume, le vocabulaire rencontré dans tous les outils de programmation Microsoft, qui consiste à définir un objet par ses propriétés et méthodes. Ce vocabulaire est également employé dans JavaScript.

Une fois les différents types d'objets d'une application dégagés, leur représentation informatique abstraite est décrite dans une classe, aux moyens de variables, qui représentent les propriétés des objets, et de fonctions, qui représentent les méthodes. Ces variables et fonctions sont propres à la classe et ne devraient généralement être accessibles qu'aux objets. C'est ce que l'on nomme l'encapsulation des données. Par abus de langage, vous rencontrerez les termes « propriétés » et « méthodes » pour une classe, alors qu'elle contiendra des variables et des fonctions. La classe est donc le niveau d'abstraction le plus élevé pour la représentation d'une famille d'objets. En langage courant, on pourrait dire que la classe est le moule général, relativement flexible, permettant la fabrication d'autant d'objets que désiré, objets du même type, mais pas nécessairement identiques.

> **Le concept de classe**
> Pour les amateurs de mathématiques, le concept de classe utilisé ici se rapporte à celui de classe d'équivalence pour une relation donnée.

Un *objet* est un représentant de la classe à partir de laquelle il est créé. On dit qu'il est une *instance* de cette classe. L'objet créé a des propriétés correspondant aux variables de la classe et des méthodes qui correspondent aux fonctions de la classe. Il se distingue des autres objets grâce aux valeurs de ses propriétés. Si la classe représente un client humain, elle peut avoir quelque six milliards d'instances, toutes différentes.

Pour utiliser des classes et des objets dans PHP 5, respectez les étapes suivantes :

1. Créez une classe de base pour l'objet. Elle doit avoir autant de variables que vous désirez de propriétés pour l'objet. Elle contient les fonctions qui permettent d'agir sur les propriétés.
2. Créez autant d'objets que nécessaire à partir du modèle défini par la classe.
3. Définissez une valeur particulière pour une ou plusieurs des propriétés de chaque objet que vous venez de créer. Vous verrez que cette définition peut aussi se faire lors de la création de l'objet à l'aide d'un constructeur.
4. Utilisez les objets et manipulez-les, généralement à l'aide des méthodes définies dans la classe.

Classe et instance

Les opérations de base pour l'utilisation des objets sont la création d'une classe et la définition de ses propriétés et des méthodes qui vont permettre aux objets créés à partir de la classe d'agir sur leurs propriétés ou de communiquer avec leur environnement. Vient ensuite la création des objets proprement dits en tant qu'instances de la classe de base.

Création d'une classe

Pour créer une classe avec PHP 5, procédez de la façon suivante :

1. Déclarez la classe à l'aide du mot-clé `class` suivi du nom que vous souhaitez lui attribuer.
2. Ouvrez un bloc de code à l'aide d'une accolade ouvrante contenant l'intégralité de la définition de la classe.
3. Déclarez les variables propres de la classe comme des variables ordinaires, avec les mêmes règles de nommage et le caractère $ obligatoire. Chaque variable doit être précédée d'un modificateur d'accès précisant les possibilités d'accès à sa valeur. Nous reviendrons sur les choix possibles. Dans un premier temps, faites précéder chaque variable du mot-clé `public`. Les variables peuvent être initialisées avec des valeurs de n'importe quel type reconnu par PHP. En particulier, une variable peut être utilisée comme un tableau créé à l'aide de la fonction `array()`. L'utilisation d'autres fonctions PHP ou d'expressions variables est en revanche interdite pour affecter une valeur à une variable. Le nombre de variables déclarées dans une classe n'est pas limité.

> **Le mot-clé *var***
>
> Dans PHP 4, les variables de classe devaient être précédées du mot-clé var. Il est toujours possible de l'employer, mais c'est déconseillé dans PHP 5. Dans PHP 4, l'absence du mot-clé var provoque immédiatement une erreur fatale et l'arrêt du script.

4. Déclarez les fonctions propres de la classe en suivant la même procédure que pour les fonctions personnalisées à l'aide du mot-clé function, précédé, comme les variables, d'un spécificateur d'accès (par défaut le mot-clé public). Le nom des fonctions propres ne doit pas être le même que celui de la classe qui les contient, faute de quoi la fonction concernée aura un rôle particulier, comme vous le verrez ultérieurement dans ce chapitre. Il ne doit pas non plus commencer par deux caractères de soulignement (_), cette notation étant réservée à certaines fonctions particulières de PHP 5.

5. Terminez le bloc de code de la classe par une accolade fermante.

> **Attention**
>
> Le bloc de code de la classe ne doit rien comporter d'autre que ce qui est indiqué ci-dessus. En particulier, il ne doit contenir aucune fonction ou instruction PHP située en dehors des fonctions propres de la classe ou de la déclaration des variables.

L'ensemble de ces étapes est résumé dans la syntaxe générale de création d'une classe de l'exemple 9-1.

PHP 5 permet de définir des constantes propres à la classe à l'aide du mot-clé const suivi du nom de la constante puis de sa valeur. Ces constantes peuvent avoir le même nom que d'autres qui auraient été définies en dehors d'une classe avec la fonction define(). En contrepartie, elles ne sont pas accessibles à l'extérieur de la classe avec leur seul nom *(voir plus loin)*.

☞ **Exemple 9-1. Création d'une classe type**

```php
<?php
class ma_classe
{
  //Définition d'une constante
  const lang="PHP 5"; ← ❶
  //Définition des variables de la classe
  public $prop1; ← ❷
  public $prop2 ="valeur"; ← ❸
  public $prop3 = array("valeur0","valeur1"); ← ❹
  //Initialisation interdite avec une fonction PHP
  //public $prop4= date(" d : m : Y"); Provoque une erreur fatale
  //*********************************
  //Définition d'une fonction de la classe
  public function ma_fonction($param1,$paramN) ← ❺
  {
    //Corps de la fonction
```

```
    }
  }
  //fin de la classe
?>
```

Dans ce code, la variable $prop1 est déclarée mais pas initialisée (repère ❶), la variable $prop2 est déclarée et initialisée avec une valeur de type string (repère ❷), et la variable $prop3 est un tableau initialisé en utilisant la fonction array() (repère ❸).

La classe contient de plus une fonction nommée ma_fonction() déclarée public, qui a la structure habituelle d'une fonction personnalisée et dont le corps peut utiliser des appels de fonctions natives de PHP.

L'exécution de ce code ne provoque aucun résultat visible.

L'exemple 9-2 présente la création d'une classe représentative d'une action boursière contenant des informations générales sur chaque action. La classe étant un modèle général, elle peut s'appliquer à toutes les actions cotées, quelle que soit la Bourse concernée. Vous l'enrichirez par la suite avec d'autres propriétés et d'autres méthodes que celles de la classe d'origine. La classe nommée action contient une constante définissant l'adresse de la Bourse de Paris (repère ❶), deux variables non initialisées, $nom (repère ❷), qui contiendront l'intitulé de l'action boursière, et $cours (repère ❸), qui en contiendra le prix, ainsi qu'une variable $bourse initialisée à la valeur "Bourse de Paris", qui représentera la place boursière par défaut (repère ❹).

Chaque variable peut donc avoir une valeur par défaut définie dans la classe de base, mais la valeur de chacune des propriétés reste entièrement modifiable pour chaque objet créé à partir de la classe, comme vous le verrez par la suite.

La classe action contient également une fonction propre définie par info(), qui, selon l'heure d'exécution du script et le jour de la semaine, indique si les bourses de Paris et de New York sont ouvertes ou non (repère ❺). Cette fonction n'utilise pour l'instant aucune des variables de la classe.

☞ **Exemple 9-2. Création d'une classe *action***

```
<?php
class action
{
  //Constante
  const paris="Palais Brognard"; ← ❶
  //variables propres de la classe
  public $nom; ← ❷
  public $cours; ← ❸
  public  $bourse="bourse de Paris "; ← ❹
  //fonction propre de la classe
  public function info() ← ❺
  {
    echo "Informations en date du ",date("d/m/Y H:i:s"),"<br>";
    $now=getdate();
    $heure= $now["hours"];
```

Exemple 9-2. Création d'une classe *action (suite)*

```
    $jour= $now["wday"];
    echo "<h3>Horaires des cotations</h3>";
    if(($heure>=9 && $heure <=17)&& ($jour!=0 && $jour!=6))
    {  echo "La Bourse de Paris est ouverte <br>";   }
    else
    {  echo "La Bourse de Paris est fermée <br>";   }
    if(($heure>=16 && $heure <=23)&& ($jour!=0 && $jour!=6) )
    {  echo "La Bourse de New York est ouverte <hr>";   }
    else
    {  echo "La Bourse de New York est fermée <hr>";   }
  }
}
?>
```

Le rôle de la POO étant de créer des bibliothèques de classes réutilisables par n'importe quel script, enregistrez le code de la classe action dans un fichier séparé. Pour l'utiliser, créez un fichier séparé (l'exemple 9-3) destiné à utiliser cette classe en incorporant son code à l'aide de la fonction require(). Cette pratique est fortement recommandée.

Exemple 9-3. Tentative d'utilisation de la classe *action*

```
<?php
require("objet2.php"); ← ❶
echo "Constante paris =",paris,"<br />"; ← ❷
echo "Nom = ",$nom,"<br />"; ← ❸
echo "Cours= ",$cours,"<br />"; ← ❹
echo "Bourse= ",$bourse,"<br />"; ← ❺
//info(); //L'appel de info()Provoque une erreur si vous décommentez la ligne← ❻
action::info();//fonctionne ← ❼
echo "Constante paris =",action::paris,"<br />"; ← ❽
?>
```

Le résultat obtenu est le suivant :

```
Constante paris =paris
Nom =
Cours=
Bourse=
Informations en date du 01/10/2004 16:47:47

Horaires des cotations

La Bourse de Paris est ouverte
La Bourse de New York est ouverte

Constante paris =Palais Brognard
```

Le code définissant la classe incorporée à l'exemple 9-3 (repère ❶) est bien une entité à part entière dans celui du script. En effet, vous constatez en exécutant le script que les variables et les fonctions créées dans le corps de la classe ne sont pas accessibles dans le reste du code du script, même si elles se situent après la définition de la classe. La tentative d'affichage de la constante (repère ❷) et des variables de la classe (repère ❸, ❹ et ❺) ne produit aucun affichage. Cela n'a rien d'exceptionnel pour les variables $nom et $cours, puisqu'elles sont vides, mais est plus significatif pour la variable $bourse, car vous lui avez attribué une valeur lors de sa déclaration.

Pire encore, si vous tentez d'utiliser la fonction info() de la classe action comme une fonction ordinaire (repère ❻), vous obtenez pour toute réponse le triste message suivant :

```
"Fatal error: Call to undefined function info() in c:\wamp5\www\php5\C9objets\objet3.php
on line 7 "
```

Cela vous indique que PHP ne reconnaît pas la fonction appelée et qu'il la considère comme non déclarée. Pour pouvoir l'utiliser en dehors de la création d'un objet instance de la classe action, il vous faut faire appel à la syntaxe particulière suivante :

```
nom_classe::nom_fonction();
```

en précisant éventuellement ses paramètres, s'ils existent. Cela vous permet d'utiliser les fonctions propres d'une classe en dehors de tout contexte objet si elles sont déclarées public. Dans l'exemple 9-3, en écrivant en fin de script (repère ❼) le code suivant :

```
action::info();
```

vous obtenez bien les informations que fournit l'exécution de la fonction info(), sans avoir créé le moindre objet.

De même, vous pouvez accéder à la constante définie dans la classe en utilisant la même syntaxe (repère ❽) :

```
echo "Constante paris =",action::paris,"<br />";
```

qui affichera bien « Palais Brognard ».

Dans la pratique professionnelle, vous avez toujours intérêt à séparer en deux fichiers distincts le code de création des classes et celui qui les utilise. Cela vous permet de réutiliser la même classe dans plusieurs scripts sans avoir à recopier le code de chacun d'eux.

Création d'un objet

Vous venez de voir comment créer une classe, mais votre script ne dispose d'aucune fonctionnalité ni variable supplémentaire, ce qui a toutes les chances de produire un résultat décevant. En reprenant l'analogie avec un moule, il vous faut maintenant utiliser le moule constitué par la classe pour créer des objets.

Chaque objet créé à partir de votre classe est appelé une instance de la classe. À chaque instance correspond un objet différent. Un objet particulier est identifié par un nom de variable tel que vous avez désormais l'habitude d'en écrire et est créé à l'aide du mot-clé new selon le modèle suivant :

```
$var_objet = new nom_classe()
```

Prenez soin que le code de définition de la classe soit dans le même script ou soit inclus au début du script à l'aide des fonctions require() ou include().

À partir de maintenant, le script possède une variable $var_objet qui a les propriétés et les méthodes définies dans la classe de base.

Vous pouvez le vérifier en écrivant :

```
echo gettype($var_objet)
```

La valeur retournée par cette fonction est bien object, vous confirmant s'il en était besoin que la variable est d'un type nouveau par rapport à celles couramment utilisées jusqu'ici.

Le nom de la classe n'a pas besoin d'être défini par une expression explicite, comme vous venez de le faire, mais peut être contenu dans une variable chaîne de caractères.

La syntaxe suivante :

```
$maclasse ="nom_classe";
$var_objet = new $maclasse();
```

crée une instance de la même classe que le code précédent.

Pour créer des objets représentant des actions boursières conformes au modèle de votre classe action, vous écrivez donc :

```
$action1 = new action();
$action2 = new action();
```

Il est possible de vérifier si un objet particulier est une instance d'une classe donnée en utilisant l'opérateur instanceof pour créer une expression conditionnelle, selon la syntaxe suivante :

```
if($objet instanceof nom_classe) echo "OK";
```

Il vous faut maintenant personnaliser vos objets afin que chacun d'eux corresponde à une action boursière particulière. Vous agissez pour cela sur les propriétés d'un objet que vous venez de créer afin de le distinguer d'un autre objet issu de la même classe.

Pour accéder, aussi bien en lecture qu'en écriture, aux propriétés d'un objet, PHP offre la syntaxe particulière suivante, propre aux variables objets. Pour utiliser la propriété déclarée dans la classe par $prop, appliquez la notation -> (caractère moins suivi du signe supérieur à) sous la forme :

```
$nom_objet->prop;
```

ou encore :

```
$nom_objet->prop[n];
```

si la propriété prop de l'objet est un tableau.

La programmation objet
CHAPITRE 9

Pour appeler une méthode de l'objet, appliquez la même notation :

```
$nom_objet->nom_fonction();
```

> **Risque d'erreur**
> Ici, la variable est l'objet, et il n'y a jamais de signe $ devant le nom de la propriété. Par contre, les parenthèses et les paramètres éventuels de la méthode sont indispensables.

Vous pouvez afficher sa valeur ou lui en affecter une autre. Par exemple, pour afficher la valeur de la propriété bourse d'un objet de type action, vous écrivez :

```
echo $action1->bourse;
```

qui affiche la valeur par défaut « Bourse de Paris » définie dans la classe.

Pour lui affecter une nouvelle valeur, vous avez le code :

```
$action1->bourse = "New York";
```

Pour appeler la seule méthode de l'objet :

```
$action1->info()
```

> **Modifications et classe de base**
> La variable $bourse de la classe action a toujours la valeur Bourse de Paris. N'importe quelle nouvelle instance de la classe crée un objet qui aura encore cette valeur par défaut pour la propriété bourse. En règle générale, les modifications opérées sur un objet n'ont aucun effet sur la classe de base de l'objet.

L'exemple 9-4 donne une illustration de la création d'objets à partir de la classe action puis de la définition des propriétés et enfin de l'utilisation de ces propriétés pour un affichage d'informations.

☞ **Exemple 9-4. Création et utilisation d'objets**

```php
<?php
require("objet2.php"); ← ❶
//Création d'une action
$action1= new action(); ← ❷
//Affectation de deux propriétés
$action1->nom = "Mortendi"; ← ❸
$action1->cours = 15.15; ← ❹
//Utilisation des propriétés
echo "<b>L'action $action1->nom cotée à la $action1->bourse vaut $action1->cours
➥&euro;</b><hr>"; ← ❺
//Appel d'une méthode
$action1->info(); ← ❻
echo "La structure de l'objet \$action1 est :   <br>";
var_dump($action1); ← ❼
echo "<h4>Descriptif de l'action</h4>";
```

Exemple 9-4. Création et utilisation d'objets *(suite)*

```
foreach($action1 as $prop=>$valeur)← ❽
{
echo "$prop = $valeur <br />";
}
if($action1 instanceof action) echo "<hr />L'objet \$action1 est du type action";← ❾
?>
```

Le code de la classe action est incorporé à l'aide de la fonction require() (repère ❶). Vous créez ensuite une variable $action1 représentant un objet de type action et définissez des valeurs pour les propriétés nom et cours (repères ❸ et ❹). Ces propriétés sont lues et utilisées pour créer un affichage (repère ❺). L'appel de la méthode de l'objet permet d'obtenir des informations sur l'ouverture des bourses (repère ❻). La fonction var_dump() permet d'afficher, à l'usage du programmeur uniquement, le nom, le type et la valeur de chaque propriété (repère ❼).

Plus élégamment, vous pouvez lire l'ensemble des propriétés de l'objet $action1 à l'aide d'une boucle foreach (repère ❽). L'utilisation de l'opérateur instanceof vous permet de vérifier que l'objet est bien une instance de la classe action (repère ❾).

La figure 9-1 donne le résultat du script.

Figure 9-1
Affichage des propriétés d'un objet

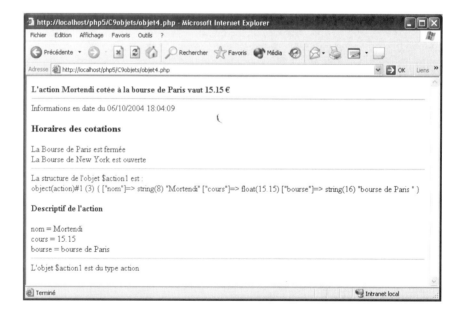

Accès aux variables de la classe

Comme vous venez de le voir, les variables propres de la classe ne sont pas accessibles directement à l'extérieur du code qui définit la classe. Il est donc possible d'utiliser dans le script des variables qui ont les mêmes noms sans risquer de modifier les valeurs de celles de la classe. De même, l'accès habituel aux méthodes est impossible directement de l'extérieur de la classe. Cette particularité est nommée *encapsulation* et permet en quelque sorte de protéger la « cuisine » interne que vous avez conçue pour créer une classe.

De la même façon, si vous essayez d'utiliser dans une méthode une variable déclarée de la classe, vous n'obtenez aucun résultat.

> **Variables globales et superglobales**
> Il est possible d'utiliser dans une fonction propre une variable globale du script à l'aide du mot-clé `global` *(voir l'exemple 9-5)*. Les variables superglobales de type `array`, par exemple `$_POST`, sont directement accessibles dans le corps d'une méthode.

Pour accéder à une constante de classe dans le corps d'une fonction, utilisez la syntaxe particulière suivante :

```
self::maconstante
```

Pour qu'une méthode accède aux variables déclarées dans la classe, elle doit y faire appel à l'aide de la syntaxe suivante :

```
$this->mavar
```

dans laquelle `$this` fait référence à l'objet en cours, ce qui permet d'utiliser la variable `$mavar` dans la méthode. La méthode `info()` de votre classe `action` peut maintenant être enrichie et avoir comme fonctionnalité supplémentaire d'afficher toutes les caractéristiques d'un objet `action`.

Vous pouvez, par exemple, remplacer la ligne de code :

```
echo "<b>L'action $action1->nom cotée à la bourse de $action1->bourse vaut
➥$action1->cours _</b><hr>";
```

de l'exemple 9-4 par le code suivant, qui fera partie du corps de la fonction `info()` :

```
if(isset($this->nom) && isset($this->cours))
{
  echo "<b>L'action $this->nom cotée à la bourse de  {$this->bourse[0]} vaut
➥$this->cours &euro;</b><br />";//9
}
```

La vérification de l'existence des variables permet de bloquer l'affichage dans le cas où aucun objet n'a été créé, sans pour autant empêcher l'appel de la fonction `info()`. La gestion de cet affichage est transférée à une méthode d'objet et ne figure plus dans le script qui crée l'objet.

Cet accès aux variables de la classe est aussi valable si l'une de ces variables est un tableau. Pour accéder à la valeur d'un des éléments du tableau, vous écrirez, par exemple :

```
$this->montab[1]
```

si la variable $montab a été déclarée dans la classe avec, par exemple, la fonction array() selon le modèle :

```
public $montab = array("valeur1","valeur2");
```

L'exemple 9-5 permet de modifier la classe action qui définit deux constantes (repères ❶ et ❷) utilisées ensuite par la méthode info() (repères ❼ et ❽). Vous y retrouvez les mêmes variables $nom, $cours et $bourse, qui est un tableau (repère ❸).

La méthode info() utilise la variable globale $client (repère ❹), qui sera définie dans le script créant un objet de type action *(voir exemple 9-6)*, ainsi que le tableau superglobal $_SERVER pour lire le nom du serveur (repère ❺).

La lecture des éléments du tableau $bourse permet l'affichage des horaires d'ouverture des bourses (repère ❻). En cas de création d'un objet et donc de définition des valeurs de ses propriétés nom et cours, la fonction vous permet d'afficher les informations sur l'action créée (repère ❾).

☞ **Exemple 9-5. Utilisation des variables par une méthode**

```
<?php
class action
{
  //Définition d'une constante
  const paris="Palais Brognard"; ←❶
  const newyork="Wall Street"; ←❷
  //Variables propres de la classe
  public $nom ;
  public $cours;
  public $bourse=array("Paris ","9h00","18h00");//3
  //fonctions propres de la classe
  function info()
  {
    global $client; ←❹
    //Utilisation de variables globales et d'un tableau superglobal
    echo "<h2> Bonjour $client, vous êtes sur le serveur: ",$_SERVER["HTTP_HOST"],
    ➥"</h2>"; ←❺
    echo "<h3>Informations en date du ",date("d/m/Y H:i:s"),"</h3>";
    echo "<h3>Bourse de {$this->bourse[0]} Cotations de {$this->bourse[1]} à
    ➥{$this->bourse[2]} </h3>"; ←❻
    //Informations sur les horaires d'ouverture
    $now=getdate();
    $heure= $now["hours"];
    $jour= $now["wday"];
echo "<hr />";
    echo "<h3>Heures des cotations</h3>";
    if(($heure>=9 && $heure <=17)&& ($jour!=0 && $jour!=6))
    {  echo "La Bourse de Paris ( ", self::paris ," ) est ouverte <br>";   } ←❼
    else
    {  echo "La Bourse de Paris ( ", self::paris ," ) est fermée <br>";   }
    if(($heure>=16 && $heure <=23)&& ($jour!=0 && $jour!=6) )
```

La programmation objet
CHAPITRE 9

```
    {  echo "La Bourse de New York ( ", self::newyork ," ) est ouverte <hr>";   }
    else
    {echo "La Bourse de New York ( ", self::newyork ," ) est fermée <hr>"; }
//Affichage du cours
    if(isset($this->nom) && isset($this->cours))
    {
       echo "<b>L'action $this->nom cotée à la bourse de  {$this->bourse[0]} vaut
       ➥$this->cours &euro;</b><br />";
    }
   }
 }
?>
```

L'exemple 9-6 utilise cette classe pour créer des objets après l'inclusion du fichier **objet5.php** (repère ❶). La variable $client est initialisée et sera utilisée par la méthode info() (repère ❷). Après la création d'un objet action (repère ❸) puis la définition de ses propriétés (repères ❹ et ❺), l'appel de la méthode info() de l'objet (repère ❻) affiche l'ensemble des informations sur l'action créée et l'ouverture de la Bourse. La figure 9-2 illustre le résultat obtenu.

☞ **Exemple 9-6. Création d'un objet *action***

```
<?php
require('objet5.php'); ← ❶
$client="Geelsen"; ← ❷
$mortendi = new action(); ← ❸
$mortendi->nom ="Mortendi"; ← ❹
$mortendi->cours="12.76"; ← ❺
$mortendi->info(); ← ❻
?>
```

Figure 9-2

Création et utilisation d'un objet

Les modificateurs d'accessibilité

Vous avez défini jusqu'à présent des propriétés et des méthodes qui étaient accessibles librement à l'aide du mot-clé `public`. PHP 5 introduit des niveaux d'accessibilité différents pour vous permettre de limiter l'accès aux propriétés et aux méthodes et par là même de réduire le risque de modification des propriétés.

Accessibilité des propriétés

Il existe trois options d'accessibilité, qui s'utilisent en préfixant le nom de la variable de la classe. Ces options sont les suivantes :

- `public`. Permet l'accès universel à la propriété, aussi bien dans la classe que dans tout le script, y compris pour les classes dérivées, comme vous l'avez vu jusqu'à présent.
- `protected`. La propriété n'est accessible que dans la classe qui l'a créée et dans ses classes dérivées *(voir la section « Héritage » de ce chapitre)*.
- `private`. C'est l'option la plus stricte : l'accès à la propriété n'est possible que dans la classe et nulle part ailleurs.

Le code ci-dessous teste les différents niveaux d'accessibilité aux propriétés. La classe `acces` contient trois propriétés, munies respectivement des modificateurs `public` (repère ❶), `protected` (repère ❷) et `private` (repère ❸). La méthode `lireprop()` contenue dans la classe a accès à toutes ces propriétés, et ce quel que soit le modificateur utilisé (repère ❹). La création d'un objet (repère ❺) et l'appel de cette méthode affichent l'ensemble des propriétés (repère ❻). L'appel de la propriété publique à partir de cet objet est possible et permet d'afficher sa valeur (repère ❼). Par contre, l'appel des propriétés protégées et privées (repères ❽ et ❾) provoquerait une erreur fatale. Une boucle `foreach` appliquée au tableau, contenant l'ensemble des propriétés de la classe `acces`, permet d'afficher l'ensemble de ces propriétés et leur valeur (repère ❿).

```
<?php
class acces
{
  //Variables propres de la classe
  public $varpub ="Propriété publique"; ← ❶
  protected $varpro="Propriété protégée"; ← ❷
  private $varpriv="Propriété privée"; ← ❸
  function lireprop() ← ❹
  {
    echo "Lecture publique: $this->varpub","<br />";
    echo "Lecture protégée: $this->varpro","<br />";
    echo "Lecture privée: $this->varpriv","<hr />";
  }
}
$objet=new acces(); ← ❺
$objet->lireprop(); ← ❻
echo $objet->varpub; ← ❼
//echo $objet->varpriv; ← ❽ Erreur fatale
```

```
//echo $objet->varpro; ← ❾ Erreur fatale
echo "<hr />";
foreach(get_class_vars('acces') as $prop=>$val) ← ❿
{
  echo "Propriété ",$prop ," = ",$val,"<br />";
}
?>
```

Le résultat obtenu permet de visualiser les possibilités d'accès aux propriétés :

```
Lecture publique: Propriété publique
Lecture protégée: Propriété protégée
Lecture privée: Propriété privée

Propriété publique

Propriété varpub = Propriété publique
Propriété varpro = Propriété protégée
Propriété varpriv = Propriété privée
```

Accessibilité des méthodes

PHP 5 permet désormais de définir des niveaux d'accessibilité pour les méthodes des objets.

Vous retrouvez les mêmes modificateurs que pour les propriétés :

- `public`. La méthode est utilisable par tous les objets et instances de la classe et de ses classes dérivées.
- `protected`. La méthode est utilisable dans sa classe et dans ses classes dérivées, mais par aucun objet.
- `private`. La méthode n'est utilisable que dans la classe qui la contient, donc ni dans les classes dérivées, ni par aucun objet.

Tout appel d'une méthode en dehors de son champ de visibilité provoque une erreur fatale.

L'exemple 9-7 illustre l'emploi de ces modificateurs dans une classe. Celle-ci contient un propriété déclarée `private` (repère ❶) et trois méthodes déclarées, respectivement `private` (repère ❷), `protected` (repère ❸) et `public` (repère ❹). Cette dernière appelle les deux autres méthodes (repères ❺ et ❻). La création d'un objet (repère ❼) et l'appel des différentes méthodes montrent que seule la méthode publique est utilisable par un objet (repère ❽). Le fait de décommenter les deux dernières lignes du script (repères ❾ et ❿) pour utiliser les méthodes protégées et privées provoquerait une erreur fatale. Vous verrez à la section consacrée à l'héritage des exemples d'utilisation de méthodes protégées dans une sous-classe.

Exemple 9-7. Accessibilité des méthodes

```
<?php
class accesmeth
{
  //Variables propres de la classe
  private $code="Mon code privé"; ← ❶
  //Méthodes
  //Méthode privée
  private function lirepriv() ← ❷
  {
echo "Lire privée ",$this->code,"<br />";
  }
  //Méthode protégée
  protected function lirepro() ← ❸
  {
echo "Lire protégée ",$this->code,"<br />";
  }
  //Méthode publique
  public function lirepub() ← ❹
  {
echo "Lire publique : ",$this->code,"<br />";
    $this->lirepro(); ← ❺
$this->lirepriv(); ← ❻
  }
}
//**********************************
//Appels des méthodes
$objet=new accesmeth(); ← ❼
$objet->lirepub(); ← ❽
//$objet->lirepro();//Erreur fatale ← ❾
//$objet->lirepriv();//Erreur fatale ← ❿
?>
```

Le résultat obtenu en décommentant l'avant-dernière ligne est le suivant :

```
Lire publique : Mon code privé
Lire protégée Mon code privé
Lire privée Mon code privé

Fatal error: Call to protected method accesmeth::lirepro() from context '' in
➥c:\wamp5\www\php5\C9objets\objet8.php on line 32
```

Propriétés et méthodes statiques

PHP 5 introduit la notion de propriété et de méthode statique, qui permet d'accéder à ces éléments sans qu'il soit besoin de créer une instance de la classe. Pour déclarer une propriété ou une méthode statique, vous devez faire suivre le mot-clé définissant l'accessibilité du mot-clé static.

La programmation objet
CHAPITRE 9

Comme les méthodes statiques sont utilisables sans la création d'objet, vous ne devez pas utiliser la pseudo-variable $this pour faire référence à une propriété de la classe dans le corps de la méthode. Vous devez utiliser à la place une des syntaxes suivantes :

```
self::$propriété
```

ou encore :

```
nomclasse::$propriété
```

Notez qu'il faut conserver le signe $ pour désigner la propriété, contrairement à ce que vous faisiez précédemment.

De même, pour appeler une méthode statique de la classe à partir d'une autre méthode, vous utilisez les mêmes syntaxes :

```
self::$méthode()
nomclasse::$méthode()
```

Si vous créez un objet instance de la classe, la propriété déclarée static n'est pas accessible à l'objet en écrivant le code $objet->propriété. Par contre, les méthodes statiques sont accessibles par l'objet avec la syntaxe habituelle $objet->méthode().

Si vous modifiez la valeur d'une propriété déclarée statique à partir d'un objet, cette modification n'est pas prise en compte par les méthodes qui utilisent cette propriété. Il y a donc un danger de confusion difficile à localiser puisque aucune erreur n'est signalée.

L'exemple 9-8 présente ces différentes caractéristiques et leur emploi. Vous y créez une classe nommée info contenant une propriété statique $bourse initialisée (repère ❶). Une méthode statique n'utilisant aucune propriété retourne simplement l'heure en cours (repère ❷). Vous créez ensuite une méthode, également statique, qui utilise la propriété $bourse et la méthode précédente au moyen des notations self:: et info:: (repère ❸).

Pour lire la propriété $bourse à l'extérieur de la classe, écrivez le code suivant :

```
info::$bourse (repère ❹)
```

L'appel des méthodes hors de tout contexte objet se fait de la même façon (repères ❺ et ❻).

Pour montrer le danger de l'utilisation d'une propriété statique dans un contexte objet, un objet de type info (repère ❼) est créé, puis une nouvelle valeur est affectée à sa propriété bourse (repère ❽). L'affichage de cette propriété montre que cette affectation est bien réalisée (repère ❾). En revanche, l'appel de la méthode de l'objet qui utilise cette propriété permet de constater que la propriété a toujours la valeur qui a été définie dans la classe (repères ❿). Le mot static prend alors tout son sens.

Pour pallier cet inconvénient, il faudrait ajouter à la classe une méthode spéciale qui modifierait la propriété bourse de la manière suivante :

```
public function getbourse($val)
{
  info::$bourse=$val;
}
```

☞ **Exemple 9-8. Propriété et méthode statiques**

```php
<?php
class info
{
  //Propriété statique
  public static $bourse="Bourse de Paris"; ← ❶
  //Méthodes statiques
  public  static function getheure() ← ❷
  {
    $heure=date("h : m : s");
    return $heure;
  }
  public static function afficheinfo()
  {
    $texte=info::$bourse.", il est ".self::getheure(); ← ❸
    return $texte;
  }
}
echo info::$bourse,"<br />"; ← ❹
echo info::getheure(),"<br />"; ← ❺
echo info::afficheinfo(),"<hr />"; ← ❻
//Création d'un objet info
$objet=new info(); ← ❼
$objet->bourse="New York"; ← ❽
echo "\$objet->bourse : ",$objet->bourse,"<hr />"; ← ❾
echo "\$objet->getheure() : ",$objet->getheure(),"<br />"; ← ❿
echo "\$objet->afficheinfo() : ",$objet->afficheinfo(),"<br />"; ← ❿
?>
```

Le résultat obtenu est le suivant :

```
Bourse de Paris
04 : 10 : 56
Bourse de Paris, il est 04 : 10 : 56

$objet->bourse : New York

$objet->afficheinfo() : Bourse de Paris, il est 04 : 10 : 56
```

Constructeur et destructeur d'objet

Dans ce qui précède, vous avez créé des objets en instanciant la classe action puis avez défini les propriétés des objets ainsi créés. Cette méthode est un peu lourde, car elle implique de définir les propriétés une par une. Il existe une façon plus élégante et plus rapide de créer des objets et de définir leurs propriétés en une seule opération. Elle consiste à créer un constructeur d'objet, qui n'est rien d'autre qu'une fonction spéciale de la classe, dont les paramètres sont les valeurs que vous voulez attribuer aux propriétés de l'objet.

PHP 5 permet désormais de créer des constructeurs unifiés avec la méthode __construct(), dont la syntaxe est la suivante :

```
void __construct(divers $argument1,…,argumentN)
```

Cette méthode porte le même nom, quelle que soit la classe, ce qui permet des mises à jour sans avoir à modifier le nom du constructeur. Elle ne retourne aucune valeur et est utilisée généralement pour initialiser les propriétés de l'objet et éventuellement pour afficher un message de bonne fin.

Elle est appelée automatiquement lors de la création d'un objet à l'aide du mot-clé new suivi du nom de la classe et des paramètres du constructeur. Sa syntaxe est la suivante :

```
$mon_objet = new nom_classe(param1,param2,….)
```

Vous avez créé un objet nommé $mon_objet et initialisé chacune de ses propriétés avec les valeurs des paramètres passés à la fonction.

> **Constructeur et PHP 4**
> Dans PHP 4, le constructeur est une fonction qui porte le même nom que la classe.

De même, vous avez la possibilité avec PHP 5 d'utiliser des destructeurs unifiés à l'aide de la fonction __destruct(), dont la syntaxe est la suivante :

```
void __destruct()
```

Elle s'utilise sans paramètre car elle n'est généralement pas appelée directement et ne retourne aucune valeur. Elle est appelée automatiquement soit après la destruction explicite de l'objet avec la fonction unset(), soit après la fin du script et la disparition de toutes les références à l'objet. Le corps de cette méthode contient typiquement des instructions qui permettent de gérer proprement la destruction d'un objet, comme la fermeture explicite d'un fichier *(voir le chapitre 11)* ou d'une connexion à une base de données *(voir le chapitre 15)*.

> **Destructeur et PHP 4**
> Dans PHP 4, la notion même de destructeur n'existe pas. Il faut coder spécialement les conséquences de la destruction d'un objet.

Lors de la création de sous-classes *(voir la section « Héritage »)*, les constructeurs et destructeurs de la classe parente ne sont pas appelés implicitement, même si la classe enfant n'a pas son propre constructeur. Pour appeler explicitement le constructeur ou le destructeur de la classe parente dans la classe enfant, vous devez utiliser la syntaxe suivante :

```
parent :: __construct()
parent ::__destruct()
```

L'exemple 9-9 crée une nouvelle classe action munie de trois propriétés et d'un constructeur, qui reçoit trois paramètres, le dernier ayant une valeur par défaut (repère ❶). Vous pouvez donc créer un objet en ne précisant que les deux premiers. Le constructeur initialise les trois propriétés de l'objet (repères ❷, ❸ et ❹). Le destructeur affiche un message utilisant la propriété propnom et annonce la destruction de l'objet (repère ❺).

Vous créez ensuite trois objets action en utilisant la valeur par défaut du dernier paramètre (repère ❻) ou en passant explicitement une valeur (repères ❼ et ❽). Vous créez également une référence à l'un de ces objets (repère ❾). L'appel de la fonction var_dump() affiche la structure de l'objet $alcotel (repère ❿). La destruction explicite de cet objet entraîne l'appel du destructeur et l'affichage d'un message (repère ⓫). Par contre, la destruction explicite de l'objet $bim (repère ⓬) ne provoque pas l'appel du destructeur car il existe encore une référence à cet objet. En consultant l'affichage réalisé par le script, vous constatez qu'après le message de fin de script (repère ⓭), le destructeur est appelé pour les objets $bim et $bouch.

☞ **Exemple 9-9. La classe *action* munie d'un constructeur et d'un destructeur**

```php
<?php
class action
{
  private $propnom;
  private $propcours;
  protected $propbourse;
  function __construct($nom,$cours,$bourse="Paris") ← ❶
  {
    $this->propnom=$nom; ← ❷
    $this->propcours=$cours; ← ❸
    $this->propbourse=$bourse; ← ❹
  }
  function __destruct()
  {
    echo "L'action $this->propnom n'existe plus!<br />"; ← ❺
  }
}
//Création d'objets
$alcotel = new action("Alcotel",10.21); ← ❻
$bouch = new action("Bouch",9.11,"New York"); ← ❼
$bim = new action("BIM",34.50,"New York"); ← ❽
$ref=&$bim; ← ❾
var_dump($alcotel); ← ❿
echo "<hr />";
unset($alcotel); ← ⓫
unset($bim); ← ⓬
echo "<hr /><h4> FIN du script </h4><hr />"; ← ⓭
?>
```

La programmation objet
CHAPITRE 9

Le script affiche le résultat suivant :

```
object(action)#1 (3) { ["propnom:private"]=> string(7) "Alcotel" ["propcours:private"]=>
➥float(10.21) ["propbourse:protected"]=> string(5) "Paris" }

L'action Alcotel n'existe plus!

FIN du script

L'action Bouch n'existe plus!
L'action BIM n'existe plus!
```

Déréférencement

Vous avez vu que l'appel d'une méthode d'objet se faisait selon la syntaxe suivante :

```
$varobj->methode() ;
```

Dans le cas où la méthode appliquée à un objet retourne elle-même un objet et que celui-ci possède ses propres méthodes, il est possible avec PHP 5 de pratiquer le *déréférencement*. Cela permet d'enchaîner les appels de méthodes les uns à la suite des autres.

Vous pouvez écrire le code suivant :

```
$varobj->methode1()->methode2();
```

à condition que methode2() soit une méthode de l'objet obtenu par l'appel de methode1().

Dans l'exemple 9-10 vous créez une classe nommée varchar représentant une chaîne de caractères (repère ❶). Cette classe possède trois méthodes. Le constructeur définit la propriété chaine avec la valeur du paramètre qui lui est passé (repère ❷). La méthode add() réalise la concaténation de deux chaînes (repère ❸) et retourne l'objet en cours (de type varchar), dont la propriété chaine est modifiée (repère ❹). La méthode getch() retourne la valeur de la propriété chaine, ce qui permet son affichage (repère ❺). Après la création d'un objet $texte de type varchar et l'initialisation de sa propriété chaine (repère ❻), l'appel de la méthode getch() retourne cette propriété, qui est de type string (repère ❼). Il est alors impossible d'appliquer une autre méthode à cette valeur. Par contre, si vous appelez d'abord la méthode add(), il devient possible d'enchaîner avec la méthode getch() pour allonger la chaîne puis l'afficher car add() retourne un objet varchar (repère ❽). Dans les mêmes conditions, vous pouvez envisager d'enchaîner les méthodes les unes aux autres et, par exemple, appliquer plusieurs fois la méthode add() puis la méthode getch() pour réaliser un affichage (repère ❾).

☞ **Exemple 9-10. Déréférencement de méthodes**

```php
<?php
class varchar ← ❶
{
  private $chaine;
  function __construct($a) ← ❷
  {
    $this->chaine= (string)$a;
  }
  function add($addch)
  {
    $this->chaine.=$addch; ← ❸
    return $this; ← ❹
  }
  function getch()
  {
  return  $this->chaine; ← ❺
  }
}
//Création d'objet
$texte=new varchar("Apache "); ← ❻
echo $texte->getch(),"<hr />"; ← ❼
echo $texte->add( " PHP 5 ")->getch(),"<hr />"; ← ❽
echo $texte->add(" MySQL ")->add(«SQLite ")->getch(),"<hr />"; ← ❾
?>
```

L'exécution du script 9-11 affiche le résultat suivant :

```
Apache

Apache PHP 5

Apache PHP 5 MySQL SQLite
```

> **Déréférencement et PHP 4**
> Dans PHP 4, le déréférencement n'est pas possible. Il faut utiliser une variable intermédiaire pour contenir le résultat de l'appel de la première méthode puis lui appliquer la deuxième méthode.

Typage des paramètres

Vous savez que PHP est un langage peu typé et qu'il n'est pas possible de fixer le type d'un paramètre dans une fonction personnalisée. Cependant PHP 5 introduit une nuance en permettant désormais d'imposer un type au paramètre d'une méthode, mais uniquement pour les paramètres qui sont des objets et pas encore pour les types de base de PHP, comme les types string ou array. Pour imposer le type d'un paramètre, vous devez faire précéder le nom de la variable par le nom de la classe dont le paramètre doit être une instance.

Vous écrivez, par exemple :

```
function (action $var)
{
//Corps de la fonction
}
```

Dans ce cas, le paramètre $var doit être un objet instancié à partir de la classe action et d'aucune autre. Si le type de la variable n'est pas conforme, une erreur fatale est générée.

Héritage

Vous avez considéré une classe comme un moule réutilisable à l'infini pour créer des objets. Que se passe-t-il si le moule ne convient plus, par exemple, parce que vous voulez créer des objets plus perfectionnés ? Faut-il le casser et en reconstruire entièrement un autre ? Vous pouvez aussi vouloir faire évoluer une classe en lui ajoutant de nouvelles fonctionnalités, que ce soit des propriétés ou des méthodes, sans pour autant devoir modifier le code de la classe d'origine. À l'instar des langages objet plus perfectionnés, PHP 5 donne la possibilité de dériver de nouvelles classes à partir d'une classe donnée, dont elles seront des améliorations.

Enrichir un objet

La définition d'une classe contient toutes les déclarations des propriétés d'un objet instancié. Une fois l'objet créé, vous pourriez vous attendre à ce que le nombre de propriétés soit fixé définitivement. Or il n'en est rien. Vous pouvez ajouter des propriétés à un objet en cours de script sans avoir à modifier la classe. Il vous suffit pour cela d'utiliser la notation d'affectation d'une propriété sous la forme suivante :

```
$objet->propriété = "valeur"
```

L'exemple 9-11 reprend l'essentiel de la définition de la classe action de l'exemple 9-10 en définissant trois propriétés public et un constructeur (repère ❶).

Une fois créé, l'objet $bim possède trois propriétés, que vous pouvez lire ou modifier (repère ❷). La fonction var_dump() permet de visualiser ces propriétés (repère ❸).

L'affectation d'une nouvelle propriété (repère ❹) est réalisée avec la syntaxe $bim->date="2001", comme s'il existait une propriété date. Un nouvel appel de var_dump() montre la nouvelle structure de l'objet $bim, qui contient bien maintenant quatre propriétés (repère ❺). Cette propriété est accessible en lecture et en écriture en tout point du script, car elle est considérée comme ayant le niveau d'accès public (repère ❻).

Exemple 9-11. Ajout dynamique d'une propriété

```php
<?php
class action ← ❶
{
  public $propnom;
  public $propcours;
  public $propbourse;
  function __construct($nom,$cours,$bourse)
  {
    $this->propnom=$nom;
    $this->propcours=$cours;
    $this->propbourse=$bourse;
  }
}
$bim = new action("BIM",9.45,"New York"); ← ❷
var_dump($bim); ← ❸
$bim->date="2001"; ← ❹
echo "<hr />";
var_dump($bim); ← ❺
echo "<hr />";
echo "Propriété date : ",$bim->date; ← ❻
?>
```

L'affichage réalisé par ce script est le suivant :

```
object(action)#1 (3) { ["propnom"]=> string(3) "BIM" ["propcours"]=> float(9.45)
➥["propbourse"]=> string(8) "New York" }

object(action)#1 (4) { ["propnom"]=> string(3) "BIM" ["propcours"]=> float(9.45)
➥["propbourse"]=> string(8) "New York" ["date"]=> string(4) "2001" }

Propriété date : 2001
```

Il montre bien que l'objet possède une propriété supplémentaire par rapport à celles définies dans la classe dont il est une instance.

Création d'une classe dérivée

Le mécanisme de l'héritage est fondamental en POO. Il vous permet, en fonction des besoins, de faire évoluer une classe sans la modifier en créant une classe dérivée — on dit aussi une classe enfant, ou une sous-classe — à partir d'une classe de base, ou classe parente. La classe dérivée hérite des caractéristiques (propriétés et méthodes) de la classe parente, et vous lui ajoutez des fonctionnalités supplémentaires. Vous pouvez ainsi créer toute une hiérarchie de classes en spécialisant chaque classe selon vos besoins. Contrairement à d'autres langages, PHP 5 n'autorise que l'héritage simple, une classe ne pouvant hériter que d'une seule classe parente.

Pour créer une classe enfant, faites suivre le nom de la nouvelle classe du mot-clé `extends` puis du nom de la classe parente, selon la forme suivante :

```
class classenfant extends classparent
{
//Propriétés et méthodes nouvelles
}
```

Dans le corps de la classe enfant, il est possible de redéfinir les propriétés et les méthodes de la classe parente, sauf si elles sont déclarées `private` ou `final` *(voir plus loin)*. Il est encore possible d'accéder aux propriétés et aux méthodes redéfinies de la classe parente en les faisant précéder du mot-clé `parent::`. Si elles ne sont pas redéfinies, la classe enfant possède les mêmes propriétés et les mêmes méthodes que la classe parente.

> **Cas particulier des constructeurs et destructeurs**
>
> Même si la classe parente possède un constructeur et un destructeur unifié créés avec les méthodes `__construct()` et `__destruct()`, la classe enfant ne possède pas ces méthodes par défaut. Il faut recréer un constructeur et un destructeur propres à la classe enfant. Pour utiliser ceux de la classe parente, il faut les appeler explicitement avec la syntaxe `parent::__construct()` ou `parent::__destruct()`.

L'exemple 9-12 illustre le mécanisme de l'héritage en créant une classe `valeur` représentant une valeur mobilière plus large qu'une action (repère ❶). À elle seule, cette classe pourrait permettre la création d'objets. Elle contient en effet deux propriétés (repères ❷ et ❸) et deux méthodes, un constructeur et une méthode d'affichage (repères ❹ et ❺). À partir de cette classe de base, vous créez une classe dérivée `action` (repère ❻), qui possède une propriété supplémentaire (repère ❼). Elle redéfinit un constructeur en utilisant le constructeur parent (repère ❽) et enrichit la fonction d'affichage (repère ❾). Une deuxième classe dérivée de la classe `valeur` représente un titre d'emprunt (repère ❿). Elle hérite également des propriétés de la classe parente et y ajoute deux propriétés (repères ⓫ et ⓬). Elle crée également un constructeur adapté recevant quatre paramètres (repère ⓭). Celui-ci utilise également le constructeur parent (repère ⓮). Enfin, elle redéfinit la fonction d'affichage pour l'adapter à la nature de l'emprunt (repère ⓯). La création des objets `$action1`, `$action2` et `$emprunt` montre que chacun d'eux a un constructeur et une méthode `info()` (repères ⓰, ⓱ et ⓲).

☞ **Exemple 9-12. Création de classes enfants**

```
<?php
//Classe valeur
class valeur ← ❶
{
  protected $nom; ← ❷
  protected $prix; ← ❸
  function __construct($nom,$prix) ← ❹
  {
    $this->nom=$nom;
    $this->prix=$prix;
```

Exemple 9-12. Création de classes enfants *(suite)*

```
    }
    protected function getinfo()  ← ❺
    {
      $info="<h4>Le prix de $this->nom est de $this->prix </h4>";
      return $info;
    }
}
//Classe action
class action extends valeur ← ❻
{
  public $bourse; ← ❼
  function __construct($nom,$prix,$bourse="Paris")
  {
    parent::__construct($nom,$prix); ← ❽
    $this->bourse=$bourse;
  }
  public function getinfo() ← ❾
  {
    $info="<h3>Action $this->nom cotée à la bourse de $this->bourse </h3>";
    $info.=parent::getinfo();
    return $info;
  }
}
//Classe emprunt
class emprunt extends valeur ← ❿
{
  private $taux; ← ⓫
  private $fin; ← ⓬
  function __construct($nom,$prix,$taux,$fin) ← ⓭
  {
    parent::__construct($nom,$prix); ← ⓮
    $this->taux=$taux;
    $this->fin=mktime(24,0,0,12,31,$fin);
  }
  public function getinfo() ← ⓯
  {
    $reste=round( ($this->fin - time() ) /86400);
    $info="<h3>Emprunt $this->nom au taux  de $this->taux % </h3>";
    $info.=parent::getinfo();
    $info.="<h4>Echéance : dans $reste jours</h4>";
    return $info;
  }
}
//Création d'objets
$action1 = new action("Alcotel",9.76); ← ⓰
echo  $action1->getinfo();
$action2 = new action("BMI",23.75,"New York"); ← ⓱
echo $action2->getinfo() ;
$emprunt = new emprunt("EdF",1000,5.5,2005); ← ⓲
echo $emprunt->getinfo();
?>
```

L'affichage obtenu est présenté à la figure 9-3.

Figure 9-3
*Création
de classes enfants*

Les classes abstraites

PHP 5 fournit un degré supplémentaire d'abstraction des classes en permettant la création de classes et de méthodes abstraites. Une classe abstraite ne permet pas l'instanciation d'objets mais sert uniquement de classe de base pour la création de classes dérivées. Elle définit en quelque sorte un cadre minimal auquel doivent se conformer les classes dérivées.

Une classe abstraite peut contenir des méthodes déclarées `public` ou `protected`, qu'elles soient elles-mêmes abstraites ou non. Une méthode abstraite ne doit contenir que sa signature, sans aucune implémentation. Chaque classe dérivée est chargée de créer sa propre implémentation de la méthode. Une classe contenant au moins une méthode abstraite doit obligatoirement être déclarée abstraite, sinon elle permettrait de créer des objets qui auraient une méthode non fonctionnelle.

Pour créer une classe abstraite, faites précéder le mot-clé `class` du mot-clé `abstract`, comme ceci :

```
abstract class nomclasse
{
//Définition de la classe
}
```

Pour créer une méthode abstraite, faites également précéder le modificateur d'accès du mot-clé `abstract`, selon le modèle suivant :

```
abstract public function nomfonction() ;
```

Dans la classe qui dérive d'une classe abstraite, vous devez définir les modificateurs d'accessibilité des méthodes avec une visibilité égale ou plus large que celle de la méthode abstraite. Une classe abstraite définie, par exemple, protected, est implémentée dans les classes dérivées comme protected ou public.

L'exemple 9-13 reprend la création des classes enfants action et emprunt de l'exemple 9-12. Il permet de réaliser la même opération mais à partir d'une classe abstraite nommée valeur (repère ❶). À la différence de l'exemple précédent, il n'est pas possible de créer des objets à partir de la classe valeur. Vous ne pouvez le faire qu'à partir de ses classes dérivées. Cette classe valeur contient deux propriétés et deux méthodes abstraites (repères ❷ et ❸). Chacune des classes dérivées (repères ❹ et ❼) doit donc créer sa propre implémentation complète de ces méthodes (repères ❺, ❻, ❽ et ❾). Il n'est plus question ici d'utiliser une méthode parente, comme dans l'exemple 9-13. Le code s'en trouve alourdi, ce qui doit faire réfléchir avant d'utiliser des classes abstraites.

☞ **Exemple 9-13. Dérivation de classe abstraite**

```php
<?php
//Classe abstraite valeur
abstract class valeur ←❶
{
  protected $nom;
  protected $prix;
  abstract  protected function __construct() ; ←❷
  abstract protected function getinfo(); ←❸
}
//Classe action
class action extends valeur ←❹
{
  private $bourse;
  function __construct($nom,$prix,$bourse="Paris") ←❺
  {
     $this->nom=$nom;
  $this->prix=$prix;
     $this->bourse=$bourse;
  }
  public function getinfo() ←❻
  {
      $info="Action $this->nom cotée à la bourse de $this->bourse <br />";
      $info.="Le prix de $this->nom est de $this->prix";
      return $info;
  }
}
//Classe emprunt
class emprunt extends valeur ←❼
{
  private $taux;
  private $fin;
  function __construct($nom,$prix,$taux,$fin) ←❽
  {
     $this->nom=$nom;
  $this->prix=$prix;
```

```
      $this->taux=$taux;
      $this->fin=mktime(24,0,0,12,31,$fin);
   }
   public function getinfo() ← ❾
   {
      $reste=round(($this->fin-time())/86400);
      $info="Emprunt $this->nom au taux de  de $this->taux % <br />";
      $info.="Echéance : fin $fin (dans $reste jours)";
      return $info;
   }
}
//Création d'objets
$action1 = new action("Alcotel",9.76);//
echo "<h4>", $action1->getinfo()," </h4>";//
$action2 = new action("BMI",23.75,"New York");//
echo "<h4>", $action2->getinfo() ,"</h4>";//
$emprunt = new emprunt("EdF",1000,5.5,2005);//
echo "<h4>", $emprunt->getinfo(),"</h4>";//
?>
```

Le résultat obtenu est identique à celui de l'exemple 9-13, présenté à la figure 9-3.

Les interfaces

La conception orientée objet s'accompagne d'une décomposition de l'application en modules élémentaires. L'introduction des interfaces dans PHP 5 permet cette décomposition en briques de base qu'une classe utilise comme modèle.

La notion d'interface est encore plus restrictive que celle de classe abstraite. Une interface ne doit contenir aucune déclaration de propriétés. C'est la classe qui l'implémente qui doit se charger de ces déclarations. Une interface ne contient aucune implémentation de méthode, à la différence d'une classe abstraite, qui peut contenir des méthodes entièrement définies. Les méthodes qu'elle contient ne peuvent être déclarées qu'avec le modificateur public ou aucun modificateur, ce qui est équivalent. L'interface ne fait que définir une structure à laquelle la classe qui l'implémente doit se conformer. PHP 5 n'admet pas l'héritage multiple, mais une classe peut implémenter plusieurs interfaces.

La structure d'une interface doit respecter la forme suivante :

```
interface nom_interface
{
   public function fonction1($var) ;
   public function fonction2($var) ;
}
```

Pour implémenter une interface dans une classe, il faut faire suivre le nom de la classe du mot-clé implements à la place de extends puis des noms des interfaces séparés par des virgules.

Vous avez donc la structure suivante :

```
class nom_classe implements interface1,interface2
{
//Implémentation des méthodes des interfaces
}
```

Les interfaces définissant un cadre à respecter strictement, la classe qui les implémente doit obligatoirement définir toutes les méthodes des toutes les interfaces.

L'exemple 9-14 crée une interface nommée abscisse (repère ❶) qui déclare une méthode setx(), dont le rôle est d'initialiser une abscisse (repère ❷). Il crée également une interface nommée ordonnee (repère ❸) déclarant une méthode sety(), dont le rôle est similaire pour l'ordonnée d'un point (repère ❹).

Ces interfaces sont implémentées par deux classes différentes. La classe pointaxe représente un point sur un axe, n'ayant donc qu'une seule coordonnée. Elle implémente l'interface abscisse (repère ❺) et définit la méthode setx() (repère ❻). La classe point plan représente un point du plan, avec deux coordonnées. Elle implémente donc les deux interfaces abscisse et ordonnee (repère ❼) et définit les méthodes setx() (repère ❽) et sety() (repère ❾), comme l'imposent les interfaces.

L'implémentation des interfaces dans une classe impose certes la définition de leurs méthodes mais n'empêche pas d'enrichir la classe avec d'autres méthodes. La classe pointplan possède une méthode supplémentaire module(), qui retourne la distance du point M(x,y) à l'origine du repère (repère ❿). Elle pourrait, par exemple, s'enrichir d'une méthode retournant l'angle (Ox,OM) et permettre ainsi la gestion des nombres complexes.

☞ **Exemple 9-14. Création d'interface et implémentation**

```
<?php
interface abscisse ← ❶
{
  public function setx($x); ← ❷
}
//
interface ordonnee ← ❸
{
    public function sety($y); ← ❹
}
//Classe
class pointaxe implements abscisse ← ❺
{
  public $x;
  public function setx($x) ← ❻
  {
    $this->x=$x;
  }
}
//
class pointplan implements abscisse,ordonnee ← ❼
```

```
{
  public $x;
  public $y;
  public function setx($x) ← ❽
  {
    $this->x=$x;
  }
  public function sety($y) ← ❾
  {
    $this->y=$y;
  }
  public function module() ← ❿
  {
    return sqrt($this->x*$this->x+$this->y*$this->y);
  }
 }
}
//Création d'objets
$point1 = new pointaxe();
$point1->setx(21);
var_dump($point1);
echo "<hr />";
//
$point2 = new pointplan();
$point2->setx(7);
$point2->sety(-5);
var_dump($point2);
echo "<hr />";
echo "Coordonnées du point M ( $point2->x , $point2->y ) <br />";
echo "Distance OM = ", $point2->module();
?>
```

Le résultat affiché est le suivant :

```
object(pointaxe)#1 (1) { ["x"]=> int(21) }

object(pointplan)#2 (2) { ["x"]=> int(7) ["y"]=> int(-5) }

Coordonnées du point M ( 7 , -5 )
Distance OM = 8.60232526704
```

Méthode et classe finales

La création de sous-classes et la redéfinition des méthodes sont les éléments essentiels de la POO. Il peut cependant être nécessaire d'empêcher toute modification d'une méthode ou d'une classe, en particulier dans un projet où l'on travaille en équipe.

Pour interdire la redéfinition d'une méthode d'une classe parente dans ses classes dérivées, faits précéder le mot-clé function du mot-clé final.

Si vous définissez la classe suivante :

```php
class triangle
{
  private $x ;
  private $y ;
  private $z ;
  function __construct($x,$y,$z)
  {
    $this->x=$x ;
    $this->y=$y ;
    $this->z=$z ;
  }
  final function trianglerect()
  {
    if(($this->x*$this->x + $this->y*$this->y) ==($this->z*$this->z)) return
    ➥"Le triangle est rectangle";
    else echo "Triangle non rectangle";
  }
}
```

dans laquelle la fonction `trianglerect()` est déclarée `final`, il devient impossible de créer une classe dérivée qui contienne une méthode portant le même nom.

Le code suivant :

```php
class triangleiso extends triangle
{
  function trianglerect()
  {
  //Instructions
  }
}
```

provoque l'apparition d'une erreur fatale et du message :

```
Fatal error: Cannot override final method triangle::trianglerect()
```

De même, pour interdire l'héritage d'une classe parente dans une classe enfant, faites précéder le mot-clé `class` du mot-clé `final`.

Si vous définissez la classe suivante :

```php
final class triangle
{
  //Instructions
}
```

et si vous tentez de la dériver en créant la classe enfant suivante :

```php
class triangleiso extends triangle
{
    //Instructions
}
```

vous créez également une erreur fatale accompagnée du message :

```
Fatal error: Class triangleiso may not inherit from final class (triangle)
```

Clonage d'objet

La notion de clonage d'objet est une des nouveautés introduites dans PHP 5. Elle permet d'effectuer une copie exacte d'un objet mais en lui affectant une zone de mémoire différente de celle de l'objet original. Contrairement à la création d'une simple copie à l'aide de l'opérateur = ou d'une référence sur un objet avec l'opérateur &, les modifications opérées sur l'objet cloné ne sont pas répercutées sur l'original.

Pour cloner un objet, utilisez le mot-clé clone selon la syntaxe suivante :

```
$objetclone = clone $objet ;
```

L'objet cloné a exactement les mêmes propriétés et les mêmes méthodes que l'original. Après le clonage, les modifications opérées sur la variable $objet n'ont aucun effet sur le clone, et réciproquement.

Si, lors du clonage, vous voulez modifier des propriétés du clone par la même occasion, vous utilisez la méthode prédéfinie __clone() propre à tous les objets PHP 5. Elle peut contenir toutes sortes d'instructions agissant sur les propriétés du clone. Sa présence dans la classe est facultative. Si elle existe, elle est appelée automatiquement lors de la création d'un clone avec le mot-clé clone. Comme le constructeur, elle ne peut être appelée directement.

L'exemple 9-15 fait apparaître les différences entre une simple copie, une référence et un clonage. Vous y définissez une classe action simplifiée (repère ❶) ayant une seule propriété et un constructeur (repère ❷), un destructeur, qui affiche un message après la destruction de l'objet (repère ❸), et une méthode __clone() chargée de modifier la propriété nom (repère ❹). Vous l'utilisez ici uniquement pour distinguer le clone de l'original.

Pour vérifier les différences de comportement des copies et des clones, vous créez un objet $alcotel (repère ❺), son clone dans la variable $clone (repère ❻) et une copie et une référence de $alcotel, respectivement dans $bim (repère ❼) et $ref (repère ❽). La modification de la propriété nom de l'objet $bim (repère ❾) est répercutée dans les objets $alcotel et $ref, comme le prouve l'affichage de leur propriété nom (repères ❿ et ⓫).

L'affichage simple des variables $alcotel, $bim et $ref fournit le même résultat (Object id #1), qui montre que ces trois objets font bien référence au même espace mémoire (repère ⓬). En revanche, le même affichage pour l'objet $clone fournit un résultat différent : Object id #2 (repère ⓭).

La destruction du clone (repère ⓮) entraîne immédiatement l'appel du destructeur, alors que la destruction successive des autres objets (repères ⓯, ⓰ et ⓱) montre que le destructeur n'est appelé qu'après la destruction de la dernière référence à l'objet $alcotel.

☞ **Exemple 9-15. Copie et clonage**

```
<?php
class action ← ❶
{
  public $nom;
  function __construct($nom) ← ❷
  {
$this->nom=$nom;//2
  }
  function __destruct() ← ❸
  {
echo "L'action $this->nom n'existe plus!<br />";//5
  }
  function __clone() ← ❹
{
  $this->nom="Clone de ".$this->nom;
}
}
//Création d'objets
$alcotel = new action("Alcotel",10.21); ← ❺
$clone= clone $alcotel; ← ❻
$bim=$alcotel; ← ❼
$ref=&$bim; ← ❽
//Modification d'une propriété
$bim->nom="BIM"; ← ❾
echo $ref->nom ,"<hr />"; ← ❿
echo $alcotel->nom ,"<hr />"; ← ⓫
echo "alcotel = $alcotel : bim = $bim  : ref = $ref  : <hr />"; ← ⓬
echo "clone = $clone <hr />"; ← ⓭
//Suppression des objets
unset($clone); ← ⓮
unset($alcotel); ← ⓯
unset($bim); ← ⓰
unset($ref); ← ⓱
?>
```

Le résultat affiché par ce script est le suivant :

```
BIM

BIM

alcotel = Object id #1 : bim = Object id #1 : ref = Object id #1 :

clone = Object id #2

L'action Clone de Alcotel n'existe plus!
L'action BIM n'existe plus!
```

Le clonage d'objet peut donc être utile pour préserver l'état d'un objet hors de toute modification intempestive.

Mémo des fonctions

```
string get_class(object $varobjet)
```
Retourne le nom de la classe dont l'objet est une instance.

```
array get_class_methods(string nom_classe)
array get_class_methods(object $varobjet)
```
Retournent un tableau contenant tous les noms des méthodes de la classe ou de l'objet.

```
array get_class_vars(string nom_classe)
```
Retourne un tableau associatif dont les clés sont celles des propriétés de la classe et contenant toutes valeurs par défaut de ces propriétés.

```
array get_declared_classes()
```
Retourne un tableau de tous les noms des classes du script et des classes prédéfinies par PHP.

```
array get_declared_interfaces()
```
Retourne un tableau de tous les noms des interfaces du script.

```
array get_object_vars (object $varobjet)
```
Retourne un tableau de toutes les propriétés de l'objet.

```
string get_parent_class(string nom_classe)
string get_parent_class(object $varobjet)
```
Retourne le nom de la classe parente d'une classe ou d'un objet.

Exercices

Exercice 1

Écrivez une classe représentant une ville. Elle doit avoir les propriétés nom et departement et une méthode affichant « la ville X est dans le département Y ». Créez des objets ville, affectez leurs propriétés, et utilisez la méthode d'affichage.

Exercice 2

Modifiez la classe précédente en la dotant d'un constructeur. Réalisez les mêmes opérations de création d'objets et d'affichage.

Exercice 3

Créez une classe représentant une personne. Elle doit avoir les propriétés nom, prénom et adresse, ainsi qu'un constructeur et un destructeur. Une méthode getpersonne() doit retourner les coordonnées complètes de la personne. Une méthode setadresse() doit permettre de modifier l'adresse de la personne. Créez des objets `personne`, et utilisez l'ensemble des méthodes.

Exercice 4

Créez une classe nommée `form` représentant un formulaire HTML. Le constructeur doit créer le code d'en-tête du formulaire en utilisant les éléments `<form>` et `<fieldset>`. Une méthode `settext()` doit permettre d'ajouter une zone de texte. Une méthode `setsubmit()` doit permettre d'ajouter un bouton d'envoi. Les paramètres de ces méthodes doivent correspondre aux attributs des éléments HTML correspondants. La méthode `getform()` doit retourner tout le code HTML de création du formulaire. Créez des objets `form`, et ajoutez-y deux zones de texte et un bouton d'envoi. Testez l'affichage obtenu.

Exercice 5

Créez une sous-classe nommée `form2` en dérivant la classe `form` de l'exercice 4. Cette nouvelle classe doit permettre de créer des formulaires ayant en plus des boutons radio et des cases à cocher. Elle doit donc avoir les méthodes supplémentaires qui correspondent à ces créations. Créez des objets, et testez le résultat.

Exercice 6

Créez un objet à partir de la classe `form2` de l'exercice 5, puis créez-en un clone. Modifiez certaines caractéristiques de cet objet, et affichez les deux formulaires obtenus.

Exercice 7

Créez une classe abstraite représentant une personne. Elle déclare les propriétés `nom` et `prénom` et un constructeur. Créez une classe `client` dérivée de la classe `personne` en y ajoutant la propriété `adresse` et une méthode `setcoord()` qui affiche les coordonnées complètes de la personne. Créez une classe `électeur` dérivée de la même classe abstraite, et ajoutez-y deux propriétés `bureau_de_vote` et `vote`, ainsi qu'une méthode `avoter()`, qui enregistre si une personne a voté dans la propriété `vote`.

10

Les images dynamiques

PHP permet non seulement de créer des pages contenant du texte affiché dynamiquement mais également des images dynamiques en fonction des besoins. Vous allez voir comment créer des images dynamiques aux formats GIF, JPEG, PNG et même WBMP à destination des terminaux mobiles.

PHP est livré avec l'extension GD (Graphic Device). Le format GIF posant des problèmes de droits d'auteurs, il avait été retiré de la bibliothèque GD dans les versions postérieures à la 1.6. La version actuelle livrée avec PHP 5 étant la 2, ce format n'est plus utilisable aujourd'hui qu'en lecture. Les droits pour l'Europe de GIF tombent toutefois prochainement dans le domaine public. La version 3.0 de la bibliothèque GD réintroduira donc ce format.

Pour vérifier si l'extension est installée sur votre serveur, utilisez la fonction phpinfo(), et reportez-vous à la rubrique GD, qui contient le numéro de version et différentes caractéristiques, en particulier la possibilité d'utiliser des polices TrueType pour écrire du texte dans une image.

Principes généraux

Sur le serveur local installé par Wampserver, l'extension GD n'est pas installée par défaut.

Pour l'installer, vous devez décommenter la ligne suivante en supprimant le point-virgule placé au début de la ligne :

```
extension=php_gd2.dll
```

Cette ligne se trouve dans le fichier **php.ini,** situé dans le dossier **C:\wamp\Apache** dans lequel a été effectuée l'installation. Recopiez la DLL **php_gd2.dll,** récupérable dans le dossier **C:\wamp\php\ext,** dans le dossier **C:\WINDOWS\system32,** et redémarrez votre ordinateur. L'affichage réalisé par le script contenant la fonction `phpinfo()` vous confirme que la bibliothèque GD est désormais utilisable.

Les scripts de création d'image doivent suivre les étapes suivantes :

1. Envoi d'un en-tête précisant le type d'image qui sera envoyé du serveur vers le navigateur. Vous retrouvez ici la fonction `header()` sous la forme suivante pour une image de type PNG :

   ```
   header("Content-type:image/png");
   ```

   Selon le format choisi, vous pouvez remplacer le type MIME de l'image par `image/jpeg, image/gifcontent-type` ou `image/vnd.wap.wbmp`.

2. Création du cadre de l'image dans lequel vont être tracés les éléments de l'image en appelant la fonction `imagecreate()`, qui définit les dimensions de l'image en pixel et réserve l'espace mémoire nécessaire sur le serveur.

3. Création des couleurs qui vont être utilisées pour effectuer les tracés en utilisant les codes décimaux des couleurs RGB (Red, Green, Blue) à l'aide de la fonction `image colorallocate()`.

4. Tracé de formes géométriques dans le cadre. Les formes disponibles sont variées.

5. Écriture du texte dans l'image à l'aide des polices incorporées ou de polices TrueType ou FreeType.

6. Envoi de l'image créée vers le navigateur ou dans un fichier image enregistré sur le serveur et utilisable dans n'importe quelle page ou image au moyen de l'élément HTML `<img>`. Les fonctions `imagegif()`, `imagejpg()` ou `imagepng()` peuvent être utilisées pour cela.

7. Libération facultative de l'espace mémoire occupé par l'image sur le serveur à l'aide de la fonction `imagedestroy()`.

Pour une image PNG, un script type de création d'image dynamique a la structure illustrée à l'exemple 10-1.

☞ **Exemple 10-1. Script de création d'image**

```
<?php
header ("Content-type: image/png");
//Création du cadre 800x400 pixels
$idimg=imagecreate(800,400);
//Création des couleurs
$fond=imagecolorallocate($idimg,255,255,51);
$noir=imagecolorallocate($idimg,0,0,0);
//*******************
//TRACES DES FORMES
//*******************
```

```
//Enregistrement de l'image dans un fichier
imagepng($idimg,"monimage.png");
//Envoi de l'image au navigateur
imagepng($idimg);
//Libération de l'espace mémoire
imagedestroy($idimg);
?>
```

Si la page qui affiche l'image contient d'autres éléments HTML — comme c'est le cas la plupart du temps —, vous devez séparer la création de l'image de son utilisation. Vous avez donc deux fichiers, un fichier PHP contenant le code de création de l'image, à l'exemple du script de l'exemple 10-1, et un fichier HTML ou PHP contenant le code HTML d'utilisation de l'image, à l'exemple du fichier suivant :

```
<!DOCTYPE HTML PUBLIC "-//W3C//DTD HTML 4.01//EN" "http://www.w3.org/TR/html4/
strict.dtd">
<html>
<head>
<title> Images dynamiques</title>
</head>
<body>
<h2> Une image dynamique </h2>
<img src="monimage.php"  border="1" alt="Mon image" />
</body>
</html>
```

Création du cadre de l'image

Vous utilisez ici la fonction suivante :

```
resource imagecreate ( int larg, int haut)
```

qui reçoit comme paramètres la largeur et la hauteur de l'image en pixel et retourne un identifiant de type resource. Ce dernier sera utilisé par toutes les fonctions intervenant dans la création de l'image, soit pour définir les couleurs, soit pour y effectuer des tracés, soit pour l'afficher ou l'enregistrer à la fin de la création.

Par exemple, vous écrivez :

```
$idimg= imagecreate ( int 600, int 200);
```

pour créer une image de 600 pixels de large sur 200 pixels de haut. L'image est dès lors identifiée par la variable $idimg.

Ce type d'image, dite image à palette, ne contient qu'un nombre limité de couleurs, ce qui convient généralement aux types d'images réalisées à l'aide de la bibliothèque GD.

Pour créer des images en TrueColor, vous pouvez utiliser la fonction suivante :

```
resource imagecreatetruecolor ( int larg, int haut)
```

La fonction `imageistruecolor()` permet de vérifier si une image est de ce type TrueColor. Elle retourne TRUE si c'est le cas et FALSE dans le cas contraire. Sa syntaxe est la suivante :

```
bool imageistruecolor ( resource $idimg)
```

Il est envisageable d'utiliser des images existantes pour y effectuer des ajouts, que ce soit des légendes ou des tracés géométriques. Il est, par exemple, possible de créer un cadre à partir de ces images en utilisant l'une des fonctions suivantes, selon leur format :

```
resource imagecreatefromgif ( string nom_image)
resource imagecreatefromjpeg ( string nom_image)
resource imagecreatefrompng ( string nom_image)
resource imagecreatefromwbmp ( string nom_image)
```

Chacune de ces fonctions admet comme paramètre un nom de fichier ou l'URL complète du fichier image. Elles retournent un identifiant de type resource.

Pour utiliser ces images, il peut être utile d'en connaître certaines caractéristiques, comme les dimensions, afin, par exemple, d'écrire un texte centré dans l'image. Pour obtenir ces informations, vous pouvez faire appel à la fonction suivante :

```
array getimagesize ( string nom_image)
```

qui retourne un tableau à sept éléments.

Les éléments de ce tableau sont les suivants :

- L'élément d'indice 0 contient la largeur de l'image en pixel.

- L'élément d'indice 1 contient la hauteur de l'image.

- L'élément d'indice 2 contient un entier qui donne le type de l'image : 1 = GIF, 2 = JPG, 3 = PNG, 5 = PSD, 6 = BMP, 7 = TIFF (ordre des octets Intel), 8 = TIFF (ordre des octets Motorola), 9 = JPC, 10 = JP2, 11 = JPX, 12 = JB2, 13 = SWC et 14 = IFF.

- L'élément d'indice 3 contient une chaîne utilisable dans l'élément HTML `<img>` pour définir ses attributs, sous la forme `width="165" height="110"`.

- L'élément de clé `bits` indique le nombre de bits utilisé pour chaque couleur pour les images JPEG.

- L'élément de clé `channels` vaut 3 pour les images RGB et 4 pour les images CMYK.

- L'élément de clé `mime` contient une chaîne utilisable pour créer l'en-tête correct avec la fonction `header()`.

En écrivant, par exemple, le code suivant :

```
print_r( getimagesize("mon_image.jpg"));
```

vous obtenez le résultat suivant :

```
Array
(
    [0] => 165
    [1] => 110
    [2] => 2
    [3] => width="165" height="110"
    [bits] => 8
    [channels] => 3
    [mime] => image/jpeg
)
```

Création des couleurs

La fonction suivante définit les couleurs qui seront utilisées pour le fond de l'image et les tracés successifs :

```
int imagecolorallocate ( resource $idimg, int R, int G, int B)
```

Elle crée une couleur pour l'image identifiée par $idimg. Les paramètres R, G et B sont les valeurs entières en base 10 (donc de 0 à 255) et non en hexadécimal (de la forme FF), comme en HTML.

Chaque valeur correspond à l'intensité des couleurs (Red, Green, Blue) qui composent la teinte désirée. La fonction retourne également un identifiant entier, qui est récupéré dans une variable et qui servira à identifier la couleur dans les fonctions de tracé.

Par exemple, vous écrivez :

```
$orange=imagecolorallocate($idimg,255,128,0) ;
```

pour créer la couleur orange qui sera identifiée par la variable $orange.

> **Couleur de fond**
> La première couleur créée devient automatiquement la couleur de fond de l'image. Il faut donc veiller à l'ordre de création des couleurs.

Pour avoir un fond transparent, vous définissez la couleur de fond comme étant transparente à l'aide de la fonction :

```
int imagecolortransparent ( resource $idimg, int $couleur)
```

qui permet d'obtenir une image de forme quelconque, le cadre rectangulaire n'étant plus visible. La couleur de transparence n'est bien sûr plus utilisable pour aucun tracé, sauf pour créer des effets particuliers.

Il est possible de définir n'importe quelle couleur comme transparente.

Le code suivant définit le vert comme transparent :

```
$vert=imagecolorallocate($idimg,0,128,0) ;
imagecolortransparent($idimg,$vert) ;
```

Tracé de formes géométriques

Tous les tracés de formes géométriques se font en précisant des coordonnées relativement au cadre qui a été défini par la fonction `imagecreate()`. L'origine des coordonnées est le sommet supérieur gauche du cadre, le sens positif des ordonnées étant vers le bas.

Tracé de points

Vous pouvez tracer un point de la taille d'un pixel en précisant ses coordonnées dans le cadre à l'aide de la fonction suivante :

```
int imagesetpixel ( resource $idimg, int x, int y, int $couleur)
```

L'exemple 10-2 utilise cette fonction pour réaliser le tracé d'une fonction classique. La structure du script est conforme au modèle proposé précédemment et n'a pas besoin d'être détaillée. Après la création d'une couleur de fond et d'une couleur de tracé (repères ❶ et ❷), une boucle trace des points dont l'ordonnée $y est calculée à l'aide de la fonction sinus. La mise à l'échelle des coordonnées et le décalage d'origine sont réalisés dans le calcul de $y (repère ❸). Le double appel à la fonction `imagesetpixel()` permet d'avoir un trait plus épais (repères ❹ et ❺). L'image est d'abord enregistrée dans le fichier sinus.png (repère ❻) puis envoyée au navigateur (repère ❼), et la mémoire est libérée (repère ❽).

☞ **Exemple 10-2. Tracé d'une sinusoïde point par point.**

```
<?php
header ("Content-type: image/png");
$idimg=imagecreate(800,400);
$fond=imagecolorallocate($idimg,255,255,51); ←❶
$noir=imagecolorallocate($idimg,0,0,0); ←❷
for($x=0;$x<800;$x++)
{
  $y=-200*sin($x/100)+200; ←❸
  imagesetpixel($idimg,$x,$y,$noir); ←❹
  imagesetpixel($idimg,$x,$y+1,$noir); ←❺
}
imagepng($idimg,"sinus.png"); ←❻
imagepng($idimg); ←❼
imagedestroy($idimg); ←❽
?>
```

La figure 10-1 illustre le résultat obtenu en appelant le fichier PHP dans un document HTML contenant la ligne de code suivante :

```
<img src="image2.php" border="1" alt="La fonction Sinus">
```

Figure 10-1
Tracé de la fonction sinus point par point

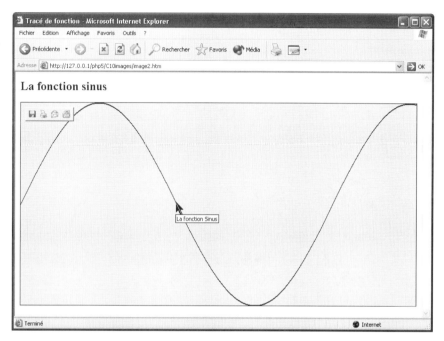

Tracé de droites

Le tracé de lignes droites se réalise à l'aide de la fonction imageline(), dont la syntaxe est la suivante :

```
int imageline (resource $idimg, int x1, int y1, int x2, int y2, int $couleur)
```

Les couples (x1,y1) et (x2,y2) sont respectivement les coordonnées de l'origine et de l'extrémité du segment.

Par défaut, l'épaisseur des lignes est de un pixel, mais vous pouvez modifier cette valeur en utilisant la fonction suivante :

```
bool imagesetthickness (resource $idimg, int N)
```

dans laquelle N définit la largeur de trait en pixel.

L'exemple 10-3 définit une largeur de trait de deux pixels (repère ❶) puis réalise une série de lignes dont l'origine est commune — le point de coordonnées (400,399) — et dont l'extrémité est une variable de coordonnées ($x,0). La variable $x est incrémentée de 10 unités dans la boucle for (repère ❷). Le tracé des lignes est effectué avec la couleur noire (repère ❸).

Vous obtenez une sorte d'éventail, comme l'illustre la figure 10-2.

☞ **Exemple 10-3. Tracé de lignes**

```
<?php
header ("Content-type: image/png");
$idimg=imagecreate(800,400);
$fond=imagecolorallocate($idimg,255,255,51);
$noir=imagecolorallocate($idimg,0,0,0);
//Définition de l'épaisseur de trait de 2 pixels
imagesetthickness($idimg,2) ; ← ❶
//Tracé des droites
for($x=0;$x<800;$x+=10) ← ❷
{
   imageline($idimg,400,399,$x,0,$noir); ← ❸
}
imagepng($idimg,"rayons.png");
imagepng($idimg);
imagedestroy($idimg);
?>
```

Figure 10-2

Tracé de lignes droites

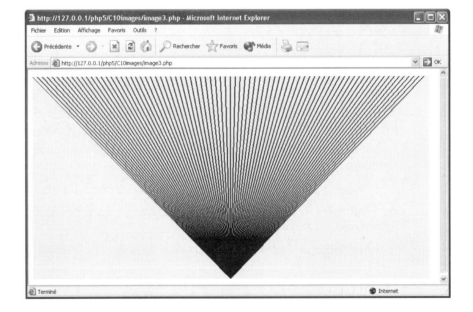

Tracé de rectangles et de carrés

Pour tracer des rectangles et des carrés, vous disposez de la fonction suivante :

```
int imagerectangle (resource $idimg, int x1, int y1, int x2, int y2, int $couleur)
```

qui trace un rectangle ayant pour sommet supérieur gauche le point (x1,y1) et pour sommet inférieur droit le point (x2,y2). Le tracé est réalisé avec la couleur précisée par le paramètre $couleur.

Pour tracer des rectangles pleins avec une couleur donnée, vous disposez de la fonction suivante, à la syntaxe identique :

```
int imagefilledrectangle (resource $idimg, int x1, int y1, int x2, int y2, int
➥$couleur)
```

L'exemple 10-4 effectue le tracé de rectangles imbriqués à l'aide d'une boucle for (repère ❶) puis d'un rectangle plein de couleur rouge (repère ❷). Comme les précédents, il enregistre l'image sur le serveur (repère ❸) puis l'envoie au navigateur (repère ❹).

Exemple 10-4. Tracé de rectangles

```
<?php
header ("Content-type: image/png");
$idimg=imagecreate(800,400);
$fond=imagecolorallocate($idimg,255,255,51);
$rouge=imagecolorallocate($idimg,255,0,0);
//Définition de l'épaisseur de trait de 3 pixels
imagesetthickness($idimg,3);
//Tracé des rectangles
for($i=3;$i<100;$i+=20)
{
   imagerectangle($idimg,$i,$i,800-$i,400-$i,$rouge); ← ❶
}
//Tracé d'un rectangle plein
imagefilledrectangle($idimg,100,100,700,300,$rouge); ← ❷
imagepng($idimg,"rectangles.png"); ← ❸
imagepng($idimg); ← ❹
imagedestroy($idimg);
?>
```

La figure 10-3 permet d'apprécier le résultat affiché.

Figure 10-3
Tracé de rectangles

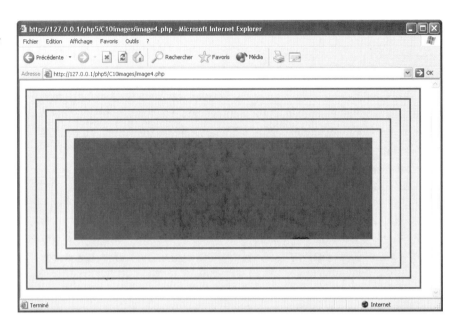

Tracé de polygones

La fonction suivante permet de tracer des polygones avec un nombre quelconque de côtés :

```
int imagepolygon (resource $idimg, array $tab, int N, int $couleur)
```

Contrairement au tracé des rectangles, vous n'énumérez pas les coordonnées des sommets. Celles-ci sont passées sous la forme d'un tableau $tab, dont les éléments sont une suite d'abscisses et d'ordonnées. Assurez-vous qu'il y ait un nombre pair de coordonnées. Le paramètre N indique le nombre de sommets, ce qui permet de refermer la figure.

La variante suivante, dont la syntaxe est identique, permet de tracer des polygones pleins :

```
int imagefilledpolygon (resource $idimg, array $tab, int N, int $couleur)
```

L'exemple 10-5 définit un tableau de huit éléments représentant les coordonnées de quatre sommets (repère ❶) puis trace le quadrilatère correspondant (repère ❷). Les coordonnées peuvent être passées en définissant le tableau directement comme second paramètre de la fonction (repère ❸), ici pour tracer un triangle.

☛ **Exemple 10-5. Tracé de polygones**

```
<?php
header ("Content-type: image/png");
$idimg=imagecreate(800,400);
$fond=imagecolorallocate($idimg,255,255,51);
$noir=imagecolorallocate($idimg,0,0,0);
```

```
$blanc=imagecolorallocate($idimg,255,255,255);
//Définition de l'épaisseur de trait de 3 pixels
imagesetthickness($idimg,3);
//Coordonnées du quadrilatère
$tab=array (100,50,500,100,750,300,50,350); ← ❶
//Tracé du quadrilatère
imagepolygon($idimg,$tab,4,$noir); ← ❷
//Tracé du triangle
imagefilledpolygon($idimg,array(150,80,500,150,250,310),3,$blanc); ← ❸
imagepng($idimg,"polygon.png");
imagepng($idimg);
imagedestroy($idimg);
?>
```

Le résultat affiché est illustré à la figure 10-4.

Figure 10-4
Tracé de polygones

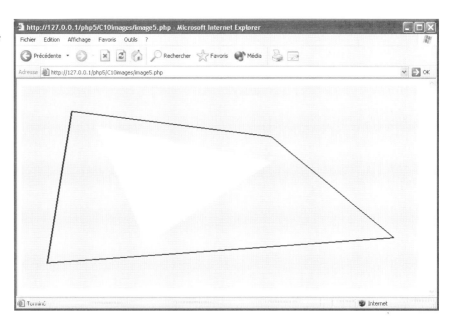

Tracé d'arcs, de cercles et d'ellipses

Pour tracer des arcs de cercle ou des ellipses, vous disposez de la fonction imagearc(), dont la syntaxe est la suivante :

```
int imagearc (resource $idimg, int Xc, int Yc, int Larg, int Haut, int Ang1, int Ang2,
➥int $couleur)
```

Les paramètres Xc et Yc sont les coordonnées du centre. Larg et Haut représentent la largeur et la hauteur (égaux pour un cercle). Ang1 et Ang2 sont des angles en degrés, qui permettent d'indiquer la portion de cercle ou d'ellipse qui sera représentée. L'origine des angles est la position horaire 3 heures, et le sens positif est horaire.

Pour créer des secteurs circulaires ou elliptiques pleins, vous utilisez la fonction image filledarc(), dont la syntaxe est quasiment identique :

```
bool imagefilledarc ( resource $idimg, int Xc, int Yc, int Larg, int Haut, int Ang1,
↪int Ang2, int $couleur, int style)
```

Le paramètre supplémentaire style est une constante entière, qui peut prendre les valeurs suivantes :

- IMG_ARC_PIE : le secteur est plein, et les rayons sont tracés. Vous obtenez un camembert.
- IMG_ARC_NOFILL : seul le contour est tracé sans les rayons. Dans ce cas, vous utilisez de préférence imagearc().
- IMG_ARC_CHORD : les rayons et la corde qui relie les extrémités de l'arc sont tracés, et le complément du secteur tracé est rempli. Vous obtenez un triangle dont vous connaissez un angle.

Pour tracer des cercles ou des ellipses complets, il est plus simple d'utiliser la fonction suivante :

```
int imageellipse (resource $idimg, int Xc, int Yc, int Larg, int Haut, int $couleur)
```

dont la syntaxe est similaire à imagearc().

Pour effectuer le même tracé plein, vous disposez aussi de la variante suivante :

```
bool imagefilledellipse (resource $idimg, int Xc, int Yc, int Larg, int Haut,$couleur)
```

L'exemple 10-6 utilise ces fonctions pour tracer successivement deux cercles concentriques (repère ❶), un secteur elliptique plein (repère ❷), une ellipse (repère ❸) et une ellipse pleine (repère ❹).

☞ **Exemple 10-6. Tracé d'arcs et d'ellipses**

```php
<?php
header ("Content-type: image/png");
$idimg=imagecreate(800,400);
$fond=imagecolorallocate($idimg,255,255,51);
$noir=imagecolorallocate($idimg,0,0,0);
$rouge=imagecolorallocate($idimg,255,0,0);
//Tracé d'arcs
imagearc($idimg,200,100,180,180,180,360,$noir); ← ❶
imagearc($idimg,200,100,140,140,180,360,$noir);
imagefilledarc($idimg,500,200,480,300,0,290,$rouge,IMG_ARC_PIE); ← ❷
//Tracé d'ellipses
imageellipse ($idimg,200,150,100,50,$noir); ← ❸
imagefilledellipse ($idimg,120,300,200,80,$rouge); ← ❹
imagepng($idimg,"cercle.png");
imagepng($idimg);
imagedestroy($idimg);
?>
```

La figure 10-5 illustre les résultats obtenus.

Figure 10-5
Tracé de cercles et d'ellipses

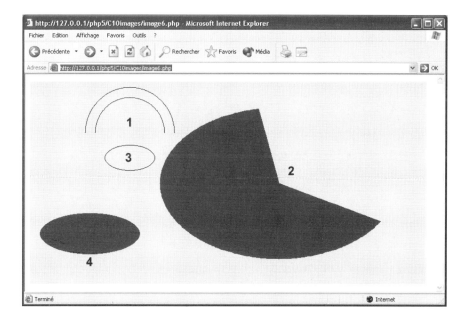

Remplissage de surfaces

Vous avez vu comment créer des surfaces pleines quand il s'agit de rectangles, de polygones ou de cercles. Quand il s'agit de remplir des formes quelconques limitées par un contour fermé avec une couleur précise, utilisez la fonction suivante :

```
int imagefill (resource $idimg, int x, int y, int $couleur)
```

Les coordonnées (x,y) passées en paramètre sont celles d'un point quelconque de l'intérieur de la surface à remplir.

Vous avez également la possibilité de remplir une surface à l'aide d'un motif constitué d'une image existante, qui se répète autant de fois que nécessaire. Cette fonction est très utile pour réaliser une image de fond dans un document HTML.

Commencez par charger l'image du motif, et récupérez son identifiant dans une variable, comme ci-dessous :

```
$idmotif=imagecreatefromgif("php5_logo.gif");
```

Utilisez ensuite la fonction suivante :

```
int imagesettile ( resource $idimg, resource $idmotif)
```

qui définit l'image identifiée par $idmotif comme motif de remplissage. La valeur retournée par cette fonction est du même type qu'un identifiant de couleur. Pour utiliser ce motif de remplissage, passez à la place du nom de la couleur le paramètre IMG_COLOR_TILED, qui est une constante.

Par exemple, vous écrivez le code suivant pour créer un rectangle rempli avec le motif choisi :

```
imagefilledrectangle($idimg,100,300,200,390,IMG_COLOR_TILED);
```

L'exemple 10-7 met en œuvre ces fonctions de remplissage. Le tracé de deux arcs de cercle (repères ❶ et ❷) crée une surface qui est remplie en noir (repère ❸). Vous chargez ensuite l'image GIF du logo PHP 5 identifiée par la variable $idlogo (repère ❹). Cette image permet de définir le motif de remplissage au moyen de la fonction imagesettile() (repère ❺). Le passage de l'argument IMG_COLOR_TILED à la fonction imagefilledarc() permet de remplir la surface créée avec l'image du logo (repère ❻).

☞ **Exemple 10-7. Remplissage de surfaces**

```
<?php
header ("Content-type: image/png");
$idimg=imagecreate(800,400);
$fond=imagecolorallocate($idimg,255,255,51);
$noir=imagecolorallocate($idimg,0,0,0);
//Tracé d'arcs
imagearc($idimg,50,200,180,180,270,90,$noir); ← ❶
imagearc($idimg,150,200,180,180,90,270,$noir); ← ❷
//Remplissage en noir de la zone
imagefill($idimg,100,200,$noir); ← ❸
//Tracé de camembert rempli avec une image
$idlogo=imagecreatefromgif("php5_logo.gif"); ← ❹
$motif=imagesettile($idimg,$idlogo); ← ❺
imagefilledarc($idimg,500,200,480,300,30,290,IMG_COLOR_TILED,IMG_ARC_PIE); ← ❻
imagepng($idimg,"remplissage.png");
imagepng($idimg);
imagedestroy($idimg);
?>
```

La figure 10-6 illustre le résultat de ce script.

Figure 10-6

Remplissage de surfaces

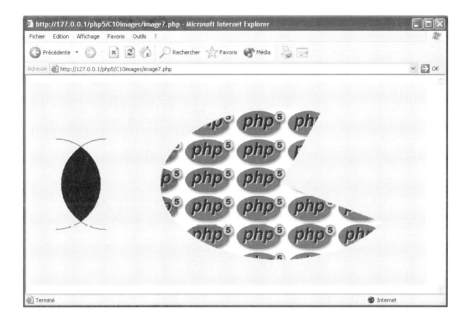

Écriture de texte

Les tracés géométriques que vous venez de voir peuvent être utilement complétés par des légendes. L'extension GD offre la possibilité d'utiliser des polices ordinaires incorporées, ainsi que des polices TrueType. Ces dernières nécessitent la présence des fichiers correspondants, avec l'extension **.ttf,** sur le serveur.

La fonction imagestring() permet d'utiliser les polices de PHP. Sa syntaxe est la suivante :

```
int imagestring (resource $idimg, int taille, int x, int y, string $ch, int $couleur)
```

La fonction affiche dans l'image le texte de la chaîne $ch à la position (x,y) et avec la couleur précisée. Le paramètre taille définit le corps de la police utilisée, de 1 à 5.

Pour afficher du texte verticalement de bas en haut, utilisez la fonction :

```
int imagestringup (resource $idimg, int taille, int x, int y, string $ch, int $couleur)
```

dont la syntaxe est identique.

L'éventail de polices disponibles dans l'extension GD est très limité. Pour afficher des caractères dans des tailles ou des polices plus variées, il est préférable d'utiliser des polices TrueType à l'aide de la fonction suivante :

```
array imagettftext (resource $idimg, int taille, int angle, int x, int y, int
↪$couleur, string nom_police, string $ch)
```

Cette fonction vous permet de choisir la taille et l'angle d'inclinaison du texte. Le nom du fichier de la police doit être passé en paramètre dans une chaîne en y incluant son extension **.ttf.**

Pour utiliser des polices FreeType 2, choisissez la fonction suivante, dont la syntaxe est identique :

```
array imagefttext( resource $idimg, int taille, int angle, int x, int y, int $couleur,
↪string nom_police, string $ch)
```

> **Transferts côté serveur**
>
> La configuration PHP du serveur doit évidemment accepter de traiter les polices TrueType. Pour le vérifier, il vous suffit d'afficher les informations fournies par la fonction phpinfo(). Il vous faut de plus obligatoirement transférer le fichier **.ttf** sur le serveur.

L'exemple 10-8 réalise l'affichage de texte dans une image en utilisant tout d'abord les cinq tailles de police PHP (repères ❶ à ❺) puis en traçant un texte verticalement (repère ❻) et enfin au moyen de polices TrueType horizontales (repères ❼ et ❽) ou inclinées (repère ❾). La figure 10-7 illustre le résultat obtenu. La pauvreté des polices PHP est évidente en comparaison des polices TrueType.

☞ **Exemple 10-8. Création de texte dans une image**

```php
<?php
header ("Content-type: image/png");
$idimg=imagecreate(800,400);
$fond=imagecolorallocate($idimg,255,255,51);
$noir=imagecolorallocate($idimg,0,0,0);
$orange=imagecolorallocate($idimg,255,128,0);
imagefilledrectangle($idimg,50,100,220,390,$orange);
//Texte avec les polices PHP
imagestring($idimg,5,55,100,"RECTANGLE ORANGE",$noir);←❶
imagestring($idimg,4,55,120,"RECTANGLE ORANGE",$noir);←❷
imagestring($idimg,3,55,140,"RECTANGLE ORANGE",$noir);←❸
imagestring($idimg,2,55,160,"RECTANGLE ORANGE",$noir);←❹
imagestring($idimg,1,55,180,"RECTANGLE ORANGE",$noir);←❺
imagestringup($idimg,5,195,300,"RECTANGLE ORANGE",$noir);←❻
//Texte avec des polices TrueType
imagettftext ($idimg, 30,0,300,100,$noir, "Elephnti.ttf", " PHP 5  et  MySQL" );←❼
imagettftext ($idimg,35,0,300,240,$noir, "Elephnt.ttf", " EYROLLES" );←❽
imagettftext ($idimg, 30,10,300,200,$noir, "Elephnti.ttf", " Engels" );←❾
imagepng($idimg);
imagedestroy($idimg);
?>
```

Figure 10-7
Écriture de texte dans une image

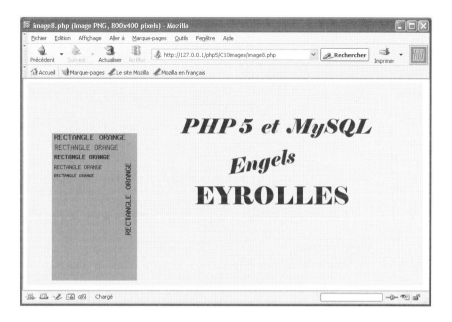

Utilisation pratique

L'exemple 10-9 illustre une fonction complète de création d'image à l'aide de la bibliothèque GD. La fonction crée dynamiquement un histogramme à partir de données externes. Celles-ci peuvent provenir d'une base de données ou d'un fichier XML.

La fonction possède les caractéristiques suivantes, qui la rendent utilisable dans de multiples cas :

- Les dimensions de l'image sont paramétrables par le biais de ($x,$y) (repère ❶). L'image est créée en fonction de ces valeurs (repère ❷).

- Les données pour la hauteur des rectangles de l'histogramme sont en nombre variable. Elles sont passées à la fonction sous forme de tableau ($donn, repère ❶).

- Chaque rectangle de l'histogramme comporte une légende particulière. L'ensemble de ces légendes est passé sous forme de tableau ($texte, repère ❶).

- L'ensemble de l'histogramme occupe la largeur de l'image moins 20 pixels et 80 p. 100 de la hauteur totale (repère ❺). En fonction du nombre d'éléments du tableau $donn, vous calculez le nombre de colonnes (repère ❸) et la largeur de chacune d'elles (repère ❻).

- Une boucle for effectue le calcul des coordonnées des rectangles en fonction des données et du coefficient de mise à l'échelle (repère ❼). Une seconde boucle trace les rectangles en noir, les remplit en jaune et écrit le libellé de chaque colonne (repère ❽).

- L'histogramme a un titre général ($titre, repère ❶), qui est écrit avec une police TrueType (repère ❾).
- La fonction n'envoie pas l'image créée directement au navigateur, à la différence des exemples précédents, mais enregistre un fichier image sous le nom histo.png (repère ❿). Celui-ci est utilisable dans une page HTML contenant l'élément <img>.

☞ **Exemple 10-9. Fonction de création d'un histogramme dynamique**

```php
<?php
function histo($x,$y,$donn,$texte,$titre) ← ❶
{
  $image=imagecreate($x,$y); ← ❷
  //la première couleur déclarée est la couleur de fond
  $ocre=imagecolorallocate($image,195,155,125);
  $blanc=imagecolorallocate($image,255,255,255);
  $bleu =imagecolorallocate($image,50,0,255);
  $noir =imagecolorallocate($image,0,0,0);
  $jaune=imagecolorallocate($image,255,255,00);
  $nbcol=count($donn); ← ❸
  $maxi=0;
  //Recherche de la valeur maxi
  for($i=0;$i<$nbcol;$i++)
  {
    $maxi = max($maxi,$donn[$i]); ← ❹
  }
  //coefficient d'échelle
  $coeff = ($y*0.8)/ $maxi; ← ❺
  $X0 = 10;
  $Y0 = $y-50;
  $larg = ($x-20)/$nbcol; ← ❻
  //coordonnées des sommets des rectangles
  for($i=0;$i<$nbcol;$i++) ← ❼
  {
    $tabX[$i] = $X0 + $larg*$i;
    $tabY[$i] = $Y0 - $coeff*$donn[$i];
  }
  //tracé des rectangles
  for($i=0;$i<$nbcol;$i++) ← ❽
  {
    //tracés des rectangles en noir
    imagerectangle($image,$tabX[$i],$tabY[$i],$tabX[$i]+$larg,$Y0,$noir);
    //remplissage des rectangles en jaune
    imagefill($image,$tabX[$i]+5,$Y0-5,$jaune);
    //Ecriture des données au dessus des rectangles
    imagettftext($image,15,0,$tabX[$i]+20,$tabY[$i]-5,$noir, "vivaldii.ttf",$donn[$i]);
    //Ecriture des jours en bas des rectangles
```

Les images dynamiques

CHAPITRE 10

```
        imagettftext($image,15,0,$tabX[$i]+20,$y-55,$bleu, "elephnti.ttf",$texte[$i]);
    }
    //Ecriture du titre de l'histogramme en bas
    imagettftext($image,20,0,200,$y-23, $blanc, "elephnti.ttf", $titre); ← ❾
    //enregistre l'image
    imagepng($image,"histo.png"); ← ❿
    //Libère la mémoire
    imagedestroy($image);
}
?>
```

L'exemple 10-10 utilise cette fonction pour créer une page HTML incluant un script PHP qui incorpore le code image9.php de la fonction histo() (repère ❶) puis définit le tableau de données et les légendes contenues dans les variables $donn, $texte et $titre (repères ❷, ❸ et ❹). L'appel de la fonction histo() avec ces paramètres crée l'image histo.png (repère ❺). Celle-ci est appelée dans l'attribut scr de l'élément <img> du document HTML (repère ❻).

☞ **Exemple 10-10. Utilisation de la fonction**

```
<!DOCTYPE HTML PUBLIC "-//W3C//DTD HTML 4.0//EN"
"http://www.w3.org/TR/REC-html40/strict.dtd">
<html>
<head>
<title> Histogramme dynamique </title>
</head>
<body>
<h2>Résultats des ventes de la semaine</h2>
<?php
//Utilisation de la fonction
include("image9.php"); ← ❶
$donn= array(850,2500,4050,1730,1070,2590,2150); ← ❷
$texte = array("Lun","Mar","Mer","Jeu","Ven","Sam","Dim"); ← ❸
$titre = "Ventes hebdomadaires PHP 5"; ← ❹
histo(700,450,$donn,$texte,$titre); ← ❺
?>
<img src="histo.png" alt="Ventes hebdomadaires"> ← ❻
</body>
</html>
```

La figure 10-8 illustre l'histogramme créé par la fonction histo() avec les données de l'exemple 10-10.

Figure 10-8

Histogramme des ventes

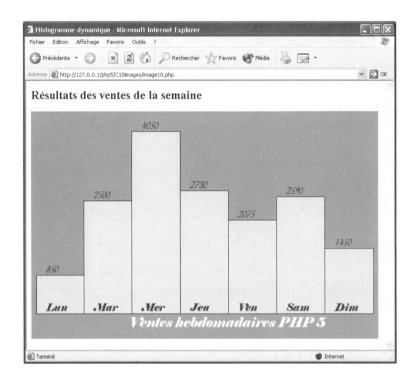

Mémo des fonctions

```
array gd_info (void )
```
Retourne les informations concernant la version GD du serveur.

```
array getimagesize ( string nom_image)
```
Retourne des informations sur l'image.

```
int imagearc (resource $idimg, int Xc, int Yc, int Larg, int Haut, int Ang1, int Ang2, int
➥$couleur)
```
Crée un arc de cercle ou une ellipse de centre (Xc,Yc).

```
int imagecolorallocate ( resource $idimg, int R, int G, int B)
```
Crée une couleur RGB et retourne un identifiant.

```
int imagecolorat ( resource $idimg, int X, int Y)
```
Retourne l'identifiant de la couleur du pixel situé en (X,Y). Pour une image TrueColor, retourne le code de couleur RGB.

```
int imagecolordeallocate ( resource $idimg, int $couleur)
```
Supprime la couleur dont l'identifiant est $couleur.

```
bool imagecolorset ( resource $idimg, int $couleur, int R, int G, int B)
```
Modifie la couleur dont l'identifiant est donné et retourne TRUE.

```
array imagecolorsforindex ( resource $idimg, int $couleur)
```
Retourne les valeurs RGB de la couleur précisée dans un tableau.

```
int imagecolorstotal ( resource $idimg)
```
Retourne le nombre de couleurs de l'image.

```
int imagecolortransparent ( resource $idimg, int $couleur)
```
Définit la couleur de transparence.

```
int imagecopy (resource $idimg2, resource $idimg1, int x2, int y2, int x1, int y1, int larg1,
➥int haut1)
```
Copie la partie de l'image 1 commençant au point (x1,y1), de largeur larg1 et de hauteur haut1, dans l'image 2 au point (x2,y2).

```
int imagecopy (resource $idimg2, resource $idimg1, int x2, int y2, int x1, int y1, int larg1,
➥int haut1,int transp)
```
Identique à la précédente mais en fusionnant les deux images en fonction de la transparence affectée à l'image 2 (de 0 à 100).

```
resource imagecreate (int larg, int haut)
```
Crée une nouvelle image vide de dimensions larg × haut pixels.

```
resource imagecreatefromgif (string nom_image)
```
Ouvre une image GIF. Le paramètre peut être une URL.

```
resource imagecreatefromjpeg (string nom_image)
```
Ouvre une image JPEG. Le paramètre peut être une URL.

```
resource imagecreatefrompng (string nom_image)
```
Ouvre une image PNG. Le paramètre peut être une URL.

```
resource imagecreatefromwbmp (string nom_image)
```
Ouvre une image WBMP. Le paramètre peut être une URL.

```
resource imagecreatetruecolor(int larg, int haut)
```
Crée une nouvelle image TrueColor vide de dimensions larg × haut pixels.

```
int imagedestroy (resource $idimg)
```
Libère la mémoire occupée par l'image identifiée par $idimg.

```
int imageellipse (resource $idimg, int Xc, int Yc, int Larg, int Haut,int $couleur)
```
Crée une ellipse ou un cercle de centre (Xc,Yc).

```
int imagefill ( resource $idimg, int X, int Y, int $couleur)
```
Remplit la zone contenant le point (X,Y) avec la couleur donnée.

```
bool imagefilledarc ( resource $idimg, int Xc, int Yc, int Larg, int Haut, int Ang1,
➥int Ang2, int $couleur, int style)
```
Trace un secteur circulaire de centre (Xc,Yc) rempli avec la couleur donnée.

```
bool imagefilledellipse (resource $idimg, int Xc, int Yc, int Larg, int Haut,$couleur)
```
Trace une ellipse de centre (Xc,Yc) remplie avec la couleur donnée.

```
int imagefilledpolygon (resource $idimg, array $tab, int N, int $couleur)
```
Trace un polygone à *N* côtés dont les coordonnées des sommets sont listés dans le tableau `$tab` et le remplit avec la couleur donnée.

```
int imagefilledrectangle (resource $idimg, int x1, int y1, int x2, int y2, int $couleur)
```
Trace un rectangle rempli avec la couleur donnée.

```
int imagefontheight ( int $idfont)
```
Retourne la hauteur de la fonte en pixel.

```
int imagefontwidth ( int $idfont)
```
Retourne la largeur de la fonte en pixel.

```
array imagefttext (resource $idimg, int taille, int angle, int x, int y, int $couleur, string
➥nom_police, string $ch)
```
Affiche un texte en utilisant une police FreeType 2.

```
int imagegd2 (resource $idimg [, string nom_fichier])
```
Envoie l'image GD2 vers le navigateur ou dans un fichier sur le serveur.

```
int imagegif ( resource $idimg [, string nom_fichier])
```
Envoie l'image GIF vers le navigateur ou dans un fichier sur le serveur.

```
int imageinterlace (resource $idimg [, int N])
```
Définit l'entrelacement de l'image si *N* vaut 1. Retourne l'état d'entrelacement.

```
bool imageistruecolor (resource $idimg)
```
Retourne TRUE si l'image est en TrueColor.

```
int imagejpeg ( resource $idimg [, string nom_fichier [, int N]])
```
Envoie l'image JPEG vers le navigateur ou dans un fichier sur le serveur. N est le facteur de qualité de 0 à 100 (75 par défaut).

```
int imageline ( resource $idimg, int X1, int Y1, int X2, int Y2, int $couleur)
```
Trace un segment entre les points (X1,Y1) et (X2,Y2) avec la couleur donnée.

```
int imagepng ( resource $idimg [, string nom_fichier])
```
Envoie l'image PNG vers le navigateur ou dans un fichier sur le serveur.

```
int imagepolygon (resource $idimg, array $tab, int N, int $couleur)
```
Trace un polygone à *N* côtés dont les coordonnées des sommets sont listés dans le tableau `$tab`.

```
int imagefilledrectangle (resource $idimg, int X1, int Y1, int X2, int Y2, int $couleur)
```
Trace un rectangle.

```
int imagesetpixel (resource $idimg, int X, int Y, int $couleur)
```
Trace un pixel au point (X,Y) de la couleur donnée.

```
bool imagesetthickness (resource $idimg, int N)
```
Définit la largeur de trait des tracés des figures géométriques.

```
int imagesettile (resource $idimg1, resource $idimg2)
```
Définit l'image `$idimg2` comme motif de remplissage de `$idimg1`. Les fonctions de remplissage doivent utiliser la constante `IMG_COLOR_TILED` comme couleur.

```
int imagestring (resource $idimg, int font, int x, int y, string s, int $couleur)
```
Écrit la chaîne $ch avec la taille font dans l'image $idimg à la position (x,y).

```
int imagestringup (resource $idimg, int font, int x, int y, string s, int $couleur)
```
Identique à imagestring() mais avec le texte écrit verticalement.

```
int imagesx (resource $idimg)
```
Retourne la largeur de l'image en pixel.

```
int imagesy (resource $idimg)
```
Retourne la hauteur de l'image en pixel.

```
array imagettftext (resource $idimg, int taille, int angle, int x, int y, int $couleur,
↪string nom_police, string $ch)
```
Affiche un texte en utilisant une police TrueType.

```
int imagetypes (void )
```
Retourne les types d'image supportés par la bibliothèque GD. Les valeurs sont 1 pour GIF, 2 pour JPG, 4 pour PNG et 8 pour WBMP. Les valeurs se cumulent (exemple 5 pour GIF et PNG).

```
int imagewbmp (resource $idimg [, string nom_fichier, int $couleur]])
```
Envoie l'image WBMP vers le navigateur ou dans un fichier sur le serveur. Le dernier paramètre donne la couleur de fond.

Exercices

Exercice 1
Créez une image de 500 × 300 pixels avec une couleur de fond rouge. Écrivez un texte de bienvenue en blanc avec une police PHP.

Exercice 2
Créez une image de 400 × 200 pixels avec un fond transparent. Dessinez une suite de rectangles emboîtés de couleurs différentes.

Exercice 3
Créez une image de 800 × 600 pixels avec une couleur de fond verte. Tracez un trapèze isocèle rempli de jaune, et écrivez le mot « trapèze » au centre.

Exercice 4
Créez une image de 601 × 601 pixels avec un fond transparent. Déterminez le centre O de l'image, et tracez des cercles concentriques centrés en O avec des rayons variant de 30 pixels jusqu'au bord de l'image. Attribuez à chaque cercle une couleur différente.

Exercice 5
Créez une image à partir d'un fichier JPEG existant sur votre poste. Écrivez une légende de votre choix, d'abord en noir puis dans une autre couleur, en la décalant de 1 pixel en X et en Y afin de créer un effet d'ombre.

Exercice 6

Créez une image de 1 024 × 768 pixels. Tracez la fonction f(x)=x2, avec x compris entre − 50 et + 50, et tracez les axes. Le tracé doit occuper la plus grande surface possible de l'image.

11

Les fichiers

Vous avez vu au chapitre 6 que les formulaires étaient l'outil privilégié pour recueillir les informations en provenance des visiteurs du site et que ces informations étaient récupérées dans des variables créées côté serveur. Le problème avec ces données est qu'elles sont volatiles. Sitôt le script terminé, elles sont perdues. Quand elles présentent un intérêt qui va au-delà de la simple connexion en cours, il faut envisager les moyens de les réutiliser plus tard.

La solution la plus simple à ce problème consiste à enregistrer les données sur le serveur dans un fichier, généralement de type texte. Ce type de stockage est principalement utilisé pour des quantités de données de taille modeste et quand il n'est pas nécessaire d'effectuer par la suite des recherches complexes parmi elles. Dans le cas contraire, il faut avoir recours à une base de données spécialisée, comme MySQL ou SQLite, qui permet d'effectuer des recherches « pointues ».

L'utilisation des bases de données étant relativement complexe et lourde pour les débutants, il ne faut pas négliger le stockage de données dans des fichiers pour les cas simples. Vous vous intéresserez surtout dans ce chapitre aux fichiers au format texte brut, à l'extension **.txt.** Les méthodes présentées s'appliquent néanmoins aux autres types de fichiers. Le chapitre 17 est consacré à la façon de lire les fichiers XML, pour lesquels PHP fournit désormais une extension spécialisée, et aux échanges réciproques de données qu'il est possible de réaliser entre une base de données comme MySQL et un fichier au format XML.

Le présent chapitre détaille les techniques suivantes :

- ouverture d'un fichier existant ou création d'un nouveau fichier puis sa fermeture ;
- écriture dans le fichier ;

- formatage des données ;
- lecture des données ;
- recueil d'informations sur les fichiers ;
- modification des fichiers.

Création, ouverture et fermeture d'un fichier

Il peut être utile dans certaines circonstances de créer un fichier vide de tout contenu mais ayant une existence physique sur le serveur. Si vous envisagez d'écrire des données correspondant à plusieurs connexions différentes dans un même fichier, par exemple, il vous faut commencer par créer un fichier vide, non sans contrôler qu'il n'existe pas encore. Vous y ajoutez ensuite les données en provenance de l'utilisateur.

Pour faire cela, vous pouvez détourner la fonction touch() de sa vocation initiale, qui est de définir la date de la dernière modification d'un fichier. Si le fichier n'existe pas, cette fonction le crée et lui affecte la date passée en deuxième argument sous la forme d'un timestamp UNIX comme date de dernière modification.

La syntaxe générale de la fonction touch() est la suivante :

```
boolean touch(string "nom_fichier"[,integer timestamp])
```

Le nom du fichier vient en premier paramètre, et le timestamp de la date de création en second.

En écrivant, par exemple :

```
if(!file_exists("monfich.txt"))
{
touch("monfich.txt",time());
 }
```

vous créez le fichier monfich.txt s'il n'existe pas encore, avec pour date de dernière modification l'instant en cours donné par la fonction time(). Le fichier est vide mais est disponible en écriture, comme vous le verrez à la section suivante.

La fonction file_exists() utilisée dans cet exemple retourne TRUE si le fichier existe déjà et FALSE dans le cas contraire.

Ouverture du fichier

Avant de réaliser des opérations de lecture ou d'écriture sur un fichier, vous devez l'ouvrir explicitement. Vous disposez pour cela de la fonction fopen(), qui nécessite plusieurs paramètres. Le choix de ces paramètres conditionne le mode d'accès au fichier et ce que vous allez pouvoir en faire, à savoir le lire uniquement, y écrire uniquement ou le lire et y écrire dans le même script.

La syntaxe de la fonction `fopen()` est la suivante :

```
resource fopen(string $nom, string mode, [boolean path])
```

La section suivante examine le rôle de ces différents paramètres.

Paramètres de la fonction *fopen()*

Le premier paramètre de la fonction `fopen()` est une chaîne de caractères indiquant le nom du fichier que vous souhaitez utiliser. Ce nom peut être sous une forme réduite (le nom du fichier seul) ou développée (le nom du fichier et son chemin d'accès complet).

L'adresse du fichier peut être un chemin relatif du type :

```
"../../repertoire/monfichier.txt"
```

ou une URL absolue de la forme :

```
"http://www.monsite.net/repertoire/monfichier.txt"
```

ou :

```
"ftp://ftp.monsite.com/monfichier.txt".
```

Si vous n'indiquez que le nom du fichier, ce dernier doit se trouver dans le même répertoire que le script qui l'ouvre.

Le deuxième paramètre détermine le mode d'accès au fichier. Ce mode est codé dans une chaîne et peut prendre les valeurs suivantes :

- `"r"` : le fichier est ouvert en lecture seule, et la lecture commence au début du fichier.
- `"r+"` : le fichier est ouvert en lecture et en écriture, et ces opérations commencent au début du fichier
- `"w"` : le fichier est ouvert en écriture seule, et l'écriture commence au début du fichier.
- `"w+"` : le fichier est ouvert en lecture et en écriture, et ces opérations commencent au début du fichier

> **Effacement**
> Pour les modes `"w"` et `"w+"`, si le fichier n'existe pas il est créé automatiquement. S'il existe, son contenu antérieur est effacé. Il faut donc prendre des précautions avant d'utiliser ce mode d'accès.

- `"a"` : le fichier est ouvert en écriture seule, et les données sont écrites en fin de fichier, à la suite de celles qui existent déjà ou au début s'il est vide. Si le fichier n'existe pas, il est créé.
- `"a+"` : le fichier est ouvert en lecture et en écriture, et les données sont écrites en fin de fichier, à la suite de celles qui existent déjà. La lecture s'effectue à partir du début du fichier. Si le fichier n'existe pas, il est créé.

Le troisième paramètre est un booléen. S'il vaut TRUE (ou 1), la recherche du fichier est étendue à tous les sous-répertoires du chemin indiqué dans le premier paramètre. S'il vaut FALSE, la recherche est limitée à l'emplacement indiqué.

Identifiant de fichier

Depuis PHP 4, la fonction fopen() retourne un identifiant de fichier de type resource (il était de type integer dans PHP 3), qui doit être utilisé comme premier paramètre de la plupart des fonctions de manipulation des fichiers. Vous devez donc impérativement récupérer cette valeur dans une variable pour pouvoir l'utiliser dans les autres opérations d'accès au même fichier. Nous noterons systématiquement cette variable $id_file.

En affichant la valeur de cet identifiant, vous constatez qu'il est de la forme Resource id#n, dans laquelle n est un entier incrémenté de 1 à chaque ouverture de fichier par le même script (la première valeur est toujours 1). Cet affichage n'a pour but que de satisfaire une curiosité car il ne sera jamais effectué dans un script. En cas d'échec de l'ouverture du fichier, la fonction retourne la valeur FALSE, ce qui peut permettre l'affichage d'un message d'erreur.

Pour ouvrir en écriture seule un fichier existant dans le même dossier que le script en cours et récupérer son identifiant, vous écrivez, par exemple :

```
$id_file = fopen("monfichier.txt","a");
if(!$id_file) echo "Erreur d'accès au fichier";
```

Rien n'empêche d'ouvrir plusieurs fichiers simultanément et de manipuler ainsi plusieurs identifiants. Vous pouvez ensuite fermer un fichier sans fermer les autres.

Fichier temporaire

Vous pouvez aussi créer un fichier temporaire sur le serveur à l'aide de la fonction :

```
resource tmpfile()
```

qui retourne également un identifiant de fichier.

Ce fichier est utilisé pour stocker des informations qui ne seront conservées que pendant la durée de la session ouverte par un client ou jusqu'à ce que le fichier soit explicitement fermé au moyen de la fonction fclose().

Fermeture du fichier

Après avoir ouvert un fichier pour y effectuer des opérations de lecture ou d'écriture, il vous faut impérativement le fermer pour éviter tous les problèmes qui pourraient résulter d'une tentative d'ouverture du même fichier de la part d'un autre script ou du même script ouvert par une autre connexion.

L'opération de fermeture est réalisée à l'aide de la fonction suivante :

```
boolean fclose($id_file)
```

Cette fonction prend comme unique paramètre l'identifiant de fichier $id_file retourné par la fonction fopen(). Elle retourne la valeur booléenne TRUE si l'opération de fermeture s'est bien effectuée, et FALSE dans le cas contraire. Vous pouvez donc réaliser un test systématique pour vérifier le bon déroulement de l'opération de fermeture.

Verrouillage des fichiers

Quand un script utilise une base de données telle que MySQL pour y stocker des informations, l'ampleur du trafic sur le site n'a pas une importance primordiale. Plusieurs utilisateurs peuvent accéder en même temps à la même table et y effectuer des opérations de lecture ou d'écriture. MySQL se charge de gérer les priorités des opérations entre les différentes connexions, évitant ainsi toute confusion. Il n'en va pas de même avec les fichiers, dont la structure est moins évoluée qu'une base de données.

Si plusieurs utilisateurs accèdent au même fichier à partir du même script ou de deux scripts différents et y effectuent simultanément des opérations de lecture ou d'écriture, le fichier risque de devenir inutilisable pour chacun d'eux.

Afin d'éviter la confusion qui pourrait en résulter, il est essentiel, avant d'écrire ou de lire un fichier, que les scripts qui y accèdent définissent une priorité d'accès au premier script effectuant une opération sur le fichier. Cela empêche les autres d'y accéder et d'y faire des modifications tant que le fichier n'est pas fermé.

Vous disposez pour cela de la fonction flock(), qui donne la possibilité de verrouiller le fichier en en bloquant partiellement ou complètement l'accès pour d'autres utilisateurs pendant qu'un script y accède.

La syntaxe de la fonction flock() est la suivante :

```
boolean flock(resource $id_file,int N)
```

Le premier paramètre est encore l'indispensable identificateur de fichier retourné par la fonction fopen(). Le second est une constante entière qui définit le mode de verrouillage du fichier :

- flock($id_file,LOCK_SH) bloque l'écriture dans le fichier mais laisse le libre accès en lecture à tous les utilisateurs. La constante LOCK_SH a la valeur 1.
- flock($id_file,LOCK_EX) bloque l'écriture et la lecture du fichier par un autre script. Le script en cours a donc l'exclusivité. Une tentative d'accès simultané retourne la valeur FALSE. La constante LOCK_ a la valeur 2.
- flock($id_file,LOCK_UN) libère le verrou installé précédemment. Vous ne devez surtout pas oublier d'effectuer cette action après les opérations réalisées sur le fichier, faute de quoi le blocage subsiste. La constante LOCK_UN a la valeur 3.

Si plusieurs scripts différents permettent d'accéder à un même fichier, ils doivent tous définir des verrous sur ce fichier. Il faut donc utiliser systématiquement cette fonction dans tous les scripts.

Si le verrouillage des fichiers présente l'avantage de la sécurité, il a aussi l'inconvénient d'interdire les accès simultanés et de ralentir l'accès aux fichiers. L'utilisation des fichiers est donc limitée aux sites qui ont un trafic limité.

Compte tenu des fonctions que vous venez de voir, le schéma général d'utilisation d'un fichier conduit à écrire systématiquement le code suivant :

```
$id_file = fopen("monfichier.txt","mode");
flock($id_file,LOCK_SH ou LOCK_EX);
//ou encore
//flock($id_file,1 ou 2);
//opérations de lecture et/ou d'écriture
flock($id_file(LOCK_UN);
//ou encore
//flock($id_file,3);
fclose($id_file)
```

Vous devez aussi ajouter les fonctions de lecture et d'écriture des fichiers.

Écriture dans un fichier

Une fois qu'un fichier est ouvert avec fopen(), vous pouvez procéder aux opérations d'écriture ou de lecture de son contenu.

Pour écrire dans un fichier avec l'un des modes définis dans la fonction fopen(), vous avez le choix entre plusieurs méthodes et donc entre plusieurs fonctions spécialisées de PHP. Le choix de ces fonctions s'effectue en fonction du type d'information à écrire.

Conserver une information

Les fonctions fwrite() et fputs(), alias l'une de l'autre, ont la syntaxe suivante :

```
integer fwrite(resource $id_file,string "chaine" [,int N])
integer fputs(resource $id_file, string "chaine" [,int N])
```

Elles écrivent toutes deux le texte contenu dans "chaine" dans le fichier identifié par la variable $id_file. Lorsque le paramètre N est précisé, comme ici, seuls les N premiers caractères de la chaîne sont écrits dans le fichier.

Votre premier exemple d'utilisation des fichiers est un compteur de visites très simple enregistrant le nombre cumulé de visites dans un fichier nommé compteur.txt. À chaque connexion, le script vérifie si le fichier existe déjà (repère ❶).

Si le fichier existe, le script l'ouvre en lecture (repère ❷) et le verrouille (repère ❸). Il lit ensuite la dernière valeur enregistrée à l'aide de la fonction fread() (repère ❹), l'incrémente d'une unité (repère ❺) et ferme le fichier (repère ❻). Vous ouvrez ensuite le fichier en écriture avec le mode "w", ce qui efface l'ancienne valeur (repère ❼), et y écrivez la nouvelle valeur de $n (repère ❽). Vous libérez ensuite le verrou et fermez le fichier (repères ❾ et ❿).

Si le fichier n'existe pas, il est créé et ouvert en écriture (repère ⓫). Vous y enregistrez la valeur 1 ou davantage, si vous voulez faire croire que le site est très prisé. Ici $nb est défini d'emblée à 10 000 visiteurs (repère ⓬). Vous réalisez ensuite les mêmes opérations d'écriture (repère ⓭) et de fermeture du fichier (repère ⓮). La dernière instruction, echo, affiche la valeur en cours du compteur dans un tableau (repère ⓯).

☛ **Exemple 11-1. Compteur de visites à l'aide d'un fichier**

```
<!DOCTYPE HTML PUBLIC "-//W3C//DTD HTML 4.01//EN"
"http://www.w3.org/tr/html4/strict.dtd">
<html>
<head>
<meta http-equiv="content-type" content=
"text/html; charset=iso-8859-1">
<title>titre</title>
</head>
<body>
<?php
if(file_exists("compteur.txt")) ← ❶
{
  if($id_file=fopen("compteur.txt","r")) ← ❷
  {
  flock($id_file,1); ← ❸
  $nb=fread($id_file,10); ← ❹
  $nb++; ← ❺
  fclose($id_file); ← ❻
  $id_file=fopen("compteur.txt","w"); ← ❼
  flock($id_file,1);
  fwrite($id_file,$nb); ← ❽
  flock($id_file,3); ← ❾
  fclose($id_file); ← ❿
  }
  else {echo «fichier introuvable"; }
}
else
{
  $nb=10000; ← ⓫
  $id_file=fopen("compteur.txt","w"); ← ⓬
  fwrite($id_file,$nb); ← ⓭
  fclose($id_file); ← ⓮
}
echo "<table border=\"1\" style=\"font-size:2em;\"> <tr> <td style=\"background-
➥color:blue;color:white;\">Voici déja </td>
<td style=\"font-size:1.2em;background-color:white;\"> $nb </td>
<td style=\"background-color:red;\"> visites sur le site </td>  </tr> </table> "; ← ⓯
?>
</body>
</html>
```

La figure 11-1 présente le résultat de cet exemple, avec une petite exagération sur le nombre de visiteurs initial.

Figure 11-1

Un compteur de visites

Formatage des données

Vous allez maintenant saisir le nom et le prénom des visiteurs et ajouter dans le fichier la date de la saisie grâce à la fonction time() *(voir le chapitre 8).*

Pour que les données issues du formulaire soient traitées par le fichier lui-même, vous devez indiquer le nom de l'utilisateur dans l'attribut action de l'élément <form> ou, mieux encore, utiliser la variable $PHP_SELF *(voir le chapitre 6).*

Pour faciliter la lecture et la récupération des données écrites dans le fichier, faites suivre chaque donnée d'un retour à la ligne créé par la chaîne "\n", que vous concaténez avec chaque donnée.

Votre script précédent ne faisait que créer un fichier devant contenir une unique valeur, différente pour chaque connexion mais toujours unique. La lecture ne posait donc pas de problème. Si vous voulez enregistrer le nom et le prénom d'un visiteur ayant rempli un formulaire ainsi que la date de la connexion à l'aide de la fonction time(), il vous faut un moyen de séparer les données sous forme de paquets. Ces paquets occuperont chacun une ligne du fichier, ce qui facilitera la lecture d'un paquet à la fois. Chaque ligne du fichier texte sera un enregistrement correspondant à un seul visiteur.

Vous pouvez formater les données en les séparant théoriquement par n'importe quel caractère. En pratique, il y a lieu de choisir un caractère qui ne risque pas de faire partie d'une donnée entrée par l'utilisateur, par exemple un point-virgule que l'on ne devrait pas rencontrer dans un nom ou un prénom. Par sécurité, vous pourriez envisager d'effectuer un validation des données avant de les enregistrer à l'aide d'une expression régulière *(voir le chapitre 4)* pour éliminer celles qui ne sont pas conformes à un modèle strictement alphabétique. À la fin de chaque enregistrement, vous ajoutez le caractère de retour à la ligne "\n", qui permet de n'avoir qu'un seul groupe de données par ligne du fichier.

Ce formatage offre de surcroît une lecture plus facile du fichier en permettant la lecture de données de longueur inégale.

Les fichiers
CHAPITRE 11

La fonction d'écriture suivante :

```
fwrite($id_file,$nom.";". $prenom . ";" . $date . "\n" )
```

écrit les chaînes de caractères contenues dans les variables $nom, $prenom et $date associées à un visiteur en les séparant par la chaîne ";" et en terminant chaque enregistrement par un saut de ligne "\n". La structure du fichier texte correspondant est conforme à celle illustrée à la figure 11-2. Vous verrez tout l'intérêt de ce formatage des données en utilisant la fonction de lecture particulière fgetcvs().

L'exemple 11-2 ci-après utilise cette technique pour enregistrer le nom et le prénom d'un visiteur après soumission d'un formulaire de saisie. La date du jour fournie par la fonction time(), qui retourne le timestamp correspondant à l'instant de l'enregistrement, est enregistrée en même temps que la valeur des variables précédentes.

Le script PHP de traitement des données étant incorporé au même fichier que le code HTML, l'attribut action de l'élément <form> est désigné par la variable $_SERVER["PHP_SELF"].

L'instruction du repère ❶ :

```
if(isset($_POST['nom']) && isset($_POST['prenom']))
```

vérifie la présence des variables contenant le nom et le prénom. Si le visiteur ne complète pas toutes les zones de texte, un message lui rappelle les instructions (repère ❷).

L'instruction du repère ❸ :

```
if($id_file=fopen("noms.txt","a"))
```

vérifie ensuite si l'ouverture du fichier a réussi. Dans le cas contraire, un message d'erreur s'affiche.

Le bloc de code suivant :

```
flock($id_file,2);
fwrite($id_file,$prenom.";".$nom.";".$date."\n");
flock($id_file,3);
fclose($id_file);
```

réalise successivement le verrouillage, l'écriture des données formatées, le déverrouillage puis la fermeture du fichier (repères ❹, ❺, ❻ et ❼), comme dans l'exemple précédent *(exemple 11-1)*.

La figure 11-2 montre la structure du fichier texte **noms.txt** créé par le script telle que vous pouvez la visualiser dans le Bloc-notes de Windows.

Figure 11-2

Structure du fichier texte formaté visualisée dans le Bloc-notes de Windows

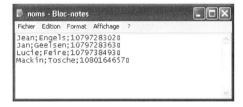

Exemple 11-2. Saisie et enregistrement à partir d'un formulaire

```html
<!DOCTYPE HTML PUBLIC "-//W3C//DTD HTML 4.01//EN"
"http://www.w3.org/TR/html4/strict.dtd">
<html>
<head>
<meta http-equiv="content-type" content=
"text/html; charset=iso-8859-1">
<title>Les fichiers PHP </title>
</head>
<body style="background-color: #ffcc00;">
<form action="<?= $_SERVER['PHP_SELF'] ?>" method="post" >
<fieldset>
<legend><b>Enregistrez vos informations personnelles </b></legend>
<p><b> Votre nom      </b>
<input type="text" name="nom" > <br />
<b> Votre prénom </b>
<input type="text" name="prenom"> <br />
<input type="submit" value="Enregistrer">
<input type="reset" value="Effacer"></p>
</fieldset>
</form>
<?php
if(isset($_POST['nom']) && isset($_POST['prenom'])) ← ❶
{
  $nom=$_POST['nom'];
  $prenom=$_POST['prenom'];
  echo "<h2> Merci $prenom $nom de votre visite </h2> ";
  $date=time();
  if($id_file=fopen("noms.txt","a")) ← ❸
   {
     flock($id_file,2); ← ❹
     fwrite($id_file,$prenom.";".$nom.";".$date."\n"); ← ❺
     flock($id_file,3); ← ❻
     fclose($id_file); ← ❼
   }
  else { echo "Fichier inaccessible";}
}
else{ echo "<h2>Complétez le formulaire puis cliquez sur 'Envoi' ! </h2> ";} ← ❷
?>
</body>
</html>
```

Figure 11-3
Page de saisie d'informations

Lecture de fichiers

Avant de lire le contenu d'un fichier, il faut généralement l'ouvrir. Comme vous l'avez vu, cela s'effectue à l'aide de la fonction fopen(). Pour effectuer la lecture elle-même, vous avez le choix entre plusieurs méthodes, chacune étant réalisable grâce à une fonction PHP spécialisée. Ces fonctions sont fgets(), fread(), fgets(), fseek(), fgetcvs(), readfile(), file() et passthru().

Les sections suivantes examinent les particularités respectives et le domaine d'application de chacune d'elles. Il vous appartient de choisir celle qui convient le mieux à vos besoins.

Lire une ligne à la fois

La fonction fgets() a pour syntaxe :

```
string fgets(resource $id_file,integer nombre_octets)
```

Cette fonction lit le fichier depuis son début et retourne une chaîne de caractères d'une longueur maximale égale au paramètre nombre_octets. La lecture s'arrête quand ce nombre d'octets lu est atteint ou avant qu'il soit atteint, si le caractère "\n" est rencontré dans le fichier.

Le code de l'exemple 11-3 effectue, à l'aide de la fonction fgets(), la lecture du fichier noms.txt créé à l'exemple 11-2 et récupère les données de deux manières différentes.

La première partie ouvre le fichier en lecture seule (repère ❶) puis lit une ligne du fichier à la fois (repère ❷), affiche chaque ligne dans une cellule de tableau HTML (repère ❸) et ferme le fichier (repère ❹).

La seconde lecture effectue les mêmes opérations et profite du formatage des données réalisé lors de l'écriture à l'aide du séparateur ";" afin d'isoler chacune des données d'une ligne à l'aide de la fonction explode(). Cette dernière scinde la chaîne et crée le tableau $tab contenant chacun des mots de la chaîne (repère ❺).

Vous obtenez le prénom dans l'élément $tab[0], le nom dans $tab[1] et le timestamp dans $tab[2]. Vous pouvez dès lors afficher chacune des données dans une cellule particulière de tableau HTML et exploiter la valeur du timestamp pour afficher la date de connexion en clair à l'aide de la fonction date() (repère ❻). Vous obtenez un affichage tel que celui de la figure 11-4.

Figure 11-4

Lecture des lignes brutes et des données

☞ **Exemple 11-3. Lecture de fichier avec la fonction *fgets()***

```
<?php
$file="noms.txt";
//première lecture ligne par ligne
$id_file=fopen($file,"r");// ← ❶
$i=1;
echo "<h3>lecture du fichier \"$file\" ligne par ligne<br /> affichage brut de chaque ligne</h3> ";
echo "<table border=\"1\"> \n <tbody> \n";
while($ligne=fgets($id_file,100) )// ← ❷
{
echo "<tr><td>ligne numéro $i </td> <td><b>$ligne </b></td> </tr> \n";// ← ❸
$i++;
}
fclose($id_file);// ← ❹
echo "</tbody></table> ";
//deuxième lecture: récupération de chaque donnée
$id_file=fopen($file,"r");
$i=1;
echo "<h3>lecture du fichier \"$file\" ligne par ligne<br /> récupération de chaque donnée  </h3> ";
echo "<table border=\"1\"> \n <tbody> \n";
echo "<tr><th>Numéro </th> <th>prenom</th> <th>nom</th> <th>date</th> </tr>\n";
while($ligne=fgets($id_file,100) )
{
```

```
$tab=explode (";",$ligne);//← ❺
$jour= date("j/n/Y H:i:s",$tab[2])  ;//← ❻
echo "<tr><td>$i</td> <th>$tab[0]</th> <th>$tab[1]</th> <th>$jour</th> </tr>\n";
$i++;
}
fclose($id_file);
echo "</tbody></table> ";
?>
```

Lire un nombre de caractères donné

La fonction fread() a pour syntaxe :

```
string fread(resource $id_file,integer nb_octets)
```

Cette fonction lit également le fichier depuis son début et retourne à chaque appel une chaîne de caractères contenant exactement le nombre de caractères précisé dans le second paramètre, sauf si la fin du fichier est atteinte ou si le caractère "\n" est rencontré. Son utilisation est donc adaptée à des fichiers dans lesquels vous avez préalablement enregistré des données de longueur fixe.

Pour illustrer l'usage de cette fonction, vous allez créer un script permettant d'implanter sur un site un système de vote enregistrant les choix des visiteurs effectués grâce à un formulaire de saisie. Chaque proposition de vote pour un footballeur est faite à l'aide d'un bouton radio, et tous les boutons ont la même valeur pour l'attribut name. Cela oblige le visiteur à faire un choix unique, chaque clic sur un bouton désactivant le choix précédent. Le script de traitement des votes ne reçoit de la sorte qu'une seule variable, quel que soit le vote.

La valeur associée à chaque choix est contenue dans l'attribut value de chaque bouton radio, et c'est elle que le script récupère pour la stocker dans le fichier. La lecture se faisant par paquet d'octets de longueur fixe, les chaînes contenues dans les attributs value doivent toutes avoir la même longueur. Vous raccourcissez donc les noms pour obtenir cinq caractères, comme pour les valeurs "zidane" et "ronaldo".

Comme il n'est pas nécessaire d'enregistrer un texte expressif associé à chaque vote, vous auriez pu tout aussi bien associer à chaque choix des chaînes arbitraires du genre "aaa", "bbb", "ccc" ou encore plus simplement les chiffres "1", "2" et "3", ce que vous ferez dans le script suivant.

Chaque vote est enregistré sur une ligne du fichier texte car vous ajoutez le caractère "\n" après chaque enregistrement. Lors de la lecture, il vous faut donc lire les données par groupe de 6 caractères et non par groupe de 5, comme vous auriez pu le penser après avoir enregistré des mots de 5 caractères.

Le formulaire de saisie comporte deux boutons de type submit, le premier pour voter et le second pour afficher les résultats en cours de l'ensemble des votes.

Le script commence par tester sur quel bouton d'envoi l'utilisateur a cliqué puis, selon le cas, enregistre le vote dans le fichier texte "votes.txt" et affiche un message de remerciement. Cette partie, destinée à l'enregistrement des données, n'apportant rien de nouveau par rapport aux exemples précédents, nous ne détaillons pas son fonctionnement.

La partie Affichage lit tout le fichier puis affiche les résultats en nombre de voix et en pourcentage selon l'ordre croissant. Elle commence par initialiser le tableau $result des résultats des votes en mettant à 0 tous les scores (repère ❶). Si le bouton Afficher est cliqué (repère ❷), vous contrôlez l'ouverture du fichier votes.txt (repère ❸). Une boucle while lit ensuite les blocs de 6 caractères (repère ❹) et incrémente chaque fois le score d'un des joueurs à l'aide d'une instruction switch (repère ❺).

Pour afficher des pourcentages, vous calculez le nombre total de votants (repère ❻). Après avoir créé une copie du tableau $result dans la variable $tri, vous la triez en ordre croissant en utilisant la fonction de tri arsort() (repère ❼).

Une boucle foreach permet alors l'affichage de l'ensemble des résultats (repère ❽).

☞ **Exemple 11-4. Script de vote en ligne**

```
<!DOCTYPE HTML PUBLIC "-//W3C//DTD HTML 4.01//EN"
"http://www.w3.org/TR/html4/strict.dtd">
<html>
<head>
<meta http-equiv="Content-Type" content=
"text/html; charset=iso-8859-1">
<title>Sondage en ligne : VOTEZ FOOT!</title>
</head>
<body style="background-color: #ffcc00;">
<form action="<?php echo $PHP_SELF ?>" method="post" >
<fieldset>
<legend><b>Votez pour votre joueur préféré! </b></legend>
<p>
<?php
//Tableau des propositions
$joueurs=array("zidan"=>"Zidane","henry"=>"Henry","ronal"=>"Ronaldo");
?>
Zidane<input type="radio" name="vote" value="zidan" /> <br />
Henry<input type="radio" name="vote" value="henry" /> <br />
Ronaldo<input type="radio" name="vote" value="ronal" /> <br />
<input type="submit" value="Voter">
<input type="submit" value="Afficher les résultats" name="affiche">
</p>
</fieldset>
</form>
<?php
//ENREGISTREMENT
if(isset($_POST["vote"]))
{
  $vote=$_POST["vote"];
  echo "<h2> Merci  de votre vote pour ".$joueurs[$vote] ."</h2> ";
```

```php
  if(file_exists("votes.txt") )
  {
    if($id_file=fopen("votes.txt","a"))
    {
      flock($id_file,2);
      fwrite($id_file,$vote."\n");
      flock($id_file,3);
      fclose($id_file);
    }
    else
    { echo "Fichier inaccessible";
    }
  }
  else
  {
    $id_file=fopen("votes.txt","w");
    fwrite($id_file,$vote."\n");
    fclose($id_file);
  }
}
else
{ echo "<h2>Complétez le formulaire puis cliquez sur 'Voter' ! </h2> ";}
//AFFICHAGE DES RESULTATS
//Initialisation du tableau des résultats
$result=array("Zidane"=>0,"Henry"=>0,"Ronaldo"=>0);// ← ❶
//Affichage des résultats
if(isset($_POST["affiche"]))// ← ❷
{
  if($id_file=fopen("votes.txt","r"))// ← ❸
  {
    while($ligne=fread($id_file,6) ) ← ❹
    {
      switch($ligne) ← ❺
      {
      case "zidan\n":
      $result["Zidane"]++;
      break;
      case "henry\n":
      $result["Henry"]++;
      break;
      case "ronal\n":
      $result["Ronaldo"]++;
      break;
      default:
      break;
      }
    }
    fclose($id_file);
  }
  $total= ($result["Zidane"] + $result["Henry"]+ $result["Ronaldo"])/100;← ❻
  $tri=$result;
```

☞ **Exemple 11-4. Script de vote en ligne** *(suite)*

```
    arsort($tri); ← ❼
    echo "<div style=\"border-style:double\" >";
    echo "<h3> Les résultats du vote   </h3>";
    foreach($tri as $nom=>$score) ← ❽
    {
    $i++;
    echo "<h4>$i<sup>e</sup> : ", $nom," a   $score voix soit ", number_format($score/
    ➥$total,2),"%</h4>";
    }
    echo "</div>";
}
?>
</body>
</html>
```

Le résultat de ce script illustré à la figure 11-5 présente le formulaire de saisie avec le résultat des votes.

Figure 11-5

Page de vote en ligne et résultats

Lire un caractère à la fois

PHP propose une fonction pour lire un caractère à la fois dans le fichier texte. Cette possibilité n'a d'intérêt que si vous pouvez stocker les informations dans le fichier sous une forme codée avec des chiffres de 0 à 9 ou encore avec des lettres de A à Z. Cela permet d'étendre les possibilités à 26, voire le double si vous utilisez aussi les minuscules de a à z.

Les fichiers
CHAPITRE 11

La fonction PHP à utiliser est :

```
string fgetc(resource $id_file)
```

Elle utilise comme unique paramètre l'identifiant de fichier retourné par la fonction fopen(). Vous allez l'appliquer à votre script de vote précédent en modifiant le code du fichier HTML pour attribuer comme valeur associée à chaque bouton radio un chiffre de 1 à 3.

Remplacez pour cela les trois lignes de création des boutons par le code suivant :

```
Zidane<input type="radio" name="vote" value="1"> <br />
Henry<input type="radio" name="vote" value="2"> <br />
Ronaldo<input type="radio" name="vote" value="3"> <br />
```

Chaque vote est enregistré dans le fichier **votes2.txt** par un nombre de 1 à 3 sans saut de ligne après chacun d'eux. Ce fichier a la structure d'une suite de nombres entiers non séparés par des espaces, comme l'illustre la figure 11-6. Si une telle structure est évidemment très difficile à lire pour un humain, la fonction fgetc() le fait très facilement à votre place.

Figure 11-6

*Fichier de données **votes2.txt** visualisé dans le Bloc-notes de Windows*

La partie du script qui effectue la lecture des données ne diffère que par l'utilisation de la fonction fgetc(). Cette partie devient donc :

```
if($id_file=fopen("votes2.txt","r"))
  {
    while($ligne=fgetc($id_file) )
    {
      switch($ligne)
      {
      case "1":
      $result["Zidane"]++;
      break;
      case "2":
      $result["Henry"]++;
      break;
      case "3":
      $result["Ronaldo"]++;
      break;
      default:
      break;
      }
    }
```

Cette technique vous permet de stocker davantage d'informations codées sous un volume réduit.

Lecture d'une partie d'un fichier

Chaque fichier possède un pointeur de lecture et d'écriture que vous pouvez positionner en un point précis du fichier.

Lors des opérations de lecture réalisées jusqu'à présent, le contenu du fichier est extrait à partir de son début car, par défaut, le pointeur est positionné au début du fichier si le paramètre mode de la fonction fopen() vaut "r", "r+", "w" ou "w+", et en fin de fichier s'il vaut "a" ou "a+".

Vous avez également la possibilité de faire débuter la lecture en n'importe quel point du fichier en appelant la fonction :

```
integer fseek(resource $id_file,integer nombre_d'octets)
```

Cette fonction utilise comme les autres l'identificateur de fichier $id_file et comme second paramètre la position donnée par un entier représentant le nombre d'octet par rapport au début, à partir de laquelle doit commencer la lecture. Elle ne renvoie pas une valeur du fichier et ne fait que positionner un pointeur en un point particulier. Elle doit bien sûr précéder l'appel de la fonction de lecture proprement dite.

La fonction integer fseek() retourne la valeur booléenne TRUE si l'opération est réussie et la valeur -1 dans le cas contraire. Cela permet d'effectuer une vérification dans le script.

Pour illustrer ce type de lecture, vous allez reprendre l'exemple précédent et éliminer les dix premiers votes en faisant débuter la lecture au onzième caractère du fichier. Il est possible à tout moment de remettre le pointeur au début du fichier à l'aide de la fonction :

```
boolean rewind(resource $id_file)
```

qui retourne FALSE en cas d'échec.

Quand la lecture est en cours, la fonction suivante retourne la position du pointeur en nombre d'octets par rapport au début du fichier, qui permet de savoir quel est l'enregistrement lu :

```
integer ftell($id_file)
```

Cette fonction retourne FALSE en cas d'erreur.

En complément, la fonction :

```
integer filesize(string "nom_fichier")
```

retourne le taille totale du fichier, ce qui vous permet de lire uniquement, par exemple, les vingt derniers votes enregistrés.

Pour cela, il vous suffit d'insérer les lignes suivantes :

```
$taille= filesize("votes2.txt");
fseek($id_file,$taille-20);
```

avant le début de la boucle while, qui effectue la lecture des données du fichier.

Vous récupérez dans la variable $taille le nombre total d'octet du fichier puis positionnez le pointeur 20 octets avant la fin du fichier. Cela n'est possible que parce que chaque vote est enregistré sur un seul caractère. Vous avez donc toujours intérêt à coder les enregistrements sur un seul caractère quand vous proposez un éventail de choix limité aux visiteurs.

Lecture de données formatées

Quand le fichier à lire contient des données sous forme de chaînes de caractères de longueur irrégulière, correspondant à des entrées diverses de la part des utilisateurs, les méthodes précédentes se révèlent difficiles à mettre en œuvre pour récupérer les données.

Vous avez déjà réalisé l'écriture de données formatées en les séparant à l'aide d'un caractère particulier, en l'occurrence un point-virgule, dans le fichier noms.txt de l'exemple 11-2. Vous allez maintenant les lire d'une manière plus élégante grâce à la fonction :

```
array fgetcvs(resource $id_file, integer  nombre_octets,string "séparateur")
```

Cette fonction lit dans le fichier identifié par $id_file au maximum le nombre de caractères précisé à l'aide du deuxième paramètre. À la différence des autres fonctions de lecture, elle retourne directement un tableau de chaînes de caractères et non une seule chaîne à chaque appel, comme si vous appliquiez la fonction explode() à une chaîne.

Le premier élément de ce tableau est la chaîne comprise entre le début du fichier et l'apparition du caractère de séparation ou de la chaîne indiquée par le troisième paramètre. En règle générale, vous vous limiterez pour cette chaîne à un seul caractère, tel qu'il est utilisé dans l'écriture du fichier noms.txt. Il est théoriquement envisageable de séparer chaque donnée par la chaîne "stop", par exemple, ou n'importe quelle autre chaîne ne risquant pas de correspondre à une entrée réelle d'un visiteur. En pratique, tous les tests effectués avec un séparateur de plusieurs caractères provoquent des problèmes lors de la lecture. Vous vous limiterez donc à un seul caractère, en l'occurrence les deux-points ":".

Les éléments suivants du tableau de résultats sont les chaînes comprises entre deux occurrences du séparateur. La lecture de chaque ligne s'arrête, comme avec les autres fonctions, lors de l'apparition d'un saut de ligne "\n" dans le fichier.

L'utilisation de la fonction fgetcsv() fournit la meilleure gestion des données. Vous la mettrez en pratique dans le script suivant, qui crée un livre d'or dans lequel chaque visiteur peut enregistrer son nom, ou son pseudonyme le plus souvent, son adresse e-mail, la date du moment précis de l'enregistrement fournie par la fonction time() (repère ❶) et le texte de son commentaire.

Les valeurs transmises par le formulaire sont contenues dans les variables $_POST['nom'], $_POST['mail'] et $_POST['comment']. Le script commence par vérifier que chacun des champs est complété puis enregistre ces données et la date en cours en les séparant par le caractère ":" et en finissant chaque ligne par le caractère "\n" (repère ❷). Comme dans les scripts précédents, une vérification est faite lors du premier enregistrement pour créer le fichier livre.txt quand il n'existe pas (repère ❸).

La lecture est réalisée si l'utilisateur clique sur le bouton Afficher les avis, ce qui est détecté par le contrôle de l'existence de la variable $_POST['affiche'] (repère ❹).

Après ouverture du fichier (repère ❺), une boucle while lit un maximum de 200 caractères par ligne à l'aide de l'instruction suivante (repère ❻) :

```
while($tab=fgetcsv($id_file,200,":"))
```

et enregistre les données dans le tableau $tab. L'affichage se fait sous forme de tableau HTML, comme l'illustre la figure 11-7. Dans ce tableau, chaque adresse e-mail est contenue dans un lien mailto:, ce qui permet à un visiteur de répondre à un autre (repère ❼).

Figure 11-7
Page du livre d'or avec l'affichage des avis

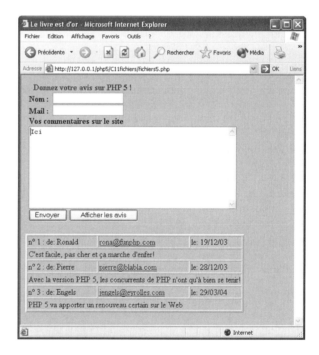

☞ **Exemple 11-5. Livre d'or utilisant des données formatées**

```
<!DOCTYPE HTML PUBLIC "-//W3C//DTD HTML 4.01//EN"
"http://www.w3.org/TR/html4/strict.dtd">
<html>
<head>
<meta http-equiv="content-type" content="text/html; charset=iso-8859-1">
<title>Le livre est d'or </title>
</head>
<body style="background-color: #ffcc00;">
<form action="<?php echo $PHP_SELF ?>" method="post" >
```

```
<fieldset>
<legend><b>Donnez votre avis sur PHP 5 ! </b></legend>
<b>Nom :  <input type="text" name="nom" width="60" /> <br>
Mail :  <input type="text" name="mail"  width="60" />  <br>
Vos commentaires sur le site</b><br>
<textarea  name="comment" rows="10" cols="50">Ici </textarea>  <br>
<input type="submit" value="Envoyer " name="envoi" />
<input type="submit" value="Afficher les avis" name="affiche" />
</fieldset>
</form>
<?php
$date= time(); ← ❶
//ENREGISTREMENT
if(isset($_POST['envoi']))
{
  if(isset($_POST['nom']) && isset($_POST['mail']) && isset($_POST['comment']))
  {
    echo "<h2>",$_POST['nom']," merci  de votre avis </h2> ";
    if(file_exists("livre.txt") )
    {
      if($id_file=fopen("livre.txt","a"))
      {
      flock($id_file,2);
      fwrite($id_file,$_POST['nom'].":".$_POST['mail'].":".$date.":".$_POST
      ➥['comment']."\n"); ← ❷
      flock($id_file,3);
      fclose($id_file);
      }
      else
      { echo "fichier inaccessible";
      }
    }
    else
    {
    $id_file=fopen("livre.txt","w"); ← ❸
    fwrite($id_file,$$_POST['nom'].":".$$_POST['mail'].":".$date.":".$$_POST
    ➥['comment']."\n");
    fclose($id_file);
    }
  }
}
//LECTURE DES DONNES
if(isset($_POST['affiche'])) ← ❹
{
  if($id_file=fopen("livre.txt","r")) ← ❺
  {
    echo "<table border=\"2\"> <tbody>";
    $i=0;
    while($tab=fgetcsv($id_file,200,":") ) ← ❻
    {
    $i++;
```

☛ **Exemple 11-5. Livre d'or utilisant des données formatées** *(suite)*

```
      echo "<tr> <td>n° $i : de: $tab[0] </td> <td> <a href=\"mailto: $tab[1]\" >
➥$tab[1] </a></td> <td>le: ",date("d/m/y", $tab[2])," </td></tr>";←❼
      echo "<tr > <td colspan=\" 3 \">", stripslashes($tab[3]) ,"</td> </tr> ";
      }
   fclose($id_file);
   }
   echo "</tbody></table> ";
}
else{ echo "<h2>Donnez votre avis puis cliquez sur 'envoyer' ! </h2> ";}
?>
</body>
</html>
```

Lecture de la totalité d'un fichier

Dans les cas où les fichiers contiennent des données utilisables dans une page Web à titre de contenu de grande longueur (articles, documentations, etc.), il est envisageable de créer des pages dynamiques, dont seule une partie du texte est adaptée à une circonstance particulière. Vous avez alors besoin de lire la totalité d'un fichier sans avoir à analyser son contenu, comme vous l'avez fait pour le script de votes, et à l'envoyer directement au navigateur, comme le ferait une instruction echo.

La fonction à utiliser est :

```
integer readfile(string "nom_fichier", [boolean path])
```

Cette fonction prend comme premier paramètre le nom du fichier. Le second paramètre est facultatif. S'il vaut TRUE, il indique que la recherche du fichier doit se faire dans le dossier courant et dans le dossier de niveau supérieur s'il n'est pas trouvé dans le premier ; s'il vaut FALSE, la recherche est limitée au dossier qui contient le script.

La fonction retourne un entier indiquant le nombre total d'octet affiché. Contrairement à la plupart des fonctions de lecture, readfile() ne nécessite pas l'appel des fonctions fopen() et fclose() d'ouverture et de fermeture. Cette fonction est illustrée à l'exemple 11-6.

Vous disposez d'une autre fonction, au comportement assez proche de readfile() puisqu'elle ne nécessite pas l'ouverture explicite du fichier. Il s'agit de la fonction file(), qui retourne la totalité du contenu du fichier dans un tableau dont chaque élément est constitué d'une seule ligne du fichier. Sa syntaxe est la suivante :

```
array  file(string "nom_fichier")
```

Il suffit d'utiliser une boucle for pour afficher chacune des lignes du tableau. Vous retrouvez donc des similitudes d'emploi entre cette fonction et la fonction fgetcvs() utilisée à l'exemple 11-5, à la différence près que chaque élément du tableau est ici une ligne entière du fichier. Comme vous y aviez enregistré chaque donnée fournie par les visiteurs en utilisant comme séparateur le caractère ":", dans le fichier livre.txt vous pouvez récupérer individuellement chaque donnée en « éclatant » la chaîne lue pour chaque ligne à l'aide de la fonction explode() *(voir le chapitre 5)*. Cette fonction crée un tableau à quatre éléments à partir de ces chaînes qui comportent quatre mots (le nom, l'adresse e-mail, la date et le commentaire), séparés par des caractères ":".

Pour ne pas utiliser une trop grande quantité de mémoire, vous ne créez pas autant de variables qu'il y a de données totale mais réutilisez la même après chaque affichage.

En utilisant la fonction file(), la partie lecture des données de l'exemple 11-5 devient :

```php
if(isset($_POST["affiche"]))
{
  echo "<table border=\"2\"> <tbody>";
  $i=0;
  //$tab contient toutes les lignes du fichier
  $tab=file("livre.txt");
  //lecture de $tab
  for($i=0;$i<count($tab);$i++)
  {
    $ligne= explode (":",$tab[$i]);
    echo "<tr> <td>de: $ligne[0] </td> <td> <a href=\"mailto: $ligne[1]\" >
    $ligne[1] </a></td> <td>le: ",date("d/m/y", $ligne[2])," </td></tr>";
    echo "<tr > <td colspan=\" 3 \">", stripslashes($ligne[3]) ."</td> </tr> ";
  }
  echo "</tbody></table> ";
}
```

Le résultat de la lecture est exactement celui que vous avez obtenu avec la fonction fgetcvs(), comme vous pouvez le constater à la figure 11-7.

Une dernière fonction permet la lecture d'un fichier dans son intégralité. Il s'agit de la fonction :

```php
fpassthru($id_file)
```

qui, contrairement aux deux précédentes, nécessite l'emploi de fopen() pour ouvrir le fichier mais pas de fclose() pour le fermer. La fonction ferme automatiquement le fichier, ce qui implique que l'identifiant de fichier obtenu avec fopen() est ensuite inutilisable.

Cette fonction n'est pas adaptée à toutes les situations. Comme fread(), elle envoie la totalité du contenu du fichier directement vers le navigateur. L'exemple 11-6 donne une illustration de ces fonctions pour afficher l'intégralité d'articles documentaires sur des sujets divers. À chaque sujet correspond un bouton Submit, qui provoque l'affichage de tout article correspondant sous trois formes différentes.

L'exemple 11-6 propose la lecture d'articles sur des sujets intéressant la conception Web. Il est constitué d'un formulaire, dans lequel quatre boutons de type Submit permettent le choix de l'article affiché. Tous ces boutons ont le même nom, de façon qu'une seule valeur soit transmise au script procédant à l'affichage (repères ❶, ❷, ❸ et ❹). Le script récupère le choix dans la variable $sujet (repère ❺), puis l'article demandé est affiché successivement à l'aide des fonctions readfile() (repère ❻), fpassthru() (repère ❼) et file() (repère ❽).

> **Les fonctions *fread()* et *fpassthru()***
>
> À la figure 11-8, les fonctions `fread()` et `fpassthru()` affichent le contenu du fichier texte directement sur la sortie standard, sans tenir compte des retours à la ligne ni des espaces présents dans le fichier texte. Cela crée une présentation brute du texte alors que la fonction `file()` qui récupère le texte ligne par ligne respecte tous les sauts de ligne tels qu'ils figurent dans le fichier d'origine, ce qui est beaucoup plus présentable.

☞ **Exemple 11-6. Utilisation des fonctions *readfile()*, *fpassthru()* et *file()* pour l'affichage d'articles**

```
<!DOCTYPE HTML PUBLIC "-//W3C//DTD HTML 4.01//EN"
"http://www.w3.org/TR/html4/strict.dtd">
<html>
<head>
<meta http-equiv="content-type" content=
"text/html; charset=iso-8859-1">
<title>Choix d'articles </title>
</head>
<body style="background-color: #ffcc00;">
<form action="<?php echo $_SERVER['PHP_SELF'] ?>" method="post" >
<fieldset>
<legend><b>Choisissez votre sujet! </b></legend>
<input type="submit" name="sujet" value="html" />←❶
<input type="submit" name="sujet" value="javascript" />←❷
<input type="submit" name="sujet" value="php" />←❸
<input type="submit" name="sujet" value="asp" />←❹
</fieldset>
</form>
<?php
//AFFICHAGE
if(isset($_POST['sujet']))
{
  $sujet=$_POST['sujet'];←❺
  echo "<h2>Voici l'article sur ".strtoupper($sujet) ,"</h2> ";
//***********************************************************
//Lecture du fichier avec readfile()
//***********************************************************
  echo "<div style=\" background-color:#FFCCFF ; border-width:3px ;
  ➥border-style:groove; \" >";
  echo " <h4>LECTURE avec readfile()</h4>";
  readfile($sujet.".txt",TRUE);←❻
  echo "</div>";
//***********************************************************
//Lecture du fichier avec fpassthru()
//***********************************************************
  echo "<div style=\" background-color:#FFAACC ; border-width:3px ;
  ➥border-style:groove; \" >";
  echo " <h4>LECTURE avec fpassthru()</h4>";
```

```
       $id_file=fopen($sujet.".txt","r")     ;
       fpassthru($id_file);← ❼
       echo "</div>";
//************************************************************
//Lecture du fichier avec file()
//************************************************************
       echo "<div style=\" background-color:#00AAFF ; border-width:3px ;
       ➥border-style:groove; \" >";
       echo " <h4>LECTURE avec file()</h4>";
       $tab =   file($sujet.".txt",1);← ❽
       for($i=0;$i< count($tab); $i++)
       {
         echo $tab[$i],"<br>";
       }
       echo "</div>";
}
?>
</body>
</html>
```

Figure 11-8

Lecture d'articles entiers à l'aide des fonctions fread(), fpassthru() *et* file().

Modifications de fichiers

Il est possible d'intervenir sur les fichiers présents sur le serveur en effectuant des copies, en les renommant ou en les supprimant.

Copier un fichier

Il est possible d'effectuer une sauvegarde régulière de l'état d'un fichier à un moment donné en créant une copie sous un autre nom ou avec une extension différente afin de récupérer l'ensemble des données en cas de problème ayant atteint l'intégrité du fichier.

Cette opération se réalise à l'aide de la fonction copy(), dont la syntaxe est la suivante :

```
boolean copy(string "nom_fichier",string "nom_copie")
```

Cette fonction retourne la valeur booléenne TRUE si la copie est réalisée et FALSE en cas de problème d'écriture.

Dans le code suivant, vous réalisez une copie du fichier **votes.txt** sous le nom **votes.txt.bak** (mais vous pourriez aussi bien le faire sous un nom quelconque) chaque jour à neuf heures du matin :

```php
<?php
$date= getdate();
if($date["hours"]==9 && $date["minutes"]==0)
{
  $result= (copy("votes.txt","votes.bak"))? "Copie réalisée": "Erreur de copie" ;
  echo $result;
}
?>
```

Cette partie de code pourrait être ajoutée au script de vote pour effectuer la sauvegarde journalière ou constituer un script indépendant.

Si le site a un trafic important, vous pouvez remplacer la condition de l'instruction if par l'expression :

```
if($date["hours"]==9 && $date["minutes"]==0 && $date["seconds"]==0)
```

De la sorte, la sauvegarde n'a pas lieu à chaque connexion pendant tout la minute concernée mais seulement pendant une seconde. Évidemment, si le site reçoit en moyenne plus d'une connexion par seconde (soit 86 400 par jour !), il faut faire appel à la fonction microtime() pour ne réaliser qu'une seule sauvegarde à une microseconde précise.

Renommer un fichier

Dans le même ordre d'idée que la fonction copy(), la fonction rename() permet de changer le nom d'un fichier existant. Comme avec l'opération Renommer de l'Explorateur Windows, le fichier originel n'existe plus sous son nom initial, à la différence de la fonction précédente. Si ce nom est utilisé dans le code d'un script, il faut bien réfléchir avant d'y avoir recours, car il faut en modifier toutes les occurrences.

Lors de l'appel de rename(), le fichier concerné doit exister dans le répertoire du script et ne doit pas être ouvert à ce moment précis, ce qui n'est jamais garanti s'il est utilisé dans le code d'un script susceptible d'être utilisé en ligne. Le nouveau nom du fichier ne doit pas correspondre à un fichier existant dans le répertoire, faute de quoi cela provoque une erreur et l'arrêt du script.

Il est recommandé de réserver l'usage de cette fonction aux cas de téléchargement de fichier du client vers le serveur, non sans s'assurer qu'aucun fichier du même nom n'existe sur le serveur dans le même répertoire.

La syntaxe de la fonction rename() est la suivante :

```
boolean rename(string "nom_actuel",string "nom_futur")
```

Elle retourne TRUE si l'opération est effectuée et FALSE dans le cas contraire.

Effacer un fichier

Pour supprimer définitivement un fichier présent dans le même répertoire que le script qui effectue l'opération, il faut appeler la fonction unlink(), avec comme unique paramètre le nom du fichier à supprimer contenu dans une chaîne de caractères. La fonction retourne TRUE ou FALSE selon que la suppression est effectuée ou non.

Avant de réaliser cette suppression, vous devez vous assurer que le fichier existe à l'aide de la fonction file_exists() *(voir la section suivante),* faute de quoi une erreur d'exécution est produite.

Le code suivant :

```
if(file_exists("votes.bak"))
{$result= (unlink("votes.bak"))? "Suppression réalisée" : "Echec de la suppression";}
else
{echo "Le fichier n'existe pas dans ce répertoire! <br>";}
```

supprime le fichier **votes.bak** après avoir vérifié qu'il existe et affiche un message de confirmation si l'opération est réussie.

Informations sur les fichiers

Vous pouvez également obtenir des informations utiles sur les fichiers présents sur le serveur, comme la vérification de leur présence, leur taille, leur type, leur date de création ou de modification.

Existence d'un fichier

Pour éviter certaines erreurs qui arrêtent irrémédiablement les scripts, il est souvent indispensable de vérifier qu'un fichier existe réellement avant d'effectuer des opérations d'ajout, de lecture ou de suppression.

La fonction suivante :

```
boolean file_exists(string "nom_fichier")
```

retourne une valeur booléenne TRUE ou FALSE selon que le fichier existe ou non dans le dossier du script qui l'appelle.

Vous avez déjà utilisé cette fonction sans la connaître en conjonction avec la fonction touch() pour créer un fichier, s'il n'existait pas encore. Vous aviez alors le code suivant :

```
if( !file_exists("monfich.txt")){
touch("monfich.txt",time()); }
```

qui créait le fichier **monfich.txt** uniquement après avoir vérifié qu'il n'existait pas déjà.

Taille des fichiers

Vous pouvez vérifier la taille d'un fichier au moyen de la fonction suivante :

```
integer filesize(resource $id_file)
```

qui retourne un entier représentant le nombre d'octets du fichier et 0 en cas d'erreur. Vous obtenez également la valeur 0 si le fichier est vide, par exemple s'il vient d'être créé à l'aide de la fonction touch().

Associée à la fonction fseek(), que vous avez déjà utilisée, la fonction integer filesize() permet de lire une partie seulement du fichier, qui sera exprimée en pourcentage ou fraction de sa taille totale.

Pour éliminer 90 p. 100 des données du début du fichier et en lire les 10 p. 100 restants, vous auriez, par exemple :

```
fseek($id_file, floor(0.9 *filesize ($id_file)))
```

Le résultat de l'opération 0.9*filesize($id_file) risquant d'être un décimal, vous utilisez la fonction floor() pour vous assurer que le paramètre est entier.

Informations diverses

Avant d'effectuer des opérations sur un fichier, il est possible de vérifier s'il s'agit bien d'un fichier et non d'un répertoire, par exemple, ou encore de savoir quel type d'opération vous pouvez réaliser sur ce fichier.

Pour vérifier qu'il s'agit d'un fichier, vous avez à votre disposition la fonction suivante :

```
boolean is_file(string nom_fichier)
```

qui retourne la valeur booléenne TRUE pour le fichier ouvert identifié par $id_file et FALSE s'il ne s'agit pas d'un fichier.

Vous pouvez également vérifier si le fichier identifié est disponible en lecture ou en écriture à l'aide des fonctions suivantes :

```
boolean is_readable(string nom_fichier )
```

qui retourne TRUE si le fichier est lisible et FALSE dans le cas contraire, et :

```
boolean is_writable(string nom_fichier )
```

qui retourne TRUE si le fichier est disponible en écriture et FALSE dans le cas contraire.

Vous pouvez aussi vérifier si le fichier provient d'un téléchargement avec la méthode POST à l'aide de la fonction suivante :

```
boolean is_uploaded_file(string nom_fichier)
```

qui retourne TRUE si c'est le cas et FALSE dans le cas contraire. Cette fonction est utilisée après le transfert de fichier du poste client vers le serveur.

Pour savoir si vous avez affaire à un fichier ou à un répertoire, il vous faut recourir à la fonction filetype(), dont la syntaxe est la suivante :

```
string filetype(string "nom_fichier")
```

Cette fonction retourne la chaîne "file" si le paramètre est un fichier et "dir" si c'est un répertoire.

Informations de date

Pour savoir si un script a accédé à un fichier ou s'il a été modifié depuis une date donnée, il existe plusieurs fonctions donnant les informations de date. Comme ces fonctions ne donnent pas une date en clair mais retournent un timestamp UNIX illisible pour le commun des mortels, il faut faire appel aux fonctions de date pour afficher un résultat en clair.

C'est ce que réalise l'exemple ci-dessous en utilisant la fonction date().

Les fonctions à votre disposition sont les suivantes :

- integer fileatime(string "nom_fichier"), qui retourne le timestamp de la date du dernier accès au fichier dont le nom est donné dans la chaîne de caractères passée en paramètre.
- integer filemtime(string "nom_fichier"), qui retourne le timestamp de la dernière modification du fichier dont le nom est donné dans la chaîne de caractères passée en paramètre.
- integer filectime(string "nom_fichier"), qui retourne le timestamp de la dernière modification des permissions du fichier dont le nom est donné dans la chaîne de caractères passée en paramètre.

Dans l'exemple 11-7, cette date est différente de celle de la dernière modification.

Exemple 11-7. Informations de date sur les fichiers

```php
<?php
$file="votes.txt";
$date1= fileatime($file);
echo "Le dernier accès au fichier $file date de : ",date("d/m/Y H:i:s",$date1),"<br>";
$date2= filemtime($file);
echo "La dernière modification du fichier $file date de : ",date("d/m/Y
➥H:i:s",$date2),"<br>";
$date3= filectime($file);
echo "La dernière modification des permissions du fichier $file est : ",date("d/m/Y
➥H:i:s",$date3),"<br>";
?>
```

Le résultat du script est le suivant :

```
Le dernier accès au fichier votes.txt date de : 30/10/2004 21:33:45
La dernière modification du fichier votes.txt date de : 30/10/2004 21:33:45
La dernière modification des permissions du fichier votes.txt est : 27/10/2004 20:09:04
```

Chemin d'accès à un fichier

Vous pouvez récupérer le chemin d'accès complet à un fichier en connaissant simplement son nom. Cela permet d'y avoir accès en lecture, par exemple, sans être sûr qu'il se trouve dans le même dossier que le script qui l'utilise.

Pour cela, vous utilisez la fonction suivante, accessible uniquement depuis PHP 4 :

```
string realpath(string "nom_fichier")
```

qui retourne le chemin complet dans une chaîne de caractères.

Par exemple :

```
echo realpath("fichiers7.php");
```

affiche le résultat suivant :

```
c:\program files\wampserver\www\php5\c11fichiers\fichiers7.php
```

À l'inverse, vous pouvez extraire uniquement le nom d'un fichier en indiquant le chemin d'accès comme paramètre de la fonction :

```
string basename(string "chemin_d'accès")
```

Le chemin d'accès précisé peut être partiel, comme dans le code suivant :

```
echo basename("./php5/listing11.7.php")
```

ou une adresse URL complète, comme ci-dessous :

```
basename("http://www.monsite.org/php5/listing11.7.php")
```

Les deux possibilités retournent la chaîne : `"listing11.7.php"`.

Mémo des fonctions

boolean copy(string nom_init, string nom_fin)

Crée une copie du fichier nom_init sous le nom nom_fin et retourne TRUE si l'opération est réussie.

boolean fclose(resource $id_file)

Ferme le fichier identifié par $id_file.

boolean foef(resource $id_file)

Retourne TRUE si le pointeur atteint la fin du fichier.

string fgetc(resource $id_file)

Retourne un seul caractère du fichier identifié par $id_file et pointe sur le caractère suivant.

array fgetcsv(resource $id_file, int nb, string delim)

Retourne tous les éléments de la ligne en cours du fichier identifié par $id_file avec un nombre maximal de caractères. Les éléments du fichier sont séparés par le caractère précisé par delim (la virgule par défaut), chacun étant un élément du tableau retourné.

string fgets(resource $id_file, int nb)

Retourne toute la ligne en cours du fichier identifié par $id_file avec un nombre maximal de nb caractères.

string fgetss(resource $id_file, int long)

Effectue la même opération que la fonction fgets() en éliminant de la chaîne retournée les balises HTML qui s'y trouvent.

boolean file_exists(string nom_fichier)

Retourne TRUE si le fichier existe et FALSE dans le cas contraire.

array file(string nom_fichier, int chemin)

Retourne toutes les lignes du fichier dans les éléments d'un tableau.

int fileatime(string nom_fichier)

Retourne la date du dernier accès au fichier.

int filectime(string nom_fichier)

Retourne la date de la dernière modification des permissions du fichier.

int filemtime(string nom_fichier)

Retourne la date de la dernière modification du fichier.

int filesize(string nom_fichier)

Retourne la taille du fichier en octet.

string filetype (string nom_fichier)

Retourne "file" s'il s'agit d'un fichier et "dir" si c'est un répertoire.

boolean flock(resource $id_file, int mode)

Verrouille/déverrouille le fichier identifié par $id_file en fonction de la valeur de la constante mode. Le fichier doit avoir été ouvert. Les valeur de mode sont les suivantes :
LOCK_SH (ou 1) pour verrouiller en lecture seule par tous ;
LOCK_EX (ou 2) pour verrouiller en lecture et en écriture pour les autres utilisateurs ;
LOCK_UN (ou 3) pour déverrouiller le fichier.

```
resource fopen(string nom_fichier, string mode, int chemin)
```

Ouvre le fichier dont vous précisez le nom et le mode d'accès choisi parmi les valeurs suivantes :
`"r"` : accès en lecture seule, pointeur au début du fichier.
`"r+"` : accès en lecture et écriture, pointeur au début du fichier.
`"w"` : accès en écriture seule, pointeur au début du fichier. Efface le contenu du fichier et le crée s'il n'existe pas.
`"w+"` : accès en lecture et écriture, pointeur au début du fichier. Efface le contenu du fichier et le crée s'il n'existe pas.
`"a"` : accès en lecture seule, pointeur en fin de fichier. Crée le fichier s'il n'existe pas.
`"a+"` : accès en lecture et écriture, pointeur en fin de fichier. Crée le fichier s'il n'existe pas.
La fonction retourne un identifiant de fichier qui est utilisé comme paramètre par un grand nombre de fonctions de lecture/écriture.
Le paramètre `chemin` permet d'élargir la recherche du fichier aux sous-dossiers s'il vaut 1.

```
int fpassthru(resource $id_file)
```

Lit le contenu du fichier situé après le pointeur et envoie le contenu vers la sortie standard.

```
string fread(resource $id_file, int nb)
```

Lit un nombre `nb` de caractères dans le fichier identifié par `$id_file`.

```
int fseek(resource $id_file, int nb)
```

Déplace le pointeur de fichier à la position `nb`.

```
int ftell(resource $id_file)
```

Retourne la position en cours du pointeur de fichier.

```
int fwrite(resource $id_file, string texte, int nb)
```

Écrit le nombre maximal `nb` de caractères de la chaîne `texte` dans le fichier identifié.

```
boolean is_file(string nom_fichier)
```

Retourne `TRUE` si le fichier existe et `FALSE` dans le cas contraire.

```
boolean is_readable(string nom_fichier)
```

Retourne `TRUE` si le fichier est accessible en lecture et `FALSE` dans le cas contraire.

```
boolean is_uploaded_file(string nom_fichier)
```

Retourne `TRUE` si le fichier provient d'un téléchargement par la méthode `POST` et `FALSE` dans le cas contraire.

```
boolean is_writable(string nom_fichier)
```

Retourne `TRUE` si le fichier est accessible en écriture et `FALSE` dans le cas contraire.

```
int readfile(string nom_fichier, boolean chemin)
```

Lit la totalité du fichier et l'envoie vers la sortie standard.

```
string realpath(string nom_fichier)
```

Retourne le chemin d'accès complet du fichier.

```
boolean rename(string nom_ancien, string nom_nouveau)
```

Renomme le fichier `nom_ancien` en `nom_nouveau` et retourne `TRUE` si l'opération s'est bien exécutée.

```
boolean rewind(resource $id_file)
```

Replace le pointeur de fichier au début.

```
resource tmpfile()
```

Crée un fichier temporaire qui sera effacé en fin de connexion.

```
boolean touch(string nom_fichier, int nouv_date [,int ex_date])
```

Modifie la date de dernière modification du fichier et retourne TRUE si l'opération est réussie. Crée le fichier s'il n'existe pas encore.

```
boolean unlink(string nom_fichier)
```

Efface le fichier dont le nom est donné.

Exercices

Exercice 1

Créez un fichier pour enregistrer la date de chaque connexion à votre site. Procédez ensuite à la lecture des données, puis calculez des statistiques sur ces dates.

Exercice 2

Créez un fichier texte pour enregistrer le code du navigateur client sous forme d'enregistrements de longueur fixe (du type "E6" pour Internet Explorer 6) suivis d'un séparateur fixe. Il est possible d'utiliser la variable $_SERVER['HTTP_USER_AGENT'] pour identifier le navigateur client. Après lecture du fichier, réalisez des statistiques sur ces données.

Exercice 3

En vous inspirant de l'exemple 11-5, créez un livre d'or qui n'affiche que les cinq derniers avis donnés par les visiteurs du site.

Exercice 4

Créez une loterie en ligne en enregistrant le numéro gagnant dans un fichier texte. Le visiteur saisit sa proposition dans un formulaire, et la réponse est affichée après comparaison avec la solution.

Exercice 5

Créez un questionnaire en ligne dont les questions et les réponses sont contenues dans deux fichiers séparés. Au démarrage, lisez le fichier des questions et affichez-les dans un formulaire, chacune étant suivie d'une zone de saisie de texte pour la réponse ou de boutons radio pour des réponses par oui ou par non. Après envoi du formulaire complet, vérifiez chacune des réponses, et affichez le score.

12

Cookies, sessions et e-mails

Ce chapitre aborde les différentes méthodes qui permettent de conserver des informations pour améliorer le service rendu par un site. Il peut s'agir de conserver des choix fait par un visiteur entre deux visites pour adapter le contenu de la page d'accueil aux besoins de ce dernier. C'est ce que permettent les cookies. Il est en outre possible de conserver des informations saisies dans une page et de les rendre accessibles à toutes les autres pages d'un même site. Le mécanisme de session autorise ce type d'action, qui est à la base de la gestion de panier utilisée sur tous les sites de commerce en ligne.

Toujours dans le but d'améliorer le service rendu aux visiteurs ou aux clients d'un site, la fin du chapitre traite de l'envoi d'e-mails du site vers le poste client.

Les cookies

Les cookies sont de petits fichiers qui peuvent être écrits par un script PHP ou par d'autres langages, tel JavaScript, sur l'ordinateur du visiteur. À l'exception du piratage, c'est le seul cas où un site peut intervenir sur le disque dur d'un utilisateur.

Lors de sa création par Netscape, cette possibilité a effrayé plus d'un internaute, bien qu'elle ne présentait pas de danger réel. Chaque utilisateur garde de surcroît la possibilité de désactiver l'écriture des cookies en paramétrant son navigateur. Il peut aussi les effacer à sa guise puisqu'ils se trouvent tous dans un dossier, nommé **Cookies** sous Windows.

Par défaut, Internet Explorer écrit les cookies sans autorisation de l'utilisateur, tandis que Netscape demande l'accord du visiteur pour chaque cookie à écrire. Vous n'avez donc jamais la certitude de pouvoir écrire vos cookies pour chaque visiteur.

Les cookies font l'objet de limites d'emploi. Un site donné ne peut écrire que 20 cookies sur un même poste client. Chacun d'eux ne doit pas dépasser 4 Ko, ce qui empêche le stockage d'information de taille importante. Sauf spécification contraire, un cookie n'est accessible que par le site qui l'a écrit. L'utilisation des cookies est donc généralement limitée au stockage d'information de petite taille, comme le nom, le code d'accès ou les préférences de l'utilisateur. Ils sont utilisés par le mécanisme de session, que nous abordons par la suite.

Écriture des cookies

Pour écrire un cookie, comme pour envoyer des en-têtes au moyen de la fonction `header()`, il est impératif qu'aucun contenu HTML n'ait été envoyé au client avant l'écriture du cookie. Autrement dit, aucune instruction PHP d'affichage, ne serait-ce que pour afficher un seul caractère, ne doit figurer dans le script avant la fonction qui va créer le cookie.

Pour écrire un cookie, vous utilisez la fonction `setcookie()`, dont la syntaxe est la suivante :

```
boolean setcookie(string nom_cookie,[string valeur, integer datefin, string chemin,
➥string domaine, integer securite] )
```

Les paramètres de la fonction `setcookie()` sont les suivants :

- `nom_cookie` est une chaîne définissant le nom du cookie. Ce nom obéissant aux mêmes règles de nommage que les variables, il faut éviter les caractères spéciaux. Ce nom sert à identifier le cookie pour les opérations de lecture de leur contenu.

- `valeur` contient la valeur associée au cookie. Il s'agit d'une chaîne de caractères, même pour un nombre. Il y a donc lieu d'effectuer au besoin un transtypage *(voir le chapitre 2)* pour effectuer des calculs avec cette valeur.

- `datefin` est un entier qui permet de stocker un timestamp UNIX exprimé en seconde *(voir le chapitre 8)* définissant la date à partir de laquelle le cookie n'est plus utilisable. Si ce paramètre est omis, le cookie n'est valable que pendant le temps de connexion du visiteur sur le site. Pour définir cette date, vous utilisez le plus souvent la fonction `time()`, qui donne le timestamp en cours, auquel vous ajoutez la durée désirée par un nombre de seconde. Pour une durée de validité de vingt-quatre heures, par exemple, vous écrivez `time() +86400`.

- `chemin` définit le chemin d'accès aux dossiers qui contiennent les scripts autorisés à accéder au cookie. Les scripts contenus dans les sous-dossiers éventuels de ce dossier ont également accès au cookie.

- `domaine` définit le nom entier du domaine à partir duquel vous pouvez accéder au cookie. Vous écrivez, par exemple, `www.mondomaine.com`, et non `mondomaine.com` seulement. Lorsque ce nom de domaine est le même que celui qui a créé le cookie, ce qui est le cas le plus fréquent, vous pouvez omettre ce paramètre.

- securite est une valeur de type boolean qui vaut TRUE (ou la valeur 1) si le cookie doit être transmis par une connexion sécurisée (avec une adresse du type https://www.mondomaine.com) et FALSE (ou la valeur 0) dans le cas contraire, qui est la valeur par défaut.

La fonction setcookie() renvoie une valeur booléenne TRUE qui permet de contrôler si l'écriture du cookie a eu lieu et FALSE en cas de problème (si le navigateur client refuse les cookies, par exemple).

L'exemple 12-1 écrit plusieurs cookies en utilisant les différents paramètres possibles.

Exemple 12-1. Écriture de cookies avec différents paramètres

```
<?php
//cookie valable uniquement pour la session
setcookie("prenom","Jan"); ← ❶
//cookie valable 24 heures
setcookie("nom","Geelsen",time()+86400); ← ❷
//Ce cookie utilise tous les paramètres
setcookie("CB","5612 1234 5678 1234",time()+86400,"/client/paiement/ ",
➡ "www.funphp.com",TRUE); ← ❸
?>
```

Le premier appel de setcookie() ne définit que le nom et la valeur du cookie. Ce dernier n'étant valable que pendant la durée de la session, cette valeur n'est récupérable que pour une autre page du même site et non pour une prochaine connexion (repère ❶). Le deuxième appel crée un cookie valable vingt-quatre heures, soit 86 400 secondes (repère ❷). Le troisième appel crée un cookie utilisant tous les paramètres possibles (repère ❸).

Pour effacer le contenu d'un cookie, il suffit d'utiliser la fonction setcookie() en n'utilisant que le paramètre nom_cookie sans lui affecter de valeur.

La fonction suivante :

```
setcookie("nom")
```

efface la valeur précédente donnée au cookie nommé "nom".

Pour faire disparaître un cookie, vous devez définir une date de validité antérieure à la date actuelle en conservant la valeur utilisée lors de sa définition.

Le code suivant :

```
setcookie("CB","5612 1234 5678 1234",time()-3600)
```

rend le cookie inaccessible mais seulement lors du rechargement de la page qui contient ce code.

Vous pouvez écrire plusieurs valeurs sous un même nom de cookie en utilisant la notation à crochets des tableaux.

Le code suivant :

```
setcookie("client[prenom]","Jan",time()+3600);
setcookie("client[nom]","Geelsen",time()+3600);
setcookie("client[ville]","Paris",time()+3600);
```

enregistre un cookie nommé "client" contenant trois valeurs utilisables pendant une heure.

> **Écriture des clés**
>
> Dans la définition des cookies, les clés des tableaux ne sont pas délimitées par des guillemets, contrairement à l'usage habituel dans les tableaux.

Vous pouvez écrire des cookies à l'aide de boucles à partir des éléments d'un tableau. L'exemple 12-2 suivant écrit le cookie "client2" contenant trois valeurs en provenance du tableau $tabcook.

☞ **Exemple 12-2. Écriture de cookies à partir d'un tableau**

```php
<?php
$tabcook = array("prenom"=>"Paul", "nom"=>"Char", "ville"=>"Marseille");
foreach($tabcook as $cle=>$valeur)
{
  setcookie("client2[$cle]",$valeur,time()+7200);
}
?>
```

Lecture des cookies

Les données stockées dans les cookies ne sont récupérables dans la page qui les a créés que lors d'un rechargement de cette page. Les autres pages du site ont un accès immédiat aux cookies dès leur chargement. Cela procure un moyen de passage d'information d'une page à l'autre, même s'il y en a de plus commodes.

Il existe deux manières de récupérer la ou les valeurs d'un cookie, dans une variable de même nom que celui attribué au cookie ou dans le tableau associatif superglobal $_COOKIE.

Dans le cas où la variable a le même nom que le cookie, cette variable peut être scalaire ou un tableau, selon le moyen utilisé pour créer le cookie. Cette possibilité n'est toutefois plus valable depuis la version 4.1 de PHP, à moins d'activer la directive register_globals du fichier **php.ini,** ce qui n'est plus le cas par défaut. En tout état de cause, cette méthode, considérée comme obsolète, est appelée à disparaître.

Avec le tableau associatif superglobal $_COOKIE, vous utilisez comme clé de l'élément recherché le nom du cookie. Ce tableau n'étant disponible que depuis la version 4.1 de PHP, il faut utiliser pour les versions antérieures le tableau $HTTP_COOKIE_VARS. La nouvelle méthode est désormais recommandée. C'est donc celle que vous utiliserez exclusivement dans la suite du chapitre.

Dans le cookie simple suivant :

```
setcookie("nom","Geelsen",time()+1000)
```

vous récupérez l'information dans la variable $_COOKIE["nom"].

Pour le cookie sous forme de tableau suivant :

```php
<?php
setcookie("achat[premier]","livre",time()+3600);
setcookie("achat[deuxieme]","CD",time()+3600);
setcookie("achat[troisieme]","vidéo",time()+3600);
?>
```

vous lisez toutes les données dans le tableau $\_COOKIE["achat"]$. Il s'agit d'un tableau à deux dimensions, que vous pouvez parcourir à l'aide d'une boucle foreach :

```
foreach($_COOKIE["achat"] as $cle=>$valeur)
{
   echo "Le cookie nommé: $cle contient la valeur : $valeur <br />";
}
```

Après avoir rechargé la page dans le navigateur, vous obtenez l'affichage suivant :

```
Le cookie nommé: premier contient la valeur : livre
Le cookie nommé: deuxieme contient la valeur : CD
Le cookie nommé: troisieme contient la valeur : vidéo
```

Vous pouvez aussi accéder individuellement à chaque valeur.

Pour récupérer la valeur "livre", par exemple, vous écrivez :

```
$_COOKIE["achat"]["premier"]
```

Exemple de page avec cookies

L'exemple 12-3 réalise un sondage en ligne, dans lequel un seul vote est autorisé. Pour contrôler que personne ne triche, vous écrivez deux cookies, le premier pour vérifier qu'un vote a eu lieu et le second pour enregistrer le vote. La durée de validité des cookies est celle du sondage.

Dans le code de l'exemple, la durée de vie des cookies est fixée à 60 secondes, ce qui n'est guère réaliste mais tout à fait intentionnel. Cela vous permet de tester que vous pouvez enregistrer un nouveau vote après ce délai. Dans la pratique, la durée devrait être celle choisie pour le sondage.

Lorsque l'utilisateur valide le formulaire, le script commence par contrôler l'existence d'un cookie indiquant s'il existe déjà un vote, ici le cookie "votant" (repère ❶), et la valeur de ce vote, ici le cookie "vote" (repère ❷). Si un vote est déjà enregistré, une boîte d'alerte JavaScript affiche un message indiquant qu'il est impossible de voter deux fois (repère ❸).

Le script vérifie ensuite si l'utilisateur a déjà voté et recherche la valeur de son vote. S'il a voté, une boîte d'alerte JavaScript affiche la valeur du premier vote. Dans le cas contraire, les deux cookies sont enregistrés, puis une boîte d'alerte de remerciement s'affiche *(voir la figure 12-1)*. Dans la réalité, chaque vote doit évidement être enregistré sur le serveur, dans un fichier texte, par exemple, de façon à pouvoir afficher les résultats du vote *(voir le chapitre 11 pour réaliser cet enregistrement).*

Le script est découpé en plusieurs morceaux, délimités par les balises habituelles `<?php et ?>`. Entre ces morceaux de scripts sont incorporés les éléments HTML destinés à afficher les boîtes d'alertes.

La suite du fichier est le code HTML créant l'interface visible du sondage, constituée de boutons radio portant tous le même nom, ce qui les rend exclusifs et n'autorise qu'un seul choix.

☞ **Exemple 12-3. Sondage avec vérification des votes**

```php
<?php
//1er partie du script PHP
if(isset($_POST["choix"]))
{
  if($_COOKIE["votant"]←❶ && $_COOKIE["vote"])←❷
  {
    $vote = $_COOKIE["vote"];
?>
    <!--Code JavaScript -->
    <script type="text/javascript" >
    alert('Vous avez déja voté pour <?php echo $vote ?>!')←❸
    </script>
<!-- 2 eme partie du script PHP-->
<?php
  }
  else
  {
    $vote = $_COOKIE["vote"];
    setcookie("votant","true",time()+60);
    setcookie("vote","{$_POST['choix']}",time()+60);
    //enregistrement du vote dans un fichier --> voir chapitre 12
?>
  <!--Code JavaScript -->
  <script type="text/javascript" >
  alert('Merci de votre vote pour <?= $_POST["choix"] ?> ! ')
  </script>
<!-- 3 eme partie du script PHP-->
<?php
  }
}
?>
<!DOCTYPE HTML PUBLIC "-//W3C//DTD HTML 4.01//EN"
"http://www.w3.org/TR/html4/strict.dtd">
<meta http-equiv="Content-Type" content="text/html; charset=iso-8859-1">
<title>Sondage </title>
</head>
<body>
<h2>Bienvenue sur le site PHP 5 </h2>
```

```
<form method="post" action="<?= $PHP_SELF ?>">
<fieldset>
<legend>Votez pour votre technologie Internet préférée</legend>
  <table>
    <tr>
      <td>Choix 1 : PHP/MySQL</td>
      <td>
        <input type="radio" name="choix" value="PHP et MySQL">
      </td>
    </tr>
    <tr>
      <td>Choix 2 : ASP.Net</td>
      <td>
        <input type="radio" name="choix" value="ASP.Net">
      </td>
    </tr>
    <tr>
      <td>Choix 3 : JSP </td>
      <td>
        <input type="radio" name="choix" value="JSP">
      </td>
    </tr>
    <tr>
      <td><b>Votez ! </b></td>
      <td>
        <input type="submit"  value="ENVOI">
      </td>
    </tr>
  </table>
</fieldset>
</form>
</body>
</html>
```

Figure 12-1

Page de sondage utilisant cookies et boîtes d'alerte JavaScript

Les sessions

Le protocole HTTP, que vous utilisez chaque fois que vous voulez visualisez une page Web, est un protocole de transmission dit sans état. En d'autres termes, quand vous entrez l'adresse d'un site dans votre navigateur, le protocole HTTP la transmet au serveur puis vous renvoie le fichier HTML correspondant avant de passer aussitôt à autre chose. Si, à partir de la page d'accueil, vous cliquez sur un lien vers une autre page du même site, rien ne lui permet de savoir que ces deux requêtes émanent du même poste client. Il est donc *a priori* impossible de conserver des informations provenant d'une page pour les utiliser dans une autre.

L'introduction du support des sessions dans la version 4 de PHP permet de conserver ces informations de façon simple et de les réutiliser dans toutes les pages d'un site pour un même visiteur. Aucun autre visiteur n'a accès à ces données.

Le mécanisme des sessions

L'utilisation du mécanisme des sessions obéit aux étapes générales suivantes :

1. Ouverture d'une session dans chaque page ayant accès aux données à l'aide de la fonction `session_start()` de syntaxe : `boolean session_start()`. Dans la plupart des cas, c'est-à-dire quand les sessions utilisent des cookies, cet appel est la première instruction du script.

2. Chaque utilisateur se voit attribuer un identifiant de session, qui est une suite de caractères aléatoire. Lié à la session en cours, et donc différent lors d'une autre connexion, cet identifiant est transmis d'une page à une autre de deux manières différentes, soit en étant écrit dans un cookie sur le poste client, soit en étant ajouté à l'URL de la page cible d'un lien.

3. Définition des variables de session, c'est-à-dire des valeurs qui seront accessibles dans toutes les pages du site qui utilisent la fonction `session_start()`. Cela se réalise en utilisant le tableau superglobal `$_SESSION`, dont les clés sont les noms des variables. À la différence des cookies, les noms et valeurs des variables sont stockés sur le serveur et non sur le poste client. Les variables sont généralement stockées dans le dossier **/tmp** du serveur, mais il vous appartient de vérifier auprès de votre hébergeur le nom du dossier de stockage, certains d'entre eux vous obligeant à créer vous-même sur le serveur un dossier nommé, par exemple, **sessions.** En l'absence d'un tel dossier, les sessions ne fonctionnent pas. Les fichiers contenant les données ont pour nom l'identifiant de session, auquel est ajouté le préfixe `sess_`. Ils ont la même structure qu'un fichier texte.

4. Lecture des variables de session dans chaque page en fonction des besoins à l'aide du tableau superglobal `$_SESSION`.

5. Fermeture de la session après destruction éventuelle des variables de session.

Sessions avec cookies

La manière la plus simple de transmettre l'identifiant de session est d'utiliser un cookie. Il faut pour cela que la directive session.use_cookies du fichier **php.ini** ait la valeur on et plus fondamentalement que le poste client accepte les cookies. C'est pour cette raison que l'on voit couramment sur les sites de commerce en ligne un avertissement du type « pour accéder à ce service, vous devez accepter les cookies ». Vous verrez par la suite comment gérer les sessions en cas de refus absolu des cookies par le client.

Vous n'avez pas à coder vous-même dans le script l'écriture du cookie, PHP se chargeant de l'envoyer immédiatement quand vous appelez la fonction session_start() pour la première fois. Si ces conditions sont remplies, vous n'avez à vous préoccuper de rien, si ce n'est de faire commencer chaque page par l'appel de la fonction session_start().

> **La directive *session.auto_start***
> Si la directive session.auto_start a la valeur on, vous n'avez même pas à utiliser la fonction session_start(), le serveur s'en chargeant pour toutes les pages du site. Cette directive est toutefois rarement activée.

Les variables de session sont définies par le biais du tableau $_SESSION de la manière suivante :

```
$_SESSION['mavar']= mavaleur;
```

ou encore :

```
$_SESSION['mavar']= $mavariable;
```

La valeur est ensuite lisible dans toutes les pages en écrivant simplement :

```
echo $_SESSION['mavar'];
```

L'utilisation des sessions se révèle donc beaucoup plus simple qu'il n'y paraît.

Le code de gestion élémentaire de session comprendrait, par exemple, les deux pages suivantes :

- La première page démarre une session (repère ❶) puis enregistre une variable de session (repère ❷) et crée un lien vers la deuxième page, nommée "deux.php\" :

```
<?php
session_start(); ← ❶
$nom="Jean";
$_SESSION['nom']=$nom; ← ❷
echo "<a href=\"deux.php\">Vers la page DEUX </a>";
?>
```

- La deuxième page démarre également une session (repère ❸) puis a accès à la variable de session de la page précédente (repère ❹) :

```
<?php
session_start(); ← ❸
echo "<br /> Bonjour ",$_SESSION['nom']; ← ❹
?>
```

Pages à accès réservé par une authentification

Vous allez maintenant créer une application plus complète utilisant le mécanisme des sessions.

L'exemple 12-4 suivant est composé de trois fichiers correspondant à trois pages du site. L'objectif est de limiter l'accès du site aux seuls utilisateurs enregistrés dotés d'un login et d'un mot de passe.

☞ **Exemple 12-4. Accès réservé et identification**

Cet exemple est constitué de trois fichiers, **pageindex.php, pagehtml.php** et **pagephp.php.**

Sur la page d'accueil, le script crée un formulaire classique d'authentification, dans lequel le visiteur doit saisir son login et son mot de passe *(voir la figure 12-2)*.

Le script commence par ouvrir une session (repère ❶) puis vérifie si le login et le code son corrects (repère ❷). Il va de soi que sur un site réel le login et le code ne figureraient pas dans le script mais seraient lus dans une base de données.

Si l'accès est autorisé, la variable $_SESSION['acces'] est définie avec la valeur "oui" et la variable $_SESSION['nom'] qui récupère le login du visiteur. Cette page contient deux liens vers les pages xHTML et PHP et affiche le nombre de fois que chaque page a été vue pendant la session. Vous utilisez pour cela les variables $_SESSION['html'] et $_SESSION['php'], dont les valeurs sont définies dans les fichiers **pagehtml.php** et **pagephp.php.** Cela montre bien qu'une variable de session définie dans une page est visible partout (repères ❺ et ❻).

Script de la page d'accueil **pageindex.php** :

```php
<?php
session_start(); ← ❶
if($_POST['login']=="Machin" && $_POST['pass']=="4567") ← ❷
{
    $_SESSION['acces']="oui"; ← ❸
    $_SESSION['nom']=$_POST['login']; ← ❹
}
?>
<!DOCTYPE HTML PUBLIC "-//W3C//DTD HTML 4.01//EN"
"http://www.w3.org/TR/html4/strict.dtd">
<html>
<head>
<meta http-equiv="Content-Type" content="text/html; charset=iso-8859-1">
<title>LES SESSIONS</title>
</head>
<body>
<p>
<form method="post" action="<?= $_SERVER['PHP_SELF'] ?>">
<fieldset>
<legend>Accès réservé aux personnes autorisées: Identifiez vous !</legend>
Login<input type="text" name="login">
Pass <input type="password" name="pass" />
<input type="submit" name="envoi" value="Entrer"/>
```

```
</fieldset>
</form></p>
<p> Visiter les pages du site <br />
<u>
<li><a href="pagehtml.php">Page (X)HTML </a>
<? if(isset($_SESSION['html'])) echo " vue ". $_SESSION['html']. " fois"; ?>  </li>← ❺
<li><a href="pagephp.php">Page PHP 5</a>
<? if(isset($_SESSION['php'])) echo " vue ". $_SESSION['php']. " fois"; ?>  </li>← ❻
</u></body>
</html>
```

Figure 12-2

Page d'accueil

Les pages définies par les fichiers **pagephp.php** et **pagehtml.php** sont celles qui vont afficher le contenu informatif réservé. Elles ont une structure identique, et vous pourriez en créer une quantité sur le même modèle pour élargir le contenu du site. Chacune d'elles commence par démarrer une session (repères ❶). Elles sont protégées contre tout accès non autorisé, car si une personne essaye de les afficher directement dans un navigateur, elle est redirigée (repères ❷) vers la page d'accueil tant que la variable $_SESSION['acces'] n'a pas la valeur "oui" (repères ❸).

Si l'accès est autorisé, le script affiche un message de bienvenue incorporant le nom du visiteur (repères ❹) puis incrémente un compteur de visite pour la page (repères ❺). Il affiche enfin à la suite des liens vers les autres pages le nombre de fois qu'elles ont été visitées (repères ❻ et ❼).

Script de la page **pagephp.php** :

```
<?php
session_start(); ← ❶
if($_SESSION['acces']!="oui") ← ❷
{
header("Location:pageindex.php"); ← ❸
}
else
{
echo "<h4>Bonjour ". $_SESSION['nom']."</h4>"; ← ❹
```

```
        $_SESSION['php'] ++; ← ❺

        }
        ?>
        <!DOCTYPE HTML PUBLIC "-//W3C//DTD HTML 4.01//EN"
        "http://www.w3.org/TR/html4/strict.dtd">
        <html>
        <head>
        <meta http-equiv="Content-Type" content="text/html; charset=iso-8859-1">
        <title>La page de PHP</title>
        </head>
        <body>
        <h4> Accès réservé aux personnes autorisées</h4>
        <p> Visiter les autres pages du site :
        <? echo "Page PHP vue ". $_SESSION['php']. " fois"; ?> ← ❻
        <u>
        <li><a href="pageindex.php">Page d'accueil </a>   </li>
        <li><a href="pagehtml.php">Page (X)HTML </a>
        <? echo " vue ". $_SESSION['html']. " fois"; ?></li> ← ❼
        </u>
        <h3>Contenu de la page PHP</h3>
        </body>
        </html>
```

Figure 12-3
Page PHP

Script de la page **pagehtml.php** :

```
<?php
session_start(); ← ❶
if($_SESSION['acces']!="oui") ← ❷
{
header("Location:pageindex.php"); ← ❸
}
else
{
echo "<h4>Bonjour ". $_SESSION['nom']."</h4>"; ← ❹
```

```
    $_SESSION['html'] ++; ← ❺
    }
    ?>
    <!DOCTYPE HTML PUBLIC "-//W3C//DTD HTML 4.01//EN"
    "http://www.w3.org/TR/html4/strict.dtd">
    <html>
    <head>
    <meta http-equiv="Content-Type" content="text/html; charset=iso-8859-1">
    <title>La page du HTML.</title>
    </head>
    <body>
    <h4> Accès réservé aux personnes autorisées</h4>
    <p> Visiter les autres pages du site :
    <? echo "Page (X)HTML vue ". $_SESSION['html']. " fois"; ?> ← ❻
    <u>
    <li><a href="pageindex.php">Page d'accueil </a>  </li>
    <li><a href="pagephp.php">Page PHP 5</a>
    <? if(isset($_SESSION['php']))echo " vue ". $_SESSION['php']. " fois"; ?> ← ❼
    </li>
    </u><p>Contenu de la page (X)HTML</p>
    </body>
    </html>
```

Figure 12-4
Page HTML

La gestion de panier

Une utilisation classique des cookies est la gestion de panier sur un site de commerce en ligne dans lequel les articles sont sélectionnés les uns après les autres et stockés dans un panier, ou Caddie.

L'exemple 12-5 demande de remplir un bon de commande en complétant un formulaire. Ce dernier ne permet la saisie que d'un article à la fois. La démarche serait la même si le client pouvait choisir des articles dans différentes pages et qu'il fallait conserver l'ensemble de ces choix jusqu'à la fin de sa commande.

Si la commande comportait plus d'un article, la saisie du premier article serait perdue lors de la saisie du deuxième. L'usage des sessions permet de conserver l'ensemble des articles saisis jusqu'à la fin de la commande.

Le formulaire de saisie comprend trois zones de saisie ainsi que trois boutons Submit, chacun correspondant à une action particulière. Le bouton Ajouter ajoute un article à la commande, le bouton Vérifier affiche l'ensemble de la commande et le montant total et le bouton Enregistrer stocke la commande dans un fichier texte sur le serveur.

La partie PHP du script est divisée en trois parties, chacune gérant une des actions possibles :

- Si l'utilisateur clique sur le bouton Ajouter, le script récupère les informations dans les variables $code, $article et $prix (repères ❶, ❷ et ❸) puis définit les variables de session $_SESSION['code'][], $_SESSION['article'][] et $_SESSION['prix'][] (repères ❹, ❺ et ❻). Comme l'indiquent les crochets, la variable $_SESSION est un tableau multidimensionnel. L'élément dont la clé est code contient, par exemple, tous les codes saisis successivement. Ces variables sont utilisables tout au long des différentes phases de saisie de la commande. Cela équivaut à conserver des valeurs entre plusieurs pages, comme vous l'avez fait précédemment, puisque chaque fois que l'utilisateur clique sur un des boutons d'envoi la page est réaffichée.

- Si l'utilisateur clique sur le bouton Vérifier, le script affiche l'ensemble des lignes de la commande plus une ligne indiquant le prix total dans un tableau HTML. Vous utilisez pour cela une boucle for, qui permet de parcourir le tableau $_SESSION, et plus précisément les tableaux $_SESSION['code'], $_SESSION['article'] et $_SESSION['prix'] (repère ❼). Le prix total est calculé en accumulant les valeurs successives des variables $_SESSION['prix'][$i] (repère ❽).

- Si l'utilisateur clique sur le bouton Enregistrer, le script enregistre dans un fichier texte toutes les données saisies en parcourant de la même façon le tableau $_SESSION (repère ❾).

Le script se termine en réinitialisant la variable $_POST["envoi"] de façon qu'elle ne conserve pas sa dernière valeur (repère ❿).

La figure 12-5 illustre une page de saisie des articles et la figure 12-6 l'ensemble des données d'une commande.

☞ **Exemple 12-5. Commande en ligne**

```php
<?php
session_start();
//AJOUTER
if($_POST["envoi"]=="AJOUTER" && $_POST["code"]!="" && $_POST["article"]!=""
➥&& $_POST["prix"]!="")
{
  $code=$_POST["code"]; ← ❶
  $article= $_POST["article"]; ← ❷
  $prix= $_POST["prix"]; ← ❸
  $_SESSION['code'][]= $code; ← ❹
  $_SESSION['article'][]= $article; ← ❺
  $_SESSION['prix'][]= $prix; ← ❻
```

```php
}
//VERIFIER
if($_POST["envoi"]=="VERIFIER")
{
  echo "<table border=\"1\" >";
  echo "<tr><td colspan=\"3\"><b>Récapitulatif de votre   commande</b></td>";
  echo "<tr><th> code </th><th> article 
    ➥</ th><th> prix </th>";
  for($i=0;$i<count($_SESSION["code"]);$i++) ← ❼
  {
    echo "<tr> <td>{$_SESSION['code'][$i]}</td>    <td>{$_SESSION['article'][$i]}
    ➥</td><td>{$_SESSION['prix'][$i]}</td>";
    $prixtotal+=$_SESSION['prix'][$i]; ← ❽
  }
  echo "<tr>   <td colspan=2> PRIX TOTAL </td> <td>"   sprintf("%01.2f",
  ➥$prixtotal)."</td>";
  echo "</table>";
}
//ENREGISTRER
if($_POST["envoi"]=="ENREGISTRER")
{
  $idfile=fopen("commande.txt",w);
  for($i=0;$i<count($_SESSION["code"]);$i++)
  {
    fwrite($idfile, $_SESSION["code"][$i]." ; ".$_SESSION["article"][$i]." ;
    ➥".$_SESSION["prix"][$i]."; \n"); ← ❾
  }
  fclose($idfile);
}
$_POST["envoi"]=""; ← ❿
?>
<!DOCTYPE HTML PUBLIC "-//W3C//DTD HTML 4.01//EN"
"http://www.w3.org/TR/html4/strict.dtd">
<html>
<head>
<meta http-equiv="Content-Type" content="text/html; charset=iso-8859-1">
<title>Gestion de panier</title>
</head>
<body>
<form action="<?= $_SERVER['PHP_SELF'] ?>" method="post"
 ➥enctype="application/x-www-form-urlencoded">
<fieldset>
<legend><b>Saisies d'articles</b></legend>
<table>
<tbody>
<tr>
<th>code : </th>
<td> <input type="text" name="code" /></td>
</tr>
<tr>
<th>article : </th>
```

Exemple 12-5. Commande en ligne *(suite)*

```
<td><input type="text" name="article" /></td>
</tr>
<tr>
<th>prix :</th>
<td><input type="text" name="prix" /></td>
</tr>
<tr>
<td colspan="3">
<input type="submit" name="envoi" value="AJOUTER" />
<input type="submit" name="envoi" value="VERIFIER" />
<input type="submit" name="envoi" value="ENREGISTRER" />
</td>
</tr>
</tbody>
</table>
</fieldset>
</form>
</body>
</html>
```

Figure 12-5
Page de saisie de commandes

Figure 12-6
Affichage du contenu du panier

Sur un site réel en production, il serait bon d'ajouter au formulaire un quatrième bouton, nommé Déconnexion, ou Logout, permettant à l'internaute de terminer la session et de faire disparaître les données saisies, en particulier son code d'accès. Cette précaution n'est pas inutile, surtout si le poste client est utilisé successivement par plusieurs personnes.

Pour détruire toutes les variables de la session, vous utilisez la fonction session_unset() sans paramètre de façon qu'elle ne retourne aucune valeur. Pour terminer la session, vous disposez de la fonction session_destroy(), également appelée sans paramètre, qui retourne une valeur booléenne TRUE si l'opération est réalisée et FALSE dans le cas contraire.

Pour créer le bouton Submit, il vous resterait à ajouter le code HTML suivant :

```
<input type="submit" name="envoi" value="LOGOUT" />
```

puis, dans le script PHP, le code correspondant suivant :

```
if($_POST["envoi"]=="LOGOUT")
{
session_unset();
session_destroy();
echo "<h3>La session est terminée</h3>";
}
```

Si l'utilisateur clique sur le bouton LOGOUT, personne ne peut plus afficher sa commande, lui y compris.

Les sessions sans cookie

Si vous désactivez les cookies dans votre navigateur — dans Internet Explorer, par exemple, *via* Outils, Options Internet, Confidentialité et Bloquer tous les cookies — et que vous tentiez de tester les exemples 12-4 et 12-5, vous constaterez qu'ils ne fonctionnent pas. PHP ne peut plus enregistrer l'identifiant de session dans un cookie sur le poste client. Il vous faut donc transmettre cet identifiant entre toutes les pages du site d'une autre façon.

Le nom de la session, par défaut PHPSESSID, et l'identifiant aléatoire de session sont maintenant contenus dans la constante nommée SID, sous la forme :

```
PHPSESSID= uscbk53ua1div44kbvp8v5cnq6
```

La transmission du nom et de la valeur de l'identifiant se fait en ajoutant à la fin de chaque adresse définie dans un lien le caractère ? suivi de la valeur de la constante SID.

Pour la page **pageindex.php,** par exemple, il vous faudrait réécrire la liste des liens de la manière suivante :

```
<p> Visiter les pages du site <br />
<u>
<li><a href="pagehtml2.php?<?php echo SID?>">Page (X)HTML
➥</a><? if(isset($_SESSION['html'])) echo " vue ". $_SESSION['html']. " fois"; ?> </li>
<li><a href="pagephp2.php?<?php echo SID?>">Page PHP 5</a><? if(isset
➥($_SESSION['php'])) echo " vue ". $_SESSION['php']. " fois"; ?>  </li>
</u>
```

et faire de même avec les autres pages du site pour chaque lien.

Le nom de la session est récupérable en appelant la fonction `session_name()` sans paramètre et l'identifiant de session en appelant la fonction `session_id()`, qui retourne une chaîne de caractères.

L'usage de la constante `SID` est de loin préférable pour transmettre l'identifiant vers d'autres pages.

L'e-mail

Vous avez déjà vu au chapitre 6, consacré aux formulaires, la possibilité de communication par e-mail entre un internaute et un site Web pour transmettre les données d'un formulaire.

Vous allez découvrir ici la possibilité d'envoyer des e-mails du serveur vers le poste client. Pour peu que votre serveur vous l'autorise, cette fonctionnalité vous permet d'envoyer un e-mail contenant un identifiant et un code d'accès à une personne qui s'inscrit sur un forum de discussion ou un site en donnant son adresse e-mail. Ce contrôle évite, par exemple, les saisies fantaisistes ou, pire, les usurpations d'adresse e-mail.

Sur un site de commerce en ligne, cette fonction donne la possibilité d'envoyer automatiquement une confirmation de commande sitôt qu'elle est passée.

La fonction mail()

La première chose à faire est bien entendu de vous assurer auprès de votre hébergeur que vous disposez de la fonction `mail()`. De nombreux hébergeurs, en particulier les gratuits, désactivent la fonction d'envoi d'e-mail pour éviter le Spam et surtout pour ne pas surcharger leurs serveurs. Certains autres réécrivent la fonction `mail()` pour en limiter les possibilités, le nombre d'envoi simultané, par exemple.

Cette vérification peut être réalisée en utilisant l'exemple 7-1 du chapitre 7 (fichier **fonction1.php**), qui affiche la liste des fonctions disponibles sur le serveur. Pour l'hébergement d'un site professionnel, la possibilité d'envoi d'e-mail peut être un critère de sélection déterminant.

La fonction de base d'envoi d'e-mail se nomme donc `mail()`. Sa syntaxe est la suivante :

```
boolean mail($dest, $objet, $texte, [$entete])
```

Les paramètres de la fonction `mail()` sont les suivants :

- `$dest` est une chaîne contenant l'adresse e-mail du destinataire. Pour envoyer le même e-mail à plusieurs adresses, il faut séparer chacune d'elles par une virgule.
- `$objet` est une chaîne contenant le texte qui apparaît dans la colonne Objet du logiciel de courrier du destinataire.
- `$texte` est une chaîne donnant le contenu réel du message, qui peut être au format texte ou au format HTML.

- $entete est une chaîne contenant les en-têtes nécessaires à l'envoi d'e-mails, lorsque ces derniers ne sont pas au format texte. Chaque en-tête se termine par la séquence "\n" sur un serveur Linux et "\r\n" sous Windows.

La fonction mail() retourne la valeur booléenne TRUE si le message est expédié et FALSE dans le cas contraire. La vérification que vous pouvez opérer grâce à cette valeur de retour ne signifie pas que l'e-mail est bien reçu et ne présage en rien de problèmes tels qu'une erreur dans l'adresse ou une adresse inexistante. Dans ces derniers cas, vous recevez un message d'erreur à l'adresse de l'expéditeur (sauf spécification contraire) dans un délai qui peut aller de quelques minutes à plusieurs jours.

Envoi d'e-mail au format texte

Votre premier exemple n'utilise que les trois premiers paramètres de la fonction mail().

À partir d'un formulaire de commande de livres, dans lequel le client saisit sa commande sous la forme d'un nom d'article (repère ❶), d'une quantité (repère ❷), de son nom (repère ❸) et de son adresse postale (repère ❹) et enfin de son e-mail (repère ❺), le script lui envoie un e-mail de confirmation récapitulant la commande.

Le script contient la définition d'un tableau contenant le tarif de chaque livre (repère ❻). Il ne contient ici que trois titres. Dans la réalité, le tarif serait bien entendu contenu dans une base de données. Comme vous en avez l'habitude, le script vérifie ensuite l'existence des variables envoyées par le formulaire (repère ❼) puis recherche le prix de l'article commandé (repère ❽) et crée le contenu du message dans la variable $text en concaténant les différentes informations envoyées par le client (repère ❾).

L'e-mail de confirmation est alors envoyé (repère ❿), et une vérification est opérée pour savoir si l'opération s'est bien déroulée et afficher un avis au client.

La figure 12-7 illustre la page de commande de livres.

☞ **Exemple 12-6 Envoi d'un e-mail de confirmation**

```
<!DOCTYPE html PUBLIC "-//W3C//DTD XHTML 1.0 Strict//EN"
"http://www.w3.org/TR/xhtml1/DTD/xhtml1-strict.dtd">
<html xmlns="http://www.w3.org/1999/xhtml" xml:lang="fr" lang="fr">
<head>
<meta http-equiv="content-type" content="text/html; charset=iso-8859-1" />
<style type="text/css">
td {background-color:yellow;color:blue;font-family: arial, helvetica, sans-serif;
➥font-size: 12pt;font-weight: bold;}

</style>
<title>Votre commande</title>
</head>
<body>
<form action="<?= $_SERVER['PHP_SELF'] ?> " method="post"
enctype="application/x-www-form-urlencoded" >
```

Exemple 12-6 Envoi d'un e-mail de confirmation *(suite)*

```
<fieldset>
<legend>Passez votre commande</legend>

<table border="0" >
<tr>
   <td>Article</td>
   <td><input type="text" name="article" size="40" maxlength="256" /></td>← ❶
</tr>
<tr>
   <td>Quantité</td>
   <td><input type="text" name="quantite" size="40" /></td>
</tr>← ❷
<tr>
   <td>Nom</td>
   <td><input type="text" name="nom" size="40" maxlength="256" /></td>← ❸
</tr>
<tr>
   <td>Adresse</td>
   <td><input type="text" name="adresse" size="40" maxlength="256" /></td>← ❹
</tr>
<tr>
   <td>Mail</td>
   <td><input type="text" name="mail" size="40" maxlength="256" /></td>← ❺
</tr>
<tr >

   <td colspan="2">  <input type="submit" name="envoi" value=" Commander " />
   ➥</td>
</tr>
</table>
</fieldset>
</form>
<!--SCRIPT PHP -->
<?php
//Création du tarif des livres
$tarif= array("HTML"=>35.50,"PHP5"=>29.00,"MySQL"=>19.75);← ❻
//Gestion de la commande
if(isset($_POST['article'])&& isset($_POST['quantite']) && isset($_POST['nom'])
➥&& isset($_POST['adresse']) && isset($_POST['mail']) )← ❼
{
  $article=$_POST['article'];
  $prix= $tarif[$article];← ❽
  $objet="Confirmation de commande";
  //Contenu du mail ← ❾
  $text.= "Nous avons bien reçu votre commande de : \n";
  $text.="{$_POST['quantite']} livres ";
  $text.= $_POST['article'] . " au prix unitaire de : ". $prix ." euros \n";
  $text.= "Soit un prix total de : ". $prix * $_POST['quantite'] ." euros \n";
  $text.="Adresse de livraison : \n". $_POST['nom']. " \n";
```

```
      $text.=$_POST['adresse']. " \n";
      $text .=" Cordialement";
      if(mail($_POST['mail'],$objet,$text))← ❿
      {
         echo "<h1>Vous allez recevoir un mail de confirmation </ h1>";
      }
      else
      {
         echo "<h1>Le mail n'a pas été envoyé: recommencez! </h1>";
      }
   }
   ?>
   </body>
   </html>
```

Figure 12-7

Bon de commande de livres

La figure 12-8 illustre l'e-mail tel qu'il peut être visualisé par le client du site dans Outlook Express.

Figure 12-8

E-mail reçu par le client

En utilisant le quatrième paramètre de la fonction mail(), il est possible pour des applications particulières de mettre en copie simple d'autres destinataires (option Cc dans Outlook Express : les destinataires voient l'adresse de tous les autres) ou en copie cachée (option Cci : les destinataires ne voient pas l'adresse des autres). Ce paramètre permet d'ajouter des en-têtes dans l'e-mail et de définir leur valeur.

Le tableau 12-1 récapitule l'ensemble des en-têtes utilisables dans l'envoi des e-mails.

Tableau 12-1 En-têtes utilisables au format texte ou HTML

En tête	Définition
From:	Adresse de l'expéditeur de l'e-mail si vous souhaitez qu'elle soit différente de celle qui est écrite dans le corps du message.
cc:	Adresse e-mail du destinataire en copie. S'il y en a plusieurs, elles doivent être séparées par des virgules.
bcc:	Adresse du destinataire en copie cachée
Reply-To:	Adresse à laquelle parviendra la réponse éventuelle du destinataire s'il rédige son e-mail en utilisant le bouton Répondre.
X-Mailer:	Nom du logiciel d'envoi du courrier
Date:	Date de l'e-mail au format JJ MM AAAA h:m:s +0N00, dans laquelle N est le décalage horaire.

En utilisant ces en-têtes dans le quatrième paramètre de la fonction mail(), le code définissant le contenu de l'e-mail de l'exemple précédent devient :

```
$text.= "Nous avons bien reçu votre commande de : \n";
$text.="{$_POST['quantite']} livres ";
$text.= $_POST['article'] . " au prix unitaire de : ". $prix ." euros \n";
$text.= "Soit un prix total de : ". $prix * $_POST['quantite'] ." euros \n";
$text.="Adresse de livraison : \n". $_POST['nom']. " \n";
$text.=$_POST['adresse']. " \n";
$text .=" Cordialement";
//Ecriture des en-tetes
$entete="From:ventes@machin.com";
$entete="cc:compta@machin.com";
$entete.="bcc:julia@machin.com";
$entete.="Reply-To:reponse@machin.com";
$entete.="X-Mailer:PHP".phpversion();
$entete.="Date:".date("D, j M Y H:i:s +0100")   if(mail($_POST['mail'],
➥$objet,$text,$entete))
 {echo "<h1>Le mail a été envoyé </ h1>";}
else
   { echo "<h1>Le mail n'a pas été envoyé </h1>";   }
```

Envoi d'e-mail au format HTML

L'envoi d'e-mail au format HTML permet de rendre l'aspect visuel du message beaucoup plus agréable car il se présente comme une page HTML, avec tout ce qu'elle peut comporter, comme des titres, des image ou des liens.

Cette méthode est évidemment recommandée pour l'envoi d'e-mails publicitaires ou d'information à une liste de personnes inscrites à une liste de distribution *(mailing list)*.

Pour réaliser ce type d'e-mail, vous utilisez encore le quatrième paramètre de la fonction `mail()` en ajoutant cette fois les en-têtes MIME détaillés au tableau 12-2. Chaque en-tête se termine par la séquence "\n".

> **En-tête MIME**
>
> Les types MIME (Multipurpose Internet Mail Extensions) ont été créés pour permettre d'insérer des documents (images, sons, texte HTML, etc.) dans un courrier.

Pour incorporer des images dans un e-mail au format HTML, vous écrivez le code HTML de la même façon que pour une page Web classique mais en veillant que l'attribut `href` de l'élément `<img>` contienne l'adresse absolue des images employées. Si cette méthode présente l'inconvénient d'obliger le destinataire à être en ligne pour pouvoir visualiser les images, elle rend en contrepartie les messages moins lourds.

Tableau 12-2 En-têtes MIME

En tête	Définition
`MIME-Version:`	Indique que le contenu de l'e-mail est conforme aux spécifications MIME ainsi que la version utilisée (actuellement 1.0 ou 1.1). Cet en-tête doit être écrit le premier : `MIME-Version: 1.0`
`Content-Type:`	Définit le type de contenu de l'e-mail à l'aide d'un type MIME ainsi que le jeu de caractères à utiliser : `Content-Type: text/html;charset=iso-8859-1`
`Content-Transfer-Encoding:`	Définit le mode de codage des documents, en particulier des images liées à l'e-mail. Il y a plusieurs valeurs possibles, mais il est préférable de choisir la valeur 8bit : `Content-Transfer-Encoding: 8bit`

L'exemple 12-7 envoie un e-mail d'annonce d'un grand événement à une personne (repère ❶). Il serait bien entendu possible de l'améliorer en créant une boucle qui lirait un tableau contenant la liste de tous les destinataires inscrits sur le site qui délivre l'information.

Le texte de l'e-mail est composé uniquement de code HTML, contenant un gros titre, une image (repère ❷) et deux liens hypertextes (repères ❸ et ❹). Ce contenu pourrait être parfaitement affiché dans un navigateur quelconque en tant que page Web.

Les en-têtes utilisés définissent l'utilisation des spécifications MIME (repère ❺), le type de contenu de l'e-mail (repère ❻) et le type d'encodage (repère ❼). Ce sont eux qui vont permettre l'affichage du contenu de la variable `$text` comme une page HTML par le logiciel de messagerie. La fonction `mail()` reçoit ensuite ces quatre paramètres et réalise l'envoi de l'e-mail (repère ❽).

Exemple 12-7. Envoi d'e-mail au format HTML

```php
<?php
$dest = "abonne@machin.com"; ← ❶
$objet = "Test mail en HTML";
//Contenu HTML du mail
$texte = "<html><head><title>Envoi de mail HTML</title></head>
<body><h1>La bonne nouvelle du mois</h1>
<b>Sortie de PHP 5 version finale!</b>
<img src=\"http://static.php.net/www.php.net/images/php.gif\" alt=\"Logo PHP\" />← ❷
<a href=\"http://www.php.net.\">Plus d'infos ici</A>← ❸
<p>Télécharger un installeur pour une utilisation en local<br />
<a href=\"http://www.phpathome.fr.tc\">Le site PHP@Home</A>← ❹
</body></html>";
//En têtes indispensables pour un mail en HTML
$entete="MIME-Version: 1.0"; ← ❺
$entete .= "Content-Type:text/html;charset=iso-8859-1\n"; ← ❻
$entete .= "Content-Transfer-Encoding: 8bit\n"; ← ❼
//Envoi du mail
if (mail($dest,$objet,$texte,$entete))← ❽
{
  print "Le mail a ete envoye<br> <br>";
}
else
{
  print "le mail n'a pas ete envoye<br>";
}
?>
```

Figure 12-9

E-mail en HTML reçu dans Outlook

Mémo des fonctions

boolean `setcookie`(string $nom,string $valeur,int $date,string chemin,string domaine,int securite)

Écrit le cookie nommé $nom dont le contenu est $valeur et la date d'expiration $date. Les paramètres suivants indiquent le chemin et le nom du domaine qui peut accéder au cookie et s'il doit être accessible par une connexion sécurisée (valeur 1).

boolean `mail`(string $dest, string $objet, string $text, string $entete)

Envoie l'e-mail dont le destinataire, l'objet et le texte sont précisés. Les en-têtes permettent d'envoyer des e-mails au format HTML.

boolean `session_start`()

Démarre une session.

boolean `session_destroy`()

Détruit la session en cours.

void `session_unset`()

Détruit toutes les variables de session.

string `session_name`([string $nom])

Sans paramètre, la fonction retourne le nom de la session. Avec un paramètre, elle définit un nouveau nom de session.

string `session_id`([string $id])

Sans paramètre, la fonction retourne l'identifiant de la session. Avec un paramètre, elle définit une nouvelle valeur pour l'identifiant.

string `session_save_path`([string $id])

Sans paramètre, la fonction retourne le chemin d'accès au dossier qui stocke les données de la session. Avec un paramètre, elle définit un nouveau dossier de stockage.

void `session_write_close`()

Écrit les variables de la session sur le serveur et ferme la session.

Exercices

Exercice 1

Créez un formulaire de saisie des deux codes couleur préférés du visiteur du site pour la couleur de fond et le texte de la page. Enregistrez-les dans deux cookies valables deux mois. À l'ouverture de la page d'accueil, récupérez ces valeurs, et créez un style utilisant ces données.

Exercice 2

Même exercice, mais en stockant les deux informations dans un même cookie.

Exercice 3

Après avoir créé un formulaire de saisie du nom et du mot de passe du visiteur ainsi que d'une durée de validité puis avoir autorisé l'accès au site, enregistrez un cookie contenant ces informations. Lors de la connexion suivante, le formulaire devra contenir ces informations dès l'affichage de la page.

Exercice 4

Enregistrez le nom de la page du site préférée du visiteur dans un cookie. Lors de sa connexion, il devra être redirigé automatiquement vers cette page.

Exercice 5

Envoyez un ensemble d'e-mails ayant tous le même objet et le même contenu à partir d'une liste d'adresses contenue dans un tableau.

Exercice 6

Même exercice, mais cette fois chaque objet et chaque contenu des e-mails doit être différent et extrait d'un tableau multidimensionnel.

Exercice 7

Reprenez l'exercice 1 en enregistrant les préférences du visiteur dans des variables de session pour afficher toutes les pages du site avec ses couleurs préférées.

Exercice 8

Transformez le script de l'exemple 12-5 (commande en ligne) en permettant les saisies à partir de pages différentes et en créant sur chacune un bouton provoquant l'affichage de l'ensemble du panier à chaque demande.

13

Rappels sur les SGBDR

Une base de données est un ensemble d'informations stockées sur un support et doté d'une certaine organisation. Votre carnet d'adresses en est un exemple élémentaire, l'annuaire du téléphone également, mais à une autre échelle.

L'accès rapide à l'information *via* des réseaux comme ceux des entreprises puis par Internet a nécessité la création de systèmes d'organisation des données permettant un accès rapide à l'information. Imaginez que vous deviez trouver toutes les personnes portant le même nom dans un département donné. La consultation de l'annuaire vous prendrait des heures. Face à de tels problèmes, l'informatisation du stockage des données est devenue une nécessité.

L'objectif de ce chapitre n'est pas de vous fournir un cours complet sur les bases de données. Il s'agit simplement de rappeler les notions essentielles qui vous permettront, à partir d'un besoin particulier de stockage d'information, de structurer les différentes données dans une base.

L'organisation des données doit permettre de répondre à des contraintes précises, notamment les suivantes :

- Les données doivent occuper le moins d'espace possible.

- Les redondances d'information doivent être évitées.

- Les mises à jour ou la suppression de données doivent laisser la base intègre et ne pas créer d'incohérences.

- La recherche d'informations doit être rapide et sûre.

Vous allez donc aborder successivement les phases suivantes :

1. Élaboration du modèle d'organisation des données à l'aide de la méthode entité/association. Cela entraîne la création d'un modèle conceptuel de données (MCD), qui est une représentation abstraite des données à stocker et des liens entre elles.
2. Passage du modèle ainsi créé au modèle relationnel, qui est actuellement le plus courant. Cela entraîne la création d'un modèle logique de données (MLD), qui est la représentation d'un modèle implantable dans un système particulier.
3. Implémentation dans un SGBDR (système de gestion de base de données relationnelle) particulier, comme MySQL ou SQLite, qui font l'objet des chapitres suivants.

L'exemple qui servira de socle à tout ce chapitre est la modélisation de la base de données nécessaire à la création d'un site de commerce en ligne.

Le modèle entité/association

Le nom anglais du modèle entité/association (Entity/Relationship) est à l'origine de la confusion que l'on retrouve souvent dans la définition d'une base de données relationnelle (BDR). Certains auteurs définissent un BDR comme une base ayant des relations entre tables. Or une base est dite relationnelle si elle repose sur la notion de table, qui est la traduction du concept mathématique de relation entre ensembles. Une base de données peut en effet être qualifiée de relationnelle et ne comporter qu'une seule table.

Le modèle entité/association permet la modélisation abstraite d'une base de données. Il utilise un ensemble de conventions de représentation graphique pour modéliser les différents concepts contenus dans une information et les liens qui existent entre eux. Les schémas réalisés sont similaires à ceux de la méthode Merise.

Les entités

On appelle entité une représentation d'un ensemble d'objets réels ou abstraits qui ont des caractéristiques communes. Une information du monde réel peut correspondre à plusieurs entités. Cette décomposition de l'information en plusieurs entités, dont chacune a une nature différente, constitue la première étape du travail de conception. Si vous voulez modéliser une commande faite par un client, il apparaît en première lecture au moins deux entités, une personne d'un côté et les articles qu'elles commande de l'autre. Vous avez bien fait apparaître deux entités de nature différente. Chaque personne réelle est une occurrence de l'entité générale personne.

On distingue deux sortes d'entités :

- Les entités fortes, qui ne dépendent pas de l'existence d'une autre entité. C'est le cas, par exemple, d'une entité représentant un personne ou un produit.

- Les entités faibles, dont l'existence dépend d'une autre entité. C'est le cas d'une entité représentant une commande qui dépend de l'entité personne (pas de commande s'il n'y a pas de client).

Les entités sont représentées graphiquement par des rectangles *(voir figure 13-1).*

Figure 13-1
Représentation des entités

| personne | voiture | facture | livre |

Les attributs

Chaque entité a des caractéristiques particulières, que l'on retrouve dans toutes ses occurrences. Un client a, par exemple, nécessairement un nom, un prénom, une adresse, etc. Ces caractéristiques sont nommées attributs de l'entité.

Chaque entité doit avoir au moins un attribut, qui permet de distinguer une occurrence d'une autre. Cet attribut particulier est la clé primaire de l'entité. Cette clé doit être unique dans l'entité. Pour une personne, il est évidemment possible de trouver deux personnes de même nom. Le nom est donc un mauvais candidat pour effectuer cette distinction.

Pour distinguer deux clients, on utilise habituellement un numéro de client pour chaque personne. La clé primaire peut être constituée de la réunion de plusieurs attributs, par exemple, le nom et l'adresse, si nous admettons qu'il n'est pas possible que deux personnes homonymes habitent au même endroit. L'utilisation d'une clé primaire abstraite, comme un identifiant numérique, représente une solution plus sûre que le choix d'un autre attribut, et il est conseillé de l'utiliser systématiquement.

Un attribut peut être défini comme obligatoire ou facultatif dans l'entité. Il peut être élémentaire ou décomposable en plusieurs autres attributs. L'adresse complète d'une personne peut constituer un seul attribut ou être décomposée en rue, ville, département et code postal. Il n'y a pas d'obligation en ce domaine. Cela relève d'un choix du programmeur en fonction des besoins du client. S'il n'envisage pas de réaliser un jour des recherches de personnes par ville ou par département, il est inutile de décomposer l'attribut adresse.

Chaque attribut possède un domaine de valeurs possibles. Le nom est représenté par une chaîne de caractères de longueur variable et le code postal par un nombre de cinq chiffres. À chaque attribut correspond un type de donnée particulier. C'est à prendre en compte lors de l'implantation de la base de données sur un SGBDR particulier.

Une entité munie de ses attributs est représentée par un rectangle contenant le nom de l'entité suivi de celui de ses attributs. Dans la représentation graphique de l'entité, le nom de l'attribut qui constitue la clé primaire est placé en premier et souligné *(voir figure 13-2).*

Figure 13-2

Représentation graphique d'une entité

Les associations

Le concept d'association permet de représenter le lien existant entre deux ou plusieurs entités. Une association reliant deux entités est dite binaire. Celle qui en relie plusieurs est dite *n*-aire. Dans la décomposition de l'information en entités vous avez toujours intérêt à créer des associations binaires et à redécomposer celles qui seraient ternaires.

Une association est généralement nommée à l'aide d'un verbe d'action. Par exemple, la phrase « Un client commande un article » résume l'association commande entre l'entité client et l'entité article. Une association est représentée graphiquement par une ellipse contenant son nom. La figure 13-3 donne la représentation graphique de cette association. Une association peut, comme les entités, posséder des attributs. La clé de l'association est la concaténation des clés des entités qu'elle relie. Une association peut être réflexive, c'est-à-dire relier une entité à elle-même. Par exemple, l'association conjoint relie une personne avec une autre personne.

Figure 13-3

Représentation d'une association binaire

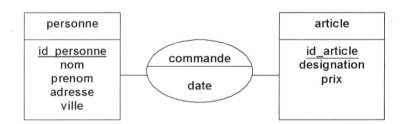

Les cardinalités

La cardinalité d'une association mesure le nombre d'occurrences d'une entité qu'il est possible d'associer à une occurrence de l'autre entité associée. Elles sont indiquées de chaque côté de l'association pour chaque entité.

On distingue des cardinalités minimales et maximales :

- La cardinalité minimale mesure le nombre minimal de participation d'une entité dans l'association. Pour être enregistrée dans la base, une personne doit passer au moins une commande. La cardinalité minimale du côté de l'entité personne est donc 1. Un produit peut n'être commandé par aucune personne. La cardinalité minimale du côté de l'entité article est donc 0. En résumé, on indique ces deux cardinalités par la notation 0.N.

- La cardinalité maximale mesure le nombre maximal de participations d'une entité dans l'association. Une personne peut passer un nombre quelconque de commande. La cardinalité maximale du côté de l'entité personne est donc notée N. Un produit peut être commandé par N personnes différentes. La cardinalité maximale du côté de l'entité article est donc N. En résumé, on indique ces deux cardinalités par la notation N.N. En pratique, on la note N.M pour montrer que les cardinalités ne sont pas nécessairement égales.

Par combinaison des différentes possibilités, on obtient quatre cardinalités possibles pour chaque entité :

- 0.1 : zéro ou une seule au maximum ;
- 1.1 : une et une seule ;
- 0.N : zéro ou plusieurs ;
- 1.N : une ou plusieurs.

La figure 13-4 représente l'association commande munie de ses cardinalités.

Figure 13-4
Association et cardinalités

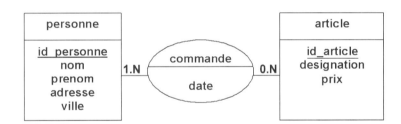

Une association peut être définie au moyen des seules cardinalités maximales. L'association de la figure 13-4 peut être définie par la cardinalité N:M.

Après étude des cardinalités, on distingue plusieurs cas, qui vont constituer l'organisation des tables dans le modèle relationnel.

Détermination des cardinalités

Vous verrez dans les exemples qui suivent que la détermination des cardinalités peut dépendre des contraintes imposées au programmeur.

☞ **Exemple 1**

Un ministère comprend plusieurs services. Chaque service est dirigé par une seule personne. Pour tenir compte des changements de directeur, l'association dirigée doit avoir un attribut date qui contient la date de nomination. La figure 13-5 donne une représentation de cette association.

Figure 13-5

Association 1:1

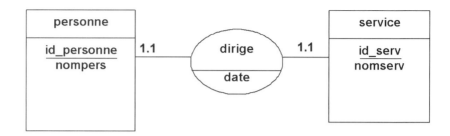

Une et une seule personne dirige un service, ce qui correspond à une cardinalité 1.1 pour l'entité personne. Chaque service est dirigé par une et une seule personne, ce qui se traduit par une cardinalité 1.1 pour l'entité service.

Exemple 2

Reprenons le même ministère qu'à l'exemple 1 mais en représentant l'association entre tous les employés du ministère, quel que soit leur grade ou le service dans lequel ils travaillent. Une personne travaille dans un et un seul service. La cardinalité du côté de l'entité personne est donc 1.1. Un service emploie une ou plusieurs personnes. La cardinalité du côté de l'entité service est donc 1.N.

La figure 13-6 donne une représentation de cette association.

Figure 13-6

Association 1:N

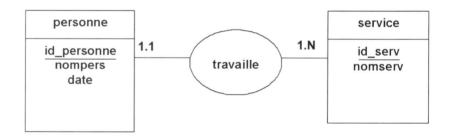

Exemple 3

Pour suivre l'évolution des prix, on recense un nombre de produits vendus dans un ensemble de magasins. Chaque magasin peut vendre un ou plusieurs produits. La cardinalité du côté de l'entité magasin est donc 1.N. Chaque produit peut être vendu par un ou plusieurs magasins. La cardinalité du côté de l'entité produit est donc 1.N. Chaque magasin vend le produit à un prix donné. L'association doit donc posséder un attribut prix.

La figure 13-7 donne une représentation de cette association.

Figure 13-7
Association N.M

Conception du MCD

Pour établir le modèle conceptuel de données (MCD) correspondant à l'ensemble d'informations à stocker, il faut procéder de la façon suivante :

1. Décomposer l'information globale en entités indépendantes représentant des concepts différents.

2. Pour chaque entité, faire l'inventaire des attributs qui permettent de la décrire. Le degré de précision de cette description dépend des besoins du client et de l'utilisation qui sera faite de la base de données. Chaque attribut doit être utile. Il faut, par exemple, envisager quels seront les critères de recherche utilisés sur la base. Chaque attribut doit pouvoir être exprimé clairement par une chaîne de caractères, un nombre ou une date, par exemple.

3. Pour chaque entité, choisir l'attribut ou le groupe d'attribut qui peut constituer une clé primaire, en évitant les clés primaires composites dans la mesure du possible. L'utilisation d'une clé primaire numérique est souvent la meilleure solution.

4. Définir les associations qui relient les différentes entités. Il faut privilégier les associations binaires, quitte à créer des entités supplémentaires. La gestion et l'interrogation de la base s'en trouvent facilitées.

5. Déterminer les attributs de l'association en ne retenant que les attributs vraiment nécessaires caractérisant l'association. Si un attribut n'est pas nécessaire, mieux vaut le placer dans une entité.

6. Exprimer les cardinalités de l'association pour chaque entité qui y est reliée.

Normalisation du MCD

Le MCD élaboré à l'étape précédente doit être vérifié et normalisé au moyen de méthodes particulières.

Il faut introduire ici la notion de dépendance fonctionnelle (DF), proche de la notion mathématique de fonction. On dit que deux attributs A et B sont en dépendance fonctionnelle si, à une valeur de A, correspond, au plus, une valeur de B.

On a, par exemple, les dépendances fonctionnelles suivantes :

```
numéro_client → Nom_client
commune → code postal
```

alors que les réciproques ne sont pas vraies.

Les méthodes permettant de vérifier et de normaliser le MCD sont les suivantes :

- Chaque attribut est atomique, c'est-à-dire qu'il ne peut contenir qu'une seule valeur choisie dans un domaine particulier. Par exemple, un attribut ne peut contenir plusieurs noms de personnes différentes. C'est ce qu'on nomme la première forme normale (1 N.F).

- Tous les attributs d'une entité en 1 N.F doivent dépendre complètement de la clé de l'entité et non d'une partie seulement de la clé. C'est la deuxième forme normale (2 N.F). Une entité en 1 N.F qui a une clé primaire composée d'un seul attribut est nécessairement en 2 N.F.

- Tous les attributs d'une entité en 2 N.F dépendent uniquement de la clé et non d'un autre attribut nom-clé. Si ce n'est pas le cas, il faut décomposer l'entité en deux entités distinctes, la nouvelle entité contenant les attributs nom-clé qui sont en dépendance fonctionnelle. C'est la troisième forme normale (3 N.F).

- Les attributs d'une association doivent être en 2 N.F et donc dépendre de toute la clé de l'association (constituée par la concaténation des clés des entités reliées).

La base magasin en ligne

Votre objectif premier étant de modéliser la base de données d'un site de commerce en ligne, vous devez envisager les contraintes d'utilisation de la base qui vous permettront de créer son MCD :

- Un client enregistré dans la base a passé au moins une commande, sinon il ne figure pas dans la base.

- Une commande peut contenir un ou plusieurs articles. Chaque commande a une date.

- Le modèle doit permettre de retrouver toutes les commandes d'un client et la composition de chaque commande.

En fonction de ces contraintes, vous constatez immédiatement que le MCD de la figure 13-4 ne convient pas. En effet, il ne prend pas en compte le fait qu'un client peut commander plusieurs articles (contrainte n° 2).

Vous devez créer une entité séparée pour représenter une commande et les associations répondant aux besoins suivants :

- Un client passe une ou plusieurs commandes. L'association passe relie les entités client et commande. Un client passe une ou plusieurs commandes, ce qui implique une cardinalité 1.N du côté de l'entité client. Une commande est passée par un seul client, ce qui implique une cardinalité 1.1 du côté de l'entité commande.

- Une commande contient un ou plusieurs articles. Vous créez donc une association contient, qui relie les entités commande et article. La cardinalité du côté de l'entité commande est 1.N. Un article pouvant se trouver dans aucune ou plusieurs commandes, la cardinalité du côté de l'entité article est 0.N.

Vous obtenez finalement le MCD représenté à la figure 13-8.

Figure 13-8
Le MCD de la base magasin

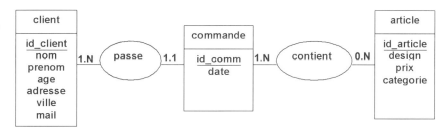

Passage au modèle relationnel

La phase précédente vous a permis de créer le MCD de la base. C'est la partie la plus importante de votre travail. Il vous faut maintenant créer le modèle logique de données (MLD), qui permettra l'implémentation physique de la base sur des SGBDR comme MySQL ou SQLite.

Le modèle relationnel

La théorie des SGBDR s'appuie sur les notions mathématiques de la théorie des ensembles et des relations entre ensembles. À chaque attribut correspond un ensemble de valeurs possibles (parfois très grand) nommé domaine.

Supposez, par exemple, que vous deviez étudier les notes attribuées à une classe de 26 élèves nommés par des lettres de A à Z et qu'il existe, pour simplifier, quatre catégories de notes de 1 à 4. À la rentrée scolaire, où tous les espoirs sont permis, il y a donc théoriquement $26 \times 4 = 104$ associations (couples) possibles entre l'ensemble des élèves et celui des notes correspondant au produit cartésien des deux ensembles, soit l'énumération {(A,1),(A,2),(A,3),...(B1,B2),...,(Z,1),(Z,2),(Z,3),(Z,4)}. À la fin de l'année, quand les moyennes annuelles sont faites, il n'y a plus que 26 couples réels représentant la réalité de la classe. Cette réalité est représentée par une relation entre l'ensemble des élèves et celui des notes. Dans le cas présent, à un élève ne correspond qu'une note, mais à une note correspondent plusieurs élèves.

Chaque relation est représentée par une table. Vous pouvez comparer aisément une table à une feuille de tableur que chacun doit connaître. Dans une table, on stocke les informations représentatives d'un type particulier d'objet, réel ou abstrait, comme une personne ou une commande. Tous les objets représentés dans une même table doivent représenter un même concept.

La représentation des notes de la classe serait donc une table à deux colonnes, chaque colonne étant un attribut de la table. La première contient le nom et la seconde la note de l'élève. Elle aurait au total vingt-six lignes.

La figure 13-9 donne une représentation d'une table d'articles. La première ligne d'entête donne le nom de la table, la deuxième contient la liste des attributs, et les suivantes contiennent les valeurs de plusieurs occurrences, chacune représentant un tuple (ou *n*-uplet).

Figure 13-9
Représentation d'une table

Conception du MLD

Pour passer du MCD au MLD, il vous faut appliquer les règles suivantes :

1. Toute entité devient une table, avec pour corollaires que la table porte le nom de l'entité, que les attributs de l'entité deviennent les colonnes de la table et que la clé primaire de l'entité devient la clé de la table.

2. Pour une association binaire ayant des cardinalités maximales 1:1 (par exemple 1.1-1.1), une des tables reçoit comme attribut supplémentaire une copie de la clé primaire de l'autre table. Cet attribut devient une clé étrangère pour la table qui la reçoit. Les attributs éventuels de l'association sont reportés dans cette même table. Au MCD présenté à la figure 13-5 correspond le MLD de la figure 13-10.

Si vous voulez conserver l'historique des différents responsables d'un service, vous devez créer une nouvelle table représentant l'association. Elle contient les clés des deux entités reliées, et la concaténation des ces clés en constitue la clé primaire. Cette table contient également l'attribut de l'association.

Figure 13-10
MLD d'une association 1:1

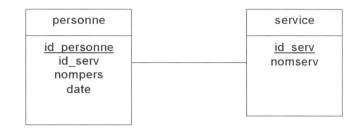

3. Pour une association binaire ayant des cardinalités maximales de type 1:N, par exemple, 1.1-1.N ou 0.1-0.N, la table représentant l'entité ayant la cardinalité 1.1 reçoit la clé de l'autre entité comme clé étrangère. Les attributs de l'association sont ajoutés à cette même table. Le MCD de la figure 13-6 devient le MLD présenté à la figure 13-11.

Figure 13-11
MLD d'une association 1:N

4. Pour une association binaire ayant des cardinalités maximales de type N:M, par exemple, 1.N-1-N ou 0.N-1.N, l'association est toujours traduite par une table. La clé primaire de cette table est la concaténation des clés primaires des entités reliées par cette association. Les attributs de l'association sont ajoutés à cette nouvelle table. Le MCD de la figure 13-7 correspond au MLD de la figure 13-12. Il s'agit d'un MCD primaire, car il suppose qu'une personne ne peut commander qu'un article par commande et une seule fois le même article, faute de quoi vous seriez en infraction avec les règles définies (à une même clé primaire correspondrait deux dates différentes).

Figure 13-12
MLD d'une association N:M

> **Association réflexive**
> Si l'association est réflexive, elle devient une table dont la clé est la concaténation des clés des deux éléments associés. Ce serait le cas de l'association conjointe envisagée plus haut.

Le MLD de la base magasin en ligne

En appliquant les règles énoncées précédemment, le MLD de la base magasin du site de commerce en ligne est construit à partir du MCD représenté à la figure 13-8 de la manière suivante :

- Les entités client, commande et article deviennent des tables.
- L'association passe qui relie les entités client et commande ne devient pas une table. La clé primaire de la table commande reçoit la clé primaire de la table client comme clé étrangère.
- L'association contient, dont les cardinalités maximales sont de type N:M, devient une table nommée ligne, dont chaque occurrence représente une ligne d'une commande. La clé primaire de cette table est la concaténation des clés id_comm de la table commande et id_article de la table article. Elle reçoit les attributs quantite et prix_unit.

> **L'attribut *prix_unit***
> L'attribut prix_unit n'existe que pour permettre de retrouver la réalité d'une commande ancienne, même après modification d'un tarif dans la table article.

La figure 13-13 présente le MLD obtenu.

Figure 13-13
MLD de la base magasin en ligne

Modèle physique de données

Le modèle physique de données est l'implémentation matérielle du MLD créé sur un système (SGBDR) donné. Il est réalisé à l'aide du langage SQL (Structured Query Language) et des particularités de chaque système, tel que MySQL, SQLite ou Microsoft Access. L'apprentissage du langage SQL spécifiquement orienté vers MySQL fait l'objet du chapitre suivant.

Exercices

Exercice 1

Créez le MCD d'une base de données voiture qui enregistre les certificats d'immatriculation des véhicules en circulation (carte grise). Elle doit répondre aux contraintes suivantes :

- Un véhicule est d'un modèle donné identifié par un numéro de type.
- Un véhicule peut avoir un ou plusieurs propriétaires simultanément (copropriété).
- Les recherches effectuées sur la base doivent permettre de retrouver, par exemple, tous les véhicules d'une personne, la ou les personnes propriétaires d'un véhicule dont on connaît l'immatriculation et tous les propriétaires d'un modèle de voiture donné.

Exercice 2

Créez le MLD de la base voiture à partir du MCD de l'exercice 1. Vérifiez la conformité du modèle par rapport aux formes normales.

Exercice 3

Créez le MCD d'une base de données tournoi permettant d'enregistrer les participants à un tournoi de tennis et l'ensemble des matches joués en trois sets au maximum. La base doit enregistrer les participants d'un match donné, ainsi que le gagnant et le score de chaque set.

Exercice 4

Créez le MLD de la base tournoi, et vérifiez sa conformité.

Exercice 5

Créez le MCD d'une base permettant à un groupe de gérer les droits d'auteur des livres publiés par ses différentes maisons d'édition. Elle doit répondre aux contraintes suivantes :

- Un livre peut être écrit par un ou plusieurs auteurs. Un auteur peut écrire un ou plusieurs livres. Chaque auteur touche un pourcentage des droits totaux d'un livre en fonction de sa participation.
- Un livre est publié par un seul éditeur.

Exercice 6

Créez le MLD correspondant à la base de l'exercice 5, et vérifiez sa conformité.

14

Le langage SQL et phpMyAdmin

Créé par IBM il y a plus de trente ans en tant que langage de manipulation de données, le SQL (Structured Query Language) est aujourd'hui le standard de la plupart des SGBDR, notamment de MySQL et de SQLite, présentés en détail dans cet ouvrage. Ce langage a fait l'objet de normalisations successives de la part de l'ANSI (American National Standards Institute) pour aboutir en 1992 à SQL 2 puis en 1999 à SQL 3.

Malgré cet effort de standardisation, chaque SGBD adapte le langage SQL, en n'utilisant que certaines fonctionnalités et en en ajoutant d'autres, non standards. Si vous avez déjà une connaissance de SQL acquise pour un autre système que MySQL vous ne serez pas désorientés. Il vous faudra simplement effectuer quelques adaptations non fondamentales. Toutes les commandes utilisées dans ce chapitre sont celles de MySQL.

L'interface phpMyAdmin

Même si le couple PHP-MySQL est le plus répandu actuellement sur le Web, MySQL est accessible à d'autres langages, notamment Java. La totalité des hébergements PHP-MySQL offrent une interface nommée phpMyAdmin, à partir de laquelle il est possible, pour l'administrateur seulement, d'effectuer toutes les opérations de création de base et de table d'insertion ainsi que de sélection de données. L'interface phpMyAdmin installée sur vos serveurs local et distant est en réalité un formulaire écrit en PHP permettant d'agir sur la base.

L'interface phpMyAdmin vous permet d'envoyer au serveur des requêtes SQL de création et d'administration de base sans avoir à les écrire. L'interface affiche de surcroît le code SQL de la requête qui vient d'être exécutée.

Pour y accéder à partir d'un navigateur, il vous suffit de saisir les adresses suivantes :

en local :

▌ http://localhost/phpmyadmin

ou :

▌ http://127.0.0.1/phpmyadmin

pour des serveurs distants :

▌ http://sql.votresite.com

ou

▌ http://www.votresite.com/phpmyadmin

Les options d'accès sont communiquées par l'hébergeur lors de la souscription d'un abonnement.

En local, vous obtenez la page d'accueil illustrée à la figure 14-1. La version actuelle de phpMyAdmin fournie sur le serveur local installé avec Wampserver étant la 2.5.5, c'est avec cette version que vous allez travailler. Pour une version différente, certaines actions doivent être adaptées en saisissant les requêtes SQL correspondantes.

Figure 14-1
Page d'accueil de phpMyAdmin

Certains hébergeurs, tel ovh.net, autorisent l'accès au répertoire contenant le code de phpMyAdmin. Il est de la sorte possible d'installer la dernière version en la téléchargeant à l'adresse http://www.phpmyadmin.net/home_page/.

Les sections qui suivent expliquent comment créer une base de données à l'aide de phpMyAdmin et détaillent les tables qui la composent, ainsi que les commandes permettant d'y insérer des informations, de les modifier ou de les mettre à jour et d'effectuer les différentes formes de sélection de données destinées à la création de pages Web dynamiques. Vous verrez au chapitre suivant comment interfacer PHP et MySQL au moyen des fonctions spécialisées fournies par PHP.

Création d'une base de données

De nombreux hébergeurs, qu'ils soient gratuits ou payants, n'offrent la possibilité de créer qu'une seule base de données sur leur serveur. Vous verrez cependant qu'il est possible de créer en local plusieurs bases différentes.

Pour attribuer un nom à une base, il faut respecter les conventions suivantes, lesquelles s'appliquent également aux noms des tables, attributs (colonnes), index et alias utilisés :

- Les caractères autorisés sont les caractères alphanumériques et de soulignement (_) ainsi que le signe dollar ($).

> **Slash et antislash**
> Pour éviter de confondre ces noms avec les noms des variables PHP utilisées dans un même code, il est déconseillé d'utiliser les caractères slash (/), antislash (\) et le point.

- Le nombre de caractères est limité à 64, extensible à 255 pour les noms d'alias. Plus le nom est long, plus il y a de risque d'erreur en le recopiant.

- Un nom peut commencer par un chiffre mais ne doit pas contenir que des chiffres.

- La sensibilité à la casse dépend du système d'exploitation. Autant considérer que MySQL est sensible à la casse et surtout éviter de changer de casse dans une même requête, notamment pour les noms d'alias de table.

Pour créer la base, il suffit de saisir le nom de la base désirée (ici magasin) dans la zone de saisie de la page d'accueil de phpMyAdmin et de cliquer sur le bouton Créer *(voir repère ❶ de la figure 14-1)*.

Une nouvelle base vide nommée magasin vient s'ajouter à la liste de celles qui sont déjà présentes sur le serveur. Pour visualiser cette dernière, il suffit de cliquer sur la zone de liste déroulante indiquée au repère ❷ de la figure 14-1. Comme expliqué précédemment, phpMyAdmin génère automatiquement le code SQL de l'action effectuée. Après avoir cliqué sur le bouton de création, une nouvelle page semblable à celle illustrée à la figure 14-2 s'affiche, confirmant la création de la base (repère ❶) et affiche le code de la requête SQL suivante :

```
CREATE DATABASE magasin
```

> **Délimitation des noms**
>
> phpMyAdmin ajoute systématiquement le caractère ` dans le code SQL généré de façon à délimiter les noms des bases, tables et colonnes. Cela n'est toutefois guère utile dans la mesure où les noms utilisés pour les bases, tables et colonnes ne risquent pas d'être des mots réservés par MySQL. Par exemple, phpMyAdmin 2.5.5 déclare souvent ne pas connaître la table `client` après une requête sur celle-ci et affiche ce mot en majuscules comme une commande SQL alors qu'il n'est pas dans la liste des mots réservés. Dans ce cas, écrivez le nom de la table en le délimitant par le caractère `. Dans la plupart des cas, cette précaution est inutile.

En ajoutant l'option IF NOT EXISTS avant le nom de la base, cette dernière n'est créée que si elle n'existe pas déjà. Cela évite les messages d'erreur, surtout si la requête est envoyée par un script PHP.

Avec cette option, la requête précédente devient :

```
CREATE DATABASE IF NOT EXISTS magasin
```

Pour détruire la base, il suffit de la sélectionner puis de cliquer sur le bouton Supprimer *(voir repère ❷ de la figure 14-2)*. Le code SQL correspondant s'affiche :

```
DROP DATABASE magasin
```

Comme précédemment, l'usage de l'option IF EXISTS avant le nom de la base empêche l'apparition d'une erreur si vous tentez de supprimer une base qui n'existe pas.

Figure 14-2

La page de confirmation de création de la base

Avec cette option, la requête devient :

```
DROP DATABASE IF EXISTS magasin
```

> **Destruction**
> La destruction d'une base entraîne aussi celle de toutes les tables et de toutes les données qu'elle contient. Il convient donc d'être prudent avant d'utiliser cette requête.

Avant d'effectuer d'autres opérations, il vous faut sélectionner la base sur laquelle vous voulez travailler.

Création de tables

Une table est composée de colonnes, ou champs. Chacune de ces colonnes est doté d'un type particulier, censé correspondre le mieux possible à l'information qu'elle contient. Avant de créer une table, il importe de connaître les différents types de données proposés par MySQL. Le choix judicieux de ce type réduit l'espace disque utilisé.

Cette section présente les différents types de données reconnus par MySQL ainsi que les commandes SQL utilisables pour créer les tables.

Les types de données MySQL

MySQL permet de stocker des informations selon de nombreux types de données. Cela donne la possibilité d'adapter le plus précisément possible le type de donnée à l'information qui est enregistrée dans une table. Le choix du type doit se faire de telle sorte que l'information occupe le moins d'octets possible.

Les types numériques

Les types numériques permettent de stocker toutes sortes de valeurs numériques entières ou décimales avec des intervalles de valeurs très étendus. Comme expliqué précédemment, il est important d'adapter le type choisi au format de l'information stockée afin de ne pas occuper plus d'espace serveur que nécessaire et, par voie de conséquence, de ne pas allonger inutilement les temps de réponse des recherches effectuées.

Le tableau 14-1 présente les différents types de données numériques.

Tableau 14-1 Les types de données numériques

Type	Définition et caractéristiques
TINYINT	Un très petit entier prenant des valeurs de -128 (-2^7) à 127 (2^7-1). S'il est suivi de l'option UNSIGNED, les valeurs sont positives et varient de 0 à 255 (2^8-1). Chaque valeur occupe 1 octet.
SMALLINT	Un petit entier prenant des valeurs de -32768 (-2^{15}) à 32767 (2^{15}-1). S'il est suivi de l'option UNSIGNED, les valeurs sont positives et varient de 0 à 65535 (2^{16}-1). Chaque valeur occupe 2 octets.
MEDIUMINT	Entier moyen prenant des valeurs de -8388608 (-2^{23}) à 8388607 (2^{23}-1). S'il est suivi de l'option UNSIGNED, les valeurs sont positives et varient de 0 à 16777215 (2^{24}-1). Chaque valeur occupe 3 octets.
INT ou INTEGER	Entier prenant des valeurs de -2147483648 (-2^{31}) à 2147483647 (2^{31}-1). S'il est suivi de l'option UNSIGNED, les valeurs sont positives et varient de 0 à 4294967295 soit 2^{32}-1. Chaque valeur occupe 4 octets.
BIGINT	Grand entier prenant des valeurs de -9223372036854775808 (-2^{63}) à 9223372036854775807 (2^{63}-1). S'il est suivi de l'option UNSIGNED, les valeurs sont positives et varient de 0 à 18446744073709551615, soit 2^{64}-1. Chaque valeur occupe 8 octets.
FLOAT	Nombre à virgule flottante en simple précision prenant des valeurs de -3.402823466E+38 à -1.75494351E-38 pour les nombres négatifs et de 1.75494351E-38 à 3.402823466E+38 pour les positifs. S'il est suivi de l'option UNSIGNED, les valeurs sont uniquement positives. Avec les options FLOAT (M,D), l'affichage s'effectue avec M chiffres dont D décimales. Chaque valeur occupe 4 octets.
DOUBLE	Nombre à virgule flottante en double précision prenant des valeurs de -1.7976931348623157E+308 à -2.2250738585072014E-308 pour les nombres négatifs et de 2.2250738585072014E-308 à 1.7976931348623157E+308 pour les positifs, auxquelles s'ajoute la valeur exacte de 0. S'il est suivi de l'option UNSIGNED, les valeurs sont uniquement positives. Avec les options DOUBLE (M,D) l'affichage se fait avec M chiffres dont D décimales. Chaque valeur occupe huit octets.
DECIMAL	Nombre à virgule flottante qui doit être signé. La valeur est stockée comme une chaîne de caractères dont chaque caractère est un chiffre. Les valeurs sont les mêmes que pour le type DOUBLE. S'il est suivi de l'option UNSIGNED, les valeurs sont uniquement positives. Avec les options DECIMAL (M), l'affichage s'effectue avec M chiffres (par défaut 10 chiffres), ce qui limite l'intervalle de valeurs. Avec les options DECIMAL (M,D), l'affichage s'effectue avec M chiffres dont D décimales. Chaque valeur occupe autant d'octets qu'il y a de caractères dans le nombre.

Les types chaînes de caractères

Ces types permettent de stocker des chaînes de caractères de longueurs très diverses, allant du simple caractère au discours fleuve d'un visiteur prolixe dans un livre d'or. À nouveau, il vous faut penser à adapter le type de donnée à ce que vous désirez stocker afin d'utiliser le moins d'octet possible.

Le tableau 14-2 présente les différents types de données chaînes de caractères.

Tableau 14-2 Les types chaînes de caractères

Type	Définition et caractéristiques
CHAR(M)	Chaîne de caractères de longueur fixe de *M* caractères complétée par des espaces si la donnée stockée est plus petite. Les espaces sont supprimées lors de la lecture. La longueur indiquée varie de 0 à 255 caractères. L'option CHAR(M) BINARY rend la chaîne sensible à la casse lors des recherches. Une colonne de type CHAR(0) n'occupe qu'un octet et peut contenir les valeurs NULL et "" (chaîne vide), ce qui permet de simuler une valeur booléenne. La chaîne stockée occupe toujours *M* octets, même si elle ne contient qu'un seul caractère significatif.
VARCHAR(M)	Chaîne de caractères de longueur variable comprise entre 1 et *M* caractères. La valeur de *M* varie de 1 à 255 caractères. L'option VARCHAR(M) BINARY rend la chaîne sensible à la casse lors des recherches. La chaîne stockée occupe *N* + 1 octets quand elle comprend *N* caractères.
TINYTEXT TYNYBLOB	Texte d'une longueur comprise entre 1 et 255 caractères. Le type TINYBLOB oct sensible à la casse. La chaîne stockée occupe *N* + 1 octets quand elle comprend *N* caractères.
TEXT BLOB	Texte d'une longueur comprise entre 1 et 65 535 caractères. Le type BLOB est sensible à la casse. La chaîne stockée occupe *N* + 2 octets quand elle comprend *N* caractères.
MEDIUMTEXT MEDIUMBLOB	Texte d'une longueur comprise entre 1 et 16 777 215 caractères. Le type MEDIUMBLOB est sensible à la casse. La chaîne stockée occupe *N* + 3 octets quand elle comprend *N* caractères.
LONGTEXT LONGBLOB	Texte d'une longueur comprise entre 1 et 4 294 967 295 caractères. Le type LONGBLOB est sensible à la casse. La chaîne stockée occupe *N* + 4 octets quand elle comprend *N* caractères.
ENUM('chaine1',..., 'chaineN')	Permet le choix d'une seule valeur parmi l'énumération des *N* chaînes de caractères définies dans le type. La valeur NULL est toujours admise, même si elle ne figure pas dans la liste. Le type peut définir jusqu'à 65 535 valeurs. À chaque chaîne correspond une valeur numérique de 1 à 65 535, correspondant à son ordre d'apparition dans la définition du type. La valeur 0 correspond à une chaîne vide. La définition de ENUM ('bleu','blanc','rouge') pour une colonne ne permet de stocker qu'une valeur parmi les trois couleurs de la liste ou la valeur NULL. Pour le HTML, ce type correspond à une liste de sélection <select> de N+1 <option> (les *N* valeurs proposées plus le choix NULL par défaut) à choix unique.
SET('chaine1',..., 'chaineN')	Permet le choix de une ou plusieurs valeurs simultanément parmi l'ensemble des *N* chaînes de caractères définies dans le type. L'ensemble peut contenir jusqu'à 64 valeurs. À chaque choix correspond une valeur numérique entière égale à 2^{n-1} si *n* est la position de la chaîne dans l'ensemble (soit 1 pour la première, 2 pour la deuxième, 4 pour la troisième, etc.) ou encore une valeur binaire dans laquelle chaque bit est à 1 si la valeur est choisie (soit 0001 pour la première, 0010 pour la deuxième, 0100 pour la troisième, etc.). Si plusieurs valeurs sont choisies, la valeur numérique correspondante est la somme des valeurs de chacune (par exemple 5 pour la première et la troisième valeur). En HTML, ce type correspond à une liste de sélection <select> de N <option> à choix multiple (avec l'attribut multiple).

Les types de dates et d'heures

Les types de dates et d'heures permettent de stocker des dates dans des formats différents, allant de la simple année seule à l'ensemble date complète plus heure complète à la seconde près.

Pour stocker un timestamp UNIX tel que détaillé au chapitre 8, il est préférable d'utiliser une colonne de type entier INT(10), qui facilite les opérations.

Le tableau 14-3 présente les différents types de données de dates et d'heures.

Tableau 14-3 Les types de dates et d'heures

Type	Définition et caractéristiques
DATE	Une date au format AAAA-MM-JJ dans l'intervalle de 1000-01-01 à 9999-12-31. Chaque enregistrement occupe 3 octets.
DATETIME	Contient la date et l'heure au format AAAA-MM-JJ HH:MM:SS dans l'intervalle de 1000-01-01 00:00:00 à 9999-12-31 23:59:59. Chaque enregistrement occupe 8 octets.
TIMESTAMP[(M)]	Stocke une date complète sous la forme AAAAMMJJHHMMSS sans rapport direct avec un timestamp UNIX tel que retourné par la fonction time() détaillée au chapitre 8. Il faut toutefois prendre des précautions pour effectuer des calculs avec ce type de valeur. En effet, le calcul 20030506232009 + 1030 n'ajoute pas 1 030 secondes mais 10 minutes et 30 secondes. De plus, l'addition peut conduire à des dates invalides par dépassement des valeurs admises (25 heures, par exemple). Le paramètre M facultatif détermine le nombre de caractères utilisé pour afficher la date. Ce doit être un nombre pair. Sa valeur par défaut est 14. En fonction de la valeur de M, vous obtenez les formats d'affichage suivants : TIMESTAMP(14) AAAAMMJJHHMMSS TIMESTAMP(12) AAMMJJHHMMSS TIMESTAMP(10) AAMMJJHHMM TIMESTAMP(8) AAAAMMJJ TIMESTAMP(6) AAMMJJ TIMESTAMP(4) AAMM TIMESTAMP(2) AA Chaque enregistrement occupe quatre octets.
TIME	Stocke l'heure au format HH:MM:SS ou HHH:MM:SS pour un intervalle de valeurs allant de -838:59:59 à 838:59:59 permettant d'effectuer des calculs de durée excédant 24 heures. Chaque enregistrement occupe 3 octets.
YEAR	Représente les années au format YYYY pour un intervalle allant de 1901 à 2155. Si l'année est fournie avec deux chiffres, les valeurs de 00 à 69 correspondent aux années 2000 à 2069 et les valeurs 70 à 99 aux années 1970 à 1999. Chaque enregistrement occupe 1 octet.

Les options des types de données

Chaque attribut d'une table peut être précisé à l'aide des options suivantes :

- NOT NULL pour que chaque enregistrement de l'attribut ait une valeur ou NULL pour autoriser l'absence de valeur (cette dernière option est interdite pour une clé primaire). Nous écrivons, par exemple :

```
nom_attr VARCHAR(10) NOT NULL
```

Le langage SQL et phpMyAdmin

- `DEFAULT 'valeur_défaut'` permet de définir une valeur par défaut pour l'attribut si aucune valeur n'y est enregistrée. Cette option est impossible pour les types `BLOB` et `TEXT`. Les valeurs par défaut doivent être des constantes, et il n'est pas possible d'utiliser de fonction pour les définir.
- `AUTO_INCREMENT` pour qu'un attribut numérique entier soit automatiquement incrémenté d'une unité à chaque insertion d'un enregistrement. Pour que cette contrainte soit valable, il faut que l'attribut soit indexé ou qu'il soit la clé primaire. Par exemple, le code suivant :

    ```
    nom tinyint NOT NULL auto_increment, INDEX indnom (nom)
    ```

    crée un attribut `nom` auto-incrémenté `NOT NULL` et indexé sous le nom `indnom`.
- `PRIMARY KEY` pour définir l'attribut comme clé primaire de la table. Il est recommandé de faire cette déclaration après la définition de tous les attributs. Par exemple, le code suivant :

    ```
    nom tinyint(4) NOT NULL AUTO_INCREMENT, PRIMARY KEY (nom)
    ```

    définit un attribut `nom` et une clé primaire sur un attribut.

    Le code suivant :

    ```
    PRIMARY KEY (nom,prenom)
    ```

    crée une clé primaire composée des deux attributs, `nom` et `prenom`.

De même, pour définir le ou les index de la table, vous devez faire figurer les contraintes suivantes après les définitions d'attributs :

- `UNIQUE(nom_attribut1,nom_attribut2,...)` pour que chaque enregistrement ait une valeur unique dans la colonne des attributs précisés. Par exemple, le code suivant :

    ```
    UNIQUE(nom,prenom)
    ```

    empêche d'enregistrer deux personnes ayant le même nom et le même prénom. Par contre, deux noms identiques avec deux prénoms différents sont acceptés.
- `INDEX[nom_index] (nom_attribut1,nom_attribut2,...)` crée un index pour la table à partir des colonnes précisées. La création d'index sur des colonnes de la table facilite les recherches quand ces colonnes sont utilisées comme critère de recherche. Par exemple, le code suivant :

    ```
    INDEX mon_index (nom,prenom)
    ```

    crée un index nommé `mon_index` sur les colonnes `nom` et `prenom`.

Création des tables

Vous allez maintenant créer les tables destinées à contenir les données. Les sections qui suivent détaillent les quatre tables à créer pour la base `magasin`, les tables `client`, `commande`, `article` et `ligne`.

La table *client*

Le code suivant définit les colonnes de la table client.

    client(id_client, nom, prenom, age, adresse, ville, mail)

La colonne id_client est de type MEDIUMINT, avec l'option UNSIGNED sélectionnée. Sa valeur est donc un entier positif, avec 16 777 215 clients possibles. Cet attribut étant la clé primaire de la table, choisissez dans phpMyAdmin les options PRIMARY KEY (bouton radio dans la colonne Primaire de la figure 14-4) et NOT NULL car le champ id_client doit avoir obligatoirement une valeur (colonne Null de la figure 14-4). Ce champ étant incrémenté automatiquement d'une unité à chaque nouvelle insertion de donnée, il a également l'option AUTO_INCREMENT choisie dans la colonne Extra de la figure 14-4.

Les colonnes nom, prenom, adresse et ville sont des chaînes de caractères de longueur variable, donc de type VARCHAR, avec l'option NOT NULL sélectionnée.

La colonne age est un entier positif de petite taille, donc de type TINYINT UNSIGNED. L'intervalle des valeurs est de 0 à 255. L'option NULL permet à un client de ne pas saisir son âge.

La colonne mail est également de type VARCHAR, mais cette fois avec l'option NULL sélectionnée, car un client peut ne pas donner son adresse e-mail.

La table *commande*

La table commande a la structure suivante :

    commande(id_comm, id_client, date)

La colonne id_comm est de type MEDIUMINT, avec les options UNSIGNED, NOT NULL et AUTO_INCREMENT sélectionnées, de façon que chaque commande ait un numéro différent.

La colonne id_client est une clé étrangère issue de la table client. Elle a les mêmes caractéristiques que id_comm. La clé primaire de la table est composée des champs id_comm et id_client.

La colonne date est de type DATE, avec l'option NOT NULL sélectionnée, de façon que les valeurs soient insérées automatiquement sans intervention du client et qu'il n'y ait pas à craindre un oubli.

La table *article*

La table article a la structure suivante :

    article(id_article, designation, prix, catégorie)

La colonne id_article correspond au code de chaque article sur cinq caractères. Elle est donc de type CHAR(5), avec les options NOT NULL, PRIMARY KEY et UNIQUE sélectionnées.

La colonne designation est de type VARCHAR(100), avec l'option NOT NULL sélectionnée.

La colonne prix est de type DECIMAL(8,2). Elle est donc sur huit chiffres, dont deux décimales, avec l'option NOT NULL sélectionnée.

La colonne categorie est de type ENUM. Elle comporte quatre valeurs possibles avec l'option NOT NULL sélectionnée.

La table *ligne*

La table ligne a la structure suivante :

> ligne(id_comm,id_article,quantite)

La colonne id_comm est une clé étrangère issue de la table commande et la colonne id_article une clé étrangère issue de la table article. La colonne quantite est un petit entier de type TINYINT, avec les options UNSIGNED et NOT NULL sélectionnées. L'intervalle de valeurs est de 1 à 255.

> **Hiérarchie *base.table.colonne***
> Il est possible que plusieurs bases aient des tables de même nom et que des tables différentes aient des colonnes de même nom. Pour accéder sans ambiguïté à une colonne précise il faut employer la syntaxe suivante : nom_base.nom_table.nom_colonne

En résumé

Pour créer une table, par exemple la table client, procédez de la façon suivante :

1. Sélectionnez la base dans la page d'accueil de phpMyAdmin.
2. Saisissez un nom pour la table et le nombre de champs qui la composent dans les zones de saisie illustrées aux repères ❶ et ❷ de la figure 14-3.
3. Cliquez sur le bouton Exécuter.

> **Précision**
> Les champs ville et age ont été volontairement oubliés afin d'illustrer à la section suivante les possibilités de modification des tables offertes par phpMyAdmin.

Figure 14-3

Création d'une table avec phpMyAdmin

4. Dans la page qui s'affiche, saisissez les caractéristiques des colonnes, ou champs, de la table dans un formulaire comptant autant de lignes qu'il y a de champs définis *(voir la figure 14-4)*.

Figure 14-4
Création de la table client

Le code généré par phpMyAdmin est le suivant :

```
CREATE TABLE 'client' (
'id_client' MEDIUMINT UNSIGNED NOT NULL AUTO_INCREMENT ,
'nom' VARCHAR( 30 ) NOT NULL ,
'prenom' VARCHAR( 30 ) ,
'adresse' VARCHAR( 60 ) NOT NULL ,
'mail' VARCHAR( 50 ) ,
PRIMARY KEY ( 'id_client' )
);
```

Ce code affiche un tableau contenant la structure résumée de la table, comme illustré à la figure 14-5.

Figure 14-5
Structure de la table

Vous pouvez créer de la même façon les autres tables de la base magasin en prenant soin de respecter les définitions données précédemment.

Pour chacune de ces tables, le code de création est le suivant :

- table commande :

```
CREATE TABLE `commande` (
'id_comm' MEDIUMINT UNSIGNED NOT NULL ,
'id_client' MEDIUMINT UNSIGNED NOT NULL ,
'date' DATE NOT NULL ,
PRIMARY KEY ('id_comm' , 'id_client' )
);
```

- table article :

```
CREATE TABLE 'article' (
'id_article' CHAR( 5 ) NOT NULL ,
'designation' VARCHAR( 100 ) NOT NULL ,
'prix' DECIMAL( 8, 2 ) NOT NULL ,
'categorie' ENUM( 'vidéo', 'photo', 'informatique', 'divers' ) DEFAULT 'divers'
➡NOT NULL ,
UNIQUE('id_article'),
PRIMARY KEY ( 'id_article' )
);
```

- table ligne :

```
CREATE TABLE 'ligne' (
'id_comm' MEDIUMINT UNSIGNED NOT NULL ,
'id_article' MEDIUMINT UNSIGNED NOT NULL ,
'quantite' TINYINT UNSIGNED NOT NULL ,
PRIMARY KEY ( 'id_comm' , 'id_article' )
);
```

La syntaxe complète de la commande CREATE TABLE est la suivante :

```
CREATE [TEMPORARY] TABLE [IF NOT EXISTS] nom_table (
nom_colonne1 NOM_TYPE [options],
nom_colonne2 NOM_TYPE [options],
..........)
```

Le mot-clé TEMPORARY indique que la table n'est créée que le temps de la connexion à la base et qu'elle est ensuite effacée.

Le mot-clé IF NOT EXISTS permet de ne créer la table que si une autre table du même nom n'existe pas déjà. En l'absence de cette précision, une erreur se produit si une telle table existe déjà.

Modification des tables

Après sa création, une table n'est pas figée. Elle peut évoluer en fonction des besoins, soit pour ajouter ou ôter des attributs, soit pour modifier ou ajouter des contraintes, des index, par exemple, soit encore pour supprimer toute la table.

Ajout d'un champ

Comme expliqué précédemment, vous avez volontairement oublié deux champs de la table client pour illustrer les possibilités de modification offertes par phpMyAdmin. Vous allez maintenant ajouter ces champs, ville et age.

Pour ajouter un champ, il suffit, après avoir choisi la table désirée, de saisir le nombre de champs et leur position dans la table, comme l'illustre la figure 14-6 pour l'ajout du champ ville après l'adresse. L'ordre des champs n'a pas d'importance pour le stockage des données mais relève plutôt d'une convention personnelle de présentation.

Figure 14-6
Ajout du champ ville *à la table* client

Le code généré est le suivant :

```
ALTER TABLE client ADD ville VARCHAR( 40 ) NOT NULL AFTER adresse ;
```

Ajoutez de la même façon le champ age après le champ prenom.

Le code généré est le suivant :

```
ALTER TABLE 'client' ADD 'age' TINYINT UNSIGNED AFTER 'prenom' ;
```

Pour obtenir automatiquement la structure finale de la table après exécution de la modification ou à tout moment, il suffit de cliquer sur le bouton Structure *(voir figure 14-7)*. Vous pouvez vérifier qu'elle répond bien à la définition qui en a été donnée lors de sa conception.

Figure 14-7
Structure finale de la table client

Modification des propriétés d'une table

Le tableau représenté à la figure 14-7 contient six colonnes regroupées sous la catégorie Action. Ces colonnes permettent de réaliser les modifications suivantes sur les champs de la table :

- Repère ❶ : modification des caractéristiques du champ. Par exemple, le code pour renommer le champ id_client en num_client et pour qu'il soit de type SMALLINT en conservant les autres caractéristiques est le suivant :

```
ALTER TABLE 'client' CHANGE 'id_client' 'num_client' SMALLINT NOT NULL AUTO_INCREMENT
```

- Repère ❷ : suppression du champ de la table. Par exemple, le code pour supprimer le champ ville est le suivant :

    ```
    ALTER TABLE 'client' DROP 'ville'
    ```

- Repère ❸ : définition du champ comme clé primaire. Par exemple, le code permettant que le champ nom fasse aussi partie de la clé primaire est le suivant :

    ```
    ALTER TABLE 'client' DROP PRIMARY KEY ,
    ADD PRIMARY KEY ( id_client, 'nom' )
    ```

    Remarquez que la clé primaire est effacée par la commande DROP PRIMARY KEY avant d'être recréée avec deux champs au moyen de la commande ADD PRIMARY KEY(id_client,nom).

- Repère ❹ : création d'un index pour ce champ. Par exemple, le code pour créer un index sur le champ adresse est le suivant :

    ```
    ALTER TABLE 'client' ADD INDEX ('adresse' )
    ```

    Le code pour supprimer cet index est le suivant :

    ```
    ALTER TABLE 'client' DROP INDEX 'adresse'
    ```

- Repère ❺ : définition du champ comme étant à valeur unique. Par exemple, le code pour attribuer l'option UNIQUE au champ mail est le suivant :

    ```
    ALTER TABLE 'client' ADD UNIQUE ('mail')
    ```

    Le code pour cette option est le suivant :

    ```
    ALTER TABLE 'client' DROP INDEX 'mail'
    ```

- Repère ❻ : création d'un index sur le texte entier du champ (sauf s'il est numérique). Par exemple, le code pour créer un index sur le champ adresse est le suivant :

    ```
    ALTER TABLE 'client' ADD FULLTEXT ('adresse' )
    ```

    Le code pour supprimer l'index est le suivant :

    ```
    ALTER TABLE 'client' DROP INDEX 'adresse'
    ```

Suppression ou renommage d'une table

Pour supprimer une table, il suffit de cliquer sur le bouton Supprimer après avoir sélectionné la base puis la table. Le code suivant s'affiche :

```
DROP TABLE 'client'
```

La commande SQL complète de suppression d'une ou de plusieurs tables simultanément est le suivant :

```
DROP TABLE [IF EXISTS] nom_table1 [, nom_table2,...]
```

L'option IF EXISTS évite de provoquer une erreur au cas où vous tentez d'effacer une table qui n'existe pas.

La commande suivante permet de renommer une ou plusieurs tables :

```
RENAME TABLE ex_nom_table1 TO new_nom_table1 [, ex_nom_table2 TO new_nom_table2]
```

Par exemple, le code pour renommer la table client en clientbis est le suivant :

```
RENAME TABLE client TO clientbis
```

Exportation d'une table

Une fonctionnalité très intéressante offerte par phpMyAdmin est la possibilité d'exporter dans un fichier tout le code SQL de création d'une table. Ce fichier, dont l'extension est **.sql,** permet, par exemple, en phase de test de créer rapidement sur un serveur distant les mêmes tables que celles créées sur le serveur local.

Il est en outre possible d'exporter les données insérées dans la table locale en même temps que la structure de la table et de les retrouver telles quelles dans la base de l'hébergeur.

Pour exporter une table, il suffit de cliquer sur le bouton Exporter après avoir choisi la base et la table concernées. Dans la page qui s'affiche comme illustré à la figure 14-8, il est possible de choisir le format d'exportation (repères ❶ à ❺), ainsi que l'exportation de la structure de la table (repère ❻) avec ou sans les données qu'elle contient (repère ❼).

Seule l'activation de la case Transmettre (repère ❽) permet de transmettre ces informations dans un fichier, compressé ou non (repère ❾). Si la case n'est pas cochée, phpMyAdmin affiche le code dans une nouvelle page.

Le contenu du fichier **article.sql** obtenu est le suivant :

```
# phpMyAdmin SQL Dump
# version 2.5.5-p11
# http://www.phpmyadmin.net
# Serveur: localhost
# Généré le : Vendredi 21 Mai 2004 à 12:02
# Version du serveur: 4.0.18
# Version de PHP: 5.0.0
#
# Base de données: `magasin`
# --------------------------------------------------------
# Structure de la table `article`
#
CREATE TABLE `article` (
  `id_article` varchar(5) NOT NULL default '',
  `designation` varchar(100) NOT NULL default '',
  `prix` decimal(8,2) NOT NULL default '0.00',
  `categorie` enum('vidéo','photo','informatique','divers') NOT NULL default 'divers',
  PRIMARY KEY  (`id_article`),
  UNIQUE KEY ``id_article` (`id_article`)
```

```
) TYPE=MyISAM;
#
# Contenu de la table `article`
#
```

Le fichier ne contient aucune donnée parce que la table est vide. Si vous aviez inséré des informations, il contiendrait aussi tout le code nécessaire à leur insertion.

Figure 14-8
Page d'exportation des tables

Pour réutiliser ce fichier sur un serveur distant, il suffit de se connecter au site puis, dans le phpMyAdmin du serveur, de sélectionner la base et de cliquer sur le bouton SQL, comme illustré au repère ❶ de la figure 14-9. Dans la page qui s'affiche, cliquez sur le bouton Parcourir (repère ❷) pour retrouver le fichier **article.sql** sur le disque du poste. Après un clic sur le bouton Exécuter (repère ❸), le serveur exécute le code SQL contenu dans le fichier et crée la table correspondante sur le serveur distant.

Figure 14-9

Utilisation d'un fichier .sql pour créer une table

Insertion de données

Une fois les tables créées, différents moyens permettent d'y enregistrer les données nécessaires au fonctionnement d'un site de commerce en ligne.

Il existe deux grandes catégories de données, les données statiques, qui ne dépendent que de l'administrateur du site, comme celles de la table article, qui constituent le contenu du magasin, et les données en provenance des internautes clients du site, qui rempliront les autres tables. Ces dernières informations sont obtenues à partir d'un formulaire de saisie alors que les données statiques peuvent être enregistrées aussi bien à partir d'un formulaire en ligne qu'à l'aide de phpMyAdmin.

Insertion ligne par ligne

Vous allez commencer par insérer les données dans la table article. Il suffit pour cela de cliquer sur la base magasin dans la page d'accueil de phpMyAdmin puis, dans l'ensemble des tables de la base qui s'affichent, de sélectionner la table voulue et de cliquer sur le bouton Insérer. Un formulaire de saisie s'affiche alors comme illustré à la figure 14-10.

Figure 14-10

Insertion de données ligne par ligne

En cliquant sur le bouton Enregistrer, vous générez l'affichage du code SQL de la requête, par exemple le suivant :

```
INSERT INTO 'article' ( 'id_article' , 'designation' , 'prix' , 'categorie' )
VALUES (
'CS110', 'Caméscope Sony 110', '1250.50', 'vidéo'
);
```

La syntaxe générale de la commande INSERT se décline sous trois formes.

Dans une première forme, le nom des colonnes est facultatif si les valeurs sont insérées dans le même ordre que celui de la table :

```
INSERT [DELAYED | LOW_PRIORITY] [IGNORE]
INTO table [col1,col2,...]
VALUES (val1,val2,…)
```

Le mot-clé DELAYED indique que les données ne seront insérées qu'après exécution des autres commandes SQL. Le mot-clé LOW_PRIORITY indique au serveur d'attendre qu'il n'y ait plus aucun client connecté pour insérer les données. Le mot-clé IGNORE permet de ne pas insérer de lignes qui existent déjà.

La deuxième forme n'est qu'une variante de la première, dans laquelle vous définissez explicitement la valeur de chaque colonne. Elle est de préférence employée pour n'insérer des valeurs que dans certaines colonnes :

```
INSERT [DELAYED | LOW_PRIORITY] [IGNORE]
INTO table
SET col1= val1,col2= val2,...
```

La dernière forme permet d'insérer des données à partir du résultat d'une sélection opérée dans une autre table. Vous pourriez, par exemple, créer une table ne contenant que le nom et l'adresse e-mail des clients et la remplir à l'aide de cette commande à partir de la table client :

```
INSERT [DELAYED | LOW_PRIORITY] [IGNORE]
INTO table [col1,col2,...]
SELECT expression
```

> **INSERT et REPLACE**
> Vous pouvez utiliser la commande REPLACE à la place de INSERT avec les mêmes syntaxes. Elle sert à modifier les valeurs d'une ligne sans modifier son identifiant.

Mise à jour des données

Lors du cycle de vie d'une base de données, il peut être indispensable de mettre à jour certaines données sans avoir à supprimer une ligne complète puis réécrire les nouvelles informations.

La première solution est bien sûr d'utiliser phpMyAdmin, de sélectionner la base, d'afficher la table et de cliquer sur l'icône Modifier, ce qui entraîne l'affichage d'une page de saisie. Vous pouvez alors modifier une ou plusieurs valeurs de la ligne concernée.

Pour réaliser cette opération avec une requête SQL, vous disposez de la commande UPDATE, dont la syntaxe générale est la suivante :

```
UPDATE[LOW_PRIORITY] [IGNORE] nom_table
SET colonne1 = valeur1,colonne2=valeur2,…
[WHERE condition
[LIMIT N]
```

La condition qui suit la commande WHERE peut permettre d'opérer une mise à jour uniquement pour les lignes répondant à une condition particulière. La clause LIMIT permet de limiter la mise à jour aux *N* premières lignes.

Par exemple, pour modifier la date d'une commande dans la table commande, si l'identifiant de commande a la valeur 2, vous écrivez la requête suivante :

```
UPDATE commande SET date = '2004-07-25' WHERE id_comm = '2' LIMIT 1 ;
```

Insertion à partir d'un fichier texte

L'insertion ligne par ligne devient rapidement rébarbative lorsqu'il s'agit de saisir un grand nombre de données. Si ces données sont récupérables à partir d'un catalogue, il est possible de les inclure en une seule opération à condition qu'elles soient formatées selon les mêmes critères que ceux que vous avez utilisés pour les fichiers texte *(voir le chapitre 11)*.

Chaque donnée doit être délimitée par un caractère particulier (par défaut des guillemets) et séparée des autres par un autre caractère (par défaut le point-virgule). Chaque groupe de données correspondant à une ligne de la table doit être délimité par un troisième caractère (par défaut la séquence \r\n).

Pour insérer une liste de données dans la table, vous devriez, par exemple, créer le fichier **article_texte.txt** dont le contenu visualisé dans le Bloc-notes de Windows est illustré à la figure 14-11.

Figure 14-11

Le fichier texte visualisé dans le Bloc-notes

Pour réaliser ce type d'insertion, vous devez sélectionner la base puis la table et cliquer sur le lien « Insérer des données provenant d'un fichier texte dans la table » figurant au bas de la page obtenue. Vous obtenez une page identique à celle illustrée à la figure 14-12.

Si le fichier est situé sur le poste client, vous pouvez utiliser le bouton Parcourir (repère ❶) pour le localiser et conserver le choix par défaut DATA LOCAL (repère ❷). Après avoir exécuté la requête, phpMyAdmin affiche le code SQL suivant (test réalisé sur un serveur distant avec une taille de fichier limitée à 2 048 Ko) :

```
LOAD DATA LOCAL INFILE '/tmp/phpgtqv20'
INTO TABLE 'article'
FIELDS TERMINATED BY ';'
ENCLOSED BY '"'
ESCAPED BY '\\'
LINES TERMINATED BY '\r\n'
```

Pour exécuter vous-même cette opération, vous écririez la requête SQL suivante :

```
LOAD DATA INFILE 'C:/article_texte.txt'
INTO TABLE 'article'
FIELDS TERMINATED BY ';'
ENCLOSED BY '"'
ESCAPED BY '\\'
LINES TERMINATED BY '\r\n'
```

> **Wampserver**
> Avec le serveur local Wampserver, l'option DATA LOCAL n'insère pas les données correctement, même si le fichier texte se trouve dans un répertoire autre que **/wampserver/www/.** Il faut utiliser à la place l'option DATA. Le serveur enregistre alors le fichier dans le répertoire tampon **/tmp/** avant d'insérer les données dans la table.

Figure 14-12

Formulaire d'insertion à partir d'un fichier texte

Vous avez la possibilité de définir vos propres valeurs pour les options suivantes :

- « Champs terminés par », qui correspond à l'option SQL FIELDS TERMINATED BY.
- « Champs entourés par », qui correspond à l'option SQL ENCLOSED BY.
- « Caractère spécial », qui correspond à l'option SQL ESCAPED BY qui permet de choisir le caractère d'échappement.
- « Lignes terminées par », qui correspond à l'option SQL LINES TERMINATED BY.

Il est cependant préférable de conserver les paramètres par défaut.

En cliquant sur le bouton Afficher, vous pouvez vérifier que l'insertion des données s'est effectuée correctement et en conformité avec le fichier texte. Vous obtenez l'ensemble de la table, dans la limite de 30 lignes à la fois, comme illustré à la figure 14-13.

Figure 14-13
La table articles *après insertion des données*

id_article	designation	prix	categorie
CS330	Caméscope Sony DCR-PC330	1629.00	vidéo
NIK55	Nikon F55+zoom 28/80	269.00	photo
NIK80	Nikon F80	479.00	photo
SOXMP	PC Portable Sony Z1-XMP	2399.00	informatique
HP497	PC Bureau HP497 écran TFT	1500.00	informatique
DVD75	DVD vierge par 3	17.50	divers

Si vous souhaitez insérer des données dans une table dont la clé primaire est un entier ayant l'option AUTO_INCREMENT sélectionnée, le fichier texte doit contenir à la place de cette clé la valeur NULL représentée par la chaîne "\N". Pour insérer une liste de clients dans la table client, par exemple, vous utiliseriez un fichier texte ayant la structure suivante :

```
"\N";"Marti";"Jean";"36";"5 av Einstein";"Orléans";mart@marti.com
"\N";"Rapp";"Paul";"44";"8 rue du Port";"Paris";rapp@libert.com
```

Insertion à partir d'un fichier Excel

La figure 14-14 représente une feuille de tableur Excel contenant un ensemble de données présentées selon l'ordre des colonnes de la table article. Pour les enregistrer dans la table, vous devez enregistrer la feuille au format CSV puis choisir « CSV(séparateur:point virgule) » comme type de fichier. Vous obtenez un fichier avec l'extension **.csv,** dont la structure est similaire à celle d'un fichier texte, le séparateur choisi entre chaque champ étant ;.

La procédure d'insertion est la même que pour un fichier texte ordinaire.

Figure 14-14
*Feuille de calcul
Excel à insérer*

Les données de la base magasin

Avant de procéder à des opérations de sélection des données à l'aide de code SQL, il vous faut mieux comprendre les résultats affichés par les différentes requêtes sur la base magasin. Ces résultats sont récapitulés aux tableaux 14-4 pour la table client, 14-5 pour la table article, 14-6 pour la table commande et 14-7 pour la table ligne.

Tableau 14-4 Données de la table *client*

id_client	nom	prenom	age	adresse	ville	mail
1	Marti	Jean	36	5 av. Einstein	Orléans	mart@marti.com
2	Rapp	Paul	44	32 av. Foch	Paris	rapp@libert.com
3	Devos	Marie	18	75 bd Hochimin	Lille	grav@waladoo.fr
4	Hochon	Paul	22	33 rue Tsétsé	Chartres	hoch@fiscali.fr
5	Grave	Nuyen	18	75 bd Hochimin	Lille	grav@waladoo.fr
6	Hachette	Jeanne	45	60 rue d'Amiens	Versailles	NULL
7	Marti	Pierre	25	4 av. Henri	Paris	martin7@fiscali.fr
8	Mac Neal	John	52	89 rue Diana	Lyon	mac@freez.fr
9	Basile	Did	37	26 rue Gallas	Nantes	bas@walabi.com
10	Darc	Jeanne	19	9 av. d'Orléans	Paris	NULL
11	Gaté	Bill	45	9 bd des Bugs	Lyon	bill@microhard.be

Tableau 14-5 Données de la table *article*

id_article	designation	prix	categorie
CS330	Caméscope Sony DCR-PC330	1629.00	vidéo
NIK55	Nikon F55+zoom 28/80	269.00	photo
NIK80	Nikon F80	479.00	photo
SOXMP	PC portable Sony Z1-XMP	2399.00	informatique
HP497	PC bureau HP497 écran TFT	1500.00	informatique
DVD75	DVD vierge par 3	17.50	divers

Tableau 14-5 Données de la table *article (suite)*

id_article	designation	prix	categorie
CAS07	Cassette DV60 par 5	26.90	divers
DEL30	Portable Dell X300	1715.00	informatique
CP100	Caméscope Panasonic SV-AV100	1490.00	vidéo
SAX15	Portable Samsung X15 XVM	1999.00	informatique
CA300	Canon EOS 3000V zoom 28/80	329.00	photo

Tableau 14-6 Données de la table *commande*

id_comm	id_client	date
1	5	2004-06-11
2	9	2004-06-25
3	1	2004-07-12
4	3	2004-07-14
5	9	2004-07-31
6	10	2004-08-08
7	2	2004-08-25
8	7	2004-09-04
9	11	2004-10-15
10	4	2004-11-23
11	8	2005-01-21
12	5	2005-02-01
13	9	2005-03-03

Tableau 14-7 Données de la table *ligne*

id_comm	id_article	quantite	prixunit
1	CS330	1	1629.00
1	CAS07	3	26.90
2	HP497	2	1500.00
3	NI080	5	479.00
4	SOXMP	3	2399.00
4	DVD75	2	17.50
5	CA300	1	329.00
6	CAS07	3	26.90
6	CP100	1	1490.00
7	SAX15	5	1999.00
8	SOXMP	1	2399.00

Tableau 14-7 Données de la table *ligne (suite)*

id_comm	id_article	quantite	prixunit
8	CP100	1	1490.00
9	NIK55	1	269.00
10	DEL30	2	1715.00
10	SAX15	1	1999.00
11	DVD75	10	17.50
12	CS330	3	1629.00
12	CAS07	4	26.90
13	SAX15	2	1999.00

Sélection des données

L'opération la plus importante pour créer une page dynamique en réponse à une demande formulée par un visiteur est la sélection des données qui vont composer cette page. Il est pour cela nécessaire de bien maîtriser les commandes SQL de sélection des données et de s'assurer que l'opération de sélection retenue fournit bien les résultats attendus et uniquement ceux-ci.

La sélection des données peut porter sur une table (sélection simple) ou sur deux ou plusieurs tables simultanément (il s'agit alors d'une jointure). Pour illustrer l'importance du choix des commandes SQL de sélection, vous n'utiliserez pas les possibilités d'automatisation du code SQL offertes par phpMyAdmin mais écrirez à la main chacune des requêtes à exécuter.

Commencez par choisir la base magasin, puis cliquez sur le bouton SQL. Vous obtenez la page illustrée à la figure 14-15. Vous saisirez vos requêtes dans la zone de saisie multiligne.

Figure 14-15

La page de saisie des requêtes

Sélection dans une table

La commande SQL essentielle pour opérer des sélections de lignes dans une table est SELECT. Elle comporte de nombreuses options en fonction du résultat souhaité. Les sections qui suivent détaillent les plus importantes d'entre elles.

Sélection de toutes les lignes

Pour opérer une sélection de toutes les lignes et de toutes le colonnes d'une table, écrivez :

```
SELECT * FROM client
```

Le seul intérêt de cette requête est de visualiser l'ensemble des données. Elle a le même effet que le bouton Afficher de phpMyAdmin.

Pour restreindre l'affichage à certaines colonnes, vous pouvez les énumérer.

La commande suivante :

```
SELECT nom,prenom,ville FROM client
```

n'affiche que les trois colonnes indiquées avec leurs valeurs pour toutes les lignes de la table client.

> **Alias**
>
> Dans les requêtes de sélection, vous pouvez définir des alias pour les noms des bases, des tables ou des colonnes. Lors de l'affichage, les noms affichés sont ceux des alias et non ceux des colonnes de la table.

Ces exemples affichent toutes les lignes de la table, y compris si cette dernière contient des doublons. Pour ne pas afficher plusieurs fois les mêmes données, vous pouvez utiliser la clause DISTINCT.

L'exemple suivant :

```
SELECT DISTINCT ville FROM client
```

affiche la liste des villes sans doublon, comme ci-dessous :

Vous pouvez trier les champs affichés par ordre croissant ou décroissant en utilisant la clause ORDER BY du nom du champ et des options ASC (croissant) ou DESC.

La requête suivante :

```
SELECT DISTINCT ville FROM client ORDER BY ville ASC
```

affiche la liste ordonnée des villes, comme ci-dessous :

La requête suivante :

```
SELECT DISTINCT ville FROM client ORDER BY ville DESC
```

affiche la même liste en ordre inverse, comme ci-dessous :

Restriction du nombre de lignes

La possibilité de restreindre le nombre de lignes illustre tout l'intérêt des opérations de sélection. Elle permet aux données auxquelles est appliquée la restriction de répondre à une ou plusieurs conditions particulières. Pour appliquer une restriction, il suffit d'ajouter la clause WHERE à la commande SELECT.

La syntaxe générale de la commande SELECT devient :

```
SELECT col1,col2,… FROM table WHERE condition
```

La condition peut porter sur n'importe quelle colonne. Elle doit être rédigée à l'aide d'opérateurs et de fonctions, à la manière des expressions conditionnelles des instructions if.

Par exemple, pour sélectionner les clients qui habitent Paris, vous écrivez :

```
SELECT nom,prenom,adresse,mail FROM client WHERE ville='Paris'
```

Vous obtenez la liste illustrée à la figure 14-16.

Figure 14-16
Sélection avec une clause WHERE

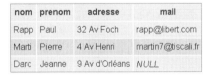

Les opérateurs de comparaison

Les opérateurs de comparaison sont applicables à tous les types de données. Ils donnent pour résultats les valeurs TRUE, FALSE ou NULL. Les opérandes sont convertis en nombre ou en chaîne selon le contexte.

Pour les chaînes, la comparaison est insensible à la casse et ignore les espaces, les tabulations (\t) et les sauts de ligne (\n).

Tableau 14-8 Les opérateurs de comparaison

Opérateur	Description
=	Égalité des nombres ou des chaînes de caractères
<> ou !=	Différent de
<=	Inférieur ou égal à
<	Inférieur à
>=	Supérieur ou égal à
>	Supérieur à
IS NULL	Retourne TRUE si la valeur est NULL. Par exemple : `SELECT nom,prenom FROM auteurs WHERE prenom IS NULL`
IS NOT NULL	Retourne TRUE si la valeur n'est pas NULL. Par exemple : `SELECT nom,prenom FROM auteurs WHERE prenom IS NOT NULL`
express BETWEEN min AND max	Retourne TRUE si la valeur est comprise entre min et max (limites comprises). Par exemple, le code suivant sélectionne tous les noms dont l'initiale est comprise entre A et E : `SELECT nom FROM client WHERE nom BETWEEN 'A' and 'E'`
express NOT BETWEEN min AND max	Retourne TRUE si la valeur n'est pas comprise entre min et max (limites comprises). Par exemple, le code suivant sélectionne tous les noms dont l'initiale n'est pas comprise entre A et E : `SELECT nom FROM client WHERE nom NOT BETWEEN 'A' and 'E'`
express LIKE 'motif'	Retourne la valeur TRUE si l'expression est conforme au motif défini. Pour définir les motifs, vous utilisez deux caractères particuliers, ou jokers : le caractère de soulignement (_) pour remplacer un caractère quelconque et le caractère % pour remplacer un nombre variable de caractères. Si le motif est égal à 'chaine_', tous les mots commençant par 'chaine' suivi de n'importe quel caractère conviennent. Si le motif est égal à '%mar', tous les mots qui contiennent la chaîne 'mar' précédée de n'importe quel groupe de caractères conviennent. Si le motif est '%mar%', toutes les chaînes contenant simplement la chaîne 'mar' sont valables. Par exemple, le code suivant sélectionne tous les noms qui contiennent les lettres 'tin' : `SELECT nom,prenom FROM client WHERE nom LIKE '%tin'`
express NOT LIKE 'motif'	Négation de l'opérateur LIKE

express REGEXP 'motif'	Retourne TRUE si le motif de l'expression régulière est trouvé dans la valeur d'une colonne. Par exemple, le code suivant sélectionne tous les noms dont le prénom commence par la lettre J suivie d'une voyelle puis d'un nombre quelconque de caractères :
	`SELECT nom`
	`FROM client WHERE prenom REGEXP 'J[aeiouy].*'`

express NOT REGEXP 'motif'	Négation de l'opérateur REGEXP
express IN(val1,val2,...)	Retourne TRUE si la valeur est incluse dans l'ensemble des valeurs listées. Par exemple, le code suivant sélectionne tous les noms d'auteurs qui ont 21, 22 ou 23 ans : `SELECT nom FROM auteurs WHERE age IN (21,22,23)`

Tableau 14-8 Les opérateurs de comparaison *(suite)*

Opérateur	Description
express NOT IN(val1,val2,...)	Retourne TRUE si la valeur n'est pas incluse dans l'ensemble des valeurs listées. Par exemple, le code suivant sélectionne tous les noms d'auteurs qui n'ont ni 21, ni 22 ni 23 ans : `SELECT nom FROM auteurs WHERE age NOT IN (21,22,23)`
ISNULL(express)	Retourne TRUE si la valeur de l'expression est de type NULL. Par exemple, le code suivant sélectionne tous les noms d'auteurs dont l'attribut prenom est vide : `SELECT nom FROM auteurs WHERE ISNULL(prenom)`
COALESCE(col1,col2,...)	Retourne la première valeur non NULL de la liste passée en paramètre. Par exemple, le code suivant retourne tous les e-mails non NULL de la table client, les mails NULL étant remplacés par les noms : `SELECT COALESCE( mail, nom ) FROM client`

Exemples de requêtes avec des opérateurs

Pour sélectionner les clients dont l'âge est supérieur à 40 ans :

```
SELECT nom, prenom, age,adresse,ville
FROM   client  WHERE age >40
```

nom	prenom	age	adresse	ville
Rapp	Paul	44	32 Av Foch	Paris
Hachette	Jeanne	45	60 rue d'Amiens	Versailles
Mac Neal	John	52	89 rue Diana	Lyon
Gaté	Bill	45	9 Bd des Bugs	Lyon

Pour sélectionner les clients qui n'ont pas d'adresse e-mail :

```
SELECT nom, prenom, age, adresse, ville
FROM   client  WHERE mail IS NULL
```

nom	prenom	age	adresse	ville
Hachette	Jeanne	45	60 rue d'Amiens	Versailles
Darc	Jeanne	19	9 Av d'Orléans	Paris

Pour sélectionner les clients dont les noms commencent par une lettre entre A et H, la lettre H n'étant pas prise en compte :

```
SELECT nom, prenom, age,ville
FROM   client  WHERE nom BETWEEN 'A' AND 'H'
```

nom	prenom	age	ville
Devos	Marie	18	Lille
Grave	Nuyen	18	Lille
Basile	Did	37	Nantes
Darc	Jeanne	19	Paris
Gaté	Bill	45	Lyon

Pour sélectionner les articles dont le prix est compris entre 1 000 et 2 000 euros :

    SELECT id_article,designation,prix FROM article WHERE prix BETWEEN 1500 AND 2000

id_article	designation	prix
CS330	Caméscope Sony DCR-PC330	1629.00
HP497	PC Bureau HP497 écran TFT	1500.00
DEL30	Portable Dell X300	1715.00
SAX15	Portable Samsung X15 XVM	1999.00

Pour sélectionner les clients dont l'âge figure dans la liste (18, 19, 20) :

    SELECT nom, prenom, age,ville FROM client WHERE age IN (18, 19, 20)

nom	prenom	age	ville
Devos	Marie	18	Lille
Grave	Nuyen	18	Lille
Darc	Jeanne	19	Paris

Pour sélectionner les clients qui habitent une avenue, et dont l'adresse contient donc la chaîne av. :

    SELECT nom, prenom, age, adresse, ville FROM client WHERE adresse LIKE '%Av%'

nom	prenom	age	adresse	ville
Marti	Jean	36	5 Av Einstein	Orléans
Rapp	Paul	44	32 Av Foch	Paris
Marti	Pierre	25	4 Av Henri	Paris
Darc	Jeanne	19	9 Av d'Orléans	Paris

Le langage SQL et phpMyAdmin

Pour sélectionner les articles de la marque Sony, dont la désignation contient donc la chaîne Sony :

```
SELECT id_article,designation,prix FROM article WHERE designation LIKE '%Sony%'
```

id_article	designation	prix
CS330	Caméscope Sony DCR-PC330	1629.00
SOXMP	PC Portable Sony Z1-XMP	2399.00

Pour sélectionner les clients dont les noms commencent par Ma à l'aide d'une expression régulière :

```
SELECT nom, prenom, age, adresse, ville
FROM client WHERE nom REGEXP 'Ma.*'
```

nom	prenom	age	adresse	ville
Marti	Jean	36	5 Av Einstein	Orléans
Marti	Pierre	25	4 Av Henri	Paris
Mac Neal	John	52	89 rue Diana	Lyon

Les opérateurs logiques

Il est évidemment possible d'écrire des conditions complexes dans la clause WHERE en reliant plusieurs conditions par des opérateurs logiques. La liste et la description de ces opérateurs sont données au tableau 14-9.

Tableau 14-9 Les opérateurs logiques

Opérateur	Description
NOT express ou !express	Le NON logique renvoie FALSE si express vaut TRUE et réciproquement ou NULL si express vaut NULL. Par exemple, le code suivant retourne tous les noms différents de 'dupont' : `SELECT nom FROM client WHERE NOT(nom='dupont')`
express1 AND express2	Le ET logique renvoie TRUE si les deux opérandes sont différents de FALSE et de NULL et renvoie FALSE s'ils sont tous deux FALSE. Dans les autres cas, l'évaluation est NULL. Par exemple, le code suivant retourne tous les âges des clients nommés 'pierre dupont' : `SELECT age FROM client WHERE nom='dupont' AND prenom='pierre'`
express1 OR express2	Le OU logique renvoie TRUE si au moins un des opérandes vaut TRUE, NULL si l'un des deux est NULL et FALSE dans les autres cas. Par exemple, le code suivant retourne tous les âges des clients dont le nom est 'dupont' ou le prénom 'pierre' : `SELECT age FROM client WHERE nom='dupont' OR prenom='pierre'`
express1 XOR express	Le OU exclusif logique renvoie NULL si l'un des opérandes vaut NULL, TRUE si un seul des deux vaut TRUE et FALSE sinon. Par exemple, le code suivant retourne les âges des clients dont le nom est 'dupont' et dont le prénom n'est pas 'pierre' ainsi que de ceux dont le prénom est 'pierre' et dont le nom est différent de 'dupont' : `SELECT age FROM client WHERE nom='dupont' XOR prenom='pierre'`

Une expression contenant un ou deux opérandes reliés par un opérateur logique est évaluée à TRUE (1), FALSE (0) ou NULL.

Exemples utilisant les opérateurs logiques

Pour sélectionner les clients qui ont moins de 30 ans et qui habitent Paris :

```
SELECT nom, prenom, age, adresse,ville
FROM client  WHERE age <30 AND ville = 'Paris'
```

nom	prenom	age	adresse	ville
Marti	Pierre	25	4 Av Henri	Paris
Darc	Jeanne	19	9 Av d'Orléans	Paris

Pour sélectionner les clients qui habitent Lyon ou dont le nom commence par la lettre H :

```
SELECT nom, prenom, age, adresse,ville FROM  client
WHERE ville='Lyon' OR nom LIKE 'H%'
```

nom	prenom	age	adresse	ville
Hochon	Paul	22	33 rue Tsétsé	Chartres
Hachette	Jeanne	45	60 rue d'Amiens	Versailles
Mac Neal	John	52	89 rue Diana	Lyon
Gaté	Bill	45	9 Bd des Bugs	Lyon

Pour sélectionner les clients qui n'habitent ni Paris ni Lyon :

```
SELECT nom, prenom, age, adresse,ville
FROM client
WHERE NOT(ville='Paris') AND NOT(ville='Lyon')
```

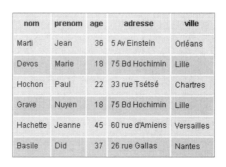

Les opérateurs arithmétiques

MySQL reconnaît les quatre opérations fondamentales (+, -, *, /) plus l'opérateur modulo (%). Excepté pour la division, si les opérandes sont entiers, le résultat est de type `BIGINT 64 bits`. Si un seul des opérandes comporte l'option `UNSIGNED`, le résultat a aussi cette propriété `UNSIGNED`. En cas de dépassement de la capacité du type `BIGINT`, le résultat est 0. Le résultat de la division par zéro a la valeur `NULL`, et l'opération ne provoque pas d'erreur visible.

Les fonctions mathématiques

MySQL gère un grand nombre de fonctions mathématiques classiques, telles que celles que vous avez définies dans la partie spécifique de PHP *(voir chapitre 2)*.

Le tableau 14-10 récapitule les fonctions mathématiques utilisables dans des requêtes.

Tableau 14-10 Fonctions mathématiques

Fonctions	Description
-X	Opposé de X
ABS(X)	Valeur absolue de X
ACOS(X)	Angle en radian dont le cosinus est X.
ASIN(X)	Angle en radian dont le sinus est X.
ATAN(X)	Angle en radian dont la tangente est X.
ATAN2(X,Y)	Angle en radian dont la tangente est la valeur de X/Y.
CEILING(X)	Arrondi à l'entier supérieur à X
COS(X)	Cosinus de X en radian
COT(X)	Cotangente de X en radian
DEGREES(X)	Convertit X de radian en degré.
EXP(X)	Exponentielle de base e de X
FLOOR(X)	Arrondi à l'entier inférieur à X
GREASTEST(X,Y,...)	Retourne la plus grande valeur de la liste. Utilisable avec des nombres et des lettres.
LEAST(X,Y,...)	Retourne la plus petite valeur de la liste. Utilisable avec des nombres et des lettres.
LOG(X)	Logarithme népérien de X
LOG10(X)	Logarithme de base 10 de X
MOD(X,N)	Modulo : reste de la division de X par N (équivalent de X%N)
PI()	Valeur de pi
POWX,Y) ou POWER(X,Y)	Nombre X à la puissance Y (X et Y peuvent être décimaux).
RADIANS(X)	Convertit X de degré en radian.
RAND() ou RAND(N)	Retourne un nombre aléatoire compris entre 0 et 1. Si le paramètre N est précisé, ce nombre est utilisé pour initialiser le générateur aléatoire. À chaque valeur de N correspond un nombre unique toujours identique.

Tableau 14-10 Fonctions mathématiques *(suite)*

Fonctions	Description
ROUND(X)	Arrondit à l'entier le plus proche.
SIGN(X)	Retourne – 1, 0 ou 1 selon que X est négatif, nul ou positif.
SIN(X)	Sinus de X exprimé en radian
SQRT(X)	Racine carrée de X, qui doit être positive.
TAN(X)	Tangente de X exprimée en radian
TRUNCATE(X,N)	Arrondit X avec *N* décimales.

Les fonctions statistiques

Ces fonctions opèrent sur les données d'une même colonne. Elles retournent des résultats calculés sur l'ensemble des valeurs non NULL correspondant à cette colonne. Il est possible de combiner plusieurs fonctions statistiques à condition d'utiliser la clause GROUP BY, que nous détaillons à la section suivante.

Le tableau 14-11 récapitule les fonctions statistiques utilisables dans des requêtes MySQL.

Tableau 14-11 Fonctions statistiques

Fonction	Description
AVG(colonne)	Retourne la moyenne des valeurs de la colonne précisée.
COUNT(colonne)	Retourne le nombre de lignes dont la valeur n'est pas NULL dans la colonne précisée. COUNT(*) retourne le nombre total de lignes, même si certaines ont la valeur NULL.
COUNT(DISTINCT colonne)	Retourne le nombre de lignes ayant une valeur non NULL et distincte (en éliminant les doublons).
MAX(colonne)	Retourne la valeur maximale de la colonne précisée.
MIN(colonne)	Retourne la valeur minimale de la colonne précisée.
SUM(colonne)	Retourne la somme des valeurs de la colonne précisée.

Exemples

Pour calculer l'âge moyen des clients :

SELECT AVG(age)FROM client

Vous obtenez la valeur 32.8182.

Pour calculer le nombre de clients ayant indiqué leur adresse e-mail (donc le nombre de lignes pour lesquelles la colonne mail n'est pas NULL) :

SELECT COUNT(mail)FROM client

Vous obtenez la valeur 9, alors qu'il y a 11 clients dans la table.

Pour calculer le nombre total de clients :

SELECT COUNT(nom)FROM client

Vous obtenez la valeur 11. Vous auriez pu appliquer la fonction COUNT() à n'importe quelle colonne ayant l'attribut NOT NULL et obtenir le même résultat.

Pour calculer le nombre de villes différentes de la table client :

```
SELECT COUNT(DISTINCT ville)FROM client
```

Vous obtenez la valeur 7.

Pour déterminer le prix maximal de la table article :

```
SELECT MAX(prix)FROM article
```

Vous obtenez la valeur 2399.00.

Pour déterminer l'âge du client le plus jeune :

```
SELECT MIN(age)FROM client
```

Vous obtenez la valeur 18.

Pour calculer le nombre total d'articles commandés :

```
SELECT SUM(quantite)FROM ligne
```

Vous obtenez la valeur 51.

Le regroupement

La clause GROUP BY utilisée dans une commande SELECT permet de regrouper des lignes ayant une caractéristique commune. Vous obtenez de la sorte des sous-ensembles de lignes de la table auxquels vous pouvez appliquer des opérations telles que les fonctions statistiques détaillées précédemment. Les calculs sont effectués sur ces sous-ensembles.

Vous pouvez, par exemple, regrouper les clients par ville en écrivant la clause 'GROUP BY ville'. Au lieu de calculer l'âge moyen de la totalité des clients, vous pouvez ainsi calculer l'âge moyen des clients par ville.

La requête suivante :

```
SELECT AVG( age ) AS 'age moyen', ville FROM client GROUP BY ville
```

affiche le résultat ci-dessous, dans lequel l'utilisation d'un alias pour la colonne AVG(age) donne une information plus lisible en remplaçant le nom de la colonne age par le texte age moyen.

age moyen	ville
22.0000	Chartres
18.0000	Lille
48.5000	Lyon
37.0000	Nantes
36.0000	Orléans
29.3333	Paris
45.0000	Versailles

Les exemples précédents d'utilisation de fonctions statistiques n'utilisaient pas la clause GROUP BY. Il n'était donc pas possible de sélectionner plusieurs colonnes dans une même requête. Avec cette clause, vous pouvez regrouper les lignes par ville et afficher dans un même tableau l'âge minimal, l'âge moyen et l'âge maximal des clients.

Par exemple, la requête suivante :

```
SELECT MIN(age) AS 'Age minimum',AVG(age) AS 'Age moyen', MAX(age) AS 'Age maximum',
➥ville
FROM client
GROUP BY ville
```

retourne le tableau illustré à la figure 14-17.

Figure 14-17
Calculs statistiques sur les âges

Age minimum	Age moyen	Age maximum	ville
22	22.0000	22	Chartres
18	18.0000	18	Lille
45	48.5000	52	Lyon
37	37.0000	37	Nantes
36	36.0000	36	Orléans
19	29.3333	44	Paris
45	45.0000	45	Versailles

Exemple

Pour afficher le montant total et le nombre d'articles de chaque commande, vous allez utiliser la colonne id_comm comme critère de regroupement. En appliquant la fonction SUM(), vous pouvez calculer le prix de chaque ligne puis le total :

```
SELECT id_comm AS  'Numéro de commande',
SUM( prixunit * quantite )  AS  'Prix Total', SUM(quantite) AS 'Nombre d\'articles'
FROM ligne
GROUP BY id_comm
```

La requête affiche le résultat illustré à la figure 14-18.

Dans un regroupement, vous pouvez indiquer une condition de restriction des lignes, comme dans une requête de sélection habituelle. Vous utilisez pour cela la clause HAVING, qui est l'équivalent de la clause WHERE mais n'est utilisée qu'après une clause GROUP BY. Les conditions écrites dans HAVING peuvent utiliser les mêmes opérateurs et fonctions que celles écrites dans WHERE.

Par exemple, pour calculer l'âge moyen des clients qui habitent des villes dont l'initiale est L, vous ajoutez une condition de restriction HAVING à l'aide de l'opérateur LIKE après la clause GROUP BY.

Figure 14-18
Calcul du prix total par commande

Numéro de commande	Prix Total	Nombre d'articles
1	1709.70	4
2	3000.00	2
3	2395.00	5
4	7232.00	5
5	329.00	1
6	1570.70	4
7	9995.00	5
8	3889.00	2
9	269.00	1
10	5429.00	3
11	175.00	10
12	4994.60	7
13	3998.00	2

La requête suivante :

```
SELECT AVG( age ),ville
FROM   client
GROUP  BY ville
HAVING ville LIKE 'L%'
```

affiche le résultat ci-dessous :

AVG(age)	ville
18.0000	Lille
48.5000	Lyon

Les jointures

Faire une jointure consiste à effectuer une sélection de données sur plusieurs tables. Il faut pour cela que les tables concernées par la jointure aient au moins chacune une colonne contenant un même type d'information. C'est le cas des tables client et commande de la base magasin, qui ont en commun la colonne id_client. La commande SELECT peut donc s'appliquer, avec une condition WHERE, à cette colonne.

La syntaxe la plus courante d'une jointure est la suivante :

```
SELECT col1,col2,…
FROM table1,table2,…
WHERE condition_de_jointure
```

La condition de jointure est de la forme :

```
table1.colX = table2.colY
```

dans laquelle `colX` et `colY` contiennent des données représentant la même information, comme l'identifiant de client.

Jointure de deux tables

L'association entre un numéro de commande et le nom d'un client fait intervenir les tables `client` et `commande`. Pour retrouver toutes les commandes faites par un client, vous opérez une jointure entre ces tables en utilisant la colonne `id_client` commune aux deux tables.

La requête suivante :

```
SELECT commande.id_comm,nom,prenom,ville
FROM commande, 'client'
WHERE client.id_client = commande.id_client ORDER BY nom
```

affiche le résultat illustré à la figure 14-19 (la clause `ORDER BY` trie les noms par ordre alphabétique).

Figure 14-19
Jointure sur les tables client *et* commande

id_comm	nom	prenom	ville
2	Basile	Did	Nantes
5	Basile	Did	Nantes
13	Basile	Did	Nantes
6	Darc	Jeanne	Paris
4	Devos	Marie	Lille
9	Gaté	Bill	Lyon
12	Grave	Nuyen	Lille
1	Grave	Nuyen	Lille
10	Hochon	Paul	Chartres
11	Mac Neal	John	Lyon
3	Marti	Jean	Orléans
8	Marti	Pierre	Paris
7	Rapp	Paul	Paris

La condition `WHERE` peut comporter d'autres composantes permettant d'opérer une sélection plus précise.

Par exemple, pour sélectionner les commandes du client dont l'identifiant est 5, vous ajoutez la condition suivante à la clause `WHERE` :

```
SELECT commande.id_comm, client.id_client FROM commande,client
WHERE client.id_client = commande.id_client AND client.id_client =5
```

Cette requête affiche le résultat ci-dessous :

id_comm	id_client	date
1	5	2004-06-11
12	5	2005-02-01

Il est possible d'utiliser la clause GROUP BY dans une jointure pour effectuer des calculs statistiques sur un groupe de données.

Dans l'exemple suivant, vous cherchez à établir la liste des articles les plus vendus sur le site et à afficher leur code, leur désignation, leur prix et le nombre total d'articles. Vous effectuez pour cela une jointure sur les tables article et ligne en utilisant comme critère de jointure leur colonne commune id_article. Vous appliquez ensuite à la colonne id_article la clause GROUP BY pour obtenir la somme des ventes de chaque article et la clause ORDER BY pour afficher les résultats en ordre décroissant :

```
SELECT article.id_article, designation,prix SUM( quantite ) AS 'Total'
FROM article,ligne
WHERE article.id_article = ligne.id_article
GROUP  BY id_article
ORDER  BY Total DESC
```

La requête affiche le résultat illustré à la figure 14-20.

Figure 14-20
Jointure et groupement

id_article	designation	prix	Total
DVD75	DVD vierge par 3	17.50	12
CAS07	Cassette DV60 par 5	26.90	10
SAX15	Portable Samsung X15 XVM	1999.00	8
CS330	Caméscope Sony DCR-PC330	1629.00	4
SOXMR	PC Portable Sony Z1-XMR	2399.00	4
HP497	PC Bureau HP497 écran TFT	1500.00	2
CP100	Caméscope Panasonic SV-AV 100	1490.00	2
DEL30	Portable Dell X300	1715.00	2
NIK55	Nikon F55+zoom 28/80	269.00	1
CA300	Canon EOS 3000V zoom 28/80	329.00	1

Jointure de plus de deux tables

Les jointures peuvent porter sur plus de deux tables, à condition que les tables jointes contiennent un même type de donnée dans une de leurs colonnes.

L'exemple suivant est d'une forme plus complexe que les précédents car il opère successivement une jointure sur les tables commande et client ayant en commun la colonne id_client et une jointure sur les tables commande et ligne ayant en commun la colonne id_comm. Ces jointures permettent tout à la fois de sélectionner les numéros des commandes, les nom, prénom et ville du client associé à la commande et le montant total de la commande obtenu et de regrouper les résultats par numéro de commande à l'aide de la clause GROUP BY.

Le tri des données est effectué par le nom des clients de façon à voir d'un coup toutes les commandes d'un même client :

```
SELECT commande.id_comm, nom, prenom, ville, sum( quantite * prixunit ) AS 'Prix
➥total'
FROM commande, 'client' , ligne
WHERE client.id_client = commande.id_client AND commande.id_comm = ligne.id_comm
GROUP  BY id_comm
ORDER BY nom
```

La requête affiche le résultat illustré à la figure 14-21.

Figure 14-21
Jointure sur trois tables

id_comm	nom	prenom	ville	Prix total
5	Basile	Did	Nantes	329.00
13	Basile	Did	Nantes	3998.00
2	Basile	Did	Nantes	3000.00
6	Darc	Jeanne	Paris	1570.70
4	Devos	Marie	Lille	7232.00
9	Gaté	Bill	Lyon	269.00
12	Grave	Nuyen	Lille	4994.60
1	Grave	Nuyen	Lille	1709.70
10	Hochon	Paul	Chartres	5429.00
11	Mac Neal	John	Lyon	175.00
3	Marti	Jean	Orléans	2395.00
8	Marti	Pierre	Paris	3889.00
7	Rapp	Paul	Paris	9995.00

Exercices

Sauf indication contraire, toutes les opérations de sélection des exercices sont à réaliser sur la base magasin.

Exercice 1

Créez une base nommée voitures. Créez ensuite les tables de la base voitures selon le modèle logique défini dans les exercices du chapitre 13. Omettez volontairement certaines colonnes, et faites quelques erreurs de type de colonne. Une fois les tables créées, ajoutez les colonnes manquantes, et corrigez les erreurs. Vérifiez la structure de chaque table.

Exercice 2

Exportez les tables de la base voitures dans des fichiers SQL.

Exercice 3

Supprimez toutes les tables de la base voitures.

Exercice 4

Recréez les tables de la base voitures en utilisant les fichiers SQL précédents.

Exercice 5

Insérez des données dans la table proprietaire de la base voitures, puis vérifiez-en la bonne insertion.

Exercice 6

Créez un fichier texte contenant une liste de modèles de voitures avec autant de données par ligne que de colonnes dans la table modele de la base voitures. Insérez ces données dans la base.

Exercice 7

Créez un fichier Excel ou OpenOffice contenant une liste de modèles de voitures avec autant de données par ligne que de colonnes dans la table modele. Enregistrez-le au format CSV, et insérez les données dans la base.

Exercice 8

Insérez des données dans les autres tables de la base voitures. Effectuez des mises à jour en modifiant certaines valeurs.

Exercice 9

Dans la base magasin, sélectionnez les articles dont le prix est inférieur à 1 500 euros.

Exercice 10

Dans la base magasin, sélectionnez les articles dont le prix est compris entre 100 et 500 euros.

Exercice 11

Dans la base magasin, sélectionnez tous les articles de marque Nikon (dont la désignation contient ce mot).

Exercice 12

Dans la base magasin, sélectionnez tous les caméscopes, leur prix et leur référence.

Exercice 13

Dans la base magasin, sélectionnez tous les produits de la catégorie informatique, et affichez leur code, leur désignation et leur prix par ordre décroissant de prix.

Exercice 14

Dans la base magasin, sélectionnez tous les clients de moins de 40 ans, et ordonnez les résultats par ville en ordre alphabétique.

Exercice 15

Dans la base magasin, calculez le prix moyen de tous les articles.

Exercice 16

Dans la base magasin, calculez le nombre d'e-mails non NULL et distincts l'un de l'autre.

Exercice 17

Dans la base magasin, affichez les coordonnées des clients ayant la même adresse (même adresse et même ville).

Exercice 18

Dans la base magasin, sélectionnez tous les articles commandés par chaque client.

Exercice 19

Dans la base magasin, sélectionnez tous les clients dont le montant d'une commande dépasse 1 500 euros.

Exercice 20

Dans la base magasin, sélectionnez tous les clients dont le montant total de toutes les commandes dépasse 5 000 euros.

Exercice 21

Dans la base voitures, sélectionnez tous les véhicules d'une personne donnée.

Exercice 22

Dans la base voitures, sélectionnez toutes les personnes ayant le même modèle de voiture.

Exercice 23

Dans la base voitures, sélectionnez tous les véhicules ayant plusieurs copropriétaires.

15

Accès à MySQL avec PHP

Ayant acquis au chapitre précédent une bonne maîtrise des commandes SQL, vous pouvez aborder les fonctions PHP permettant d'accéder à une base MySQL à partir d'un script PHP, d'y insérer des données et d'utiliser ces données pour créer des pages dynamiques.

Pour que la base de données MySQL soit accessible à partir des pages d'un site, il faut pouvoir l'utiliser par l'intermédiaire d'un script. MySQL est utilisable par d'autres langages que PHP, Java par exemple. Le couple PHP-MySQL est cependant le plus répandu sur le Web.

L'accès à une base MySQL et son utilisation, qu'il s'agisse d'insérer, de modifier ou de lire des données, suit les étapes ci-dessous :

1. Connexion au serveur MySQL.
2. Envoi de requêtes SQL au serveur.
3. Lecture du résultat d'une requête.
4. Insertion de données dans la base.
5. Recherche dans la base.

Le présent chapitre détaille ces étapes une à une.

Connexion au serveur MySQL

Avant toute chose, le script doit permettre de se connecter au serveur MySQL. La fonction essentielle de ce script est `mysql_connect()`, dont la syntaxe est la suivante :

```
resource mysql_connect (string $host , string $user , string $pass [, bool $multi])
```

`$host` est une chaîne contenant le nom du serveur. Ce dernier est défini par l'hébergeur du site et est communiqué lors de la souscription de l'abonnement. Il s'agit le plus souvent de la chaîne `"localhost"`, comme ce sera le cas dans tous les exemples de ce chapitre, réalisés en local avec Wampserver.

`$user` est le nom sous lequel l'utilisateur est autorisé à accéder au serveur. Il s'agit généralement du nom de domaine ou du login pour les hébergements gratuits. Dans Wampserver, la valeur par défaut de ce paramètre est `"root"`. `$pass` est le mot de passe associé à l'utilisateur. Si plusieurs utilisateurs sont autorisés à accéder au serveur, chacun doit posséder un identifiant et un mot de passe personnel. Sur un serveur local, il s'agit par défaut d'une chaîne vide.

`$multi` est un booléen. S'il vaut TRUE, deux appels de `mysql_connect()` avec des paramètres identiques dans un même script créent deux connexions différentes.

Par mesure de sécurité, vous avez tout intérêt à placer les valeurs des paramètres de connexion dans un fichier séparé, en prenant soin d'y définir ces paramètres sous forme de constantes. Vous pouvez ensuite l'inclure dans les scripts de création de connexions utilisant les noms de ces constantes. Le fichier **myparam.inc.php** de l'exemple 15-1 réalise cette opération. Vous l'utiliserez systématiquement par la suite.

☞ **Exemple 15-1. Le fichier *myparam.inc.php***

```
<?php
define("MYHOST","localhost");
define("MYUSER","root");
define("MYPASS","");
?>
```

La fonction `mysql_connect()` retourne une variable de type resource, qui est un identifiant de connexion. Il faut récupérer cette valeur dans une variable car elle est utilisée pour effectuer les opérations suivantes sur la base. L'identifiant est noté systématiquement `$idcomm` dans les exemples de ce chapitre. Si la connexion n'est pas établie, la fonction retourne FALSE. Vous devez donc tester la réussite de la connexion avant d'effectuer d'autres opérations.

La connexion au serveur peut également être établie à l'aide de la fonction `mysql_pconnect()`, qui requiert les mêmes paramètres que `mysql_connect()` mais établit une connexion persistante. Certains hébergeurs interdisant l'usage de cette fonction, vous ne l'utiliserez pas dans ces exemples.

La connexion établie prend fin automatiquement quand le script PHP est terminé. Il est cependant recommandé d'y mettre fin explicitement dès que possible de façon à libérer le serveur MySQL. Le script peut en effet réaliser toutes sortes d'opérations qui ne nécessitent pas de connexion. Cette précaution améliore la vitesse des connexions des autres utilisateurs.

Pour mettre fin à la connexion, vous appelez la fonction `mysql_close()`, dont la syntaxe est la suivante :

```
boolean mysql_close([$idcom])
```

Le paramètre `$idcom` est l'identifiant de connexion récupéré lors de la connexion. S'il est omis, c'est la dernière connexion utilisée qui est fermée. Une connexion persistante ne peut être fermée par la fonction `mysql_close()`.

Si le serveur comporte plusieurs bases de données, le script précise la base désirée au moyen de la fonction `mysql_select_db()`, dont la syntaxe est la suivante :

```
boolean mysql_select_db($nom_base [,$idcom])
```

Cette fonction retourne TRUE si la base existe et FALSE dans le cas contraire. Après l'appel de cette fonction, toutes les requêtes SQL envoyées au serveur MySQL sont effectuées sur la base choisie, sans qu'il soit besoin de le préciser.

> **La commande *USE***
>
> Vous pouvez utiliser à la place de la fonction PHP `mysql_select_db()` la commande SQL USE, selon la syntaxe USE nom_base, en passant la chaîne "USE nom_base" comme paramètre à la fonction `mysql_query()`, détaillée à la section suivante.

Si le script effectue de nombreuses opérations entre deux requêtes, il est bon de vérifier que la connexion est toujours active. Le serveur met fin à une connexion après un délai défini par défaut dans le fichier **php.ini** à trente secondes.

Vous disposez de la fonction `mysql_ping()` pour vérifier que la connexion est active. La syntaxe de cette fonction est la suivante :

```
boolean mysql_ping(resource $idcom)
```

La fonction retourne TRUE si la connexion est active et FALSE dans le cas contraire. Si la connexion est fermée, il y a automatiquement reconnexion au serveur avec les paramètres utilisés par la fonction `mysql_connect()`.

La structure d'un script accédant au serveur MySQL est la suivante :

```php
<?php
//Inclusion des paramètres de connexion
include_once("param.inc.php");
//Connexion au serveur
$idcom=@mysql_connect(MYHOST,MYUSER,MYPASS);
//Choix de la base
$idbase=@mysql_select_db($base);
//Affichage d'un message en cas d'erreurs
if(!$idcom|!$idbase)
{
```

```
        echo "<script type=text/javascript>";
        echo "alert('Connexion Impossible à la base  $base')</script>";
}
//*******************************
//Requètes SQL sur la base choisie
//*******************************
//Fermeture de la connexion
mysql_close($idcom);
?>
```

Lorsque les scripts du site doivent accéder fréquemment au serveur MySQL, vous avez intérêt à créer une fonction spécialisée, dont l'appel évite de réécrire ces parties de code. L'exemple 15-2 crée une telle fonction en utilisant deux paramètres, $base, qui est le nom de la base à laquelle vous souhaitez accéder, et $param, qui est le nom du fichier contenant les paramètres de connexion sans les extensions **.inc.php.** Elle peut être utilisée dans plusieurs sites différents car elle est indépendante aussi bien du nom du serveur que de celui de la base.

La fonction inclut d'abord les paramètres de connexion (repère ❶) puis appelle la fonction mysql_connect() en utilisant ces paramètres (repère ❷). Elle sélectionne ensuite la base (repère ❸) et gère les erreurs éventuelles de connexion ou d'accès à la base (repère ❹) en affichant une boîte d'alerte en JavaScript (repère ❺). La fonction retourne enfin l'identifiant de connexion $idcom (repère ❻).

☞ **Exemple 15-2. Connexion au serveur**

```
<?php
function connex($base,$param)
{
include_once($param.".inc.php"); ← ❶
$idcom=@mysql_connect(MYHOST,MYUSER,MYPASS); ← ❷
$idbase=@mysql_select_db($base); ← ❸
if(!$idcom | !$idbase) ← ❹
{
    echo "<script type=text/javascript>"; ← ❺
    echo "alert('Connexion Impossible à la base  $base')</script>";
}
return $idcom; ← ❻
}
?>
```

Chacun de vos scripts d'accès à une base de données doit donc contenir les lignes de code suivantes, qui permettent d'utiliser la fonction connex() après avoir inclus son code :

```
include("connex.inc.php");
$idcom=connex("nom_base","myparam");
```

Cela allège les scripts.

Envoi de requêtes SQL au serveur

Toute opération à réaliser sur une base nécessite d'envoyer au serveur une requête SQL rédigée à l'aide des commandes détaillées au chapitre précédent.

Pour envoyer une requête, vous utilisez d'abord la fonction mysql_query(), dont la syntaxe est la suivante :

```
resource mysql_query(string $requete [,resource $idcom][,int mode])
```

La chaîne $requete contient le code de la requête SQL. Elle ne doit pas se terminer par un point-virgule. Les requêtes étant souvent longues, il est recommandé, à des fins de lisibilité du code, de les écrire dans une variable chaîne $requete passée ensuite à la fonction.

$idcom est l'identifiant de connexion. Il est facultatif si une seule connexion est ouverte. mode est une constante entière, qui prend les valeurs MYSQL_STORE_RESULT (valeur par défaut) si le résultat de la requête doit être mis en buffer (mémoire tampon sur le serveur) et MYSQL_USE_RESULT dans le cas contraire. Dans ce dernier cas, il faut lire le résultat avant d'envoyer une nouvelle requête au serveur, faute de quoi le résultat est perdu.

La fonction retourne un identifiant de résultat de type resource, noté systématiquement $result dans ces exemples. Si la requête contient des commandes SELECT, cet identifiant permet d'accéder aux données fournies par la requête en utilisant certaines fonctions PHP que vous découvrirez plus loin dans ce chapitre. Pour les autres requêtes, la fonction retourne TRUE si la requête est bien exécutée. Si une requête quelconque n'est pas exécutée, la fonction mysql_query() retourne FALSE. Il est recommandé d'effectuer un test pour vérifier la bonne réalisation de chaque requête SQL dans un script.

Un script d'envoi de requête a la forme suivante :

```
<?php
include("connex.inc.php"); ← ❶
$idcom=connex("magasin","myparam"); ← ❷
$requete="SELECT * FROM article ORDER BY categorie"; ← ❸
$idresult=@mysql_query($requete,$idcom); ← ❹
if(!$idresult)
{
echo "Lecture impossible"; ← ❺
}
else
{
//Lecture des résultats éventuels de la requête ← ❻
}
?>
```

Il effectue successivement l'inclusion du fichier **connex.inc.php** (repère ❶), la connexion au serveur (repère ❷), l'écriture de la requête (repère ❸), l'envoi de la requête et la récupération du résultat (repère ❹) et enfin l'affichage d'un message d'erreur éventuel (repère ❺) et celui des résultats de la requête (repère ❻).

Lecture du résultat d'une requête

Pour les opérations d'insertion, de suppression ou de mise à jour de données dans une base, il est utile de vérifier si la requête a bien été exécutée.

Lorsqu'il s'agit de lire le résultat d'une requête contenant la commande SELECT, il est indispensable de recueillir les données. PHP offre une grande variété de fonctions qui permettent de récupérer des données sous des formes diverses, la plus courante étant un tableau. Chacune de ces fonctions ne récupérant qu'une ligne du tableau à la fois, il faut recourir à une ou plusieurs boucles pour lire l'ensemble des données.

Lecture à l'aide d'un tableau

La fonction la plus perfectionnée pour lire les données dans un tableau est mysql_fetch_array(). Sa syntaxe est la suivante :

```
array mysql_fetch_array(resource $result [,int typetab])
```

Cette fonction retourne un tableau contenant autant d'éléments qu'il y a de colonnes précisées dans la requête SELECT. Le paramètre $result est celui qui a été retourné par la fonction mysql_query(), et le paramètre typetab une constante entière précisant si le tableau retourné doit être associatif (valeur MYSQL_ASSOC), indicé (valeur MYSQL_NUM) ou les deux à la fois (valeur MYSQL_BOTH, qui est la valeur par défaut). Si le tableau est associatif, les clés du tableau sont les noms des colonnes de la table interrogée ou des alias, si vous en avez définis dans la requête. Il n'est donc pas nécessaire de connaître l'ordre des colonnes dans la table.

Si le tableau est indicé, l'indice d'un élément est celui de la colonne dans la requête, la première colonne ayant l'indice 0. Pour récupérer la valeur d'une colonne précise, il est indispensable de connaître sa position dans la requête.

Chaque nouvel appel de la fonction mysql_fetch_array() retourne la ligne suivante du résultat identifié par $result, ou FALSE s'il n'y a plus de ligne à lire. Il faut effectuer une boucle pour lire chacune des lignes puis une autre boucle imbriquée dans la première pour lire chacune des valeurs des colonnes de la table.

> **Nombre de lignes et de colonnes d'un résultat**
> La fonction int mysql_num_fields(resource $idresult) permet de déterminer le nombre de colonnes du résultat et la fonction int mysql_num_rows(resource $idresult) le nombre de lignes.

L'exemple 15-3 met en pratique les techniques que vous venez d'aborder en effectuant la lecture de la table article de la base magasin créée au chapitre 14. Après l'appel de la fonction de connexion (repère ❶), l'écriture de la requête SQL (repère ❷) et son envoi au serveur, le résultat est identifié par la variable $result (repère ❸). Le script contrôle ensuite si le résultat est valide (repère ❹) et lit le nombre de colonnes et de lignes retourné par la requête (repère ❺ et ❻). La première boucle while de lecture du résultat retourne une ligne à la fois dans un tableau indicé (repère ❼), puis une boucle foreach lit chacune des valeurs du tableau et réalise un affichage dans un tableau HTML (repère ❽). La ressource $result est ensuite libérée (repère ❾).

> **Libération de la mémoire**
> Une fois les données utilisées pour réaliser un affichage dans une page HTML, il est possible de libérer la mémoire occupée par la variable $result en appelant la fonction mysql_free_result($result). Cette dernière retourne TRUE en cas de réussite et FALSE dans le cas contraire. Cette opération ne doit être faite que si vous n'avez plus besoin des données dans le script.

La figure 15-1 illustre la page réalisée par ce script.

☞ **Exemple 15-3. Lecture de la table *article***

```php
<!DOCTYPE HTML PUBLIC "-//W3C//DTD HTML 4.0//EN"
"http://www.w3.org/TR/REC-html40/strict.dtd">
<html>
<head>
<meta http-equiv="Content-Type" content="text/html; charset=iso-8859-1">
<title>Lecture de la table article</title>
<style type="text/css" >
table {border-style:double;border-width: 3px;border-color: red;background-color:
➥yellow;}
</style>
</head>
<body>
<?php
include("connex.inc.php");
$idcom=connex("magasin","myparam"); ← ❶
$requete="SELECT * FROM article ORDER BY categorie"; ← ❷
$result=@mysql_query($requete,$idcom); ← ❸
if(!$result) ← ❹
{
  echo "Lecture impossible";
}
else
{
  $nbcol=mysql_num_fields($result); ← ❺
  $nbart=mysql_num_rows($result); ← ❻
  echo "<h3> Tous nos articles par catégorie</h3>";
  echo "<h4> Il y a $nbart articles en magasin </h4>";
  echo "<table border=\"1\">";
  echo "<th>Code article</th> <th>Description</th> <th>Prix</th> <th>Catégorie</th>";
  while($ligne=mysql_fetch_array($result,MYSQL_NUM)) ← ❼
  {
    echo "<tr>";
```

☞ **Exemple 15-3. Lecture de la table *article* (suite)**

```
    foreach($ligne as $valeur) ← ❽
    {
        echo "<td> $valeur </td>";
    }
    echo "</tr>";
  }
  echo "</table>";
}
mysql_free_result($result); ← ❾
?>
</body>
</html>
```

Les deux autres fonctions suivantes permettent de récupérer une ligne de résultat à la fois dans un tableau :

- `array mysql_fetch_assoc(resource $result)`, qui retourne un tableau uniquement associatif dont les clés sont les noms des colonnes de la table interrogée.
- `array mysql_fetch_row(resource $result)`, qui retourne un tableau uniquement indicé dont les indices sont les numéros des colonnes de la table dans la requête.

Ces fonctions peuvent s'utiliser en lieu et place de `mysql_fetch_array()` avec la même rapidité.

Figure 15-1

Lecture de la table article

Lecture des noms de colonnes

Si vous choisissez de récupérer les lignes du résultat dans un tableau associatif, vous pouvez lire les noms des colonnes pour les afficher dans la page HTML. Si vous utilisez de plus des alias dans la requête SQL, vous pouvez donner aux noms des colonnes des titres plus significatifs que id_article sans avoir à les écrire explicitement dans le code de création du tableau HTML, à la différence de l'exemple précédent.

Il existe deux méthodes pour lire les noms des colonnes d'une table.

Première méthode

L'exemple 15-4 illustre une requête SQL sélectionnant tous les articles de marque Sony en définissant des alias pour les noms de colonnes (repère ❶). Après l'envoi de la requête par la fonction mysql_query() (repère ❷), un premier appel à la fonction mysql_fetch_array() lit la première ligne du résultat dans un tableau associatif (repère ❸). Une boucle foreach lit les clés du tableau obtenu et affiche les titres des colonnes du tableau (repère ❹).

À ce stade, la variable $ligne contient la première ligne de résultat, mais vous n'avez utilisé que les clés de ce tableau, qui sont les noms des colonnes. Si vous lisiez les valeurs des lignes avec une boucle while, comme à l'exemple précédent, un nouvel appel de la fonction mysql_fetch_array() lirait la deuxième ligne, ce qui écraserait les valeurs de la première ligne. L'emploi d'une boucle do..while résout ce problème, la fonction mysql_fetch_array() n'étant appelée qu'après l'affichage des valeurs de chaque ligne (repères ❺ et ❻).

☞ **Exemple 15-4. Récupération des noms de colonnes**

```
<!DOCTYPE HTML PUBLIC "-//W3C//DTD HTML 4.0//EN"
"http://www.w3.org/TR/REC-html40/strict.dtd">
<html>
<head>
<meta http-equiv="Content-Type" content="text/html; charset=iso-8859-1">
<title>Lecture de la table article</title>
<style type="text/css" >
table {border-style:double;border-width: 3px;border-color: red;background-color:
➥yellow;}
</style>
</head>
<body>
<?php
include("connex.inc.php");
$idcom=connex("magasin","myparam");
$requete="SELECT id_article AS 'Code article',designation AS 'Désignation',prix
➥AS 'Prix Unitaire',categorie AS 'Catégorie'
FROM article
WHERE designation LIKE '%Sony%'
ORDER BY categorie"; ← ❶
$result=@mysql_query($requete,$idcom); ← ❷
if(!$result)
```

Exemple 15-4. Récupération des noms de colonnes *(suite)*

```
{
  echo "Lecture impossible";
}
else
{
  $nbart=mysql_num_rows($result);
  $ligne=mysql_fetch_array($result,MYSQL_ASSOC); ← ❸
  echo "<h3> Tous nos articles de la marque Sony</h3>";
  echo "<h4> Il y a $nbart articles en magasin </h4>";
  echo "<table border=\"1\"> <tr>";
  foreach($ligne as $nomcol=>$valcol) ← ❹
  {
    echo "<th> $nomcol </th>";
  }
  echo "<tr>";
  //**************
  do ← ❺
  {
    echo "<tr>";
    foreach($ligne as $valcol)
    {
      echo "<td> $valcol </td>";
    }
    echo "</tr>";
  }
  while($ligne=mysql_fetch_array($result,MYSQL_NUM)); ← ❻
  echo "</table>";
}
?>
</body>
</html>
```

La figure 15-2 illustre les résultats de la requête effectuée sur la table `article`.

Figure 15-2

Lecture des noms de colonnes

Deuxième méthode

Il existe une autre méthode pour lire le nom des colonnes du résultat d'une requête SELECT. La fonction mysql_field_name(), dont la syntaxe est la suivante :

```
string mysql_field_name(resource $result, int num_col)
```

retourne le nom de la colonne ou de l'alias dont le numéro est passé en second paramètre. L'ordre des colonnes est celui de la requête et donc pas nécessairement celui de la table.

L'exemple 15-5 illustre cette possibilité de lecture des noms des colonnes. La requête SQL sélectionne les caractéristiques des clients habitant à Paris (repère ❶). Après l'envoi de celles-ci (repère ❷), vous récupérez le nombre de colonnes (repère ❸) et de lignes (repère ❹) du résultat. Une boucle for permet l'affichage des en-têtes du tableau HTML (repère ❺). La fonction mysql_field_name() permet de lire le nom des colonnes (repère ❻).

Pour afficher les valeurs sélectionnées, vous créez une boucle for (repère ❼), dans laquelle vous lisez une ligne du résultat en appelant la fonction mysql_fetch_row() (repère ❽). Une autre boucle for imbriquée dans la précédente permet l'affichage de toutes les valeurs d'une ligne contenues dans le tableau $ligne (repère ❾).

L'avantage de ces méthodes est d'automatiser l'écriture des en-têtes du tableau HTML, et ce quel que soit le nombre de colonnes sélectionnées. Si vous ajoutez le champ mail dans la requête, il n'y a qu'une ligne à modifier alors qu'avec la méthode de l'exemple 15-3, il faudrait modifier tout le code de création des en-têtes.

La figure 15-3 donne un aperçu du résultat obtenu en ajoutant simplement le champ mail à la requête.

☞ **Exemple 15-5. Lecture des noms de colonnes**

```
<!DOCTYPE HTML PUBLIC "-//W3C//DTD HTML 4.0//EN"
"http://www.w3.org/TR/REC-html40/strict.dtd">
<html>
<head>
<meta http-equiv="Content-Type" content="text/html; charset=iso-8859-1">
<title>Lecture de la table client</title>
<style type="text/css" >
table {border-style:double;border-width: 3px;border-color: red;background-color:
➥yellow;}
</style>
</head>
<body>
<?php
include("connex.inc.php");
$idcom=connex("magasin","myparam");
$requete="SELECT id_client AS 'Code client',nom,prenom,adresse,age
FROM client
WHERE ville ='Paris'
ORDER BY nom"; ←❶
$result=@mysql_query($requete,$idcom); ←❷
if(!$result)
```

Exemple 15-5. Lecture des noms de colonnes *(suite)*

```
  {
     echo "Lecture impossible";
  }
  else
  {
     $nbcol=mysql_num_fields($result); ← ❸
     $nbart=mysql_num_rows($result); ← ❹
     echo "<h3> Il y a $nbart clients habitant Paris</h3>";
     //Affichage des titres du tableau
     echo "<table border=\"1\"> <tr>";
     for($i=0;$i<$nbcol;$i++) ← ❺
     {
        echo "<th>", mysql_field_name($result,$i)," </th>"; ← ❻
     }
     echo "</tr>";
     //Affichage des valeurs du tableau
     for($i=0;$i<$nbart;$i++) ← ❼
     {
        $ligne=mysql_fetch_row($result); ← ❽
        echo "<tr>";
        for($j=0;$j<$nbcol;$j++) ← ❾
        {
           echo "<td>",$ligne[$j],"</td>";
        }
        echo "</tr>";
     }
     echo "</table>";
     mysql_free_result($result);
  }
?>
</body>
</html>
```

Figure 15-3

Affichage automatique des en-têtes de tableau HTML

> **Utilisation d'un objet**
> À l'exemple 15-5, l'appel de la fonction `mysql_field_name($result,$i)` pourrait être remplacé par `mysql_fetch_field($result,$i)->name`. Cette dernière fonction, ayant pour syntaxe `object mysql_fetch_field($result,$i)`, retourne un objet dont la propriété `name` contient le nom de la colonne dont la position est précisée par l'entier `$i`.

Récupération des valeurs dans un objet

Vous pouvez récupérer non seulement le nom de chaque colonne en appelant la fonction `mysql_fetch_field()` mais également la valeur de chaque colonne d'un résultat sous la forme d'une propriété d'objet grâce à la fonction `mysql_fetch_object()`.

La syntaxe de cette fonction est la suivante :

```
object mysql_fetch_object(resource $result)
```

L'objet retourné par cette fonction a autant de propriétés que la requête a sélectionné de colonnes, les noms des propriétés étant ceux des colonnes ou des alias éventuels. L'exemple 15-6 réalise le même affichage que l'exemple 15-5 en utilisant cette fonction. Les seules différences résident dans l'utilisation de la fonction `mysql_fetch_field()` (repère ❶) pour afficher les en-têtes du tableau HTML puis de `mysql_fetch_object()` pour lire chacune des lignes du résultat (repère ❷).

Un nouvel appel de `mysql_fetch_field()` permet d'enregistrer le nom de chacune des propriétés de l'objet dans la variable `$nomcol` (repère ❸), ce qui permet d'afficher toutes les données d'une ligne. La syntaxe `$ligne->$nomcol` permet de lire chaque propriété de l'objet (repère ❹). Le résultat affiché est identique à celui de la figure 15-3.

☞ **Exemple 15-6. Lecture des données au moyen d'un objet**

```
<!DOCTYPE HTML PUBLIC "-//W3C//DTD HTML 4.0//EN"
"http://www.w3.org/TR/REC-html40/strict.dtd">
<html>
<head>
<meta http-equiv="Content-Type" content="text/html; charset=iso-8859-1">
<title>Lecture de la table client</title>
<style type="text/css" >
table {border-style:double;border-width: 3px;border-color: red;background-color:
➥yellow;}
</style>
</head>
<body>
<?php
include("connex.inc.php");
$idcom=connex("magasin","myparam");
$requete="SELECT id_client AS 'Code client',nom,prenom,adresse,age,mail
FROM client
WHERE ville ='Paris'
```

☞ **Exemple 15-6. Lecture des données au moyen d'un objet** *(suite)*

```
ORDER BY nom";
$result=@mysql_query($requete,$idcom);
if(!$result)
{
  echo "Lecture impossible";
}
else
{
    $nbcol=mysql_num_fields($result);
$nbart=mysql_num_rows($result);
echo "<h3> Il y a $nbart clients habitant Paris</h3>";
//Affichage des titres du tableau
echo "<table border=\"1\"> <tr>";
for($i=0;$i<$nbcol;$i++)
{
    echo "<th>", mysql_fetch_field($result,$i)->name," </th>"; ← ❶
}
echo "</tr>";
//Affichage des valeurs du tableau
    for($i=0;$i<$nbart;$i++)
{
      $ligne=mysql_fetch_object($result); ← ❷
  echo "<tr>";
      for($j=0;$j<$nbcol;$j++)
  {
    $nomcol=mysql_fetch_field($result,$j)->name; ← ❸
    echo "<td>",$ligne->$nomcol,"</td>"; ← ❹
  }
  echo "</tr>";
}
echo "</table>";
mysql_free_result($result);
}
?>
</body>
</html>
```

Insertion de données dans la base

Un site interactif se doit de permettre aux utilisateurs d'effectuer des saisies de données dans un formulaire et de les enregistrer dans une base de données. Les méthodes d'insertion à partir de phpMyAdmin ne peuvent convenir dans ce cas car elles sont réservées à l'administrateur du site.

En vous situant toujours dans la perspective de création d'un site de commerce en ligne, vous allez envisager comment réaliser la saisie puis l'insertion des coordonnées d'un visiteur dans la table client de la base magasin. Vous lui permettrez ensuite d'effectuer une mise à jour de ses paramètres personnels de façon que la base reste à jour, en cas de changement d'adresse, par exemple.

Insertion des données

Comme vous l'avez vu au chapitre 6, consacré aux formulaires, l'outil de communication essentiel entre le poste client et le serveur est le formulaire HTML. Ce dernier permet la saisie de données et leur envoi vers le serveur, sur lequel un script PHP enregistre les valeurs saisies dans la base MySQL.

Vous disposez déjà des fonctions personnalisées de connexion connex() et mysql_query() pour envoyer la requête. Seule la requête SQL INSERT, qui va être envoyée au serveur, distingue cette opération de celle de lecture des données.

Le script de l'exemple 15-7 réalise ce type d'insertion à partir d'un formulaire permettant à un client d'enregistrer ses coordonnées lors d'une commande. Comme ceux du chapitre 6, il commence par vérifier l'existence des saisies obligatoires correspondant aux variables $_POST['nom'], $_POST[adresse] et $_POST[ville] (repère ❶).

Dans le cas où une requête est formée en utilisant des saisies faites par l'utilisateur dans un formulaire, il est préférable d'utiliser un caractère d'échappement pour les caractères spéciaux des chaînes récupérées dans le tableau $_POST, en particulier les guillemets, qui peuvent poser problème. Vous disposez pour cela des fonctions mysql_escape_string() et mysql_real_escape_string(), dont la syntaxe respective est la suivante :

```
string mysql_escape_string(string $chaine)
string mysql_real_escape_string(string $chaine[,resource $idcom])
```

La seconde présente l'avantage de tenir compte du jeu de caractères utilisé. Le jeu de caractères utilisé sur le client MySQL peut être lu en appelant la fonction mysql_client_encoding(), qui retourne ce code dans une chaîne explicite, par exemple 'latin1'. Par précaution, il est préférable d'appliquer ces fonctions à chacune des variables récupérées plutôt qu'à la chaîne de requête dans son entier. Aucune de ces deux fonctions n'échappe les caractères "%" et "_".

Vous récupérez et protégez ensuite toutes les valeurs du tableau $_POST dans des variables de façon à obtenir un code plus court par la suite (repères ❷ à ❽).

La valeur "\N" représente la valeur NULL de la variable $id_client. Elle permet que la colonne id_client de la table client soit incrémentée d'une unité à chaque nouvelle insertion.

La fonction mysql_insert_id(), dont la syntaxe est la suivante :

```
int mysql_insert_id([$idcom])
```

retourne la dernière valeur insérée dans une colonne ayant l'option AUTO_INCREMENT. Elle sert à donner son numéro au client pour qu'il puisse s'identifier lors d'une autre connexion.

La requête SQL INSERT contenue dans la variable $requete (repère ❾) permet l'insertion de toutes ces valeurs dans la table client. Dans le cas d'une commande INSERT, le résultat de la requête envoyée par la fonction mysql_query() n'est qu'une valeur booléenne TRUE ou FALSE selon que l'insertion a été réalisée ou non (repère ❿). Elle vous permet d'afficher un message d'information indiquant la bonne exécution de l'insertion. Le numéro attribué au client lui est communiqué dans une boîte d'alerte JavaScript *(voir repère ⓫ et figure 15-5)*.

☞ **Exemple 15-7. Insertion des données avec un formulaire**

```
<!DOCTYPE HTML PUBLIC "-//W3C//DTD HTML 4.0//EN"
"http://www.w3.org/TR/REC-html40/strict.dtd">
<html>
<head>
<title>Saisissez vos coordonnées</title>
<meta http-equiv="Content-Type" content="text/html; charset=ISO-8859-1">
</head>
<body>
<form action= "<?php echo $_SERVER['PHP_SELF'];?>" method="post"
enctype="application/x-www-form-urlencoded">
<fieldset>
<legend><b>Vos coordonnées</b></legend>
<table>
<tr><td>Nom : </td><td><input type="text" name="nom" size="40" maxlength="30"/>
➥</td></tr>
<tr><td>Prénom : </td><td><input type="text" name="prenom" size="40" maxlength="30"/>
➥</td></tr>
<tr><td>Age : </td><td><input type="text" name="age" size="40" maxlength="2"/></td>
➥</tr>
<tr><td>Adresse : </td><td><input type="text" name="adresse" size="40" maxlength="60"/>
➥</td></tr>
<tr><td>Ville : </td><td><input type="text" name="ville" size="40" maxlength="40"/>
➥</td></tr>
<tr><td>Mail : </td><td><input type="text" name="mail" size="40" maxlength="50"/>
➥</td></tr>
<tr>
<td><input type="reset" value=" Effacer "></td>
<td><input type="submit" value=" Envoyer "></td>
</tr>
</table>
</fieldset>
</form>
<?php
include('connex.inc.php');
if(!empty($_POST['nom'])&& !empty($_POST['adresse'])&& !empty($_POST['ville']))←❶
{
   $id_client="\N";←❷
   $nom= $_POST['nom'];←❸
   $prenom=$_POST['prenom'];←❹
   $age=$_POST['age'];←❺
   $adresse=$_POST['adresse'];←❻
```

```
    $ville=$_POST['ville']; ← ❼
    $mail=$_POST['mail']; ← ❽
    //Requête SQL
    $requete="INSERT INTO client  VALUES('$id_client','$nom','$prenom','$age',
    ➥'$adresse','$ville','$mail')"; ← ❾
    $idcom=connex('magasin','myparam');
    $result=mysql_query($requete,$idcom); ← ❿
    mysql_close($idcom);
    if(!$result)
    {
      echo "<h2>Erreur d'insertion \n n°",mysql_errno()," : ",mysql_error()."</h2>";
    }
    else
    {
      echo "<script type=\"text/javascript\">
      alert('Vous êtes enregistré Votre numéro de client est : ".
      ➥mysql_insert_id()."')</script>"; ← ⓫
    }
    }
}
else {echo "Formulaire à compléter!";}
?>
</body>
</html>
```

La figure 15-4 illustre la page de saisie. Un affichage du contenu de la table client à l'aide de phpMyAdmin vous permettrait de contrôler la bonne insertion des données du visiteur.

Figure 15-4

Formulaire d'insertion

Figure 15-5

Communication du numéro de client dans une boîte d'alerte

Mise à jour d'une table

Pour assurer le meilleur service aux clients du site, il est important de leur permettre de modifier leurs coordonnées en cas de changement d'adresse ou de nom. L'exemple 15-8 crée une page contenant un formulaire de saisie du code client dans une zone de texte. Vous pourriez tout aussi bien l'utiliser pour mettre à jour les tarifs de la table article.

L'attribut action du formulaire renvoie le traitement des données au fichier mysql9.php, dont le code est donné à l'exemple 15-9. La page créée est illustrée à la figure 15-6.

☞ **Exemple 15-8. Page de saisie du code client**

```
<!DOCTYPE HTML PUBLIC "-//W3C//DTD HTML 4.0//EN"
"http://www.w3.org/TR/REC-html40/strict.dtd">
<html>
<head>
<title>Modifiez vos coordonnées</title>
<meta http-equiv="Content-Type" content="text/html; charset=ISO-8859-1">
</head>
<body>
  <form action= "mysqlex9.php" method="post" enctype="application/
➥x-www-form-urlencoded">
    <fieldset>
    <legend><b>Saisissez votre code client pour modifier vos  coordonnées</b></legend>
    <table> <tr> <td>Code client : </td>
    <td><input type="text" name="code" size="20" maxlength="10"/></td></tr>
    <tr><td>Modifier : </td> <td><input type="submit"  value="Modifier"/></td></tr>
    </table>
    </fieldset>
  </form>
</body>
</html>
```

Figure 15-6

Page de saisie du code client

La mise à jour des coordonnées du client est réalisée par le script de l'exemple 15-9.

La première inclusion de code PHP renvoie le client vers la page de saisie du code s'il a validé le formulaire sans avoir effectué de saisie (repère ❶). Rappelons qu'elle doit figurer en tête du fichier car elle utilise la fonction header() pour effectuer la redirection.

Accès à MySQL avec PHP

La suite du fichier comporte deux parties distinctes. La première crée dynamiquement un formulaire permettant la modification des données, et la seconde enregistre ces données dans la base.

Lors du premier appel du fichier de l'exemple 15-9, la condition de l'instruction `if` (repère ❷) est nécessairement vérifiée car la variable `$_POST['modif']` ne contient rien. Elle correspond à la valeur associée au bouton `submit` du formulaire qui n'est pas encore créé. Le script crée une connexion au serveur MySQL pour y lire les coordonnées actuelles du client, dont le code est contenu dans la variable `$code` issue de la page de saisie de l'exemple 15-8 (repère ❸).

La requête SQL sélectionne toutes les colonnes de la table `client` pour retrouver la ligne dont l'identifiant client (colonne `id_client` de la table `client`) correspond à la valeur de la variable `$code` (repère ❹). Cela permet de ne saisir que les modifications éventuelles de coordonnées du client, sans devoir ressaisir l'ensemble. Ces coordonnées sont lues à l'aide de la fonction `mysql_fetch_row()` puisque le résultat de la requête SELECT ne comporte qu'une seule ligne (repère ❺). Elles sont alors contenues dans la variable `$coord` de type `array`. Pour afficher les coordonnées dans le formulaire, vous devez attribuer les valeurs de ses éléments aux attributs `value` des différents champs `<input>` (repère ❻).

La figure 15-7 montre un exemple de création dynamique de formulaire pour le client dont le code vaut 3. Le champ caché `code` du formulaire permet de passer la valeur du code client à la partie du script chargée de l'enregistrement des données modifiées (repère ❼).

L'envoi du formulaire utilise la deuxième partie du script, qui met à jour les données du visiteur dans la table `client` après avoir vérifié l'existence de valeurs pour les champs obligatoires du formulaire (repère ❽). Seules les colonnes `nom`, `adresse`, `ville` et `mail` peuvent être mises à jour à l'aide de la requête suivante (repère ❾) :

```
UPDATE client SET nom='$nom',adresse='$adresse',ville='$ville',mail='$mail'
WHERE id_client='$code'
```

La vérification du résultat de la requête (repère ❿) permet d'afficher une boîte d'alerte JavaScript contenant soit un message d'erreur, soit la confirmation de l'enregistrement. La page ne devant pas être une impasse, le visiteur est redirigé d'office vers la page d'accueil du site `index.htm`. (repères ⓫ et ⓬).

☞ **Exemple 15-9. Page de modification des coordonnées**

```
<?php
  if(empty($_POST['code'])){header("Location:mysqlex8.php");}← ❶
?>
<!DOCTYPE HTML PUBLIC "-//W3C//DTD HTML 4.0//EN"
"http://www.w3.org/TR/REC-html40/strict.dtd">
<html>
<head>
<title>Modifiez vos coordonnées</title>
<meta http-equiv="Content-Type" content="text/html; charset=ISO-8859-1">
</head>
<body>
<?php
```

Exemple 15-9. Page de modification des coordonnées (suite)

```php
if($_POST['modif']!='Enregistrer') ← ❷
{
  //CREATION DU FORMULAIRE
  include('connex.inc.php');
  $code=mysql_escape_string($_POST['code']); ← ❸
  //Requête SQL
  $requete="SELECT * FROM client WHERE id_client='$code' "; ← ❹
  $idcom=connex('magasin','myparam');
  $result=@mysql_query($requete,$idcom);
  $coord=mysql_fetch_row($result); ← ❺
  mysql_close($idcom);
  //Création du formulaire ← ❻
  echo "<form action= \"". $_SERVER['PHP_SELF']."\" method=\"post\"enctype=\
  ➥"application/x-www-form-urlencoded\">";
  echo "<fieldset>";
  echo "<legend><b>Modifiez vos coordonnées</b></legend>";
  echo "<table>";
  echo "<tr><td>Nom : </td><td><input type=\"text\" name=\"nom\" size=\"40\"
  ➥maxlength=\"30\" value=\"$coord[1]\"/> </td></tr>";
  echo "<tr><td>Prénom : </td><td><input type=\"text\" name=\"prenom\" size=\"40\"
  ➥maxlength=\"30\" value=\"$coord[2]\"/></td></tr>";
  echo "<tr><td>Age : </td><td><input type=\"text\" name=\"age\" size=\"40\"
  ➥maxlength=\"2\" value=\"$coord[3]\"/></td></tr>";
  echo "<tr><td>Adresse : </td><td><input type=\"text\" name=\"adresse\" size=\"40\"
  ➥maxlength=\"60\" value=\"$coord[4]\"/></td></tr>";
  echo "<tr><td>Ville : </td><td><input type=\"text\" name=\"ville\" size=\"40\"
  ➥maxlength=\"40\" value=\"$coord[5]\"/></td></tr>";
  echo "<tr><td>Mail : </td><td><input type=\"text\" name=\"mail\" size=\"40\"
  ➥maxlength=\"50\" value=\"$coord[6]\"/></td></tr>";
  echo "<tr><td><input type=\"reset\" value=\" Effacer \"></td> <td><input
  ➥type=\"submit\" name=\"modif\" value=\"Enregistrer\"></td></tr></table>";
  echo "</fieldset>";
  echo "<input type=\"hidden\" name=\"code\"  value=\"$code\"/>"; ← ❼
  echo "</form>";
}
elseif(isset($_POST['nom'])&& isset($_POST['adresse'])&& isset($_POST['ville'])) ← ❽
{
  //ENREGISTREMENT
  include('connex.inc.php');
  $nom=mysql_escape_string($_POST['nom']);
  $adresse=mysql_escape_string($_POST['adresse']);
  $ville=mysql_escape_string($_POST['ville']);
  $mail=mysql_escape_string($_POST['mail']);
  $code=mysql_escape_string($_POST['code']);
  //Requête SQL
  $requete="UPDATE client SET nom='$nom',adresse='$adresse',ville='$ville',
  ➥mail='$mail' WHERE id_client='$code'"; ← ❾
  $idcom=connex('magasin','myparam');
  $result=mysql_query($requete,$idcom);
```

```
      mysql_close($idcom);
      if(!$result) ← ❿
      {
        echo "<script type=\"text/javascript\">
        alert('Erreur : ".mysql_error()."')</script>"; ← ⓫
      }
      else
      {
        echo "<script type=\"text/javascript\"> alert('Vos modifications sont
        ➥enregistrées');window.location='index.htm';</script>"; ← ⓬
      }
    }
    else
    {
    echo "Modifier vos coordonnées!";
    }
    ?>
    </body>
    </html>
```

Figure 15-7

Page de saisie des coordonnées créée dynamiquement

Vérification

Pour vérifier que la mise à jour a bien été réalisée, vous pourriez appeler la fonction mysql_affected_rows(), dont la syntaxe est int mysql_affected_rows([$idcom]). Elle retourne le nombre de lignes concernées par les commandes SQL INSERT, UPDATE et DELETE. Lors de la mise à jour des coordonnées d'un client, elle retourne la valeur 1 si l'opération est menée à bien. Au repère ❿ de l'exemple 15-9, vous pourriez donc écrire :

```
if(mysql_affected_rows()!=1)
{//Affichage de l'erreur}
else
{//Message de confirmation}
```

Recherche dans la base

Un site de commerce en ligne doit permettre à ses visiteurs et futurs clients d'effectuer des recherches dans la base de données afin d'accéder plus rapidement à l'information recherchée. Il doit en outre permettre d'effectuer des statistiques marketing à l'usage du propriétaire du site. Ces recherches concernent aussi bien les sites de commerce en ligne que les annuaires et moteurs de recherche des sites de contenu.

L'exemple 15-10 crée un formulaire classique permettant de saisir un mot-clé et d'effectuer des choix de tri des résultats. Les critères de tri selon le prix, la catégorie ou l'identifiant d'article sont affichés sous forme de liste déroulante ainsi que celui du critère de tri selon le prix, la catégorie ou l'identifiant d'article. Le choix de l'ordre croissant ou décroissant s'effectue au moyen de deux boutons radio ayant le même attribut name, ce qui les rend exclusifs l'un de l'autre.

Le script contrôle d'abord que le visiteur a saisi un mot-clé dans le formulaire en vérifiant que la variable $_POST['motcle'] n'est pas vide (repère ❶). Il récupère ensuite le mot-clé, la catégorie, le critère de tri et l'ordre d'affichage respectivement dans les variables $motcle, $categorie, $ordre et $tri (repères ❷ à ❺).

Si la catégorie choisie est "tous", la partie de la commande WHERE concernant cette catégorie est vide. Pour les autres choix, elle est égale à "AND categorie=$categorie" (repère ❻). La requête de sélection suivante (repère ❼) est alors créée par le code :

```
"SELECT id_article AS 'Code article',designation AS 'Description',prix,categorie AS
➥'Catégorie'
FROM article
WHERE designation LIKE'%$motcle%'".$reqcategorie."
ORDER BY $tri $ordre"
```

L'utilisation d'alias donne un meilleur affichage des titres du tableau de résultats. Après la connexion au serveur, vous récupérez le résultat de la requête dans la variable $result. La lecture des résultats et l'affichage de toutes les lignes retournées sont réalisés par le même code que celui de l'exemple 15-5 (repère ❾). La figure 15-8 illustre la page créée après la recherche du mot-clé portable.

☛ **Exemple 15-10. Page de recherche d'articles**

```
<!DOCTYPE HTML PUBLIC "-//W3C//DTD HTML 4.0//EN"
"http://www.w3.org/TR/REC-html40/strict.dtd">
<html>
<head>
<title>Rechercher un article dans le magasin</title>
<meta http-equiv="Content-Type" content="text/html; charset=ISO-8859-1">
</head>
<body>
  <form action= "<?php echo $_SERVER['PHP_SELF']?>" method="post"
  ➥enctype="application/x-www-form-urlencoded">
  <fieldset>
  <legend><b>Rechercher un article en magasin</b></legend>
```

```
    <table>
    <tr> <td>Mot-clé: </td>
    <td><input type="text" name="motcle" size="40" maxlength="40" value="
➡<?= $_POST['motcle']?>"/></td>
    </tr>
    <tr>
    <td>Dans la catégorie : </td>
    <td>
    <select name="categorie">
    <option value="tous">Tous</option>
    <option value="vidéo">Vidéo</option>
    <option value="informatique">Informatique</option>
    <option value="photo">Photo</option>
    <option value="divers">Divers</option>
    </select>
    </td>
    </tr>
    <tr>
    <td>Trier par : </td>
    <td>
    <select name="tri">
    <option value="prix">Prix</option>
    <option value="categorie">Catégorie</option>
    <option value="id_article">Code</option>
    </select>
    </td>
    </tr>
    <tr><td>En ordre: </td>
    <td>Croissant<input type="radio" name="ordre" value="ASC" checked="checked"/>
➡Décroissant<input type="radio" name="ordre" value="DESC" />
    </td> </tr>
    <tr><td>Envoyer</td><td><input type="submit" name="" value="OK"/></td> </tr>
    </table>
    </fieldset>
    </form>
<?php
if(!empty($_POST['motcle'])) ← ❶
{
  include('connex.inc.php');
  $motcle=mysql_escape_string($_POST['motcle']); ← ❷
  $categorie=mysql_escape_string($_POST['categorie']); ← ❸
  $ordre=mysql_escape_string($_POST['ordre']); ← ❹
  $tri=mysql_escape_string($_POST['tri']); ← ❺

  //Requète SQL
  $reqcategorie=($_POST['categorie']=="tous")?"":"AND categorie='$categorie'"; ← ❻
  $requete="SELECT id_article AS 'Code article',designation AS 'Description',
➡prix,categorie AS 'Catégorie' FROM article WHERE designation LIKE'%$motcle%'"
➡.$reqcategorie."ORDER BY $tri $ordre"; ← ❼
  $idcom=connex('magasin','myparam');
  $result=mysql_query($requete,$idcom); ← ❽
```

☞ **Exemple 15-10. Page de recherche d'articles** *(suite)*

```php
//Code identique à celui de l'exemple 15.5
  if(!$result) ← ❾
  {
    echo "Lecture impossible";
  }
  else
  {
  $nbcol=mysql_num_fields($result);
  $nbart=mysql_num_rows($result);
  echo "<h3> Il y a $nbart articles correspondant au mot-clé : $motcle</h3>";
  //Affichage des titres du tableau
  echo "<table border=\"1\"> <tr>";
  for($i=0;$i<$nbcol;$i++)
  {
    echo "<th>", mysql_field_name($result,$i)," </th>";
  }
  echo "</tr>";
  //Affichage des valeurs du tableau
  for($i=0;$i<$nbart;$i++)
  {
    $ligne=mysql_fetch_row($result);
    echo "<tr>";
    for($j=0;$j<$nbcol;$j++)
    {
      echo "<td>",$ligne[$j],"</td>";
    }
    echo "</tr>";
  }
  echo "</table>";
  mysql_free_result($result);
  }
}
?>
</body>
</html>
```

Ce chapitre a montré les différentes techniques qui permettent de lire les données d'une base et d'en enrichir le contenu à partir de saisies effectuées dans un formulaire.

La sélection d'informations en réponse à la requête d'un visiteur et l'affichage des résultats dans une page créée dynamiquement à partir de ces résultats sont les éléments prépondérants de la création de sites dynamiques. Les études de cas des chapitres suivants illustrent davantage ces techniques.

Figure 15-8
*Formulaire
de recherche et
résultats obtenus*

Mémo des fonctions

```
int mysql_affected_rows([resource $idcom])
```
Retourne le nombre de lignes concernées par la dernière requête SQL INSERT, DELETE ou UPDATE envoyée au serveur.

```
string mysql_client_encoding([resource $idcom])
```
Retourne le nom du jeu de caractères utilisé par le client MySQL pour la connexion en cours si elle n'est pas précisée.

```
boolean mysql_close([resource $idcom])
```
Ferme la connexion MySQL dont l'identifiant est précisé ou la connexion en cours. Retourne TRUE si l'opération a lieu et FALSE dans le cas contraire.

```
resource mysql_connect(string $host,string $user,string $pass)
```
Ouvre une connexion à un serveur MySQL identifié par $host pour le client $user et le mot de passe $pass. Retourne un identifiant de connexion.

```
boolean mysql_data_seek(resource $result,int numéro_ligne)
```
Place le pointeur dans le résultat $result à la ligne indiquée et retourne TRUE si l'opération est réussie. L'appel de la fonction mysql_fetch_row() retourne cette ligne.

```
string mysql_db_name(resource $result,int N)
```
Retourne le nom de la nième base figurant dans le résultat $result retourné par la fonction mysql_list_dbs().

```
int mysql_errno([resource $idcom])
```
Retourne le numéro de la dernière erreur survenue pour la connexion précisée ou celle qui est en cours si le paramètre est omis.

```
string mysql_error([resource $idcom])
```
Retourne le dernier message d'erreur pour la connexion précisée ou celle qui est en cours si le paramètre est omis.

```
string mysql_escape_string(string $ch)
```
Protège les caractères spéciaux de la chaîne $ch (sauf % et _) et retourne la chaîne protégée.

```
array mysql_fetch_array(resource $result[,int typetab])
```
Retourne la ligne en cours du résultat dans un tableau. Chaque appel de la fonction retourne la ligne suivante ou FALSE s'il n'y a plus de ligne. Le paramètre typetab précise le type du tableau retourné : associatif avec la valeur MYSQL_ASSOC, indicé avec la valeur MYSQL_NUM, les deux avec MYSQL_BOTH (utilise plus de mémoire).

```
array mysql_fetch_assoc(resource $result)
```
Identique à la fonction mysql_fetch_array() utilisée avec le paramètre MYSQL_ASSOC.

```
object mysql_fetch_field(resource $result [,int numero_colonne])
```
Retourne un objet dont les propriétés contiennent des informations sur les données du résultat. Ces propriétés sont les suivantes :

name : nom de la colonne.
table : nom de la table contenant la colonne.
max_length : taille de la colonne de type VARCHAR.
not_null : vaut 1 si la colonne a cette option.
primary_key : vaut 1 si la colonne est une clé primaire.
unique_key : vaut 1 si la colonne a l'option UNIQUE.
multiple_key : vaut 1 si la colonne est une clé non unique.
numeric : vaut 1 si la colonne est de type numérique.
blob : vaut 1 si la colonne est de type BLOB.
type : type de la colonne.
unsigned : vaut 1 si la colonne a l'option UNSIGNED.
zerofill : vaut 1 si la colonne a l'option ZEROFILL (pour les types numériques).

```
array mysql_fetch_lengths(resource $result)
```
Retourne la taille de chaque colonne du résultat.

```
object mysql_fetch_object(resource $result)
```
Retourne une ligne du résultat dans un objet dont les propriétés ont pour nom celui des colonnes et qui contiennent les valeurs de chaque colonne.

```
array mysql_fetch_row(resource $result)
```
Retourne un tableau indicé contenant la ligne en cours du résultat précisé et FALSE s'il n'y a plus de ligne.

```
string mysql_field_flags(resource $result, int numero_colonne)
```
Retourne les options de la colonne précisée du résultat. Les valeurs possibles sont : 'not_null', 'primary_key', 'unique_key', 'multiple_key', 'blob', 'unsigned', 'zerofill', 'binary', 'enum', 'auto_increment' et 'timestamp'. Voir aussi la fonction mysql_fetch_field().

```
int mysql_field_len(resource $result, int N)
```
Retourne la taille de la colonne N du résultat.

```
string mysql_field_name(resource $result, int N)
```
Retourne le nom de la nième colonne du résultat.

```
int mysql_field_seek(resource $result, int numéro_colonne)
```
Place le pointeur de résultat sur la nième colonne du résultat. L'appel de la fonction mysql_fetch_field() retourne la valeur du champ.

```
string mysql_field_table(resource $result,int N)
```
Retourne le nom de la table qui contient la nième colonne du résultat.

```
string mysql_field_type((resource $result, int N)
```
Retourne le type de la nième colonne du résultat.

```
boolean mysql_free_result(resource $result)
```
Libère la mémoire utilisée par le résultat et retourne TRUE en cas de réussite et FALSE dans le cas contraire.

```
int mysql_insert_id(resource $idcom)
```
Retourne la dernière valeur entière insérée dans une colonne ayant l'option AUTO_INCREMENT.

```
resource mysql_list_dbs(resource $idcom)
```
Retourne un identifiant de résultat contenant la liste des bases de données du serveur MySQL.

```
resource mysql_list_fields(string base,string table[, resource $idcom])
```
Retourne un identifiant de résultat contenant la liste des colonnes d'une table donnée située dans une base précisée.

```
rsource mysql_list_tables(string base[, resource $idcom])
```
Retourne un identifiant de résultat contenant la liste des tables d'une base.

```
int mysql_num_fields(resource $result)
```
Retourne le nombre de colonnes présentes dans un résultat.

```
int mysql_num_rows(resource $result)
```
Retourne le nombre de lignes d'un résultat.

```
resource mysql_pconnect(string $host,string $user,string $pass)
```
Identique à la fonction mysql_connect() mais crée une connexion permanente.

```
boolean mysql_ping([resource $idcom])
```
Vérifie si la connexion est toujours active et effectue une reconnexion dans le cas contraire. Retourne TRUE si la connexion est effectuée et FALSE dans le cas contraire.

```
resource mysql_query(string $requete[,resource $idcom[,int mode]])
```
Envoie une requête SQL au serveur et retourne un identifiant de résultat.

```
string mysql_real_escape_string(string $chaine [, resource $idcom])
```
Échappe la chaîne précisée afin de l'inclure dans une requête SQL.

```
divers mysql_result( resource $result,int N [,divers M])
```
Retourne la valeur du champ de la colonne M de la ligne N du résultat.

```
boolean mysql_select_db(string base[,resource $idcom])
```
Choisit la base sur laquelle vont s'effectuer les opérations suivantes. Retourne TRUE si la base existe et FALSE dans le cas contraire.

```
string mysql_tablename( resource $result,int N)
```
Utilise l'identifiant de résultat retourné par la fonction mysql_list_tables() et retourne le nom de la nième table de la base.

```
resource mysql_unbuffered_query(string $requete[,resource $idcom])
```
Envoie une requête au serveur mais ne met pas le résultat en buffer. Le résultat doit être utilisé avant l'envoi d'une autre requête.

Exercices

Tous les exercices ci-dessous portent sur la base de données voitures créée aux chapitres 13 et 14.

Exercice 1

Créez un script permettant d'afficher le contenu de la table modele dans un tableau HTML. Les résultats doivent être triés par marque.

Exercice 2

Créez un formulaire permettant l'insertion de nouvelles données dans la table modele.

Exercice 3

Créez un formulaire permettant l'insertion simultanée des coordonnées d'une personne dans les tables proprietaire et cartegrise. Il doit contenir les zones de saisie des coordonnées de la personne et la liste des modèles d'une marque créée dynamiquement à partir de la saisie de la marque.

Exercice 4

Créez un formulaire de recherche permettant de retrouver tous les propriétaires d'un type de véhicule de marque et de modèle donnés. Affichez les résultats sous forme de tableau HTML.

Exercice 5

Créez un formulaire de recherche permettant de retrouver tous les véhicules possédés par une personne donnée. Affichez les résultats sous forme de tableau HTML.

Exercice 6

Réécrivez entièrement le code de l'exercice 5 en récupérant tous les résultats dans des objets et en manipulant leurs propriétés.

16

La base SQLite

SQLite constitue l'une des grandes nouveautés de PHP 5. Il s'agit d'une base de données relativement puissante mais qui, à la différence de MySQL ou de PostgreSQL, ne nécessite pas l'installation d'un serveur de base de données en plus d'un serveur PHP car elle est incorporée à PHP comme l'est le module standard.

D'après ses concepteurs et les tests réalisés, SQLite se révèle beaucoup plus rapide que MySQL et PostgreSQL pour les opérations de lecture. Les opérations d'écriture perdent un peu de cet avantage car dans ce cas la base est verrouillée dans son intégralité, même si l'opération ne concerne qu'une table.

Dans l'état actuel de son développement, SQLite n'est intéressant que pour les applications qui ne nécessitent pas un grand nombre d'accès concurrents à la base. Il y a peu de chance, par exemple, qu'un site comme Google l'adopte, mais elle pourrait suffire à des entreprises de taille moyenne.

Caractéristiques générales

Contrairement à de nombreux autres SGBD, comme MySQL, SQLite crée la base directement sur le disque dur de votre serveur. À chaque base correspond donc un seul fichier, quel que soit le nombre de tables qu'elle contient. Dans ce fichier sont à la fois enregistrées la structure des tables et les données *(voir figure 16-1)*. Comme vous le voyez, ce fichier est inutilisable tel quel. Pour cette raison, la modification de la structure d'une table est impossible en utilisant la commande ALTER TABLE. Vous devez d'abord effacer la table puis la recréer avec une nouvelle structure.

Figure 16-1

Structure d'un fichier de base SQLite

SQLite supporte l'essentiel des fonctionnalités du langage SQL 92, à l'exception des suivantes :

- CHECK ;
- FOREIGN KEY ;
- ALTER TABLE ;
- support intégral des triggers ;
- transactions imbriquées ;
- COUNT (DISTINCT X) ;
- VIEW en écriture ;
- GRANT et REVOKE (pas de gestion des droits d'accès).

D'après les tests publiés sur le site SQLite *(http://www.sqlite.org)*, cette base est jusqu'à trois fois plus rapide que MySQL dans les accès en lecture de données. En revanche, le fait que toute la base soit contenue dans un seul fichier entraîne son verrouillage total lors des accès en écriture. Cela ralentit les opérations dans le cas d'accès concourants à la base.

Dans sa version actuelle 2.8, SQLite est dite « typeless », c'est-à-dire qu'elle n'oblige pas à effectuer une déclaration du type de chaque colonne lors de la création des tables, contrairement à MySQL. Vous pouvez cependant conserver vos habitudes pour l'écriture des requêtes SQL de création des tables en définissant un type pour chaque colonne.

Lors des opérations de comparaison et de tri, SQLite établit une différence entre les valeurs numériques et les textes. Les colonnes déclarées avec un type contenant les mots CHAR, TEXT ou LOB sont considérées comme du texte. Toutes les autres possibilités, y compris les types personnels non normalisés par le SQL, sont considérées comme numériques.

Dans le code suivant :

```
CREATE TABLE matable(nom LETEXTE, age SONAGE)
```

La colonne nom est considérée comme du texte et la colonne age comme un nombre en 32 bits.

Ce typage des données étant peu rigoureux pour une base de données, la version 3.0 de SQLite prévoit de reconnaître explicitement les types suivants : NULL, INTEGER, REAL, TEXT et BLOB, ce qui la rapprochera des pratiques habituelles. Dans la suite du chapitre, vous créerez les tables de votre base en déclarant le type des colonnes.

De nombreuses tables comportent une clé primaire, qui est un entier auto-incrémenté d'une unité à chaque nouvelle insertion. SQLite ne reconnaît pas l'attribut AUTO_INCREMENT utilisé avec MySQL pour créer ce type de colonne. Pour obtenir le même résultat, il faut déclarer la colonne avec le type INTEGER PRIMARY KEY, comme ci-dessous :

```
CREATE TABLE personne(id INTEGER PRIMARY KEY,nom VARCHAR(20) );
```

L'insertion de la valeur NULL dans la colonne id permet cette incrémentation automatique.

L'interface SQLiteManager

Comme pour MySQL avec phpMyAdmin, des programmeurs bénévoles ont créé des interfaces de gestion en ligne des bases de données SQLite. Il en existe plusieurs, comme phpSQLiteAdmin et SQLiteManager. Cette dernière version est livrée d'office avec Wampserver.

Pour l'instant, aucun hébergeur n'offre à notre connaissance cette interface, mais cela ne devrait pas tarder, compte tenu de l'apparition progressive de PHP 5 sur leurs serveurs. La figure 16-2 montre la page d'accueil de SQLiteManager, à partir de laquelle vous pouvez créer une base et les tables qui la composent. L'application sur laquelle reposent les exemples de ce chapitre a pour but de créer un site de contact entre sportifs partageant la même passion et leur permettant de trouver des partenaires éventuels. Ce modèle pourrait être facilement transposé à d'autres applications pratiques. Vous aurez à développer entièrement cette application au chapitre 18.

Le modèle conceptuel de données (MCD) de la base nommée sportifs est illustré à la figure 16-3. Il comporte les contraintes suivantes :

- L'entité personne regroupe les données personnelles d'un visiteur inscrit.
- L'entité sport contient les caractéristiques de chaque sport.
- L'association pratique relie ces deux entités.

Figure 16-2

La page d'accueil de SQLiteManager

Figure 16-3

Le MCD de la base sportifs

- Une personne pratique un ou plusieurs sports. La cardinalité du côté de l'entité personne est donc 1:N.

- Un sport est pratiqué par une ou plusieurs personnes. La cardinalité du côté de l'entité sport est donc 1:N.

Le modèle logique de données (MLD) correspondant, en application des règles vues au chapitre 13, est représenté à la figure 16-4. Chaque personne peut pratiquer de 1 à N sports, et un sport peut être pratiqué par 1 à N personnes.

Figure 16-4

Le MLD de la base sportifs

La base sportifs comprend donc les trois tables suivantes :

- La table personne, qui contient les coordonnées de chaque personne inscrite sur le site (nom, prénom, département, adresse e-mail). L'identifiant auto-incrémenté id_personne est la clé primaire de la table.
- La table sport, qui contient le nom de chaque sport pratiqué contenu dans l'attribut design. Elle sera enrichie par les visiteurs du site en fonction de leurs besoins. Chaque sport a un identifiant unique auto-incrémenté id_sport, qui est la clé primaire de la table.
- La table pratique est la représentation de l'association entre les tables personne et sport. Sa clé primaire est constituée des clés primaires des tables personne et sport. On obtient ainsi l'association entre une personne et un sport. L'attribut niveau contient le niveau de pratique de chaque utilisateur pour un sport donné.

Pour créer les tables, vous utilisez SQLiteManager. Pour cela, dans la page d'accueil de Wampserver (**http://127.0.0.1** ou **http://localhost**) ou dans le menu de Wamp5, cliquez sur SQLiteManager afin d'obtenir la page représentée à la figure 16-2.

Pour que les bases soient manipulables avec SQLiteManager, il faut qu'elles soient créées dans le répertoire **C:/wamp/php/sqlitemanager/.** Complétez les zones de saisies conformément à la figure 16-2, puis cliquez sur Enregistrer. Un fichier nommé sportifs est alors créé sur le serveur. La création des tables se déroule ensuite selon la même démarche qu'avec phpMyAdmin. Il faut d'abord saisir le nom de la table et son nombre de colonnes, puis une nouvelle page permet la définition des caractéristiques de chaque colonne.

Méthodes d'accès à SQLite

L'accès à une base SQLite peut être fait de deux manières différentes :

- La méthode procédurale classique, qui emploie des fonctions PHP, comme nous l'avons réalisé avec MySQL. Pour un rôle identique, les noms des fonctions sont souvent similaires à ceux de l'extension MySQL. Par exemple, au lieu d'avoir la fonction mysql_query() vous aurez la fonction sqlite_query().
- La méthode objet, qui emploie quatre types d'objets différents ayant chacun des propriétés et des méthodes qui permettent l'accès aux données. Cette méthode se situe davantage dans l'esprit de PHP 5, plus orienté objet que les versions précédentes.

Vous allez réaliser de mêmes exemples selon ces deux méthodes.

La méthode procédurale

Quelles que soient les opérations que vous souhaitiez réaliser sur la base SQLite, la méthode procédurale est presque semblable à celle utilisée pour MySQL.

Elle consiste à suivre les étapes suivantes :

1. Ouverture de la base, qui s'apparente plutôt à une ouverture de fichier.
2. Envoi des requêtes SQL à effectuer sur la base.
3. Récupération de la valeur de retour de la fonction de requête, qui est soit une valeur booléenne pour contrôler que la requête est bien exécutée — par exemple, CREATE TABLE, INSERT, UPDATE —, soit une valeur de type resource quand la requête SQL retourne des données — par exemple, SELECT.
4. Utilisation le cas échéant des fonctions spécialisées de récupération des résultats, et création d'un affichage dynamique approprié avec PHP et HTML.
5. Fermeture de la base.

Ouverture de la base

Pour ouvrir une base SQLite, vous utilisez la fonction sqlite_open(), dont la syntaxe est la suivante :

```
resource sqlite_open (string nom_base [, integer mode [, string $erreur]])
```

Si la base n'existe pas, elle est créée. Vous devez indiquer obligatoirement le nom de la base comme premier paramètre. Celui-ci peut contenir le chemin d'accès complet au fichier ou une URL. Le paramètre mode est un nombre en octal, qui indique le mode d'ouverture du fichier (lecture ou écriture ou les deux, ainsi que les droits d'accès). Dans la version actuelle il n'est pas pris en considération, et sa valeur par défaut est 0666.

La chaîne $erreur contient le nom de la variable qui sera affectée par référence avec le message d'erreur généré si l'ouverture de la base échoue. Vous pouvez donc afficher ce message le cas échéant. Dans ce cas, la fonction retourne la valeur FALSE, ce qui permet de contrôler le bon déroulement de l'opération. Si tout se passe correctement, la fonction retourne une variable de type resource, qui est un identifiant d'ouverture que vous récupérez dans la variable $id_base et qui est utilisé dans de nombreuses autres fonctions de la même manière qu'avec MySQL.

Vous aurez, par exemple, le code d'ouverture suivant :

```
<?php
if ($id_base = sqlite_open ("ma_base", 0666, $erreur)) echo "OK" ;
else echo $erreur ;
?>
```

Si le premier paramètre est la chaîne ":memory:", la base est créée dans la mémoire vive du serveur. Cette possibilité permet d'effectuer des traitements provisoires. La base créée est effacée à la fin du script.

Il est également possible de réaliser une connexion persistante à l'aide de la variante sqlite_popen(), dont la syntaxe est similaire :

```
resource sqlite_open (string nom_base [, integer mode [, string $erreur]])
```

Pour fermer la base, vous devez appeler la fonction `sqlite_close()`, dont la syntaxe est la suivante :

```
void sqlite_close(resource $id_base)
```

et dont le seul paramètre est l'identifiant d'ouverture de la base `$id_base`. L'appel de cette fonction doit être fait le plus vite possible dans le script afin de libérer le fichier contenant la base qui est verrouillée en écriture à chaque accès.

Envoi de requêtes

L'étape suivante consiste principalement dans l'envoi à la base de requêtes écrites à l'aide du langage SQL. Les connaissances acquises au chapitre 14 vont vous permettre d'être tout de suite opérationnel. Vous n'utiliserez que certaines possibilités supplémentaires qu'offre SQLite par rapport à MySQL.

Pour envoyer une requête à la base, vous utiliserez le plus souvent la fonction `sqlite_query()`, dont la syntaxe est la suivante :

```
resource sqlite_query (resource $id_base, string $requete)
```

La variable `$id_base` est l'identifiant d'ouverture de la base et `$requete` la chaîne contenant la ou les commandes SQL appropriées.

Cette fonction retourne une variable de type `resource` si la requête SQL retourne des lignes de données, cette variable étant utilisable pour lire l'ensemble des données à l'aide de fonctions spécialisées, comme c'est le cas pour MySQL. Si la requête ne concerne pas une commande SQL fournissant des données, la fonction retourne une valeur booléenne TRUE si l'opération est réussie et FALSE dans le cas contraire. De plus, si la requête n'est pas exécutée, la fonction retourne encore FALSE, ce qui permet de vérifier sa bonne exécution à l'aide d'une instruction `if`.

Un script d'interrogation de la base a une structure identique à celle de l'exemple 16-1.

☞ **Exemple 16-1. Envoi de requête SQL**

```php
<?php
if ($id_base = sqlite_open ("C:/wamp/www/sqlitemanager/sportifs", 0666, $erreur))
{
  $requete = "SELECT * FROM personne" ;
  if ($result = sqlite_query ($id_base, $requete))
  {
    echo «requête:effectuée <br />" ;
    //Lecture des résultats
  }
  else echo " La requête n'a pas aboutie" ;
}
else echo $erreur ;
?>
```

Pour que le résultat ne soit pas mis en buffer sur le serveur avant son utilisation par les fonctions de lecture, vous pouvez utiliser la fonction sqlite_unbuffered_query(), dont la syntaxe est la suivante :

```
resource sqlite_unbuffered_query(resource $id_base,string $requete)
```

Elle utilise les mêmes paramètres que la précédente. Si elle mobilise moins de mémoire sur le serveur, elle présente cependant l'inconvénient d'obliger à utiliser les données du résultat avant tout autre envoi de requête, faute de quoi les résultats sont perdus.

Pour envoyer une requête qui ne retourne pas de résultats, par exemple, une requête de création de table, d'insertion ou de mise à jour, il peut être plus efficace d'utiliser la fonction sqlite_exec(), dont la syntaxe est la suivante :

```
boolean sqlite_exec(resource $id_base,string $requete)
```

Elle exécute la requête $requete sur la base identifiée par $id_base et retourne TRUE si la requête est bien réalisée et FALSE dans le cas contraire. L'interface SQLiteManager n'étant pas encore exempte de bogues, il peut être plus sécurisant de créer les tables de la base sportifs à l'aide d'un script à n'exécuter qu'une seule fois afin d'éviter tout risque d'erreur, car la clause IF NOT EXISTS de MySQL n'existe pas dans SQLite. L'exemple 16-2 crée les tables de la base sportifs en envoyant les requêtes SQL à la base avec la fonction sqlite_exec() (repère ❶).

☞ **Exemple 16-2. Création de table à l'aide d'un script**

```
<?php
if ($id_base = sqlite_open('C:/wamp/www/sqlitemanager/sportifs', 0666,$erreur))
{
  echo "La base sport est ouverte";
  //Création de la table personne
  $req_personne="CREATE TABLE personne (
  id_personne INTEGER PRIMARY KEY ,
  nom VARCHAR( 20 )  NOT NULL ,
  prenom VARCHAR( 20 ) ,
  depart INTEGER( 2 ))";
  if( sqlite_exec($id_base,$req_personne)) echo "La table personne est créée";
  //**************************************
  //création de la table sport
  $req_sport="CREATE TABLE sport (
  id_sport INTEGER PRIMARY KEY ,
  design VARCHAR( 30 ) UNIQUE NOT NULL)";
  if( sqlite_exec($id_base,$req_sport))echo "La table sport est    créée";
  //**************************************
  //création de la table pratique
  $req_pratique="CREATE TABLE pratique (
  id_personne INTEGER  NOT NULL,
  id_sport INTEGER  NOT NULL ,
  niveau TINYINT,
  PRIMARY KEY (id_personne,id_sport))";
  if( sqlite_exec($id_base,$req_pratique)) echo "La table pratique est créée";  ←❶
```

```
  sqlite_close($id_base) ;
}
else
{
  echo "ERREUR : $erreur";
}
?>
```

> **Gestion des erreurs**
> Les fonctions suivantes :
> int sqlite_last_error (resource $id_base)
> string sqlite_error_string (int code_erreur)
> retournent respectivement le code et le message de l'erreur qui a été générée.

Contrairement à MySQL, SQLite accepte les requêtes multiples. Il est donc possible de simplifier le code de l'exemple 16-2 en écrivant les différentes commandes SQL de création des trois tables dans une seule chaîne et en les séparant par des points-virgules, comme dans l'exemple 16-3. Après l'écriture de la requête multiple dans la chaîne $req_tables (repère ❶), l'envoi de celle-ci est réalisé par la fonction sqlite_exec() (repère ❷).

☞ **Exemple 16-3. Les requêtes multiples**

```
<?php
if ($id_db = sqlite_open('C:/wamp/www/sqlitemanager/sportifs', 0666,$erreur))
{
  echo "La base sportifs est ouverte";
  //Requête de création des tables
  $req_tables="CREATE TABLE personne (
  id_personne INTEGER PRIMARY KEY ,
  nom VARCHAR( 20 ) NOT NULL ,
  prenom VARCHAR( 20 ) ,
  depart INTEGER( 2 ));
  CREATE TABLE sport (
  id_sport INTEGER PRIMARY KEY ,
  design VARCHAR( 30 ) UNIQUE NOT NULL);
  CREATE TABLE pratique (
  id_personne INTEGER  NOT NULL ,
  id_sport INTEGER  NOT NULL ,
  niveau TINYINT,
  PRIMARY KEY (id_personne,id_sport))";← ❶
  //Envoi de la requête
  if( sqlite_exec($id_db,$req_tables)) echo "Les tables  sont créées";← ❷
}
else echo "ERREUR : $erreur";
?>
```

L'inconvénient de cette méthode est que si une erreur survient dans la création de la deuxième ou de la troisième table (incident sur le serveur ou plus simplement erreur dans l'écriture des commandes SQL), le script s'arrête, mais la première table a quand même été créée. Pour éviter ce genre de problème, vous avez intérêt à utiliser le mécanisme des transactions pour envoyer des requêtes multiples, comme vous le verrez dans la suite de ce chapitre.

Insertion de données

L'insertion de données a déjà été abordée au chapitre 15. Elle ne présente pas de difficultés particulières dans SQLite. Vous pouvez donc utiliser de la même façon la commande SQL INSERT pour procéder à une insertion. Les données insérées dans la base proviennent des saisies effectuées par les visiteurs lors de leur inscription sur le site. Vous retrouvez ici le code de création d'un formulaire qui vous est familier. La récupération des valeurs côté serveur s'effectue également à l'aide de la variable $_POST, qui est un tableau superglobal accessible dans tous les scripts.

Dans les tables dans lesquelles il existe une clé primaire auto-incrémentée, il est possible, après l'envoi de la requête d'insertion, de récupérer la valeur de la clé en utilisant la fonction sqlite_last_insert_rowid(), dont la syntaxe est la suivante :

```
integer sqlite_last_insert_rowid($id_base)
```

Les chaînes saisies dans le formulaire peuvent contenir des caractères spéciaux susceptibles de poser problème lors de leur incorporation aux chaînes de requête SQL. Pour protéger ces caractères, il faut appeler la fonction sqlite_escape_string(), selon la syntaxe suivante :

```
string sqlite_escape_string(string $chaine)
```

Elle retourne une chaîne dans laquelle les caractères spéciaux sont précédés du caractère d'échappement antislash (\).

L'exemple 16-4 réalise l'insertion des coordonnées d'un visiteur saisies dans un formulaire identique à celui utilisé pour la même fonction à l'exemple 15-7. La gestion des données saisies est attribuée au script lui-même dans l'attribut action de l'élément <form> (repère ❶). Le visiteur doit saisir son nom, son prénom, son département et son adresse e-mail dans des zones de texte nommées respectivement nom, prenom, depart et mail. Le script récupère les valeurs saisies dans les variables $nom, $prenom, $depart et $mail à partir des variables $_POST['nom'], $_POST['prenom'], $_POST['depart'] et $_POST['mail'] (repères ❷ à ❺).

Cette création de nouvelles variables n'a pour objet que d'améliorer la lisibilité du code, en particulier celle de la requête SQL d'insertion (repère ❻) envoyée par la fonction sqlite_exec() (repère ❼). Si la requête n'est pas exécutée, vous affichez le code d'erreur retourné par la fonction sqlite_last_error() (repère ❽). Dans le cas contraire, vous informez le visiteur que l'enregistrement est réalisé en lui communiquant son numéro d'enregistrement retourné par la fonction sqlite_last_insert_rowid() et en affichant une boîte d'alerte JavaScript (repère ❾). Dans tous les cas, la base est ensuite fermée (repère ❿).

La base SQLite
CHAPITRE 16

☞ **Exemple 16-4. Insertion de données**

```
<!DOCTYPE HTML PUBLIC "-//W3C//DTD HTML 4.0//EN"
"http://www.w3.org/TR/REC-html40/strict.dtd">
<html>
<head>
<title>Saisissez vos coordonnées</title>
<meta http-equiv="Content-Type" content="text/html; charset=ISO-8859-1">
</head>
<body>
<form action= "<?php echo $_SERVER['PHP_SELF'];?>" method="post"
enctype="application/x-www-form-urlencoded"> ← ❶
<fieldset>
<legend><b>Vos coordonnées</b></legend>
<table>
<tr><td>Nom : </td><td><input type="text" name="nom" size="40" maxlength="30"/>
➥</td></tr>
<tr><td>Prénom : </td><td><input type="text" name="prenom" size="40" maxlength="30"/>
➥</td></tr>
<tr><td>Département : </td><td><input type="text" name="depart" size="40"
➥maxlength="2"/></td></tr>
<tr><td>Mail : </td><td><input type="text" name="mail" size="40" maxlength="50"/>
➥</td></tr>
<tr>
<td><input type="reset" value=" Effacer "></td>
<td><input type="submit" value=" Envoyer "></td>
</tr>
</table>
</fieldset>
</form>
<?php
if(!empty($_POST['nom'])&& !empty($_POST['depart']) && !empty($_POST['mail']))
{
  $nom= sqlite_escape_string($_POST['nom']); ← ❷
  $prenom= sqlite_escape_string($_POST['prenom']); ← ❸
  $depart= sqlite_escape_string($_POST['depart']); ← ❹
  $mail= sqlite_escape_string($_POST['mail']); ← ❺
  //Requête SQL
  $requete="INSERT INTO personne  VALUES(NULL,'$nom','$prenom','$depart','$mail')"; ← ❻
  $id_base = sqlite_open('C:/wamp/www/sqlitemanager/sportifs', 0666,$erreur);
  $result=sqlite_exec($id_base,$requete); ← ❼
  if(!$result)
  {
    echo "<h2>Erreur d'insertion \n n°",sqlite_last_error($id_base),"</h2>"; ← ❽
  }
  else
  {
    echo "<script type=\"text/javascript\">
    alert('Vous êtes enregistré Votre numéro de client est : ". sqlite_last_insert
    ➥_rowid($id_base)."')</script>"; ← ❾
  }
```

Exemple 16-4. Insertion de données *(suite)*

```
   sqlite_close($id_base) ;←❿
}
else {echo "Formulaire à compléter!";}
?>
</body>
</html>
```

La figure 16-5 illustre la page de saisie et la boîte d'alerte qui indique l'identifiant du client après l'insertion.

Figure 16-5

La page d'insertion et l'affichage du code

Les transactions

Dans le cas de la base `sportifs`, que vous aurez à développer au chapitre 18, quand un utilisateur s'inscrit sur le site, il saisit ses coordonnées, le sport qu'il pratique et son niveau. Lorsqu'il valide son formulaire, il faut que le script réalise les opérations suivantes :

1. Récupération des coordonnées du visiteur, du sport et du niveau indiqué dans des variables PHP.
2. Création de la requête d'écriture des coordonnées dans la table `personne`.
3. Récupération de l'identifiant du visiteur, qui a été créé dans la table `personne`, dans la colonne `id_personne`.
4. Récupération de l'identifiant du sport choisi par le visiteur.
5. Requête d'écriture de l'identifiant du visiteur, de l'identifiant du sport et du niveau dans la table `pratique` qui représente l'association entre une personne et un sport.

Si les deux requêtes SQL sont exécutées sans problème, il n'y a pas à se poser de question. Mais que se passe-t-il si, après l'envoi de la première requête ou après la lecture de l'identifiant du visiteur, la connexion à la base est interrompue pour une raison quelconque (panne du serveur, erreur dans la deuxième requête, etc.) ? Vous vous retrouvez dans la situation où une personne est enregistrée dans la base mais ne correspond à aucun sport.

Pour éviter cela, le langage SQL propose le mécanisme des transactions, qui consiste à délimiter un ensemble de requêtes qui doivent être exécutées en bloc ou pas du tout. En cas de problème avant l'exécution de la deuxième requête SQL, l'effet de la première dans la table personne est annulé. La base conserve ainsi son intégrité.

Examinez d'abord les risques encourus quand les transactions ne sont pas utilisées. L'exemple 16-5 illustre ces dangers. La requête qui va être envoyée par la fonction sqlite_exec() contient deux parties. La première commande insère des données dans la table personne (repère ❶) et la seconde dans la table pratique (repère ❷). Une erreur est créée volontairement dans cette deuxième partie car la table pratiques n'existe pas. Quand la requête est envoyée à la base, le contrôle effectué par l'instruction if (repère ❸) affiche que la requête n'a pas été exécutée, et un message d'alerte est affiché (repère ❹).

En visualisant le contenu de la table personne avec SQLiteManager, vous pouvez constater que les données concernant les coordonnées du visiteur ont quand même été insérées dans cette table. Par contre, il n'y a eu aucune insertion dans la table pratique. La base a perdu son intégrité car elle contient une ligne dans la table personne qui n'est en liaison avec aucune autre dans la table pratique.

☞ **Exemple 16-5. Le danger des requêtes sans transactions**

```php
<?php
if ($id_base = sqlite_open('C:/wamp/www/sqlitemanager/sportifs', 0666,$erreur))
{
  $requete="INSERT INTO personne(id_personne,nom,prenom,mail,depart) VALUES (NULL,
  ➥'Spencer','Marc','marc@spen.org','75');"; ← ❶
  $requete.="INSERT INTO pratiques(id_personne,id_sport,niveau)
  ➥VALUES(last_insert_rowid(),2,3);"; ← ❷
  //Erreur créée car la table "pratiques" n'existe pas. Les données sont quand même
  ➥insérées dans la table personne
  if( sqlite_exec($id_base,$requete)) echo "La requête est exécutée"; ← ❸
  else   echo "La requête n'est pas exécutée"; ← ❹
  sqlite_close($id_base) ;
}
else
{
  echo "ERREUR : $erreur";
}
?>
```

Pour supprimer ce danger, il faut utiliser les transactions en délimitant l'ensemble des commandes SQL à exécuter en tout-ou-rien par la commande BEGIN avant toute autre commande et par la commande COMMIT après la dernière. Tant que la commande COMMIT n'est pas rencontrée, aucune insertion n'a lieu. Après son apparition, l'ensemble des insertions est réalisé en bloc.

L'exemple 16-6 reprend la même insertion que l'exemple 16-5 en y ajoutant les commandes BEGIN (repère ❶) et COMMIT (repère ❷), qui évitent le danger d'insertion de lignes orphelines.

☞ **Exemple 16-6. Utilisation d'une transaction**

```
<?php
if ($id_base = sqlite_open('C:/wamp/www/sqlitemanager/sportifs', 0666,$erreur))
{
  $requete="BEGIN;"; ← ❶
  $requete.="INSERT INTO personne(id_personne,nom,prenom,mail,depart) VALUES (NULL,
  ➥'Spencer','Marc','marc@spen.org','75');";
  $requete.="INSERT INTO pratiques(id_personne,id_sport,niveau)
  ➥VALUES(last_insert_rowid(),2,3);";
  $requete.="COMMIT;"; ← ❷
  if(sqlite_exec($id_base,$requete)) echo "La requète est exécutée";
  else  echo "La requète n'est pas exécutée";
  sqlite_close($id_base) ;
}
else
{
  echo "ERREUR : $erreur";
}
?>
```

L'erreur sur le nom de la table pratiques étant maintenue, le script affiche le même message d'erreur et le même avis que précédemment, mais cette fois vous êtes assuré qu'aucune donnée parasite ne figure dans la base. La commande COMMIT peut aussi être envoyée séparément des autres et après avoir envoyé d'autres requêtes. Ce n'est qu'après cet envoi que les commandes précédentes ont un effet dans la base.

Il est possible de supprimer volontairement l'effet de une ou plusieurs requêtes SQL commençant par la commande BEGIN en envoyant la commande ROLLBACK à la place de COMMIT. Cela annule toutes les requêtes sauf les commandes SELECT.

Lecture des résultats d'une requête

Comme avec MySQL, vous pouvez récupérer les résultats d'une requête de sélection de plusieurs manières différentes, dans un tableau ou une chaîne mais également dans un objet.

Lecture à l'aide d'un tableau

Si la requête retourne des données de la base, la fonction sqlite_query() retourne une variable de type resource. Cette dernière sert de paramètre pour les fonctions de lecture des données. Vous retrouvez ici des fonctions similaires à celle de la bibliothèque MySQL.

La plus courante est la fonction sqlite_fetch_array(), dont la syntaxe est la suivante :

```
array sqlite_fetch_array ( resource $result [, int tab_type])
```

La base SQLite

Lors de son premier appel, elle retourne un tableau contenant les données de la première ligne du résultat $result retourné par sqlite_query(). À chaque nouvel appel, ce tableau contient la ligne suivante. Pour lire l'ensemble des données par une requête de sélection, il faut réaliser une boucle while. La constante tab_type détermine le type du tableau retourné. Elle vaut SQLITE_NUM pour un tableau indicé, SQLITE_ASSOC pour un tableau associatif ou SQLITE_BOTH (valeur par défaut) pour un tableau possédant à la fois des indices et des clés.

L'exemple 16-7 utilise cette fonction. L'envoi de la requête de sélection est effectué à l'aide de la fonction sqlite_query(), et les résultats sont identifiés par la variable $result (repère ❶). Une boucle while permet d'effectuer une lecture de l'ensemble en récupérant chaque ligne dans le tableau associatif $ligne (repère ❷). Ses éléments permettent de créer un affichage HTML approprié (repères ❸ et ❹).

☞ **Exemple 16-7. Lecture des résultats d'une requête**

```
<?php
if ($id_base = sqlite_open ("C:/wamp/www/sqlitemanager/sportifs", 0666, $erreur))
{
  $requete = "SELECT nom,prenom FROM personne" ;
  if ($result = sqlite_query ($id_base, $requete)) ←❶
  {
  echo "<h3>Liste des personnes enregistrées</h3>";
  while($ligne=sqlite_fetch_array($result,SQLITE_ASSOC)) ←❷
  {
      echo "Nom : <b>{$ligne["nom"]}</b>  "; ←❸
      echo "Prénom : <b>{$ligne["prenom"]} </b><br />"; ←❹
  }
  }
  else echo " La requête n'a pas aboutie" ;
  sqlite_close($id_base);
}
else echo $erreur ;
?>
```

Ce script affiche la liste des personnes inscrites dans la table personne.

```
Liste des personnes enregistrées
Ligne 0 :   nom :  Cissai... prenom :  Gabril...
Ligne 1 :   nom :  Dupont... prenom :  Mack...
Ligne 2 :   nom :  Valmont... prenom :  Paul...
............
Ligne 8 :   nom :  Zidene... prenom :  Zazou...
```

Il est possible de récupérer en une seule fois toutes les lignes de résultats dans un seul tableau en utilisant la fonction sqlite_fetch_all(), dont la syntaxe est la suivante :

```
array sqlite_fetch_all (resource $result [, int tab_type])
```

Elle utilise encore un identifiant de résultat retourné par la fonction sqlite_query(). Le tableau retourné est multidimensionnel, chacun de ses éléments étant lui-même un tableau. Vous devez utiliser deux boucles imbriquées pour lire l'ensemble des données. L'exemple 16-8 réalise la même opération que l'exemple 16-7 en utilisant cette fonction. Le tableau retourné par la fonction sqlite_fetch_all() contient ici toutes les lignes du résultat (repère ❶). Vous utilisez deux boucles imbriquées for (repère ❷) et foreach (repère ❸) pour parcourir ce tableau et afficher l'ensemble des données.

☞ **Exemple 16-8. Lecture de l'ensemble des lignes**

```
<?php
if ($id_base = sqlite_open ("C:/wamp/www/sqlitemanager/sportifs", 0666, $erreur))
{
  $requete = "SELECT nom,prenom FROM personne" ;
  if ($result = sqlite_query ($id_base, $requete))
  {
    echo "<h3>Liste des personnes enregistrées</h3>";
    $lignes=sqlite_fetch_all($result,SQLITE_ASSOC);←❶
    for($i=0;$i<count($lignes);$i++)←❷
    {
      echo "Ligne $i :  ";
      foreach($lignes[$i] as $cle=>$valeur)←❸
      {
        echo $cle," :  ",$valeur,"... ";
      }
      echo "<br />";
    }
  }
  else echo " La requête n'a pas aboutie" ;
}
else echo $erreur ;
?>
```

Quand il est prévisible que la requête ne retourne qu'un nombre limité de lignes, que vous estimez à une quarantaine au maximum, il peut être plus rapide d'utiliser la fonction sqlite_array_query(), dont la syntaxe est semblable à celle de sqlite_query() :

    array sqlite_array_query (resource $id_base,string $requete [,int tab_type])

Elle envoie la requête à la base identifiée par $id_base et retourne directement chaque ligne de données dans un tableau indicé ou associatif selon la valeur de la constante tab_type. Si la requête porte sur plusieurs attributs d'une table, le tableau retourné est toujours multidimensionnel. L'élément d'indice 0 est un tableau indicé ou associatif selon la valeur du troisième paramètre. Il contient les données de la première ligne de résultats. Si ce tableau est associatif, les clés sont les noms des colonnes de la table, et les valeurs celles des champs correspondants.

L'exemple 16-9 illustre cette possibilité de lecture des résultats d'une requête de sélection. Le tableau multidimensionnel $lignes obtenu (repère ❶) est lu à l'aide de deux boucles imbriquées. La première boucle for parcourt les éléments du tableau $lignes (repère ❷), et la seconde boucle foreach lit les éléments du tableau associatif $lignes[$i] en récupérant les clés et les valeurs associées (repère ❸).

La base SQLite

☞ Exemple 16-9. Lecture de l'ensemble des lignes

```
<?php
if ($id_base = sqlite_open ("C:/wamp/www/sqlitemanager/sportifs", 0666, $erreur))
{
  $requete = "SELECT nom,prenom,mail FROM personne" ;
  echo "<h3>Liste des personnes enregistrées</h3>";
  $lignes=sqlite_array_query($id_base,$requete,SQLITE_ASSOC); ← ❶
  for($i=0;$i<count($lignes);$i++) ← ❷
  {
    echo "Ligne $i :  ";
    foreach($lignes[$i] as $cle=>$valeur) ← ❸
    {
      echo $cle," :  ",$valeur,"... ";
    }
    echo "<br />";
  }
  sqlite_close($id_base);
}
else echo $erreur ;
?>
```

Pour des recherches particulières, qui ne concernent qu'une seule colonne de la table interrogée, il est plus rapide de lire le résultat à l'aide de la fonction sqlite_fetch_single(), qui retourne à chaque appel uniquement la première colonne de chaque ligne du résultat $result obtenu après une requête.

La syntaxe de cette fonction est la suivante :

```
string sqlite_fetch_single (resource $result)
```

Elle est utilisée dans l'exemple 16-10 pour trouver l'adresse e-mail d'une personne dont le nom est connu (repère ❶). Après l'appel de cette fonction, la variable $ligne contient l'adresse e-mail recherchée (repère ❷). Notez que si le résultat contient plusieurs lignes, un nouvel appel de la fonction retourne la valeur de la première colonne de cette seconde ligne, et ainsi de suite.

☞ Exemple 16-10. Lecture d'une seule colonne

```
<?php
if ($id_base = sqlite_open ("C:/wamp/www/sqlitemanager/sportifs", 0666, $erreur))
{
  $requete = "SELECT mail FROM personne WHERE nom='Engels'" ; ← ❶
  if ($result = sqlite_query ($id_base, $requete))
  {
    $ligne=sqlite_fetch_single($result); ← ❷
    echo "<h3>Mail : $ligne</h3>";
  }
  else echo " La requête n'a pas aboutie" ;
}
else echo $erreur ;
?>
```

Pour lire n'importe quelle colonne particulière d'un résultat, vous devez utiliser la fonction :

```
mixed sqlite_column (resource $result, mixed num|nom)
```

qui retourne la valeur de la colonne précisée soit par sa position numérique dans la requête, soit par son nom ou son alias. Chaque nouvel appel de cette fonction retourne la ligne suivante du résultat.

Informations sur le résultat

À partir d'un résultat de requête, vous pouvez obtenir des renseignements sur les données retournées par une requête de sélection. La fonction suivante :

```
string sqlite_field_name (resource $result, int num)
```

retourne le nom de la colonne située à la position num dans la requête, et non dans la table. Elle peut servir à faciliter la lecture du résultat quand la requête est construite dynamiquement à partir de choix opérés par le visiteur.

Pour obtenir le nombre de colonnes d'un résultat, vous disposez de la fonction sqlite_num_fields(), dont la syntaxe est la suivante :

```
int sqlite_num_fields (resource $result)
```

Le nombre de lignes du résultat peut être obtenu en appelant la fonction sqlite_num_rows(), dont la syntaxe est la suivante :

```
int sqlite_num_rows (resource $result)
```

Elle peut être utilisée, par exemple, pour afficher le nombre de résultats ou pour créer des boucles for de lecture de l'ensemble des lignes d'un résultat à la place d'une boucle while.

Quand vous effectuez une requête de mise à jour ou de modification de lignes de une ou plusieurs tables, vous pouvez obtenir le nombre de lignes qui ont été modifiées grâce à la fonction sqlite_changes(), dont la syntaxe est la suivante :

```
int sqlite_changes (resource $id_base)
```

> **Précaution**
> Le nombre retourné concerne toute la base et non pas une seule table. En effet, une requête peut concerner plusieurs tables !

Lecture dans un objet

Comme vous l'avez déjà vu avec MySQL, il est possible de récupérer les données issues d'une requête de sélection dans un objet grâce à la fonction sqlite_fetch_object(), dont la syntaxe est la suivante :

```
object sqlite_fetch_object (resource $result)
```

La base SQLite

L'objet retourné a autant de propriétés que la requête SQL a sélectionné de colonnes dans une ou plusieurs tables de la base. Le nom de ces propriétés est celui des colonnes de la table ou des alias éventuels. À chaque nouvel appel, l'objet retourné contient donc la ligne suivante du résultat identifié par $result obtenu par la fonction sqlite_query().

L'exemple 16-11 reprend la lecture de la totalité de la table personne et affiche les noms et prénoms de l'ensemble des personnes enregistrées ainsi que leur e-mail. Vous utilisez encore une boucle while pour parcourir toutes les lignes du résultat (repère ❶). Il est possible d'afficher les valeurs de chaque colonne en affichant les propriétés de l'objet $obj (repères ❷, ❸ et ❹) au moyen de la syntaxe $nom_objet->nom_prop. Si vous utilisez un alias, le nom de la propriété est bien celui de l'alias et non plus celui de la colonne de la table (repère ❹).

☞ **Exemple 16-11. Lecture à l'aide d'un objet**

```
<?php
if ($id_base = sqlite_open ("C:/wamp/www/sqlitemanager/sportifs", 0666, $erreur))
{
  $requete = "SELECT nom,prenom,mail AS 'adresse_mail' FROM personne" ;
  if ($result = sqlite_query ($id_base, $requete))
  {
    $nb=sqlite_num_rows($result);
    echo "<h3>Liste des $nb personnes enregistrées</h3>";
    while($obj=sqlite_fetch_object($result)) ← ❶
    {
      echo " <b>$obj->nom</b>  "; ← ❷
      echo " <b>$obj->prenom</b> :  "; ← ❸
      echo " <b>$obj->adresse_mail</b>  "; ← ❹
      echo "<br />";
    }
  }
  else echo " La requête n'a pas abouti" ;
  sqlite_close($id_base);
}
else echo $erreur ;
?>
```

Accès à une ligne quelconque d'un résultat

Les fonctions précédentes retournent généralement une ligne de données puis pointent sur la suivante et obligent à effectuer un parcours séquentiel des lignes du résultat. Un ensemble de fonctions permettent la lecture des lignes dans un ordre quelconque. Cela introduit la notion de pointeur de résultat, comme il existe un pointeur de tableau.

La fonction sqlite_seek() permet de positionner le pointeur à la ligne désirée.

Sa syntaxe est la suivante :

```
boolean sqlite_seek(resource $result,integer num_ligne)
```

> **Indice de première ligne**
> Ayez à l'esprit que la première ligne a l'indice 0.

Elle retourne TRUE si l'opération est réalisée et FALSE dans le cas contraire (si la ligne demandée n'existe pas).

La fonction sqlite_next(), dont la syntaxe est la suivante :

```
boolean sqlite_next(resource $result)
```

pointe quant à elle sur la ligne suivante du résultat et retourne également TRUE ou FALSE dans les mêmes conditions.

La fonction sqlite_rewind() replace le pointeur de résultat sur la première ligne, ce qui permet de recommencer la lecture. Sa syntaxe est la suivante :

```
boolean sqlite_rewind(resource $result)
```

Elle retourne également une valeur booléenne.

Pour savoir s'il reste encore des lignes à lire dans le résultat, vous pouvez avoir recours à la fonction sqlite_has_more(), dont la syntaxe est la suivante :

```
boolean sqlite_has_more(resource $result)
```

et qui retourne aussi une valeur booléenne si la condition est vérifiée.

La seule fonction de lecture de la ligne en cours désignée par le pointeur de résultat à l'aide des fonctions ci-dessus est sqlite_current(), dont la syntaxe est la suivante :

```
array sqlite_current(resource $result, integer tab_type)
```

Elle retourne la ligne en cours dans un tableau indicé ou associatif selon la valeur de la constante tab_type, laquelle vaut encore SQLITE_BOTH par défaut. Contrairement aux fonctions de lecture déjà rencontrées, par exemple, sqlite_fetch_array(), après l'appel de sqlite_current(), le pointeur de résultat n'est pas placé sur la ligne suivante. Il faut utiliser les fonctions précédentes pour le déplacer selon les besoins. Pour lire rapidement l'ensemble des résultats dans l'ordre normal, vous ne pouvez donc pas envisager d'utiliser cette fonction, qui est plus adaptée à une lecture dans un ordre irrégulier.

L'exemple 16-12 utilise la plupart des fonctions précédentes pour effectuer une lecture particulière des résultats. Après l'ouverture de la base et l'envoi de la requête de la manière habituelle, vous récupérez le nombre total de lignes du résultat dans la variable $max (repère ❶). Ce nombre est utilisé pour créer la condition d'arrêt d'une boucle for (repère ❷), qui vous permet de lire les lignes de cinq en cinq à partir de la troisième (d'indice 2). À l'intérieur de cette boucle, le pointeur est placé à la position $i par la fonction sqlite_seek() (repère ❸). La ligne est lue (repère ❹) puis affichée avec la fonction print_r() (repère ❺).

Après chaque lecture, vous contrôlez s'il existe encore des lignes à lire (repère ❻). Si c'est le cas, le pointeur est placé sur la ligne suivante (repère ❼), qui est lue à son tour (repère ❽).

La table personne contient ici treize enregistrements, dont les indices varient de 0 à 12 dans le résultat. La boucle for lit donc les lignes d'indice 2, 7 et 12, tandis que l'utilisation de la fonction sqlite_next() permet de lire les lignes d'indice 3 et 8. La fonction sqlite_has_more() réalise un test qui permet d'éviter une erreur en tentant de lire une ligne d'indice 13, qui n'existe pas.

☞ **Exemple 16-12. Lecture irrégulière des lignes**

```
<?php
if ($id_base = sqlite_open ("C:/wamp/www/sqlitemanager/sportifs", 0666, $erreur))
{
  $requete = "SELECT id_personne,nom FROM personne" ;
  if ($result = sqlite_query ($id_base, $requete))
  {
    $max=sqlite_num_rows($result); ← ❶
    for($i=2;$i<$max;$i+=5) ← ❷
    {
      sqlite_seek($result,$i); ← ❸
      $ligne=sqlite_current($result,SQLITE_ASSOC); ← ❹
      print_r($ligne); ← ❺
      echo "<hr />";
      if(sqlite_has_more($result)) ← ❻
      {
        sqlite_next($result); ← ❼
        $ligne=sqlite_current($result,SQLITE_ASSOC); ← ❽
        print_r($ligne);
        echo "<hr />";
      }
    }
  }
  else echo " La requête n'a pas aboutie" ;
  sqlite_close($id_base);
}
else echo "ERREUR : ",$erreur ;
?>
```

Vous obtenez un résultat de la forme suivante, dans lequel le premier nombre est la valeur de l'identifiant de chaque personne dans la table.

Array ([id_personne] => 3 [nom] => Valmont)

Array ([id_personne] => 4 [nom] => Qwetz)

Array ([id_personne] => 8 [nom] => Engels)

Array ([id_personne] => 9 [nom] => Zidene)

Array ([id_personne] => 13 [nom] => Wind)

Création de fonctions SQL personnalisées

Le langage SQL offre un grand nombre de fonctions utilisables dans les requêtes. Au cas où vous auriez besoin d'une fonction qui n'existe pas, SQLite vous permet de créer vos propres fonctions et de les enregistrer. L'avantage de cette technique est qu'une fonction écrite dans une requête est appliquée automatiquement à toutes les lignes du résultat pour les colonnes choisies dans la requête SQL. Cela évite de devoir effectuer un traitement répétitif *a posteriori* sur les données après lecture des lignes.

Pour parvenir à ce résultat, il suffit de suivre les deux étapes suivantes :

1. Créez une fonction personnalisée à l'aide de code PHP selon la méthode habituelle *(voir le chapitre 7)*.

2. Déclarez cette fonction comme utilisable par SQLite à l'aide de la fonction sqlite _create_function(), selon la syntaxe suivante :

   ```
   boolean sqlite_create_function(resource $id_base, string nom_sql, string nom_php
   ➥[,integer nb_param])
   ```

Le paramètre nom_sql est le nom qui servira à appeler la fonction personnalisée dans le code SQL. Il doit être différent d'un nom de fonction SQL existant. Le paramètre nom_php est le nom de la fonction personnalisée qui a été créée dans le code PHP à l'étape précédente. Le paramètre nb_param précise le nombre de paramètres nécessaires à cette fonction. Bien que facultatif, il est préférable de l'utiliser pour les fonctions ayant un nombre fixe de paramètres.

Pour utiliser une fonction PHP native dans une requête SQL, la technique est encore plus simple car vous disposez d'une fonction généraliste spéciale nommée php(), qu'il n'est pas nécessaire d'enregistrer avec sqlite_create_function().

La fonction php() s'utilise directement dans une requête selon la syntaxe suivante :

```
php(string nom_php, nom_colonne)
```

Le paramètre nom_php doit désigner une des fonctions natives de PHP, à condition qu'elle puisse recevoir comme paramètre une valeur compatible avec celle de la colonne à laquelle elle s'applique.

Si vous écrivez, par exemple, le code suivant :

```
$requete="SELECT php('strtoupper',nom), php('strtolower',mail) FROM personne";
```

vous obtenez la liste de tous les utilisateurs, avec leur nom en majuscules et leur e-mail en minuscules, quelles que soient les casses des données de la base.

L'exemple 16-13 crée une fonction personnalisée nommée present, qui retourne une chaîne dont l'initiale seule est en majuscule (repère ❶). Cette fonction est enregistrée par SQLite sous le nom initiale (repère ❷). Elle est ensuite utilisée sous ce nom dans une requête SQL (repère ❸). Dans la même requête, vous utilisez une fonction native du langage SQL, la fonction upper(), et une fonction native de PHP par l'intermédiaire de la fonction générale php() (repère ❸). L'affichage des résultats est ensuite réalisé en utilisant les indices du tableau $ligne (repère ❹) puis les clés de ce même tableau (repère ❺).

> **Attention**
> Pour utiliser les clés du tableau $lignes, vous devez impérativement définir des alias. Ces derniers doivent être les clés du tableau pour les colonnes auxquelles vous appliquez des fonctions personnalisées ou PHP, faute de quoi vous n'obtenez aucun résultat. Cela n'est pas nécessaire si vous utilisez seulement les indices pour l'affichage des données.

☞ **Exemple 16-13. Création d'une fonction SQL**

```
<?php
function present($mot) ← ❶
{
  return ucfirst(strtolower($mot));
}
if ($id_base = sqlite_open ("C:/wamp/www/sqlitemanager/sportifs", 0666, $erreur))
{
  sqlite_create_function($id_base,'initiale','present',1); ← ❷
  $requete = "SELECT upper(nom) AS nom, initiale(prenom) AS prenom,
    ➥php('strtolower',mail)  FROM personne" ; ← ❸
  if ($result = sqlite_query ($id_base, $requete))
  {
    echo "<h3>Liste des personnes enregistrées</h3>";
    while($ligne=sqlite_fetch_array($result,SQLITE_BOTH))
    {
    echo "Nom : ", $ligne[0] ," Prénom : ", $ligne[1] , " Mail : ", $ligne[2],
    ➥"<br />"; ← ❹
    echo "Nom : ", $ligne['nom'] ," Prénom : ", $ligne['prenom'], " Mail : ",
    ➥$ligne['mail'] ,"<br />"; ← ❺
    }
  }
  else echo " La requête n'a pas aboutie" ;
  sqlite_close($id_base);
}
else echo $erreur ;
?>
```

Le résultat obtenu a la forme suivante :

```
Liste des personnes enregistrées

Nom : CISSAI Prénom : Gabril Mail : gabril@qsdfg.com
Nom : CISSAI Prénom : Gabril Mail : gabril@qsdfg.com
Nom : DUPONT Prénom : Mack Mail : azertyu@sdfg
Nom : DUPONT Prénom : Mack Mail : azertyu@sdfg

...
```

La méthode objet

Le fait de pouvoir accéder de manière native à une base SQLite à l'aide d'objets confirme l'orientation objet donnée à PHP 5. Même si la méthode objet est fondamentalement différente de la méthode procédurale d'un point de vue conceptuel, vous retrouverez de nombreux points communs entre les méthodes des objets manipulés et les fonctions que vous avez utilisées précédemment.

Tout l'accès à SQLite repose sur quatre objets ayant chacun un rôle précis. Il s'agit des objets suivants :

- SQLiteDatabase, qui permet l'ouverture de la base, l'envoi de requêtes et la récupération d'informations après ces envois.
- SQLiteResult, obtenu après une requête qui retourne des données. Ses méthodes permettent de lire les lignes de données retournées par les requêtes de sélection.
- SQLiteUnbuffered, obtenu après une requête non bufférisée. Il a le même rôle et les mêmes méthodes que l'objet SQLiteResult.
- SQLiteException, qui permet de gérer les erreurs.

Chacun de ces objets possède des méthodes dont les actions sont similaires à celles des fonctions utilisées à la section précédente. Vous allez donc réécrire les différents exemples de cette section en utilisant ces objets et ces méthodes.

> **Casse des noms de méthode**
> Tous les noms des méthodes de ces objets sont insensibles à la casse.

Accès à la base

Pour accéder à une base SQLite, vous devez d'abord créer un objet SQLiteDatabase en utilisant le mot-clé new selon la syntaxe suivante, qui appelle le constructeur de la classe avec les mêmes paramètres que la fonction sqlite_open() :

```
$db=new SQLiteDatabase("C:/wamp/www/sqlitemanager/sportifs", 0666, $erreur);
```

Si la base n'existe pas, elle est créée. Le premier paramètre, qui indique le nom et le chemin d'accès à la base, est obligatoire. Si le premier paramètre est la chaîne ":memory:", la base est créée en mémoire vive du serveur. Pour fermer la base, vous détruisez la variable $db en appelant la fonction unset() aussitôt que vous n'en avez plus besoin, donc juste après l'envoi de la dernière requête du script.

Envoi de requêtes

L'objet $db qui vient d'être créé va être utilisé pour envoyer des requêtes à la base avec la méthode query(). Cette dernière est équivalente à la fonction sqlite_query(), dont le seul paramètre est la chaîne de la requête SQL. Pour les requêtes de sélection de données, cette méthode retourne un objet SQLiteResult, dont l'utilisation est détaillée à la section suivante.

Si la requête n'est pas exécutée, la méthode retourne la valeur booléenne FALSE. L'exemple 16-14 représente la forme générale d'un script d'ouverture de la base et d'envoi d'une requête. Il équivaut à l'exemple 16-1 mais avec la méthode objet.

☞ **Exemple 16-14. Script type d'accès à la base**

```php
<?php
if ($db=new SQLiteDatabase ("C:/wamp/www/sqlitemanager/sportifs", 0666, $erreur))
{
  $requete = "SELECT nom,prenom FROM personne" ;
  if ($result=$db->query($requete))
  {
    unset($db);
    echo " La requête a été effectuée " ;
    //Lecture des résultats
  }
  else echo " La requête n'a pas aboutie" ;
}
else echo $erreur ;
?>
```

Pour que le résultat ne soit pas mis en buffer sur le serveur, vous pouvez utiliser la méthode unbufferedQuery() à la place de query(). Elle reçoit les mêmes paramètres et retourne un objet de type SQLiteUnbuffered au lieu de SQLiteResult. Ces deux objets ont les mêmes méthodes, détaillées à la section suivante.

Pour les requêtes ne retournant pas de données, comme les créations de tables ou les mises à jour, par exemple, vous pouvez utiliser la méthode queryExec() avec les mêmes paramètres que query(). Elle est plus rapide que cette dernière et retourne TRUE si la requête est bien exécutée et FALSE dans le cas contraire.

Si la requête de sélection à envoyer ne retourne qu'un nombre limité de lignes de résultats, il est plus rapide d'utiliser la méthode arrayQuery(), qui permet à la fois d'envoyer la requête et de retourner un tableau contenant l'ensemble des résultats. Cette méthode permet de ne pas utiliser d'objet SQLiteResult. Sa syntaxe est la suivante :

```
Array $db->arrayQuery(string $requete, int tab_type)
```

Le premier paramètre contient la requête SQL. Le second, tab_type, est une constante qui détermine le type du tableau retourné. Il prend les valeurs SQLITE_NUM, SQLITE_ASSOC ou SQLITE_BOTH, selon que le tableau est indicé, associatif ou les deux.

Si la requête porte sur plusieurs colonnes d'une table, le tableau est toujours multidimensionnel. L'élément d'indice 0 est un tableau qui contient les données de la première ligne de résultats. Quand il est associatif, ses clés sont les noms des colonnes ou des alias de la requête.

L'exemple 16-15 illustre la lecture de la table personne au moyen de la méthode objet. Après la création de l'objet $db de type SQLiteDatabase (repère ❶), l'envoi d'une requête de sélection par la méthode arrayQuery() retourne un tableau multidimensionnel indicé, dont les éléments sont des tableaux associatifs (repère ❷). Ce tableau est lu à l'aide de deux boucles imbriquées, une boucle for pour le premier niveau (repère ❸) et une boucle foreach pour les tableaux associatifs (repère ❹). Les clés de ces derniers, qui sont les noms des colonnes de la sélection, sont utilisées pour créer un affichage HTML des données (repère ❺).

☛ **Exemple 16-15. Requête de sélection de données**

```php
<?php
if ($db=new SQLiteDatabase("C:/wamp/www/sqlitemanager/sportifs", 0666, $erreur))←❶
{
  $requete = "SELECT nom,prenom FROM personne" ;
  if ($result=$db->arrayQuery($requete,SQLITE_ASSOC))←❷
  {
    for($i=0;$i<count($result);$i++)←❸
    {
      echo "Ligne $i :  ";
      foreach($result[$i] as $cle=>$valeur)←❹
      {
       echo $cle," :  ",$valeur,"... ";←❺
      }
      echo "<br />";
    }
  }
  else echo " La requête n'a pas aboutie" ;
}
else echo $erreur ;
?>
```

Le résultat de ce script est de la forme suivante :

```
Ligne 0 :   nom :   Cissai... prenom :   Gabril...
Ligne 1 :   nom :   Dupont... prenom :   Mack...
Ligne 2 :   nom :   Valmont... prenom :   Paul...
...
```

Pour des recherches encore plus restreintes, comme celle visant à retrouver l'adresse e-mail d'une personne donnée, il est possible d'envoyer la requête et de récupérer le résultat en une seule opération, en appelant la méthode singleQuery(), dont la syntaxe est la suivante :

▌ $db->singleQuery(string $requete)

Si la requête ne retourne qu'une seule valeur, comme à l'exemple 16-16 (repère ❶), elle retourne une chaîne ou un nombre contenant cette valeur, qu'il est très simple d'utiliser comme variable scalaire (repère ❷). Si la requête retourne plusieurs lignes de données, la méthode retourne un tableau indicé ne contenant que les valeurs de la première colonne de la requête SQL.

La base SQLite
CHAPITRE 16

Si, par exemple, la requête est la suivante :

```
$requete = "SELECT mail,nom,prenom FROM personne";
if ($result=$db->singleQuery($requete))
```

la variable `$result` est un tableau indicé dont les éléments sont toutes les adresses e-mail de la table `personne`. Les autres colonnes de la requête ne sont pas présentes dans le résultat.

☞ **Exemple 16-16. Lecture d'une seule valeur**

```
<?php
if ($db=new SQLiteDatabase("C:/wamp/www/sqlitemanager/sportifs"))
{
  $requete = "SELECT mail FROM personne WHERE nom='Engels'" ;
  if ($result=$db->singleQuery($requete)) ← ❶
  {
  echo "Mail : $result <br />"; ← ❷
  }
  else echo " La requête n'a pas aboutie" ;
}
else echo $erreur ;
?>
```

L'objet `SQLiteDatabase` dispose également de la méthode `lastError()`, qui retourne le code de la dernière erreur survenue dans le script. Si aucune erreur ne s'est produite, elle retourne la valeur 0.

Quand vous effectuez une requête de mise à jour ou de modification de données sur une ou plusieurs lignes des tables de la base, vous pouvez obtenir le nombre de lignes qui ont été modifiées en utilisant la méthode `changes()`, dont la syntaxe est la suivante :

```
int $db->changes()
```

L'exemple 16-17 réalise une mise à jour des données dans la table `personne` à l'aide de la commande SQL UPDATE (repère ❶). Après l'envoi de la requête avec la méthode `queryExec()`, plus appropriée ici (repère ❷), la méthode `changes()` permet de lire et d'afficher le nombre de lignes modifiées (repère ❸).

☞ **Exemple 16-17. Détermination du nombre de lignes modifiées**

```
<?php
if ($db=new SQLiteDatabase("C:/wamp/www/sqlitemanager/sportifs"))
{
  $requete = "UPDATE personne SET mail='romy@funhtml.com' WHERE nom='Engels'" ;← ❶
  if ($result=$db->queryExec($requete)) ← ❷
  {
    echo "Il y a ",$db->changes()," ligne(s) modifiée(s)"; ← ❸
  }
  else echo " La requête n'a pas aboutie" ;
}
else echo $erreur ;
?>
```

Après insertion de données dans une table comportant une colonne d'identifiant entier auto-incrémenté déclaré par la clause "INTEGER PRIMARY KEY" lors de la création de la table, vous pouvez récupérer la valeur qui vient d'être insérée dans cette colonne à l'aide de la méthode lastInsertRowid() de l'objet $db.

L'exemple 16-18 réalise l'insertion des coordonnées d'un visiteur dans la table personne avec la commande SQL INSERT (repère ❶). Après l'envoi de la requête avec la méthode queryExec() (repère ❷), le dernier identifiant inséré est lu et affiché à destination du visiteur (repère ❸).

☞ **Exemple 16-18. Lecture du dernier champ auto-incrémenté**

```php
<?php
if ($db=new SQLiteDatabase("C:/wamp/www/sqlitemanager/sportifs"))
{
  $requete="INSERT INTO personne (id_personne, nom,prenom, depart,    mail)
  ➥VALUES (NULL,'Grouchi','Karl',91,'karl@grouch.net')"; ←❶
  if ($result=$db->queryExec($requete)) ←❷
  {
    echo "Votre identifiant est : ",$db->lastInsertRowid(); ←❸
  }
  else echo " La requête n'a pas aboutie" ;
}
else echo $erreur ;
?>
```

Lecture des résultats et objets spécialisés

L'objet SQLiteDatabase vous a déjà permis une lecture de résultats dans des cas particuliers simples. Dans le cas général d'une requête qui retourne les résultats d'une sélection portant sur un nombre quelconque de colonnes, vous utilisez systématiquement les méthodes query() ou unbufferedQuery(). La première retourne un objet de type SQLiteResult et la seconde un objet de type SQLiteUnbuffered. Ces deux types d'objets ont exactement les mêmes méthodes. La seule différence entre eux réside dans le fait que le second représente un résultat qui n'est pas mis en buffer et qui doit donc être « consommé » tout de suite, en particulier avant tout autre envoi de requête.

Les exemples qui suivent n'emploient que l'objet SQLiteResult. Si vous voulez obtenir des résultats non bufférisés, il vous suffit de remplacer la méthode query() par la méthode unbufferedQuery().

Lecture à l'aide d'un tableau ou d'une chaîne

L'objet retourné par la méthode query() est récupéré dans la variable $result, dont vous allez utiliser les différentes méthodes. La méthode la plus courante est fetch(), équivalent de la fonction sqlite_fetch_array(). Elle retourne un tableau contenant la ligne en cours du résultat et prend comme seul paramètre une des constantes SQLITE_NUM, SQLITE_ASSOC ou SQLITE_BOTH, que vous avez déjà rencontrées dans la méthode procédurale et qui détermine le type de tableau retourné.

À chaque nouvel appel, cette méthode retourne le contenu de la ligne suivante de résultats. Pour obtenir la totalité des données, vous écrivez deux boucles imbriquées, une boucle while pour chaque ligne et une boucle for ou foreach pour lire les données d'une ligne.

L'exemple 16-19 réalise la même lecture que l'exemple 16-4, mais avec une fonction. Après l'ouverture de la base et la création d'un objet SQLiteDatabase (repère ❶), une requête SQL classique permet la sélection de tous les noms et prénoms des utilisateurs inscrits dans la table personne (repère ❷). L'envoi de la requête par la méthode query() retourne un objet de type SQLiteResult dans la variable $result (repère ❸). La destruction de la variable objet $db est réalisée aussitôt après pour libérer la base d'un verrouillage éventuel (repère ❹). Une boucle while lit alors chaque ligne dans un tableau associatif $ligne en appelant la méthode fetch() (repère ❺). Ce tableau est utilisé pour lire chacune des données retournées par la requête (repères ❻ et ❼).

☞ **Exemple 16-19. Lecture des résultats ligne par ligne**

```php
<?php
if ($db=new SQLiteDatabase("C:/wamp/www/sqlitemanager/sportifs", 0666, $erreur))← ❶
{
  $requete = "SELECT nom,prenom FROM personne" ;← ❷
  if ($result = $db->query($requete))← ❸
  {
    unset($db);← ❹
    echo "<h3>Liste des personnes enregistrées</h3>";
    while($ligne=$result->fetch(SQLITE_ASSOC))← ❺
    {
      echo "Nom : <b>{$ligne["nom"]}</b>  ";← ❻
      echo "Prénom : <b>{$ligne["prenom"]} </b><br />";← ❼
    }
  }
  else echo " La requête n'a pas aboutie" ;
}
else echo $erreur ;
?>
```

Vous pouvez récupérer l'ensemble des lignes obtenues au moyen d'une requête de sélection dans un seul tableau multidimensionnel en utilisant la méthode fetchAll() d'un objet SQLiteResult. Cette opération est rapide car elle ne réalise qu'un seul appel de méthode. Il faut toutefois l'utiliser pour des requêtes ne retournant qu'un nombre peu important de lignes. Vous imaginez aisément l'espace mémoire occupé par un tableau contenant quelques milliers de lignes.

La méthode fetchAll() utilise la syntaxe suivante :

```
$db->fetchAll(string $requete,int tab_type)
```

Le paramètre tab_type, que vous avez utilisé précédemment, spécifie le type de tableau retourné. Le tableau étant multidimensionnel, à moins que la requête ne concerne qu'une colonne, vous devez utiliser deux boucles imbriquées pour le lire dans son ensemble.

L'exemple 16-20 lit l'ensemble des résultats de la requête SQL. Il s'agit d'une jointure des tables personne et pratique afin de rechercher les coordonnées des personnes pratiquant le sport dont l'identifiant est 2, soit le football (repère ❶). La requête envoyée par la méthode query() retourne la variable $result, qui est un objet SQLiteResult (repère ❷). L'objet $db est alors détruit, ce qui libère la base (repère ❸).

L'appel de la méthode fetchAll() pour l'objet $result retourne le tableau $tablignes (repère ❹). L'objet $result peut alors être détruit à son tour (repère ❺). Les éléments de $tablignes sont lus avec une boucle for (repère ❻). Chaque élément noté $tablignes[$i] est lui-même un tableau associatif qui est lu avec une boucle foreach (repère ❼) et utilisé pour créer un affichage des données (repère ❽).

☞ **Exemple 16-20. Lecture de l'ensemble des lignes dans un seul tableau**

```
<?php
if ($db=new SQLiteDatabase("C:/wamp/www/sqlitemanager/sportifs", 0666, $erreur))
{
  $requete = "SELECT nom,prenom,mail FROM personne,pratique WHERE id_sport='2' AND
  ➥personne.id_personne=pratique.id_personne" ; ←❶
  if ($result = $db->query($requete,SQLITE_ASSOC)) ←❷
  {
    unset($db); ←❸
    echo "<h3>Liste des personnes jouant au football</h3>";
    $tablignes=$result->fetchAll(SQLITE_ASSOC); ←❹
    unset($result); ←❺
    for($i=0;$i<count($tablignes);$i++) ←❻
    {
      echo "Ligne $i :  ";
      foreach($tablignes[$i] as $cle=>$valeur) ←❼
      {
        echo $cle," :  ",$valeur,"... "; ←❽
      }
      echo "<br />";
    }
  }
  else echo " La requête n'a pas aboutie" ;
}
else echo $erreur ;
?>
```

Le résultat de ce script a la forme suivante :

```
Liste des personnes jouant au football

Ligne 0 :   nom :   Cissai... prenom :   Gabril... mail :   gabril@qsdfg.com...
Ligne 1 :   nom :   Rousse... prenom :   Guy...    mail :   guitou@poulet.com...
Ligne 2 :   nom :   Barthes... prenom : Fabien... mail :   fabi@loos.org...
...
```

Dans le cas particulier où la requête de sélection porte sur une seule colonne d'un table, comme la recherche des adresses e-mail des utilisateurs dont vous connaissez le département, la méthode fetchSingle() est plus rapide que les précédentes. À chaque appel elle retourne la valeur de la première colonne spécifiée dans la requête SQL sous la forme d'une chaîne de caractères.

L'exemple 16-21 réalise avec cette méthode une lecture similaire à celle de l'exemple 16-7 avec la fonction sqlite_fetch_single(). La requête SQL sélectionne les e-mails des personnes habitant le département de code 13 (repère ❶). Après l'envoi de la requête avec la méthode query() (repère ❷), la variable $result représente un objet de type SQLite Result auquel vous appliquez la méthode fetchSingle(). Cette dernière retourne la variable $mail contenant l'information recherchée, qui est ensuite affichée (repère ❸). Si vous ne vous intéressez qu'à la première valeur, la boucle while est inutile, et vous pouvez écrire simplement le code suivant :

```
$mail=$result->fetchSingle();
echo "<h4>Mail : $mail </h4>";
```

Cela peut être utile pour une requête dont vous savez par avance qu'elle ne retourne qu'une seule ligne, comme la recherche du nom d'un utilisateur dont vous connaissez l'identifiant unique.

☞ **Exemple 16-21. Lecture d'une seule colonne**

```
<?php
if ($db=new SQLiteDatabase("C:/wamp/www/sqlitemanager/sportifs"))
{
  $requete = "SELECT mail FROM personne WHERE depart='13'" ;←❶
  if($result=$db->Query($requete))←❷
  {
    while($mail=$result->fetchSingle()) echo "<h4>Mail : $mail </h4>";←❸
  }
}
else echo $erreur ;
?>
```

Pour lire une colonne précise dans la ligne en cours d'un résultat, vous disposez de la méthode column(), qui s'applique à l'objet $result et dont la syntaxe est la suivante :

```
divers $result->column(string nom_col | integer num_col)
```

L'unique paramètre précise le nom de la colonne ou de son alias avec une chaîne ou sa position dans la requête SQL avec un entier, la première colonne ayant le numéro 0.

Si la requête est :

```
$requete="SELECT nom,prenom,mail AS adresse_mail FROM  personne";
```

le code suivant :

```
$mail=$result->column('adresse_mail');
```

ou encore :

```
$mail=$result->column(2);
```

permet de ne lire que la colonne des adresses e-mail.

Informations sur le résultat

À partir d'un objet SQLiteResult, vous pouvez obtenir des informations sur les données retournées par la requête SQL. La méthode suivante :

```
string $result->fieldName(integer N)
```

retourne le nom, ou l'alias, de la colonne située à la position *N* dans la requête. Elle peut servir à réaliser un affichage dynamique du nom de la colonne quand il n'est pas connu à l'avance.

De même, pour obtenir le nombre de colonnes d'un résultat, vous pouvez appeler la méthode numFields() avec le code suivant :

```
$nbcol=$result->numFields();
```

qui peut servir à réaliser une boucle de lecture des résultats.

Le nombre de lignes retourné dans l'objet SQLiteResult peut être lu au moyen de la méthode numRows() selon le code suivant :

```
$nbligne=$result->numRows();
```

Ce nombre peut également servir à créer une boucle for de lecture de toutes les lignes.

Lecture dans un objet

Méthode objet oblige, il est possible de récupérer les données issues d'une requête de sélection dans un objet. Il faut pour cela appeler la méthode fetchObject() pour l'objet $result retourné par une des méthodes d'envoi de requête. L'objet obtenu a autant de propriétés que la requête SQL contient de noms de colonnes. À chaque appel, l'objet retourné contient la ligne suivante du résultat.

L'exemple 16-22 réalise au moyen de cette méthode la même opération que l'exemple 16-11, qui utilisait la fonction sqlite_fetch_object(). La requête SQL sélectionne les coordonnées de toutes les personnes inscrites dans la table personne (repère ❶). Après l'envoi de la requête par la méthode query() et la récupération du résultat dans l'objet $result (repère ❷), la variable $db est détruite. La lecture des lignes de résultats dans un objet est faite par une boucle while, qui appelle la méthode fetchObject().

La lecture de chacune des propriétés de l'objet $obj obtenu est faite par une boucle foreach (repère ❹). L'objet $result peut ensuite être détruit pour libérer la mémoire. Cela n'est utile que si le script contient une suite importante d'instructions (repère ❺).

☞ **Exemple 16-22. Lecture à l'aide d'un objet**

```php
<?php
if ($db=new SQLiteDatabase("C:/wamp/www/sqlitemanager/sportifs", 0666, $erreur))
{
  $requete = "SELECT nom,prenom,mail AS 'adresse_mail' FROM personne" ;← ❶
  if ($result = $db->query ($requete))← ❷
  {
  $nb=$result->numRows();
  unset($db);← ❸
  echo "<h3>Liste des $nb personnes enregistrées</h3>";
  while($obj=$result->fetchObject())
  {
    echo "<p>";
    foreach($obj as $prop=>$valeur)← ❹
    {
      echo "$prop : <b> $valeur </b>";
    }
    echo "</p>";
  }
  unset($result);← ❺
  }
  else echo " La requête n'a pas aboutie" ;
}
else echo $erreur ;
?>
```

Le résultat affiché par ce script est de la forme suivante :

```
Liste des 11 personnes enregistrées

nom : Cissai prenom : Gabril adresse_mail : gabril@qsdfg.com

nom : Dupont prenom : Mack adresse_mail : azertyu@sdfg

nom : Valmont prenom : Paul adresse_mail : paul@comte.net

...
```

Création de fonctions SQL personnalisées

Comme vous l'avez déjà réalisé avec la méthode procédurale, il est possible avec la méthode objet de créer des fonctions SQL personnalisées utilisables dans des requêtes. Vous devez pour cela suivre les mêmes étapes, à savoir la création d'une fonction personnalisée puis son enregistrement au moyen de la méthode createFunction() de l'objet SQLiteDatabase, qui doit respecter la syntaxe suivante :

```
boolean createFunction(string nom_sql, string nom_php, integer nb)
```

Le paramètre nom_sql est le nom par lequel la fonction personnalisée est appelée dans le code SQL. Le paramètre nom_php désigne le nom de la fonction dans le code PHP, et nb le nombre de ses paramètres.

L'exemple 16-23 adapte à la méthode objet l'application de l'exemple 16-13, qui utilisait la méthode procédurale. Vous créez d'abord la fonction personnalisée present (repère ❶), qui retourne une chaîne dont l'initiale est en majuscules et les autres lettres en minuscules. Elle est enregistrée par SQLite sous le nom initiale en appelant la méthode createFunction() (repère ❷) puis utilisée dans une requête SQL (repère ❸). L'affichage des résultats retourné par la méthode fetch() (repère ❹) est ensuite réalisé en utilisant les indices du tableau $ligne (repère ❺) puis les clés de ce tableau (repère ❻).

> **Attention**
> Pour utiliser les clés du tableau $lignes, vous devez impérativement définir des alias, qui seront les clés de ce tableau pour les colonnes auxquelles vous appliquez des fonctions personnalisées ou des fonctions PHP. Sans cela, vous n'obtenez aucun résultat. Cela n'est pas nécessaire si vous utilisez seulement les indices.

☞ **Exemple 16-23. Création de fonctions SQL personnalisées**

```php
<?php
function present($mot) ← ❶
{
  return ucfirst(strtolower($mot));
}
if ($db=new SQLiteDatabase("C:/wamp/www/sqlitemanager/sportifs", 0666, $erreur))
{
  $db->createFunction('initiale','present',1); ← ❷
  $requete = "SELECT upper(nom) AS nom, initiale(prenom) AS prenom,
  ➥php('strtolower',mail) AS mail   FROM personne" ; ← ❸
  if ($result = $db->query ($requete))
  {
    echo "<h3>Liste des personnes enregistrées</h3>";
    while($ligne=$result->fetch(SQLITE_BOTH)) ← ❹
    {
      echo "Nom : ", $ligne[0] ," Prénom : ", $ligne[1] , " Mail : ", $ligne[2],
      ➥"<br />"; ← ❺
      echo "Nom : ", $ligne['nom'] ," Prénom : ", $ligne['prenom'],
      ➥" Mail : ", $ligne['mail'] ,"<br />"; ← ❻
    }
  }
  else echo " La requête n'a pas aboutie" ;
  unset($db);
}
else echo $erreur ;
?>
```

L'objet SQLiteException

Vous avez déjà rencontré la classe Exception, qui permet la gestion des exceptions survenant dans un script *(voir le chapitre 3)*. SQLite dispose d'une classe spéciale, nommée SQLite Exception, dérivée de la précédente. Elles possèdent toutes deux les mêmes propriétés et les mêmes méthodes. Il n'y a donc rien de nouveau dans l'utilisation de cette classe par rapport à ce que vous avez déjà réalisé.

Pour illustrer l'emploi d'un objet SQLiteException lors d'un accès à la base sportifs, le code de l'exemple 16-24 tente d'accéder à une table qui n'existe pas (elle est appelée personnes alors que seule la table personne a été créée). Pour masquer les messages d'erreur à l'utilisateur, vous appelez la fonction error_reporting(), qui bloque l'affichage de tous ces messages (repère ❶). L'ensemble du code de lecture de la table est inclus dans un bloc try (repère ❷).

Comme l'envoi de la requête par la méthode query() retourne la valeur FALSE (repère ❸), un message est affiché, et une exception est déclenchée par l'instruction throw. Cette dernière provoque la création d'un objet de type SQLiteException. Vous attribuez à cet objet un texte de message d'erreur et un code d'erreur, qui correspondent respectivement aux propriétés message et code de l'objet, en passant ces deux paramètres à son constructeur (repère ❹).

En cas d'erreur, l'exception est gérée par le bloc catch (repère ❺). Ce dernier provoque l'affichage successif du message d'erreur, en utilisant la méthode getMessage() (repère ❻), du code d'erreur que vous avez défini en appelant la méthode getCode() (repère ❼) et de la ligne à laquelle l'exception a été créée en appelant la méthode getLine() (repère ❽).

Ces informations, surtout utiles aux programmeurs, sont gênantes pour les visiteurs du site. Dans la pratique, vous vous dispenseriez de les afficher en détail et vous contenteriez de les envoyer, par exemple, par e-mail au webmestre du site. À l'inverse, il peut être utile de rendre visible à l'utilisateur un message plus présentable sous la forme d'une boîte d'alerte créée avec la fonction JavaScript alert() que vous connaissez bien. Vous réalisez cela dans le bloc catch en créant un élément HTML <script> (repère ❾).

☞ **Exemple 16-24. Gestion des exceptions SQLite**

```php
<?php
// Suppression des avis d'erreurs
error_reporting(0); ← ❶
try ← ❷
{
  if ($db=new SQLiteDatabase("C:/wamp/www/sqlitemanager/sportifs"))
  {
    $requete = "SELECT mail FROM personnes WHERE depart='13'" ;
    if(!$result=$db->query($requete)) ← ❸
    {
      echo "<h2>ERREUR SQLITE</h2>";
      throw new SQLiteException("Erreur de requête SQLite",67); ← ❹
    }
```

☞ **Exemple 16-24. Gestion des exceptions SQLite** *(suite)*

```
      else
      {
        while($mail=$result->fetchSingle()) echo "<h4>Mail : $mail   </h4>";
      }
    }
  }
  catch(SQLiteException $myexcept) ← ❺
  {
    echo "<h2>MESSAGE : ",$myexcept->getMessage(),"</h2>"; ← ❻
    echo "<h2>CODE : ",$myexcept->getCode(),"</h2>"; ← ❼
    echo "<h2>LIGNE : ",$myexcept->getLine(),"</h2>"; ← ❽
    echo "<script> alert('Désolé! ERREUR SQLite Numéro : ",$myexcept->getCode()," ' )</script> "; ← ❾
  }
?>
```

Le résultat affiché par ce script est illustré à la figure 16-6.

Figure 16-6
Résultat obtenu en cas d'erreur

Mémo des fonctions

```
array sqlite_array_query (resource $id_base, string $requete [, int tab_type])
```
Envoie une requête à la base et retourne un tableau contenant toutes les lignes du résultat.

```
void sqlite_busy_timeout (resource $id_base, int N)
```
Fixe le délai d'attente à *N* milliseconde quand la base est verrouillée par un autre accès.

```
int sqlite_changes (resource $id_base)
```
Retourne le nombre de lignes modifiées par la dernière requête SQL.

```
void sqlite_close (resource $id_base)
```
Ferme la base pour l'accès identifié par `$id_base`.

```
mixed mixed sqlite_column (resource $result, mixed num|nom)
```
Retourne le contenu d'une colonne identifiée par son nom ou son numéro dans la ligne en cours.

```
bool sqlite_create_function (resource $id_base, string nom_sql, string nom_php [, int nb_param])
```
Enregistre la fonction `nom_php` pour pouvoir l'utiliser dans une requête SQL sous le nom `nom_sql`.

```
array sqlite_current (resource $result [, int tab_type])
```
Retourne la ligne en cours dans un tableau dont le type dépend de la constante `tab_type`, laquelle prend les valeurs SQLITE_BOTH, SQLITE_NUM ou SQLITE_ASSOC.

```
string sqlite_error_string (int N)
```
Retourne le dernier message d'erreur.

```
string sqlite_escape_string (string $ch)
```
Ajoute le caractère d'échappement devant les caractères spéciaux des chaînes à insérer dans la base.

```
boolean sqlite_exec(resource $id_base, string $requete)
```
Envoie une requête à la base. Utilisable seulement pour les requêtes ne retournant pas de résultat.

```
array sqlite_fetch_all(resource $result[, integer tab_type])
```
Retourne l'ensemble des lignes du résultat dans un seul tableau multidimensionnel.

```
array sqlite_fetch_array ( resource $result [, int tab_type])
```
Retourne la ligne en cours du résultat dans un tableau dont le type est déterminé par la constante `tab_type`.

```
object sqlite_fetch_object(resource $result)
```
Retourne la ligne en cours du résultat dans un objet dont les propriétés ont pour noms ceux des colonnes sélectionnées dans la requête.

```
string sqlite_fetch_single (resource $result)
```
Retourne la première colonne du résultat dans une chaîne.

```
string sqlite_field_name (resource $result, int numcol)
```
Retourne le nom de la colonne placée à la position `numcol` dans la requête.

```
bool sqlite_has_more (resource $result)
```
Indique s'il reste encore des lignes non lues dans le résultat.

```
int sqlite_last_error (resource $id_base)
```
Retourne le dernier code d'erreur.

```
int sqlite_last_insert_rowid (resource $id_base)
```
Retourne la dernière valeur insérée dans une clé primaire auto-incrémentée.

```
string sqlite_libencoding (void )
```
Retourne le nom du jeu de caractères utilisé par SQLite (par exemple ISO 8859).

```
string sqlite_libversion (void )
```
Retourne le numéro de version de SQLite.

```
bool sqlite_next (resource $result)
```
Place le pointeur de résultat sur la ligne suivante.

```
int sqlite_num_fields (resource $result)
```
Retourne le nombre de colonnes du résultat.

```
int sqlite_num_rows (resource $result)
```
Retourne le nombre de lignes du résultat.

```
resource sqlite_open (string nom_base [, int mode [, string $erreur]])
```
Ouvre la base nommée nom_base. Ce paramètre peut être un chemin d'accès complet. Retourne un identifiant de connexion, ou FALSE en cas d'erreur.

```
resource sqlite_popen (string filename [, int mode [, string $erreur]])
```
Ouvre une connexion persistante à la base. Retourne un identifiant de connexion, ou FALSE en cas d'erreur.

```
resource sqlite_query (resource $id_base, string $requete)
```
Envoie une requête à la base identifiée par $id_base et retourne un identifiant de résultat, ou FALSE en cas d'erreur.

```
bool sqlite_rewind (resource result)
```
Replace le pointeur de résultat à la première ligne.

```
bool sqlite_seek (resource result, int N)
```
Place le pointeur de résultat à la ligne N.

```
resource sqlite_unbuffered_query (resource $id_base, string $requete)
```
Envoie une requête à la base et retourne un identifiant de résultat, ou FALSE en cas d'erreur. Le résultat n'est pas mis en buffer et doit être utilisé avant l'envoi de toute autre requête.

Mémo des méthodes des objets

Dans la syntaxe des méthodes ci-dessous, la variable $db désigne un objet SQLiteDatabase et la variable $result un objet SQLiteResult ou SQLiteUnbuffered.

```
array $db->arrayQuery(string $requete, integer tab_type)
```
Envoie une requête à la base et retourne un tableau contenant toutes les lignes du résultat. Le paramètre tab_type détermine le type du tableau. Il prend les valeurs SQLITE_BOTH, SQLITE_NUM ou SQLITE_ASSOC.

```
void $db->busy_timeout(integer N)
```
Fixe le délai d'attente admissible à N milliseconde.

```
integer $db->changes()
```
Retourne le nombre de lignes modifiées dans la base par la dernière requête.

```
divers $result->column(integer numcol | string nomcol)
```
Retourne le contenu de la colonne indiquée par son indice ou par son nom dans la ligne en cours du résultat.

```
boolean $db->createFunction(string nom_sql, string nom_php [,integer N])
```
Enregistre la fonction personnalisée nom_php sous le nom nom_sql pour pouvoir l'utiliser dans des requêtes SQL. N désigne le nombre de paramètre de la fonction nom_php.

```
array $result->current(integer tab_type)
```
Retourne la ligne en cours dans un tableau dont le type est précisé par `tab_type`.

```
array $result->fetch(integer tab_type)
```
Retourne la ligne en cours dans un tableau indicé ou associatif selon la valeur de `tab_type`.

```
array $result->fetchAll(integer tab_type)
```
Retourne toutes les lignes du résultat dans un tableau multidimensionnel indicé ou associatif selon la valeur de `tab_type`.

```
object $result->fetchObject()
```
Retourne la ligne en cours dans un objet dont les propriétés ont pour noms ceux des colonnes présentes dans la requête.

```
string $result->fecthSingle()
```
Retourne la valeur de la première colonne de la ligne en cours du résultat.

```
string $result->fieldName(integer N)
```
Retourne le nom de la colonne d'indice *N* dans le résultat.

```
boolean $result->hasPrev()
```
Retourne TRUE s'il existe une ligne précédente dans le résultat et FALSE dans le cas contraire.

```
integer $db->last_error()
```
Retourne le code de la dernière erreur.

```
integer $db->last_insert_rowid()
```
Retourne la dernière valeur entière insérée dans une colonne auto-incrémentée.

```
boolean $result->next()
```
Place le pointeur de résultat sur la ligne suivante. Retourne TRUE si elle existe et FALSE dans le cas contraire.

```
integer $result->numFields()
```
Retourne le nombre de colonnes présentes dans le résultat.

```
integer $result->numRows()
```
Retourne le nombre de lignes présentes dans le résultat.

```
object $db->query(string $requete)
```
Envoie une requête à la base $db et retourne un objet `SQLiteResult`.

```
boolean $db->queryExec(string $requete)
```
Envoie une requête ne retournant pas de résultat à la base $db et retourne TRUE ou FALSE.

```
boolean $result->rewind()
```
Replace le pointeur de résultat à la première ligne. Retourne TRUE si l'opération a réussi et FALSE dans le cas contraire.

```
boolean $result->seek(integer N)
```
Place le pointeur de résultat à la nième ligne. Retourne TRUE si l'opération a réussi et FALSE dans le cas contraire.

```
string|integer $db->singleQuery(string $requete)
```
Envoie une requête à la base $db et retourne la valeur de la première colonne de la ligne en cours.

```
object $db->unbufferedQuery(string $requete)
```
Envoie une requête à la base $db et retourne un objet `SQLiteUnbuffered`.

Exercices

Le but de ces exercices est de réaliser avec SQLite la même application que celle réalisée avec MySQL au cours des exercices des chapitres 13 et 14.

Exercice 1

Créez une base nommée voitures à l'aide de SQLiteManager. Créez ensuite les tables de la base voitures selon le modèle logique défini dans les exercices du chapitre 13 (en cas de problème, voir le corrigé des exercices de ce chapitre). Vérifiez la structure de chaque table.

Exercice 2

Créez un formulaire permettant l'insertion des coordonnées d'une personne dans la table proprietaire en utilisant la méthode objet.

Exercice 3

Insérez des données dans la table modele en utilisant SQLiteManager, puis créez un script qui affiche la liste de tous les modèles de voiture dans un tableau HTML en effectuant un tri par marque. Utilisez la méthode procédurale.

Exercice 4

Adaptez le script de l'exercice 3 en utilisant la méthode objet. Les données de chaque ligne du résultat doivent aussi être retournées sous forme d'objet.

Exercice 5

Créez dynamiquement un formulaire contenant une liste de sélection HTML (avec les éléments <select> et <option>) qui donne la liste de tous les modèles présents dans la table modele. Ajoutez manuellement à l'aide de SQLiteManager un ou plusieurs modèles à la table, et vérifiez que la liste de sélection prend bien en compte ces ajouts. Utilisez successivement la méthode procédurale et la méthode objet.

Exercice 6

Utilisez le mécanisme des transactions pour insérer simultanément et en toute sécurité des données dans les tables proprietaire et cartegrise. Utilisez la méthode procédurale puis la méthode objet.

Exercice 7

Créez un formulaire de recherche permettant de trouver toutes les personnes propriétaires d'un modèle de véhicule donné. Affichez les résultats sous forme de tableau HTML. Utilisez l'exercice 5 pour créer la liste de sélection des modèles.

17

PHP et XML

L'extension SimpleXML constitue une des nouveautés importantes de PHP 5. Cette nouveauté n'est pas vraiment révolutionnaire puisque l'extension DOMXML permettait déjà d'accéder au contenu d'un fichier XML à partir d'un script PHP.

À la différence de DOMXML, SimpleXML apporte, comme son nom l'indique, un accès facile à toutes sortes de documents XML, même s'ils ont une structure complexe. Elle est encore dotée de peu de fonctions, mais elle ne tardera pas à s'enrichir au fur et à mesure des besoins manifestés par ses utilisateurs.

Les fonctions de SimpleXML retournent des objets qui possèdent des méthodes intéressantes d'analyse des fichiers. Les fonctions et méthodes disponibles permettent de lire et de modifier le contenu des éléments ou des attributs d'un fichier XML, de sauvegarder ces modifications et d'effectuer des recherches sur les contenus. Cela représente déjà un large éventail d'activités.

Notions de XML

Le langage XML (eXtensible Markup Language) est un vecteur privilégié d'échange de données entre applications différentes. Comme l'illustre la figure 17-1, XML peut être le point commun d'applications qui ne pourraient pas communiquer entre elles sans son intermédiaire.

À l'instar du HTML, XML est un langage de structuration de contenu au moyen de balises.

Pour délimiter des éléments ayant un contenu explicite, XML utilise les structures générales suivantes :

```
<balise> contenu de l'élément </balise>
```

Figure 17-1
XML est un format d'échange entre applications

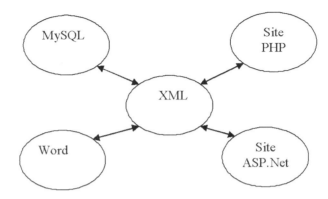

Pour les éléments n'ayant pas de contenu explicite (éléments vides), dans lesquels l'information est donnée uniquement dans un ou plusieurs attributs, il utilise les balises suivantes :

```
<balise attribut = "valeur"/>
```

En HTML tous les éléments sont prédéterminés et en nombre limité. Ce nombre est de 70 en HTML 4, par exemple. Les navigateurs implémentent ces éléments et associent à chacun d'eux un type de présentation de leur contenu.

Par exemple, les lignes suivantes :

```
<h1> PHP5 MySQL </h1>
```

écrivent dans un navigateur un gros titre suivi d'un saut de ligne.

> **DTD (Document Type Definition)**
> Une DTD contient la description des éléments admis dans un document HTML ou XML, comme le type d'un contenu et ses attributs. Pour être conforme, le document doit respecter ces définitions. Par exemple, l'élément `<html>` ne peut avoir comme éléments fils que les éléments `<head>` et `<body>` et comme attributs `lang` et `dir`.

L'objectif de XML est différent. Il consiste à décrire un grand nombre de types d'informations différents, allant de la description des coordonnées d'un client jusqu'à celle d'une base de données complète, ce que ne permet pas le HTML.

L'idée essentielle à l'origine de XML est de structurer l'information en séparant le contenu de sa présentation, que ce soit dans un navigateur ou dans des médias les plus divers. Le contenu est écrit dans un fichier XML, et la présentation dans une feuille de style CSS ou XSLT.

Pour écrire un document XML, vous n'êtes plus limité par un nombre d'éléments fixe. Le créateur d'un document peut même choisir les noms des éléments qu'il souhaite utiliser pour structurer ses informations.

L'écriture d'un document XML doit obéir à des règles syntaxiques strictes afin d'être bien formé et lisible par un parseur XML, celui d'un navigateur pour ce qui nous concerne.

Les principales règles syntaxiques de XML sont les suivantes :

- Chaque document commence par l'élément suivant :

    ```
    <? xml version = "1.0" encoding="ISO-8859-1" standalone = "yes">
    ```

    dans lequel l'attribut version définit la version de XML utilisée. La dernière version publiée par le W3C est la 1.1, mais elle n'est actuellement pas reconnue par les navigateurs. L'attribut encoding contient le jeu de caractères utilisé dans le document. L'attribut standalone indique si le document est indépendant (valeur "yes") ou s'il doit faire appel à un autre document externe, comme une DTD, pour pouvoir être utilisé (valeur "no").

- Chaque document doit avoir un élément racine qui englobe tous les autres. C'est l'équivalent de l'élément <html> </html> dans un document HTML 4.

- Les noms des éléments sont écrits le plus souvent en minuscules. Les majuscules sont cependant autorisées, à condition que la balise d'ouverture ait la même casse que celle de fermeture.

- Chaque élément ayant un contenu doit avoir une balise d'ouverture et une balise de fermeture, comme en HTML 4 strict ou en xHTML selon la forme :

    ```
    <element> contenu >/element>
    ```

- Les éléments n'ayant pas de contenu peuvent avoir la forme suivante :

    ```
    <element />
    ```

- Chaque élément peut en contenir d'autres, sans limite de nombre. Les éléments qui en contiennent d'autres doivent être fermés après tous ceux qu'ils contiennent. On dit qu'ils doivent être correctement emboîtés. Leur structure doit respecter la forme générale suivante :

    ```
    <element>
      <souselement>
        contenu du sous élément
      </souselement>
    </element>
    ```

    Vous obtenez une hiérarchie père-fils selon le modèle présenté à la figure 17-2.

- Tous les éléments peuvent avoir des attributs. Les valeurs de ces attributs doivent être écrites entre guillemets :

    ```
    <element attribut="valeur">contenu </element>
    ```

- Les caractères spéciaux suivants présents dans le contenu d'un élément doivent être remplacés par des entités prédéfinies :

    ```
    '<' par '&lt;'
    '>' par '&gt;'
    ```

```
'&' par '&amp;'
" par '&quot;'
' par '&apos;'
```

La structure type d'un document XML est la suivante :

```
<?xml version="1.1" encoding="iso-8859-1" standalone="yes"?>
<racine >
  <element1 attribut="valeur">
    <souselementA attribut="valeur">contenu A</souselement1>
    <souselementB attribut="valeur">contenu B</souselement2>
  </element1>
  <element2 attribut="valeur">
    <souselementC attribut="valeur">contenu C</souselement1>
    <souselementD attribut="valeur">contenu D</souselement2>
  </element2>
</racine>
```

En conséquence de la règle d'emboîtement des éléments, un document a une structure arborescente, comme illustré à la figure 17-2.

Figure 17-2

Structure arborescente d'un fichier XML

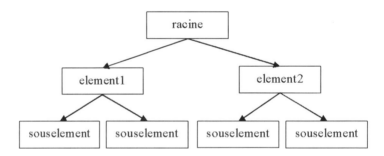

Si vous ouvrez ce fichier dans un navigateur Internet Explorer, vous obtenez un affichage sans grand intérêt, comme le montre la figure 17-3.

Figure 17-3

Visualisation du fichier dans Internet Explorer

Dans le navigateur Amaya créé par le W3C, vous obtenez l'affichage du contenu des éléments sans les balises qui les délimitent ni leurs attributs, comme l'illustre la figure 17-4.

Figure 17-4
Visualisation du fichier dans Amaya

Pour exploiter le contenu d'un fichier XML dans une page Web, il vous faut envisager les moyens de lire un fichier XML et de récupérer le contenu de ses éléments dans des variables utilisables par des scripts PHP.

Lecture d'un fichier XML

L'extension SimpleXML fournit des fonctions qui permettent un accès simple et rapide au contenu d'un fichier XML à l'aide d'objets de type simplexml_element. Ces objets comportent des propriétés et des méthodes qui permettent d'accéder au contenu des éléments, de le modifier ou d'effectuer des recherches dans le fichier.

Accéder au contenu d'un fichier XML

Pour accéder au contenu d'un fichier XML, vous disposez de la fonction simplexml_load _file().

Cette fonction transfère le contenu du fichier dans un objet de type simplexml_element contenant l'arborescence du fichier. Les propriétés de cet objet prennent pour noms ceux de chacun des éléments XML et pour valeurs les contenus des éléments du fichier.

La syntaxe de simplexml_element est la suivante :

```
object simplexml_load_file (string nom_fichier)
```

Si l'ensemble du code XML est contenu dans une chaîne de caractères $code, vous pouvez utiliser la fonction suivante à la place de la précédente :

```
object simplexml_load_string (str $code)
```

Cette fonction retourne le même type d'objet.

Un script de lecture de fichier XML commence donc par le code suivant :

```
$xml = simplexml_load_file ("nom_fichier.xml");
```

Il est suivi de la lecture des données du fichier XML au moyen des propriétés et des méthodes de l'objet `$xml` de type `simplexml_element` ainsi obtenu.

Pour lire le contenu d'un élément nommé `<livre>` vous écrivez :

```
echo $xml->livre;
```

Le fichier XML **biblio1.xml** suivant contient une bibliographie dont l'élément racine est `<biblio>` et dont les éléments `<titre>`, `<auteur>` et `<date>` contiennent les caractéristiques d'un seul livre.

Le fichier *biblio1.xml*

```
<?xml version="1.0" encoding="iso-8859-1"?>
<biblio>
  <titre>XML : Langage et applications</titre>
  <auteur>Alain Michard</auteur>
  <date>2000</date>
</biblio>
```

Le script de l'exemple 17-1 permet de lire le contenu du fichier **biblio1.xml.** Après le chargement du contenu du fichier dans l'objet `$xml` (repère ❶), le script affiche le contenu de chacun des éléments en utilisant les propriétés titre, auteur et date de l'objet `$xml` (repères ❷, ❸ et ❹).

☞ **Exemple 17-1. Lecture des éléments**

```
<?php
$xml=simplexml_load_file("biblio1.xml"); ←❶
echo "Titre :",$xml->titre,"<br />" ←❷;
echo "Auteur :",$xml->auteur,"<br />" ←❸;
echo "Date :",$xml->date,"<br />" ←❹;
?>
```

L'exemple retourne le résultat suivant :

```
Titre : XML : Langage et applications

Auteur : Alain Michard

Date :2000
```

Ce premier fichier **biblio1.xml** est très simple et n'a pour but que d'introduire la méthode de lecture des éléments. Vous allez maintenant aborder la méthode de lecture d'un fichier XML plus proche d'un fichier réel.

Le fichier **biblio2.xml** contient encore une bibliographie, mais il est maintenant capable de contenir un nombre quelconque de livres. Pour cela, sa structure a été modifiée. L'élément racine `<biblio>` contient autant d'éléments `<livre>` que nécessaire, chaque livre étant encore caractérisé par les sous-éléments `<titre>`, `<auteur>` et `<date>`.

Le fichier *biblio2.xml*

```xml
<?xml version="1.0" encoding="iso-8859-1"?>
<biblio>
  <livre>
    <titre>XML : Langage et applications</titre>
    <auteur>Alain Michard</auteur>
    <date>2000</date>
  </livre>
  <livre>
    <titre>PHP et MySQL</titre>
    <auteur>Jean Engels</auteur>
    <date>2001</date>
  </livre>
  <livre>
    <titre>PHP5</titre>
    <auteur>Jean Engels</auteur>
    <date>2004</date>
  </livre>
</biblio>
```

Pour accéder au contenu d'un élément <livre>, vous devez utiliser une syntaxe proche de celle des tableaux. La variable $xml->livre[0] est maintenant un objet de type simplexml _element. Cet objet représente le premier livre du fichier et possède autant de propriétés que l'élément <livre> a de sous-éléments.

Vous accédez aux informations utiles en écrivant le code suivant :

```
echo $xml->livre[0]->titre;
echo $xml->livre[0]->auteur;
echo $xml->livre[0]->date;
```

Ce code affiche le titre, l'auteur et la date de publication du premier livre. Pour lire l'ensemble des livres, il est préférable d'effectuer une boucle.

Le script de l'exemple 17-2 commence par charger le fichier **biblio2.xml** (repère ❶). Il lit ensuite l'ensemble du fichier avec le minimum de code en effectuant une boucle foreach sur l'objet $xml->livre (repère ❷). La variable $cle contient la même valeur livre à chaque itération. La variable $val est aussi un objet de type simplexml_element, dont les propriétés sont titre, auteur et date. Vous y accédez avec la même syntaxe qu'à l'exemple 17-1 (repère ❹). L'utilisation du mot-clé static pour la variable compteur $i et son incrémentation permet d'afficher le numéro de chaque livre (repères ❸ et ❺). La figure 17-5 illustre le résultat obtenu.

> **La fonction *count()***
>
> La fonction get_object_vars($xml) retourne un tableau de toutes les propriétés de l'objet $xml. En appliquant la fonction count() à ce tableau, vous obtenez le nombre de propriétés de l'objet.

☞ **Exemple 17-2. Lecture d'un ensemble d'éléments**

```
<?php
$xml=simplexml_load_file("biblio2.xml"); ← ❶
//Lecture du contenu des éléments
foreach($xml->livre as $cle=>$val) ← ❷
{
  static $i=1; ← ❸
  echo ucfirst($cle)," $i : $val->titre de $val->auteur paru en $val->date<hr />"; ← ❹
  $i++; ← ❺
}
?>
```

Figure 17-5.
*Affichage de tous
les éléments
du fichier* biblio2.xml

Lecture des attributs d'un élément

Chaque élément du document XML peut avoir des attributs. Les attributs constituent un complément d'information inclus dans un élément. Leur définition ressort d'un choix du programmeur, car la même information peut être enregistrée dans un sous-élément. Vous verrez que la transformation d'une base de données en fichier XML par phpMyAdmin ne crée aucun attribut et crée uniquement des éléments. Si ce choix de créer des éléments et des attributs est fait, il vous faut lire la valeur des différents attributs d'un élément.

Le fichier XML **biblio3.xml** comporte les mêmes éléments que le fichier **biblio2.xml,** mais chaque élément <livre> a désormais deux attributs, qui précisent l'éditeur et le prix de chaque livre.

Le fichier *biblio3.xml*

```
<?xml version="1.0" encoding="iso-8859-1" standalone="yes"?>
<biblio>
  <livre editeur="Eyrolles" prix="38.00">
    <titre>XML : Langage et applications</titre>
    <auteur>Alain Michard</auteur>
    <date> 2000</date>
  </livre>
  <livre editeur="OEM" prix="30.00">
    <titre> JavaScript</titre>
```

```
      <auteur> Jean Engels</auteur>
      <date> 2001</date>
   </livre>
   <livre editeur="Eyrolles" prix="36.00">
      <titre> PHP5</titre>
      <auteur> Jean Engels</auteur>
      <date> 2004</date>
   </livre>
</biblio>
```

Les méthodes précédentes ne permettent pas la lecture de ces attributs. Pour parvenir à lire ces valeurs, vous disposez des deux possibilités suivantes :

- Si vous connaissez le nom des attributs, vous pouvez lire leur valeur à l'aide de la syntaxe :

    ```
    $xml->livre["editeur"];
    $xml->livre["prix"];
    ```

- Si vous ne connaissez pas le nom des attributs ou si ces noms sont appelés à changer, vous avez intérêt à abstraire la lecture de leur nom et de la valeur associée en utilisant une méthode spécifique. Chaque objet de type simplexml_element possède en effet une méthode nommée attributes(), qui retourne elle aussi un objet de même type. Comme précédemment, une boucle foreach sur cet objet permet de récupérer le nom et la valeur de chaque attribut des différents éléments <livre>.

Le script de l'exemple 17-3 réalise à la fois la lecture des éléments et celle des attributs. Après l'habituel chargement du fichier XML (repère ❶), une première boucle foreach, semblable à celle de l'exemple précédent, lit le contenu des éléments à l'aide des propriétés de l'objet $val (repère ❷) et les affiche (repère ❸). Une seconde boucle foreach imbriquée dans la première (repère ❹) lit et affiche (repère ❺) les propriétés de l'objet $val en récupérant le nom des attributs dans la variable $att et leur valeur dans la variable $valatt.

☞ **Exemple 17-3. Lecture des éléments et des attributs**

```
<?php
$xml=simplexml_load_file("biblio3.xml"); ← ❶
//Lecture du contenu des éléments
foreach($xml->livre as $val) ← ❷
{
  echo "<h3>$val->titre de $val->auteur</h3><b> Paru en $val->date </b> "; ← ❸
  //Lecture du nom et du contenu des attributs
  foreach($val->attributes() as $att=>$valatt) ← ❹
  {
    echo "<b> $att   : $valatt </b>"; ← ❺
  }
  echo "<hr />";
}
?>
```

La mise en forme du contenu obtenue à l'aide d'éléments HTML réalise l'affichage illustré à la figure 17-6.

Figure 17-6
Affichage des éléments et des attributs

Lecture d'un fichier à structure complexe

Les fichiers XML précédents ont tous une structure homogène et ne contiennent que la hiérarchie suivante répétée autant de fois que la bibliographie contient d'ouvrages :

```
<livre>
     <titre> </titre>
     <auteur> </auteur>
     <date> </date>
</livre>
```

Si le fichier contient divers éléments fils de l'élément racine, ces exemples ne permettent plus une lecture aisée du contenu des éléments. Le fichier **biblio4.xml** présente un type de structure complexe contenant un élément <informatique> (repère ❶) qui contient des éléments <livre> comme précédemment. En plus, un élément <musique> (repère ❷) contient des éléments <disque>, qui contiennent à leur tour des éléments <titre>, <auteur> et <date>. Chaque grande catégorie (informatique et musique) est donc constituée de trois niveaux d'éléments imbriqués.

Le fichier *biblio4.xml*

```
<?xml version="1.0" encoding="iso-8859-1" standalone="yes"?>
<biblio>
  <informatique> ← ❶
    <livre Editeur="Eyrolles" Prix="34.00">
       <titre>XML : Langage et applications</titre>
       <auteur>Alain Michard</auteur>
       <date>2000</date>
```

```
      </livre>
      <livre Editeur="OEM" Prix="30.00">
        <titre> JavaScript</titre>
        <auteur> Jean Engels</auteur>
        <date>  2001</date>
      </livre>
      <livre Editeur="Eyrolles" Prix="32.00">
        <titre> PHP5</titre>
        <auteur> Jean Engels</auteur>
        <date>  2004</date>
      </livre>
   </informatique>
   <musique> ← ❷
      <disque Editeur="" Prix="14.00">
        <titre>5 eme Symphonie </titre>
        <auteur>Ludwig van BEETHOVEN</auteur>
        <date>1808</date>
      </disque>
      <disque Editeur="EMI" Prix="12.00">
        <titre>Suites pour violoncelle </titre>
        <auteur>Johann Sebastian BACH</auteur>
        <date>1725</date>
      </disque>
   </musique>
</biblio>
```

Pour lire le contenu de ces deux catégories, vous disposez de la méthode children() de l'objet $xml de type simplexml_element retourné par la fonction simplexml_load_file() de chargement du fichier XML. Chaque fois qu'elle est appliquée, elle retourne un objet de type simplexml_element contenant tous les sous-éléments de même niveau situés dans le document, et donc tous les enfants du nœud précédent.

Un premier appel (repère ❶) retourne les éléments <informatique> et <musique>, donc tous les enfants de l'élément racine <biblio>. Un deuxième appel appliqué à ces éléments retourne ceux qu'ils contiennent, et ainsi de suite (repères ❷ et ❸).

Sur ce principe, l'exemple 17-4 permet la lecture des trois niveaux de chaque catégorie à l'aide de trois boucles foreach imbriquées l'une dans l'autre. Le code des deux boucles les plus internes est identique. En imbriquant une quatrième boucle, vous pourriez lire quatre niveaux d'éléments imbriqués.

☞ **Exemple 17-4. Lecture d'une hiérarchie d'éléments complexe**

```
<?php
$xml=simplexml_load_file("biblio4.xml");
foreach($xml->children() as $element=>$val) ← ❶
{
  echo "<h3>", ucfirst($element) ,": $val</h3>";
  foreach($val->children() as $element=>$val) ← ❷
  {
    echo " $element  : <b>$val</b><br />";
```

☞ **Exemple 17-4. Lecture d'une hiérarchie d'éléments complexe** *(suite)*

```
      foreach($val->children() as $element=>$val) ← ❸
      {
        echo "   $element : <b>$val</b><br />";
      }
    }
  }
}
?>
```

La figure 17-7 illustre le résultat du script de lecture du fichier.

Figure 17-7
Lecture du fichier à structure complexe

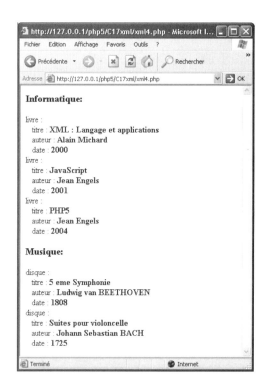

Modification des valeurs des éléments et des attributs

En utilisant les propriétés de l'objet de type simplexml_element retourné par la fonction simplexml_load_file(), un script peut modifier la valeur du contenu d'un élément ou d'un attribut. Il suffit pour cela d'utiliser la notation objet qui permet de lire une propriété et de lui affecter une nouvelle valeur. L'exemple 17-5 réalise ces modifications et enregistre le fichier modifié sur le serveur.

Pour modifier, par exemple, les caractéristiques du deuxième livre du fichier **biblio3.xml,** vous pouvez écrire le code de l'exemple 17-5. Il commence par charger le fichier dans l'objet $xml (repère ❶) puis change le titre et la date du deuxième élément <livre> (repères ❷ et ❸).

À ce stade, les données sont censées être modifiées dans l'objet $xml. Si vous le vérifiez en effectuant une boucle de lecture (repère ❹), vous constatez que le fichier XML n'est pas modifié. La raison à cela est que les modifications n'ont pas été enregistrées. Pour enregistrer les modifications, vous appelez la méthode asxml() des objets simplexml _element, dont la syntaxe est la suivante :

```
string $xml->asxml([string nom_fichier])
```

Cette méthode retourne le contenu de l'objet $xml dans une chaîne de caractères $chxml (ou FALSE en cas d'erreur). Utilisée avec comme paramètre un nom de fichier (ici biblio3a.xml afin de ne pas écraser l'ancien fichier), la méthode enregistre également le fichier sur le serveur (repère ❺). Un contrôle sur la valeur de la variable $chxml permet d'afficher un message de confirmation (repère ❻).

☞ **Exemple 17-5. Modification et enregistrement des données**

```php
<?php
$xml=simplexml_load_file("biblio3.xml"); ← ❶
//Modification d'un élément et d'un attribut
$xml->livre[1]->titre="HTML, CSS et JavaScript"; ← ❷
$xml->livre[1]->date="2005"; ← ❸
//Affichage des données du fichier
foreach($xml->livre as $cle=>$val) ← ❹
{
static $i=1;
echo ucfirst($cle)," $i : $val->titre de $val->auteur paru en $val->date<hr />";
$i++;
}
//Enregistrement des modifications
$chxml= $xml->asxml("biblio3a.xml"); ← ❺
if($chxml) echo "Enregistrement réalisé"; ← ❻
?>
```

Après l'exécution du script de l'exemple 17-5, le deuxième élément <livre> du fichier XML est le suivant :

```
<livre editeur="OEM" prix="30.00">
   <titre>HTML, CSS et JavaScript</titre>
   <auteur> Jean Engels</auteur>
   <date>2005</date>
 </livre>
```

Recherche dans un fichier

L'extension SimpleXML permet d'effectuer des recherches dans un fichier XML grâce à la méthode `xpath()` des objets de type `simplexml_element`.

La syntaxe de la méthode `xpath()` est la suivante :

```
array xpath(string requete_xpath)
```

La fonction retourne un tableau de tous les contenus d'éléments ou d'attributs qui correspondent à la requête qui lui est passée en paramètre. Pour effectuer une recherche, vous devez décrire l'arborescence permettant de parvenir à l'information recherchée.

Considérant que vous effectuez des recherches de titres, d'auteurs et d'éditeurs dans le fichier **biblio4.xml,** vous pouvez écrire les exemples de requêtes suivants :

- Pour trouver tous les titres de livre (seuls les éléments fils de l'élément <livre> ont un contenu textuel dans le fichier) :

    ```
    $xml->xpath("/biblio/informatique/livre/titre");
    $xml->xpath("//informatique/livre/titre");
    $xml->xpath("//livre/titre");
    ```

- Pour trouver les auteurs, vous remplacez `titre` par `auteur`. Faites de même pour les dates.

- Pour trouver tous les titres de disque :

    ```
    $xml->xpath("/biblio/musique/disque/titre");
    $xml->xpath("//musique/disque/titre");
    $xml->xpath("//disque/titre");
    ```

- De même que précédemment, pour trouver tous les compositeurs, vous remplacez `titre` par `auteur`. Faites de même pour les dates.

- Pour trouver tous les titres ou les auteurs, qu'ils soient dans la catégorie `informatique` ou `musique`, vous écrivez :

    ```
    $xml->xpath("//titre");
    $xml->xpath("//auteur");
    ```

- Pour trouver la valeur d'un attribut, vous écrivez le nom de l'attribut à la place de celui de l'élément, en le faisant précéder du caractère @. Par exemple, pour trouver tous les attributs `Editeur` des éléments <livre>, vous écrivez :

    ```
    $xml->xpath("/biblio/informatique/livre/@Editeur");
    $xml->xpath("//informatique/livre/@Editeur");
    $xml->xpath("//livre/@Editeur");
    ```

- Pour trouver toutes les valeurs des attributs `editeur`, qu'ils soient ceux des éléments <livre> ou <disque>, vous écrivez :

    ```
    $xml->xpath("//@Editeur");
    ```

PHP et XML
CHAPITRE 17
487

> **XPath**
>
> XPath est un langage permettant la création de requêtes. Nous ne nous étendons pas ici sur la composition des requêtes XPath, mais vous pouvez consulter à ce sujet la recommandation du W3C sur le site *http://www.w3.org/TR/xpath.*

Les résultats de ces recherches étant retournés dans un tableau indicé, vous pouvez utiliser une boucle for ou foreach pour les lire.

L'exemple 17-6 propose une illustration du mécanisme de recherche utilisant la méthode xpath(). Le fichier est composé d'une partie HTML, qui crée le formulaire comprenant deux listes de sélection nommées choix (repère ❶) et cat (repère ❷), avec lesquelles l'utilisateur peut choisir respectivement le contenu qu'il désire (titre, auteur ou éditeur) et la catégorie (informatique, musique ou les deux à la fois). La valeur associée à chaque option servira à composer la chaîne de la requête XPath. Ces valeurs sont récupérées par le script dans les variables $_POST['choix'] et $_POST[cat] (repères ❸ et ❹).

Après le chargement du fichier **biblio4.xml** (repère ❺), l'objet $xml appelle la méthode xpath(), dont la chaîne de requête est la concaténation de deux variables, $cat et $choix, les résultats étant retournés dans le tableau $result (repère ❻). L'élimination des doublons s'effectue en appliquant la fonction array_unique() au tableau $result (repère ❼). L'utilisation d'une boucle foreach permet l'affichage de tous les résultats sous forme de liste ordonnée (repère ❽).

La figure 17-8 illustre les résultats obtenus après une recherche de tous les titres de la catégorie informatique, la chaîne de requête étant alors la concaténation des chaînes // informatique/livre/ et titre.

☞ **Exemple 17-6. Recherche dans un fichier XML**

```
<!DOCTYPE HTML PUBLIC "-//W3C//DTD HTML 4.0//EN"
"http://www.w3.org/TR/REC-html40/strict.dtd">
<html>
<head>
<title>Bibliographie XML</title>
<meta http-equiv="Content-Type" content="text/html; charset=ISO-8859-1">
</head>
<body>
  <form action= "<? $_SERVER['PHP_SELF'] ?>" method="post" enctype="application/
  ➥x www form urlencoded">
  <fieldset>
  <legend><b>Bibliographie</b></legend>
  <table><tbody>
  <tr>
  <td>Rechercher tous les : </td>
  <td>
  <select name="choix">← ❶
  <option value="titre">Titre</option>
  <option value="auteur">Auteur</option>
  <option value="@Editeur">Editeur</option>
  </select>
```

Exemple 17-6. Recherche dans un fichier XML (suite)

```
      </td>
      <td>Dans les catégories
      <select name="cat">← ❷
      <option value="//informatique/livre/"> Informatique </option>
      <option value="//musique/disque/"> Musique </option>
      <option value="//">Toutes </option>
      </select>
      <input type="submit" name="envoi" value="OK"/>
      </td>
      </tr>
      </tbody></table>
      </fieldset>
      </form>
</body>
</html>
<?php
if(isset($_POST['envoi']))
{
   $choix= $_POST['choix'];← ❸
   $cat= $_POST['cat'];← ❹
   $xml=simplexml_load_file("biblio4.xml");← ❺
   $result= $xml->xpath($cat.$choix);← ❻
   //Eliminer les doublons
   $result=array_unique($result);← ❼
   echo "<h3>Résultats de la recherche</h3>";
   //Affichage sous forme de liste
   echo "<ol>";
   foreach($result as $valeur)← ❽
   {
      echo "<li> $valeur </li>";
   }
   echo "</ol>";
}
?>
```

Figure 17-8

Résultats de la recherche des titres dans le fichier XML

Création d'un fichier XML à partir d'un formulaire

Il est possible de créer un fichier XML à partir des données saisies dans un formulaire, comme vous l'avez déjà réalisé dans un fichier texte ou dans une base de données MySQL. Vous verrez à la section suivante qu'il est aussi possible de transférer des données d'une table de base de données dans un fichier XML et même de réaliser l'opération inverse.

L'exemple 17-7 crée une bibliographie en ligne, qui sera enregistrée dans un fichier XML à partir des données saisies dans un formulaire. Ce formulaire contient trois champs de type texte, dans lesquels un visiteur peut indiquer le titre, l'auteur et la date de parution de l'ouvrage qu'il souhaite ajouter à la bibliographie. Celle-ci peut s'enrichir des choix de chaque visiteur. Les scripts utilisés précédemment permettent ensuite l'affichage de l'ensemble des livres.

Le script commence par créer un formulaire classique de saisie. La partie de code PHP qui se situe dans le même fichier que le code HTML vérifie d'abord l'envoi du formulaire et si les champs texte sont bien complétés (repère ❶). Les valeurs de ces champs sont ensuite récupérées dans les variables $titre, $auteur et $date. Les caractères spéciaux XML sont transformés en entités de caractères en utilisant la fonction htmlspecialchars() (repères ❷, ❸ et ❹).

Si le fichier **biblio6.xml** qui va contenir les données n'existe pas encore (repère ❺), vous l'écrivez dans la variable $chxml. L'élément racine se nomme <biblio> et contient un seul élément <livre> (repère ❻). S'il existe, son contenu est récupéré dans la variable objet $xml (repère ❼) et transféré dans la variable chaîne de caractères $chxml en appelant la méthode asxml() (repère ❽).

Il vous faut à ce stade supprimer la balise de fermeture </biblio> en utilisant la fonction str_replace(), qui la remplace par une chaîne vide dans la variable $chxml (repère ❾). Vous pouvez concaténer les nouvelles données avec les anciennes et ajouter la balise </biblio> afin que le document XML soit bien formé (repère ❿). Il ne reste plus qu'à enregistrer le contenu de la chaîne $chxml dans le fichier **biblio6.xml** à l'aide de la fonction file_put_contents() (repère ⓫).

☞ **Exemple 17-7. Enregistrement des données d'un formulaire au format XML**

```
<!DOCTYPE HTML PUBLIC "-//W3C//DTD HTML 4.0//EN"
"http://www.w3.org/TR/REC-html40/strict.dtd">
<html>
<head>
<title>Enregistrement de données au format XML</title>
<meta http-equiv="Content-Type" content="text/html; charset=ISO-8859-1">
</head>
<body>
  <form action= "<? $_SERVER['PHP_SELF'] ?>" method="post" enctype="application/
➥x-www-form-urlencoded">
  <fieldset>
  <legend><b>Saisie de données</b></legend>
```

☞ **Exemple 17-7. Enregistrement des données d'un formulaire au format XML** *(suite)*

```
      <table><tbody>
      <tr>
        <td>Titre :
         <input type="text" name="titre" />
        </td>
      </tr>
      <tr>
        <td>Auteur :
         <input type="text" name="auteur" />
        </td>
      </tr>
      <tr>
        <td> Date :
         <input type="text" name="date" />
        </td>
      </tr>
      <tr>
      <td>
      <input type="submit" name="envoi" value="OK"/>
      </td>
      </tr>
      </tbody></table>
      </fieldset>
      </form>
</body>
</html>
<?php
if(isset($_POST['envoi'])&& !empty($_POST['titre'])&& !empty($_POST['auteur'])&&
➥!empty($_POST['date'])) ← ❶
{
  $titre= htmlspecialchars($_POST['titre']); ← ❷
  $auteur= htmlspecialchars($_POST['auteur']); ← ❸
  $date= htmlspecialchars($_POST['date']); ← ❹
  if(!file_exists("biblio6.xml")) ← ❺
  {
    $chxml= "<?xml version=\"1.0\" encoding=\"iso-8859-1\" standalone=\"yes\
    ➥?><biblio>\n  <livre>\n    <titre>$titre</titre>\n  <auteur>$auteur</auteur>\n
    ➥<date>$date</date>\n  </livre>\n</biblio>"; ← ❻
  }
  else
  {
  $xml=simplexml_load_file("biblio6.xml"); ← ❼
  $chxml = $xml->asxml(); ← ❽
  $chxml = str_replace("</biblio>", "", $chxml); ← ❾
  $chxml.= "<livre>\n  <titre>$titre</titre>\n  <auteur>$auteur</auteur>\n
  ➥<date>$date</date>\n</livre>\n</biblio>"; ← ❿
  }
  file_put_contents("biblio6.xml",$chxml); ← ⓫
}
?>
```

Figure 17-9
*Formulaire de saisie
des données à enregistrer
au format XML*

Relations entre XML et une base MySQL

Les fichiers XML étant lisibles par de nombreux médias, ils constituent un excellent moyen d'échange de données entre différents systèmes. En particulier, vous allez les utiliser pour stocker les données d'une table MySQL dans un format structuré. Cela vous permettra de les transmettre à d'autres applications, qui seraient incapables d'accéder directement aux données d'une base MySQL. Vous verrez également les moyens permettant de réaliser l'opération inverse.

Création d'un fichier XML à partir d'une table MySQL

Différentes méthodes permettent de transférer les données d'une table MySQL dans un fichier XML. Ce dernier est alors utilisable par toutes sortes d'applications, incluant PHP, JSP et ASP.Net.

Utilisation de phpMyAdmin

La méthode la plus simple et la plus rapide pour créer un fichier XML à partir d'une base de données consiste à utiliser phpMyAdmin. Cette interface est dotée d'un script, qui réalise cette opération automatiquement. La structure du fichier XML créé a une structure bien déterminée, qui ne correspond pas nécessairement aux désirs du programmeur.

Les règles de transformation appliquées par ce script sont les suivantes :

- Le nom de la base devient l'élément racine du document XML.

- Le nom de la ou des tables devient un élément de premier niveau. Il y a donc autant d'éléments de ce type que de lignes dans la table MySQL.

- Le nom de chaque colonne de la table devient celui d'un élément imbriqué dans le précédent, dont le contenu est la valeur du champ de la table.

- Aucun attribut n'est créé.

Plus généralement, si vous exportez une base entière comportant plusieurs tables, la structure du fichier XML résultant est de la forme de l'exemple 17-8. Ce dernier est le résultat de l'exportation de la base magasin utilisée aux chapitres 14 et 15.

Les étapes pour exporter cette base en utilisant l'interface phpMyAdmin sont les suivantes :

1. Choisissez la base dans la liste de sélection.
2. Cliquez sur le bouton Exporter.
3. Sélectionnez la ou les tables désirées.
4. Cliquez sur le bouton radio XML.
5. Cochez la case Transmettre.

En principe, une boîte de dialogue apparaît, vous invitant à enregistrer le fichier sur le poste. Cela ne fonctionne toutefois que si vous choisissez la compression zippé ou gzippé. Si vous ne choisissez aucune compression, le fichier XML s'affiche dans son intégralité. Vous pouvez le sauvegarder avec l'extension **.xml** en cliquant sur la fenêtre qui contient le code et en sélectionnant Fichier, Enregistrer sous, Nom de fichier et Type .xml.

La figure 17-10 présente la page de l'utilitaire phpMyAdmin qui permet l'exportation des données au format XML.

Figure 17-10

Exportation de la table article *au format XML avec phpMyAdmin*

Exemple 17-8. Le fichier *magasin.xml*

```xml
<?xml version="1.0" encoding="iso-8859-1" ?>
<!--
- phpMyAdmin XML Dump
- version 2.5.5-pl1
- http://www.phpmyadmin.net
-
- Serveur: localhost
- Généré le : Mardi 20 Juillet 2004 à 17:58
- Version du serveur: 4.0.18
- Version de PHP: 5.0.0RC2
-->
<!--
- Base de données: `magasin`
  >
<magasin>
  <!-- Table article -->
    <article>
        <id_article>CS330</id_article>
        <designation>Caméscope Sony DCR-PC330</designation>
        <prix>1629.00</prix>
        <categorie>vidéo</categorie>
    </article>
<!-Suite de la table article
................................................-->
  <!-- Table client -->
    <client>
        <id_client>1</id_client>
        <nom>Marti</nom>
        <prenom>Jean</prenom>
        <age>36</age>
        <adresse>5 Av Einstein</adresse>
        <ville>Orléans</ville>
        <mail>mart@marti.com</mail>
    </client>
    <!-Suite de la table client
................................................-->

  <!-- Table commande -->
    <commande>
        <id_comm>1</id_comm>
        <id_client>5</id_client>
        <date>2004-06-11</date>
    </commande>
    <!-Suite de la table commande
................................................-->

  <!-- Table ligne -->
    <ligne>
        <id_comm>1</id_comm>
```

☞ **Exemple 17-8. Le fichier *magasin.xml (suite)***

```
            <id_article>CS330</id_article>
            <quantite>1</quantite>
            <prixunit>1629.00</prixunit>
        </ligne>
        <!--Suite de la table ligne
        ................................................. -->
</magasin>
```

Utilisation d'un script PHP

L'inconvénient de la méthode précédente est que le structure du fichier XML créé par le script de phpMyAdmin est déterminée par avance et qu'elle ne définit aucun attribut. Si, pour une raison quelconque d'organisation, vous souhaitez que certaines colonnes d'une table deviennent des attributs ou toute autre structure particulière, il vous faut écrire un script personnalisé créé par un fichier XML approprié.

L'exemple 17-9 en donne une illustration en créant un fichier XML nommé **article.xml**, contenant les données de la table article de la base magasin créée et utilisée à plusieurs reprises dans l'ouvrage.

La structure choisie pour l'exportation des données est la suivante :

```
<article id="CS330" categorie="vidéo">
  <designation>Caméscope Sony DCR-PC330 </designation>
  <prix>1629.00 </prix>
</article>
```

L'élément <article> contient les informations sur les quatre colonnes de la table article mais dans une organisation différente. La clé primaire id_article de la table devient l'identifiant unique de l'élément <article>, et la colonne catégorie un attribut de cet élément. Les sous-éléments <designation> et <prix> correspondent aux colonnes de même nom dans la table.

Comme vous devez accéder à la base magasin, le script commence par inclure la fonction de connexion (repère ❶). Il établit ensuite la connexion au serveur MySQL et récupère l'identifiant de connexion dans la variable $idcom (repère ❷). La requête SQL est très simple puisque vous souhaitez lire toutes les colonnes de la table (repère ❸). Après envoi de la requête (repère ❹), l'ensemble des résultats est accessible au moyen de la variable $result. Vous créez alors une variable $chxml contenant la déclaration XML et l'élément racine <magasin> (repère ❺).

Une boucle while de lecture des résultats récupère chaque ligne dans un tableau associatif (repère ❻) et concatène les différents éléments à la chaîne $chxml (repères ❼, ❽, ❾ et ❿). La balise de fermeture de l'élément racine </magasin> est finalement ajoutée à la chaîne du code XML (repère ⓫), qui est enregistrée dans le fichier **article.xml** (repère ⓬).

PHP et XML
CHAPITRE 17

☞ **Exemple 17-9. Transfert de données d'une table dans un fichier XML**

```php
<?php
include("connex.inc.php"); ←❶
$idcom=connex("magasin","myparam"); ←❷
$requete="SELECT * FROM article"; ←❸
$result=mysql_query($requete,$idcom); ←❹
$chxml="<?xml version=\"1.0\" encoding=\"iso-8859-1\" standalone=\"yes\"?>\
➥n<magasin>"; ←❺
while($ligne=mysql_fetch_array($result,MYSQL_ASSOC)) ←❻
{
  $chxml.="<article id=\"{$ligne['id_article']}\" categorie=\"{$ligne['categorie']}
➥\">\n"; ←❼
  $chxml.=" <designation>{$ligne['designation']} </designation>\n"; ←❽
  $chxml.=" <prix>{$ligne['prix']} </prix>\n"; ←❾
  $chxml.= "</article>\n"; ←❿
}
$chxml.="</magasin>"; ←⓫
file_put_contents("article.xml",$chxml); ←⓬
?>
```

La figure 17-11 présente une partie du fichier XML créé par ce script.

Figure 17-11

*Le fichier **article.xml** visualisé dans Internet Explorer*

Création d'une table MySQL à partir d'un fichier XML

Vous pouvez maintenant réaliser l'opération inverse en insérant dans une table d'une base MySQL les données d'un fichier XML en provenance d'une source quelconque. La structure de ce fichier doit être connue pour permettre de créer à l'avance la table destinée à recevoir les données.

Dans l'exemple 17-11, vous récupérez les données d'un fichier XML ayant une structure identique à celle du fichier **biblio3.xml** utilisé précédemment. L'élément racine se nommait <biblio> et son contenu était de la forme suivante :

```
<livre editeur="Eyrolles" prix="38.00">
    <titre>XML : Langage et applications</titre>
    <auteur>Alain Michard</auteur>
    <date> 2000</date>
</livre>
```

Les étapes nécessaires sont les suivantes :

- Création d'une base nommée biblio si le serveur admet plusieurs bases. Dans le cas contraire, l'étape suivante suffit.
- Création d'une table nommée livre contenant six colonnes, cinq correspondant aux valeurs contenues dans un élément <livre> plus un indispensable identifiant numérique entier auto-incrémenté. Ce dernier sera la clé primaire de la table de façon à ne pas déroger aux règles énoncées au chapitre 9.

Pour les détails de création d'une base et d'une table, reportez-vous au chapitre 14. Le code de l'exemple 17-10 donne la commande SQL de création de la table livre. La figure 17-12 illustre la structure affichée par phpMyAdmin.

☞ **Exemple 17-10. Code SQL de création de la table *livre***

```
CREATE TABLE `livre` (
  `idlivre` smallint(5) unsigned NOT NULL auto_increment,
  `editeur` varchar(20) NOT NULL default '',
  `prix` decimal(4,2) unsigned NOT NULL default '0.00',
  `titre` varchar(40) NOT NULL default '',
  `auteur` varchar(30) NOT NULL default '',
  `date` year(4) NOT NULL default '0000',
  PRIMARY KEY  (`idlivre`)
)
```

Figure 17-12
Structure de la table
livre

Champ	Type	Attributs	Null	Défaut	Extra
idlivre	smallint(5)	UNSIGNED	Non		auto_increment
editeur	varchar(20)		Non		
prix	decimal(4,2)	UNSIGNED	Non	0.00	
titre	varchar(40)		Non		
auteur	varchar(30)		Non		
date	year(4)		Non	0000	

Afin d'opérer ce transfert de données, vous commencez par récupérer le contenu du fichier **biblio3.xml** dans la variable objet $xml (repère ❶). La connexion au serveur MySQL est réalisée comme aux chapitres précédents par la fonction connex(), dont vous devez inclure le code (repère ❷) avant d'effectuer la connexion (repère ❸). Vous lisez avec count() le nombre d'éléments <livre> présents dans le document XML en comptant le nombre d'éléments du tableau retourné par la fonction get_object_vars() appliquée à l'objet $xml->livre (repère ❹). Ce nombre est utilisé par une boucle for (repère ❺), qui lit l'ensemble des attributs editeur et prix des éléments <livre> (repères ❻ et ❼) et le contenu des sous-éléments <titre>, <auteur> et <date> (repères ❽, ❾ et ❿).

La requête d'insertion des données dans la table livre est écrite dans la variable $requete (repère ⓫) puis soumise au serveur (repère ⓬). Une vérification est opérée pour s'assurer que les données sont insérées dans la table (repère ⓭).

☞ **Exemple 17-11. Transfert de données XML dans une table**

```
<?php
$xml=simplexml_load_file("biblio3.xml"); ← ❶
//Connexion à la base
include_once("connex.inc.php"); ← ❷
$idcom= connex("biblio","myparam"); ← ❸
//Lecture du contenu des éléments
$nblivre= count(get_object_vars($xml->livre)); ← ❹
for($i=0;$i<$nblivre;$i++) ← ❺
{
   $editeur=$xml->livre[$i][editeur]; ← ❻
   $prix=$xml->livre[$i][prix]; ← ❼
   $titre=$xml->livre[$i]->titre; ← ❽
   $auteur=$xml->livre[$i]->auteur; ← ❾
   $date=$xml->livre[$i]->date; ← ❿
   $requete= "INSERT INTO  livre (idlivre,titre,auteur,date,editeur,prix)
   ➥VALUES('\N','$titre','$auteur','$date','$editeur','$prix')"; ← ⓫
   $verif=mysql_query($requete,$idcom); ← ⓬
}
if($verif) echo "Les données sont bien insérées"; ← ⓭
?>
```

Mémo des fonctions et méthodes

object simplexml_import_dom(nodedom node)

Crée un objet simplexml_element à partir d'un objet DOM.

object simplexml_load_file(string nom_fichier)

Transfère le contenu d'un fichier XML dans un objet de type simplexml_element.

object simplexml_load_string(string chaine_xml)

Transfère un contenu XML d'une chaîne de caractères dans un objet de type simplexml_element.

```
string asxml([string nom_fichier])
```
Transfère le contenu d'un objet de type `simplexml_element` dans une chaîne. Si vous fournissez un paramètre, la méthode enregistre le fichier sur le serveur.

```
object attributes()
```
Retourne un objet dont les propriétés sont les attributs de l'objet `simplexml_element` auquel vous appliquez la méthode.

```
object children()
```
Retourne un objet dont les propriétés sont les éléments enfants de l'élément auquel vous appliquez la méthode.

```
array xpath(string requete_path)
```
Effectue une requête XPath sur les données de l'objet auquel vous appliquez la méthode.

Exercices

Exercice 1

Créez un fichier XML nommé **iut.xml,** dont l'élément racine est <iut>. Les éléments principaux nommés <etudiant> ont comme attributs id (numéro d'inscription) et nom. Chaque élément <etudiant> peut contenir autant d'éléments <uv> que désiré. Chaque UV doit avoir un nom, une durée et une note enregistrés dans des sous-éléments. Visualisez ce fichier dans un navigateur pour vérifier qu'il est bien formé.

Exercice 2

Lisez les éléments et les attributs du fichier **iut.xml,** et affichez-les dans un tableau HTML.

Exercice 3

Créez un formulaire permettant d'insérer des données dans le fichier **iut.xml.** Le script doit permettre la visualisation éventuelle du fichier après l'insertion.

Exercice 4

Créez un formulaire de recherche permettant d'afficher à la demande les noms des étudiants par ordre alphabétique, ainsi que la liste des UV et leur nom.

Exercice 5

Transférez toutes les données de la base voitures créée aux chapitres 13, 14 et 15 dans un fichier XML d'abord en utilisant phpMyAdmin puis en écrivant un script PHP. La répartition des données dans des attributs ou comme contenu des éléments est libre.

Exercice 6

Transférez les données du fichier **iut.xml** de l'exercice 3 dans une table MySQL. Créez la table auparavant en lui donnant comme clé primaire la valeur de l'attribut id de l'étudiant.

18

Travaux personnels

Plutôt que de clore l'ouvrage par des études de cas, souvent difficiles à suivre pour qui ne les a pas écrites, nous vous proposons trois thèmes de travaux personnels qui constituent en quelque sorte des sujets de mémoire de fin d'études sur PHP. Chacun d'eux consiste à créer un site de complexité croissante. Des uns aux autres, les descriptifs sont de moins en moins détaillés afin de vous mettre progressivement dans une situation réelle de création de site.

Les corrigés de ces travaux personnels sont téléchargeables depuis le site des éditions Eyrolles *(http://www.editions-eyrolles.com)* sur la page dédiée à l'ouvrage. Les sites correspondants peuvent en outre être consultés en fonctionnement réel sur le site Web *http://www.funhtml.com/php5*.

Démarche à suivre

Pour chaque projet vous devrez suivre la démarche suivante :

1. Lire attentivement le cahier des charges proposé.
2. Décomposer le site en différents modules, auxquels correspondront autant de pages.
3. Établir un schéma général de fonctionnement mettant en relief les liens entre ces différentes pages.
4. Tracer les grandes lignes de l'organisation de chaque page sous forme de schéma, en séparant le code HTML du code PHP.

5. Écrire le code de chaque partie sans trop entrer dans les détails de design dans un premier temps. Le design relevant plus du designer que du programmeur, il ne vous concerne pas ici.

6. Effectuer des tests approfondis sur chaque page en essayant d'envisager les divers comportements des utilisateurs, leurs erreurs éventuelles et les effets de celles-ci sur votre code.

7. Mettre en place l'ensemble des pages et tester leurs interactions dans les mêmes conditions.

8. Si possible, faire tester le site par des personnes n'ayant aucune connaissance particulière du domaine et noter leur comportement vis-à-vis de l'interface proposée. Noter en particulier leurs hésitations et les questions qu'elles se posent pour accéder au service rendu par le site. Ce qui est évident pour le concepteur ne l'est pas forcément pour les utilisateurs.

TP n° 1 : site de rencontres

Ce premier thème, déjà ébauché au chapitre 16, est le plus simple.

Son cahier des charges est le suivant :

- Le site offre aux internautes sportifs la possibilité d'entrer en contact avec d'autres personnes pratiquants ou supporters d'un même sport dans un département donné.
- Le site est réalisé avec PHP et une base SQLite.
- Chaque page affiche un en-tête commun.
- Pour avoir accès aux informations du site, chaque visiteur s'enregistre au préalable en tant que pratiquant ou supporter d'au moins un sport.
- L'identification se fait par le biais de l'e-mail du visiteur. Une fois identifié, le visiteur a accès à une page de recherche affichant les coordonnées des personnes qui répondent aux critères qu'il a définis. L'autorisation d'accès et l'e-mail sont stockés dans un cookie.
- Un visiteur non enregistré souhaitant accéder à la page de recherche est redirigé automatiquement vers la page d'inscription.
- Si un visiteur déjà identifié veut s'inscrire pour un autre sport que celui de sa première inscription, le formulaire affiche ses coordonnées automatiquement dans le formulaire afin de lui faciliter la saisie.

L'interface

L'interface comprend trois pages, la page d'accueil, la page d'inscription et la page de recherche, chacune dotée de fonctionnalités spécifiques.

La page d'accueil

Nommée `index.php`, la page d'accueil contient les éléments suivants :

- En-tête commun.
- Liste des sports existants dans la base.
- Zone de saisie de l'e-mail pour identifier le visiteur. Si l'e-mail figure déjà dans la base, un message de bienvenue s'affiche avec le nom du visiteur, et les données personnelles du visiteur sont enregistrées dans un cookie. Deux nouveaux liens sont créés dynamiquement, un vers la page de recherche et un vers la page d'inscription, permettant de s'enregistrer pour un nouveau sport. Si l'e-mail ne figure pas dans la base, le visiteur est redirigé automatiquement vers la page d'inscription.
- Lien vers la page d'inscription pour les personnes non encore enregistrées.

La page d'inscription

Nommée `ajout.php`, la page d'inscription contient les éléments suivants :

- En-tête commun.
- Formulaire HTML d'enregistrement comprenant trois zones principales :
  - La première comporte les zones de saisie de texte pour le nom, le prénom, le département et l'e-mail.
  - La deuxième contient une zone de sélection proposant le choix des sports existant dans la table `sport`. Cette liste est construite dynamiquement à partir des sélections des sports existants dans la base par les utilisateurs. Une seconde liste de sélection permet à l'utilisateur de choisir son niveau. Les choix possibles sont « débutant », « confirmé », « pro » ou « supporter ». Une zone de saisie de texte et un bouton d'envoi particulier permettent au visiteur d'ajouter un nouveau sport dans la table s'il n'est pas proposé dans la liste. Après l'enregistrement du nouveau sport, le visiteur est dirigé vers la page d'inscription mise à jour avec ce nouveau sport.
  - Le formulaire se termine par les habituels boutons d'envoi et de réinitialisation.
- Lien vers la page d'accueil.
- Script vérifiant l'existence de saisies dans les zones de texte et les listes de sélection, enregistrant les données dans la base `sportifs` et affichant l'identifiant généré.

La figure 18-1 illustre ce que pourrait être le formulaire de la page d'inscription.

Figure 18-1

Le formulaire d'inscription

La page de recherche

Nommée recherche.php, la page de recherche contient les éléments suivants :

- En-tête commun.
- Formulaire de saisie contenant trois listes de sélection :
  - La première contient la liste des sports existants. Elle est construite dynamiquement à partir des données de la table sport, comme dans la page d'inscription.
  - La deuxième indique le niveau des pratiquants et comporte les mêmes valeurs que dans le formulaire d'inscription.
  - La troisième contient la liste des départements dans lesquels il existe des personnes inscrites. Elle est construite dynamiquement à partir des données de la table personne.
- Lien vers la page d'accueil.
- Lien vers la page d'inscription.
- Script traitant les informations saisies et affichant la liste des partenaires correspondants dans un tableau HTML. Les données saisies sont réaffichées dans le formulaire afin de faciliter une éventuelle nouvelle recherche de l'utilisateur.

Le formulaire de recherche doit ressembler à celui illustré à la figure 18-2.

Figure 18-2

Le formulaire de recherche

La base de données SQLite

La définition des besoins pour la conception de la base de données sportifs a déjà été abordée au chapitre 16. Les contraintes à respecter sont les suivantes :

- Les entités en présence sont une personne et un sport.
- Une personne peut pratiquer un ou plusieurs sports. La cardinalité du côté de l'entité personne est donc 1.N.
- Un sport peut être pratiqué par une ou plusieurs personnes. La cardinalité du côté de l'entité sport est donc également 1.N.
- Ces entités sont reliées par l'association pratique, qui possède l'attribut niveau.

Le modèle conceptuel de données, ou MCD, est illustré à la figure 18-3.

Figure 18-3

Le modèle conceptuel de données de la base

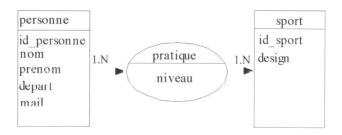

En appliquant les règles de normalisation présentées au chapitre 13, vous obtenez le modèle logique de données illustré à la figure 18-4. La table pratique représente l'association entre les tables personne et sport. Sa clé primaire est la concaténation des clés primaires des tables qu'elle associe. Elle a de plus un attribut niveau.

Figure 18-4
Le modèle logique de données (MLD) de la base

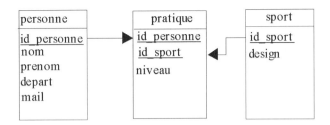

TP n° 2 : dictionnaire de citations interactif

Ce TP est une première mise en œuvre simple d'une base de données MySQL. Le projet consiste à créer un dictionnaire de citations littéraires interactif en ligne. Il ne s'agit donc pas d'une banque de données statique mise en consultation. Chaque visiteur peut en enrichir le contenu avec ses citations préférées, qui sont ensuite rendues accessibles à tous. Le concept du site se rapproche de celui d'un forum puisque les données ne sont pas figées.

L'interface

Pour créer une unité dans le site, chaque page doit incorporer les mêmes en-tête et pied de page. L'interface comprend trois pages, la page d'accueil, la page d'affichage des résultats et la page d'insertion.

La page d'accueil

Nommée index.php, la page d'accueil comporte, outre les éléments décoratifs laissés à votre libre choix, les éléments suivants :

- Bandeau contenant la citation du jour tirée au sort dans la base et affichée lors de chaque connexion.

- Formulaire de recherche contenant une zone de saisie de texte dans laquelle le visiteur saisit un mot-clé de recherche d'une citation. Il peut aussi préciser sa recherche en choisissant dans une liste de sélection parmi les auteurs présents dans la base. Cette liste est construite dynamiquement en interrogeant la base. Un dernier critère de sélection est constitué d'une seconde liste de sélection permettant de choisir le siècle des citations, du XVIe au XXIe. Le critère de tri des résultats se fait par auteur ou par siècle en fonction du choix effectué à l'aide de boutons radio. Aucun de ces critères n'étant obligatoire, chaque choix doit posséder une valeur par défaut consistant à afficher l'ensemble des citations. Le script de traitement de ce formulaire se trouve sur la page d'affichage des résultats.

- Lien vers la page d'insertion de nouvelles citations.

La page d'affichage des résultats

Nommée `affichecit.php`, la page d'affichage des résultats contient les éléments suivants :

- Script gérant les saisies du formulaire. Ce script construit la requête SQL dynamiquement en fonction des choix opérés par le visiteur dans la page de recherche et gère l'absence de mot-clé et de choix dans les listes de sélection afin de ne pas créer de blocage du fait d'une requête mal construite.
- Résultats de la recherche effectuée par un visiteur. Chaque citation est présentée dans une cellule de tableau HTML et est suivie du nom de l'auteur et de son siècle. Le tri des citations se fait par siècle ou par nom d'auteur selon le choix fait par le visiteur.
- Lien vers la page d'accueil.
- Lien vers la page d'insertion.

La page d'insertion

Nommée `saisiecit.php`, la page d'insertion comprend les éléments suivants :

- Formulaire contenant deux zones de saisie de texte pour le nom et le prénom de l'auteur, une liste de sélection du siècle, une zone de saisie multiligne pour le texte de la citation, ainsi que les habituels boutons d'effacement et d'envoi.
- Script de traitement des données situé dans le fichier lui-même, devant vérifier si l'auteur existe déjà dans la base puis insérer les données et afficher un avis d'insertion pour le visiteur.
- Lien vers la page d'accueil.

La figure 18-5 donne une idée de ce que pourrait être le formulaire d'insertion (ici pour les rencontres sportives du TP n° 1).

Figure 18-5

Le formulaire d'insertion

La base de données MySQL

Nommée dico, la base de données doit répondre au modèle conceptuel de données représenté à la figure 18-6. Les contraintes sont les suivantes :

- Un auteur peut avoir écrit plusieurs citations.
- Une citation donnée ne peut être l'œuvre que d'un seul auteur.

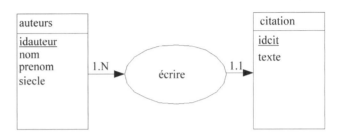

Figure 18-6
Le modèle conceptuel de données de la base dico

Le modèle logique de données réalisé en appliquant les règles du chapitre 13 est illustré à la figure 18-7. Il montre que la base dico ne contient que deux tables.

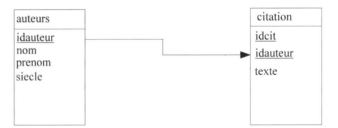

Figure 18-7
Le modèle logique de données de la base dico

TP n° 3 : commerce en ligne

Ce troisième et dernier thème constitue la partie la plus difficile de votre travail puisqu'il a pour but de vous placer dans une situation professionnelle.

Vous y jouez le rôle d'un concepteur indépendant vis-à-vis d'un client qui n'est pas un professionnel du Web mais un commerçant. Il ne peut donc exprimer ses besoins dans un langage technique propre à Internet et à la programmation PHP, dont il ignore tout.

Les besoins du client

Le client dirige une PME qui vend des produits informatiques et vidéo. Vous devez lui créer un site de commerce en ligne pour vendre ses produits par correspondance. Son budget ne lui permettant pas de vous rémunérer en permanence pour maintenir le site, vous lui créez une interface Internet à accès privé lui permettant d'ajouter ou d'enlever des produits dans la base de données sans avoir à passer par un logiciel FTP.

Votre travail

Comme vous n'allez pas réinventer le concept de commerce en ligne et partir de zéro, vous vous inspirerez de ce qui existe déjà. Vous consulterez pour cela des sites de vente en ligne tels que **eyrolles.com** pour en étudier le fonctionnement.

Il vous faudra en dégager les points essentiels et n'en retenir que ce qui correspond au cas relativement simple de votre client.

En particulier, le nombre d'articles vendus par cette PME est relativement limité comparativement à ceux du site d'Eyrolles. Cela peut entraîner des simplifications dans la structure de la base, comme le fait de ne pas créer de table spéciale pour enregistrer le nom des marques des produits en magasin.

Fonctionnement du site

Le site répond aux conditions suivantes :

- Dans la page d'accueil, le client recherche un type de produit dans une des catégories informatique, vidéo et divers (pour les accessoires et consommables). Un tri par marque et par prix est proposé pour l'affichage des résultats.
- Les résultats de la recherche sont affichés en respectant le critère de tri. Chaque produit est suivi d'un lien permettant sa sélection.
- La sélection d'un produit entraîne sa mise en panier.
- Après chaque sélection, le client peut soit rechercher un autre produit, soit terminer sa commande.
- Dans ce dernier cas, l'ensemble de sa commande est affichée, et vous lui demandez ses coordonnées.
- Si le client n'est pas encore enregistré, il saisit ses coordonnées complètes. Son adresse e-mail et un mot de passe lui serviront à s'identifier par la suite. Il saisit également le cas échéant l'adresse de livraison, qui peut être différente de l'adresse du client. Ces informations sont stockées à l'aide de sessions pour être transmises aux pages suivantes de la procédure d'achat.
- Si le visiteur est déjà client, il ne saisit que son e-mail et son mot de passe. L'authenticité de ces informations est vérifiée dans la base, et les coordonnées complètes du client sont récupérées. Ces coordonnées sont utilisées pour remplir automatiquement un formulaire identique à celui du visiteur non enregistré. Ces informations sont également stockées à l'aide de sessions.
- La phase de paiement par carte bancaire n'étant pas réalisable sans une convention bancaire, vous vous contentez de demander la saisie d'un numéro de carte et d'utiliser

un algorithme de vérification du numéro. Vous trouverez cet algorithme sur Internet en faisant une recherche à partir du mot-clé clé de Luhn.

- Si le paiement est bien réalisé, vous finalisez la transaction en enregistrant l'ensemble des informations dans les tables client, commande et ligne puis affichez le numéro de commande à destination du client.
- Pour finir, vous envoyez un e-mail de confirmation au client et au dépôt du magasin chargé de la livraison.

La base de données MySQL

La base de données étant susceptible d'être soumise à de nombreux accès concourants, le choix de MySQL s'impose par rapport à SQLite. La base magasin a déjà été présentée en détail au chapitre 13. La figure 18-8 présente le modèle conceptuel de données de cette base.

Figure 18-8
Le modèle conceptuel de données de la base magasin

Ce modèle est imposé afin que chaque lecteur travaille sur la même base. N'ajoutez aucun attribut aux entités représentées dans le modèle. Il vous appartient de recréer le MLD correspondant avant de créer la base avec phpMyAdmin.

Conseils

Les quelques conseils suivants vous permettront de réaliser plus facilement ce TP :

- Établissez le schéma de fonctionnement du site avant de commencer le moindre codage.
- Reportez-vous au chapitre 13 pour établir précisément le MLD de la base.
- Reportez-vous aux chapitres 14 et 15 pour utiliser MySQL et revoir la partie concernant les jointures entre tables.
- Reportez-vous au chapitre 12 pour implémenter les sessions, les cookies et les e-mails.
- La création de fonctions de traitement est recommandée.
- Ne vous précipitez pas sur le corrigé en cas de problème. Laissez d'abord décanter vos idées.

Index

Symboles

$_SERVER 156, 297
$_COOKIE 21, 326
$_ENV 21
$_FILES 21, 176, 179
$_GET 21, 164
$_POST 21, 164, 419, 442
$_REQUEST 21
$_SERVER 21
$_SESSION 21, 330, 331, 336
$GLOBALS 21, 201
$HTTP_COOKIE_VARS 326
$HTTP_GET_VARS 166
$HTTP_POST_VARS 166
$this 239
__clone() 261
__construct() 247
__destruct() 247
__FILE__ 24
__LINE__ 24

A

abs() 30
abstract 255
acos() 30
acosh() 30
addslashes() 79
affectation
    par référence 19
    par valeur 18
aléatoire 139
alias 464
ANSI 363
append() 147
array() 103
array_change_key_case() 142
array_combine() 132
array_count_values() 111

array_diff() 132
array_filter() 143
array_intersect() 132
array_merge() 130
array_merge_recursive() 131
array_pop() 127
array_push() 127
array_reduce() 145
array_reverse() 135
array_shift() 128
array_slice() 124
array_unique() 129
array_unshift() 127
array_walk() 144
ArrayObject 147
arrayQuery() 457
arsort() 140
as 58
asin() 30
asinh() 30
asort() 140
association 352
    attributs 355, 359
    binaire 352, 355, 358
    cardinalités 352, 355
    n-aire 352
    reflexive 352, 360
    représentaion graphique 352
    type
        1.1 354
        1.N 354
        N.M 355
asxml() 485, 498
atan() 30
atan2() 30
atanh() 30
attribut 351
attributes() 481, 498

AUTO_INCREMENT 371
AVG 396

B

base de données 349
    relationnelle 350
base_convert() 30
basename() 318
BCMath 29
BIGINT 368
bindec() 30
BLOB 369
bloc d'instructions 48
boolean 24
boucle
    à plusieurs variables 55
    arrêt anticipé 61
    do...while 58
    foreach 58
    imbriquée 55
    interruption partielle 62
    while 57
break 52, 61

C

caddie 335
calculatrice en ligne 181, 182
calendrier 224
    grégorien 224
    Julien 224
    révolutionnaire 226
caractère d'échappement 79
caractères spéciaux 72, 79
    $ 17
    antislash 36
    dates 217
    échappement 79, 90
    formatage du type de donnée 73

caractères spéciaux *(suite)*
  métacaractères 79
  MySQL 419
  SQLite 442
  XML 475
cardinalité
  maximale 353, 358
  minimale 352
case 52
casse 40
  chaîne de caractères 77
  des variables 18
  sensibilité 86
catch 65
ceil() 31
chaîne
  de formatage 72
  et tableau 76
  formatée 72
chaîne de caractères 17, 36, 71
  affichage 71
  affichage formaté 72
  capture de sous-chaînes 85
  comparaison 85
  définir des chaînes 36
  extraire des sous-chaînes 84
  gestion des espaces 78
  guillemets 80
  longueur 75
  mise en forme 76
  modifier la casse 77
  recherche de sous-chaînes 81
  supprimer les espaces 78
  transformation de chaînes en tableaux 87
champs visibles ou invisibles du formulaire 157
changes() 459
CHAR 369
checkdate() 215
children() 483, 498
class 231
classe 41, 230
  dérivée 252
  enfant 253
  parente 252
clé
  étrangère 358
  primaire 351
clonage 261
clone 261
codes des caractères 75

column() 463
commentaires 15
comparer des chaînes 86
concaténation 37
conception du MCD 355
connexion persistante 406
constante 22
  CASE_LOWER 143
  CASE_UPPER 143
  const 232
  de classe 232
  MYSQL_STORE_RESULT 409
  MYSQL_USE_RESULT 409
  personnalisée 22
  PHPSESSID 339
  prédéfinie 23
  SID 339
  SQLITE_ASSOC 447, 457, 460
  SQLITE_BOTH 447, 457, 461
  SQLITE_NUM 447, 457, 460
  UPLOAD_ERR_FORM_SIZE 176
  UPLOAD_ERR_INI_SIZE 176
  UPLOAD_ERR_NO_FILE 176
  UPLOAD_ERR_OK 176
  UPLOAD_ERR_PARTIAL 176
constructeur 147
contexte booléen 32
continue 62
conversion
  de degrés en radians 31
  de la casse 77
  en hexadécimal 31
  en octal 31
convertir un type 26
cookie 323
  $_COOKIE 21
  date de fin 324
  de session 330
  domaine 324
  écriture 324
  effacer 325
  lecture 326
  securité 325
  tableau $_COOKIE 326
copy() 314
cos() 31
cosh() 31
cosinus 31
  hyperbolique 30
couleur de transparence 269

COUNT 396
count() 38, 110, 148
CREATE DATABASE 366
CREATE TABLE 374, 435
createFunction() 465

D

DATE 370
date 211
  afficher 217
  calcul de durée 212
  définir 214
  en français 220
  paramètres locaux 223
  timestamp 211
  vérifier 215
date() 217
DATETIME 370
decbin() 31
dechex() 31
DECIMAL 368
decoct() 31
DEFAULT 371
default 52
DEFAULT_INCLUDE_PATH 24
define() 22
defined() 23
définir
  les couleurs 267
  une date 214
deg2rad() 31
dépendance fonctionnelle 355
DESC 401
détermination des cardinalités 353
détruire les variables de session 339
do...while 58
DOMXML 473
DOUBLE 368
double 24
DROP DATABASE 366
DTD (Document Definition Type) 474

E

E_ALL 64
E_ERROR 64
E_NOTICE 64
E_PARSE 64
E_WARNING 64
easter_date() 224
echo 9, 71

Index

éditeur
  HTML 3
  Maguma studio 3
  NuSphere 3
  PHP 3
  WebExpert 3
élément
  156
  racine XML 478
  XML 473
else 48
elseif 49
e-mail 156, 323, 340
  destinataire 340, 343
  en-têtes 341, 344
  en-têtes MIME 345
  format HTML 340, 344
  format texte 340, 341
  mailing list 345
  objet 340
  texte 340
  type MIME 345
empty() 27
encapsulation 239
ENCLOSED BY 383
entité
  associations binaires 352
  attribut 351
  clé 351
    primaire 351
  HTML 79
  représentation graphique 351
entité/association 350
ENUM 369
envoi des données 156
épaisseur des lignes 271
ereg() 94
ereg_replace() 95
eregi() 94
eregi_replace() 95
erreur
  messages 64
  suppresion des messages 64
error_reporting() 64, 467
ESCAPED BY 383
évaluation booléenne 33
Excel 384
exception 65, 467
  __toString() 66
  classe Exception 65
  code 66
  file 66

gestionnaire 67
getCode() 66
getFile() 66
getLine() 66
getMessage() 66
line 66
message 66
méthodes 66
exit 61
exp() 31
explode() 87, 109, 307
exponentielle 31
expression
  booléenne 32
  conditionnelle 35
  rationnelle 89
  régulière 89
    classes de caractères 90
    fonctions de recherche 94
    interdire un groupe de caractères 91
    modèles complexes 96
    modèles généraux 92
    motif 89
    recherche d'un nombre donné de caractères 93
    recherche de caractères 89
    rechercher un mot 91
    remplacement de sous-chaînes 95
    restriction 91
    validation d'un nom 96
    valider une adresse e-mail 96
extends 69, 253
extension des fichiers PHP 7

F

FALSE 17, 32
fclose() 292
fetch() 460
fetchAll() 461
fetchObject() 464
fetchSingle() 463
fgetc() 305
fgetcsv() 297, 299, 307
fgets() 299
fichier 289
  chemin d'accès 318
  copier 314
  création 289, 290
  date 317
  écriture 289, 294

effacer 315
extension
  .csv 384
  .sql 379
fermeture 289, 292
formatage des données 296
identifiant 292
informations 315
lecture 299
lecture de données formatées 307
lire
  la totalité 310
  un caractère 304
  un nombre de caractères 301
  une partie 306
mode d'accès 291
modification 290, 313
ouverture 289, 290
renommer 314
stockage de données 289
taille 316
téléchargé 317
temporaire 176, 292
vérifier l'existence 315
verrouillage 293
XML 474
fieldName() 464
file() 310
file_exists() 290, 315, 316
file_put_contents() 489
fileatime() 317
filectime() 317
filemtime() 317
filesize() 306, 316
filetype() 317
final 253, 259
FLOAT 368
flock() 293, 297
floor() 31
fmod() 31
fonction 185
  argument par référence 205
  créer ses fonctions 188
  déclarer 189
  définir une fonction 189
  disponible sur le serveur 188
  dynamique 207
  mathématique 30
  native de PHP 185
  nombre de paramètres variable 197

fonction *(suite)*
   paramètre 190
      de type array 197
      par défaut 196
   personnalisée 188
   portée des variables 200
   retourner
      plusieurs valeurs 194
      une valeur 193
   variable
      globale 201, 202
      statique 202
fopen() 290
for 54
foreach 58, 121
foreach et les objets 61
forme normale 356
   deuxième forme normale 356
   première forme normale 356
   troisième forme normale 356
formulaire 155, 502
   bouton
      d'envoi 159
      d'envoi multiple 181
      radio 158
   case à cocher 158
   champ
      caché 160
      de mot de passe 158
      de saisie de texte 157
      de texte multilignes 160
   création 155
   élément 157
   liste de sélection 160
   maintenir l'état 166
   méthode
      GET 156, 166
      POST 156, 164
   option 160
   récupération des données 163
   réinitialisation 159
   structure 155
   structurer le formulaire 157
   transfert de fichiers 159, 174, 178
   type 161, 162
   valeurs multiples 172
fpassthru() 311
fputs() 294
fread() 294, 299, 301, 311
fseek() 299, 306
ftell() 306

func_get_arg() 199
func_get_args() 199
func_num_args() 198
function 232
function_exists() 187
fusion de tableaux 131
fwrite() 294, 297

G

GD (Graphic Device) 265
gd_info() 284
générateur de nombres aléatoires 31
gestion
   de panier 335
   des erreurs 63
GET 21, 166
get_class() 263
get_class_methods() 263
get_class_vars() 263
get_declared_classes() 263
get_declared_interfaces() 263
get_extensions_funcs() 186
get_loaded_extensions() 185
get_object_vars() 263, 479, 497
get_parent_class() 263
getArrayCopy() 148
getdate() 219
getimagesize() 268
getrandmax() 31
gettype() 25, 86, 236
GIF 265
global 239
gmmktime() 214
gmstrftime() 223
GMT 223
gregoriantojd() 225
guillemets 36
   doubles et simples 80

H

header() 266, 324, 422
héritage 68, 251
hexdec() 31
HTML 8, 499
   enlever les balises 81
html_entity_decode() 80
htmlentities() 80
htmlspecialchars() 80, 489
HTTP 155
hypot() 31

I

identifiant 339
   de session 331
if 47
IF EXISTS 377
IF NOT EXISTS 375
if...else 48
imagearc() 275
imagecolorallocate() 266, 269
imagecolortransparent() 269
imagecreate() 266, 267
imagecreatefromgif() 268, 277
imagecreatefromjpeg() 268
imagecreatefrompng() 268
imagecreatefromwbmp() 268
imagecreatetruecolor() 267
imagedestroy() 266
imageellipse() 276
imagefill() 277
imagefilledarc() 276
imagefilledellipse() 276
imagefilledpolygon() 274
imagefilledrectangle() 273, 278
imagefttext() 280
imagegif() 266
imageistruecolor() 268
imagejpg() 266
imageline() 271
imagepng() 266
imagepolygon() 274
imagerectangle() 273
images
   affichage 266
   couleur
      de fond 269
      RGB 269
   création 266
      des couleurs 266, 269
      du cadre 267
   dynamiques 265
   écriture de texte 279
   extension GD 265
   formes géométriques 266
   GIF 265
   histogramme 281
   identifiant 268
   image de fond 277
   JPEG 265
   PNG 265
   remplissage de surface 277
   texte dans une image 280

tracé
    d'arc 275
    d'ellipse 275
    de cercle 275
    de courbe 270
    de droite 271
    de points 270
    de polygone 274
    de rectangle et de carré 273
    géométrique 270
    transparence 269
    TrueColor 268
imagesetpixel() 270
imagesetthickness() 271
imagesettile() 278
imagestring() 279
imagestringup() 279
imagettftext() 279
implode() 88
include() 13, 236
include_once() 13
inclusion de fichier 12
INDEX 371
instance d'une classe 41
instruction 47
    boucle 53
    break 53, 61
    case 53
    catch 65, 467
    conditionnelle 47
    continue 62
    default 52
    do...while 58
    else 48
    elseif 49
    for 53
    foreach 58, 479
    if 47
    switch...case 52
    throw 65, 467
    try 65, 467
    while 57
INTEGER 368
integer 24, 28
interface 257
is_array() 25
is_bool() 25
is_double() 25
is_file() 316
is_finite() 31
is_infinite() 31
is_integer() 25
is_nan() 31
is_null() 25
is_numeric() 25
is_object() 25
is_readable() 317
is_resource() 25
is_scalar() 25
is_string() 25
is_uploaded_file() 317
is_writable() 317
isset() 27, 114

J

JavaScript 2, 67, 81, 203, 327, 408, 420
jddayofweek() 225
jointure 399
    de deux tables 400

K

krsort() 141
ksort() 141

L

LAMP (Linux, Apache, MySQL, PHP) 2
lastError() 459
lastInsertRowid() 460
lcg_value() 31
lecture de tableaux associatifs 123
LINES TERMINATED BY 383
list() 119
liste
    des fonctions d'un module 186
    des modules 185
livre d'or 308, 310
LOAD DATA LOCAL INFILE 383
localhost 5, 364, 406
log() 31
log10() 31
log1p() 31
logarithme
    décimal 31
    népérien 31
LONGBLOB 369
LONGTEXT 369
ltrim() 78

M

mail 323
mail() 186, 340
MAX 396
max() 31
MEDIUMBLOB 369
MEDIUMINT 368
MEDIUMTEXT 369
message d'erreur 68
microseconde 213
microtime() 212
MIME 345
MIN 396
min() 31
mktime() 214
modèle
    conceptuel de données 350
    entité/association 350
    logique de données 350, 357
    physique de données 360
    relationnel 357
modules d'extension 185
mot-clé
    abstract 255
    as 122
    class 231
    clone 261
    const 232
    extends 253
    final 259
    function 189
    global 201
    implements 257
    interface 257
    parent:: 253
    public 231, 242
    static 202, 244
    var 232
move_uploaded_file() 176
mt_getrandmax() 31
mt_rand() 31
mt_srand() 31
MySQL 357, 360, 405, 506
    connexion
        au serveur 405
        persistante 407
    création des tables 371
    envoi de requêtes SQL 405, 409
    et XML 491, 496
    fin de la connexion 407
    fonctions
        mathématiques 395
        statistiques 396
    identifiant de connexion 406

MySQL *(suite)*
　insertion 380
　　à partir d'un fichier Excel 384
　　à partir d'un fichier texte 382
　　de données 405, 418
　jointures 399
　lecture
　　à l'aide d'un tableau 410
　　des noms de colonnes 413
　　des résultats dans un objet 417
　libération de la mémoire 411
　lire le résultat d'une requête 410
　mise à jour d'une table 422
　modification d'une table 376
　nombre
　　de colonnes d'un résultat 410
　　de lignes d'un résultat 410
　opérateurs
　　arithmétiques 395
　　logiques 393
　paramètres de connexion 406
　phpMyAdmin 363
　recherche
　　dans une base 405
　　dans une base de données 426
　regroupement 397
　renommer une table 377
　résultat d'une requête 405
　sélection
　　dans une table 388
　　de lignes 388
　　des données 387
　suppression d'une table 377
　types
　　de données 367
　　numériques 367
mysql_affected_rows() 425
MYSQL_ASSOC 410
MYSQL_BOTH 410
mysql_client_encoding() 419
mysql_close() 407
mysql_connect() 405
mysql_escape_string() 419
mysql_fetch_array() 410, 413
mysql_fetch_assoc() 412
mysql_fetch_field() 417
mysql_fetch_object() 417
mysql_fetch_row() 412, 415
mysql_field_name() 415
mysql_free_result() 411
mysql_insert_id() 419
MYSQL_NUM 410

mysql_num_fields() 410
mysql_num_rows() 410
mysql_pconnect() 406
mysql_ping() 407
mysql_query() 409
mysql_real_escape_string() 419
mysql_select_db() 407
MYSQL_USE_RESULT 409

N

natcasesort() 136, 140
natsort() 136, 140
new 65, 147, 236, 456
nl2br() 81
nombre
　aléatoire 31
　binaire 30
　d'éléments d'un tableau 110
　de caractères communs à deux
　　chaînes 87
　décimal 17, 28
　entier 17
　flottant 28
　hexadécimal 28
　octal 28, 31
　réel 28
normalisation
　de la casse 77
　du MCD 355
NOT NULL 370
NULL 370, 435
null 24
numFields() 464
numRows() 464

O

object 24
objet 41
　$this 245
　abstract 255
　accessibilité
　　des méthodes 243
　　des propriétés 242
　ajouter des propriétés 251
　ArrayObject 147
　class 231
　classe
　　abstraite 255
　　dérivée 252
　　finale 259
　clonage d'objet 261

constructeur 246
copie et clonage 262
créer
　un objet 235
　une classe 231
déréférencement 249
destructeur 246
extends 253
foreach 238
héritage 251
instance 231
interface 257
lecture des propriétés 241
méthode 230
　__clone() 261
　abstraite 255
　finale 259
　privée 243
　protégée 243
　publique 243
　statique 244
modificateurs d'accessibilité 242
new 236
private 242
propriété 230
　statique 244
protected 242
public 242
référence 239
terminologie 230
typage des paramètres 250
octdec() 31
offsetExists() 148
offsetGet() 148
offsetSet() 148
offsetUnset() 148
opérateur
　34
　- 29
　-- 30
　! 35
　!= 34
　!== 34
　% 29
　%= 22
　&& 35
　* 29
　*= 22
　+ 29
　++ 30
　+= 22
　.= 22

Index

/ 29
/= 22
-= 22
== 34, 48
=== 34, 48
> 34
>= 34
? 51
@ 64
|| 35
addition et affectation 22
affectation 19
    combinée 21
AND 35
arithmétique 85
booléen 34
comparaison 34
concaténation 71
    puis affectation 22
de concaténation 37
décrémentation 30
division puis affectation 22
égalité 34, 85
identité 34, 85
incrémentation 25, 30
inégalité 34
instanceof 236
logique 35
modulo 29
    puis affectation 22
multiplication puis affectation 22
NOT 35
numérique 29
OR 35
OU 91
soustraction puis affectation 22
XOR 35
ordre
    « naturel » 87
    ASCII 86
Organisation de PHP 6
outils de création 3

P

parent:: 253
partie entière 31
passthru() 299
php() 454
PHP_OS 24
PHP_VERSION 24
phpinfo() 6

phpMyAdmin 363
    exportation d'une table 378
    fichier XML 491
    installation 4
    tables 373
phpSQLiteAdmin 435
pi() 31
police
    FreeType 280
    TrueType 279
POST 21, 164
post-incrémentation 30
pow() 32
pré-incrémentation 30
PRIMARY KEY 371, 435
print() 72
print_r 106
private 242, 253
programmation orientée objet 229
propriété
    privée 242
    protégée 242
    publique 242
protected 242
public 242
puissance 32

Q

query() 456, 460
queryExec() 457
quotemeta() 79

R

rad2deg() 32
radians 32
rand() 32
range() 197
readfile() 299, 310
realpath() 318
recherche insensible à la casse 82
rechercher
    des caractères alphabétiques 91
    une suite quelconque de caractères 93
register_globals 326
règles d'évaluation booléenne 33
relation 357
rename() 314
répéter la même chaîne 74
répétition de N fois la même chaîne 74

représentation des entités 351
requête
    HTTP 10
    XPath 487
require() 13, 236
require_once() 13
reset() 116
resource 24, 42, 406, 438
return 189, 194
rewind() 306
round() 32
rsort() 135
rtrim() 78

S

saut de ligne 81
SELECT 381, 388
self:: 239, 245
sensibilité à la casse 94
séquences d'échappement 37
serveur local 3
session 323, 330
    $_SESSION 21
    authentification 332
    bloquer les cookies 339
    cookie 330, 331
    dossier 330
    fermeture 330
    identifiant 330, 339
    mécanisme 330
    nom 339
    ouverture 330
    panier 335
    PHPSESSID 339
    sans cookie 339
    tableau $_SESSION 330
    terminer 339
    variable 21, 330
session.auto_start 331
session.use_cookies 331
session_destroy() 339
session_id() 340
session_name() 340
session_save_path() 347
session_start() 330, 331
session_unset() 339
session_write_close() 347
SET 369
setcookie() 324
setlocale() 223
settype() 26

SGBD 349
    conception du MLD 358
    entité 350
    modèle physique de données 360
    représentation d'une table 358
    table 358
SGBDR 350
shuffle() 139
similar_text() 87
SimpleXML 473
    chargement d'un fichier 483
    enregistrer un fichier 485
    lecture
        d'un fichier XML 477
        d'une hiérarchie d'éléments 483, 484
        des attributs d'un élément 480
    objet simplexml_element 477
    recherche dans un fichier 486
    relation avec MySQL 491
    structure d'un fichier XML 476
simplexml_element 479
simplexml_load_file() 477, 483, 484, 497
simplexml_load_string() 477, 497
sin() 32
singleQuery() 458
sinh() 32
sinus 30
    hyperbolique 30
sleep() 214
SMALLINT 368
sort() 135
sous-chaîne 82
    remplacement 83
sous-classe 252
spécification du type 73
sprintf() 72
SQL 360, 363
    ADD 377
    ADD INDEX 377
    ADD UNIQUE 377
    AFTER 376
    ALTER TABLE 376, 433
    AND 393
    AUTO_INCREMENT 371, 419
    BETWEEN 390
    CHANGE 376
    CHAR 369
    COALESCE 391
    CREATE DATABASE 366

    CREATE TABLE 375
    création
        d'une base de données 365
        de tables 367
    DATA LOCAL 383
    DATE 370
    DATETIME 370
    DEFAULT 371
    DELETE 425
    destruction d'une base 367
    DISTINCT 388
    DROP 377
    DROP DATABASE 366
    DROP INDEX 377
    DROP TABLE 377
    ENUM 369
    FIELDS TERMINATED BY 383
    fonctions
        mathématiques 395
        statistiques 396
    FROM 388
    FULLTEXT 377
    GROUP BY 397, 398, 402
    HAVING 398
    INDEX 371
    INSERT 381, 420, 425, 460
    insertion de données 380
    IS NULL 390
    ISNULL 391
    jointures 399
    LIKE 390, 398
    LIMIT 382
    LOAD DATA 383
    LONGBLOB 369
    LONGTEXT 369
    MEDIUMBLOB 369
    MEDIUMTEXT 369
    mise à jour 381
    NOT 393
    NOT IN 391
    NOT LIKE 390
    NOT NULL 370
    NOT REGEXP 390
    NULL 370
    opérateurs
        de comparaison 389, 390
        logiques 393
    options des types de données 370
    OR 393
    ORDER BY 401

    PRIMARY KEY 371
    REGEXP 390
    RENAME TABLE 378
    REPLACE 381
    requête 391
    SELECT 388, 426
    SET 369, 381
    SQLiteManager 435
    TEXT 369
    TIME 370
    TIMESTAMP 370
    TINYTEXT 369
    TYNYBLOB 369
    types
        chaînes de caractères 368
        de dates et d'heures 370
    UNIQUE 371
    UPDATE 382, 423, 425, 459
    USE 407
    VALUES 381
    VARCHAR 369
    WHERE 382, 389
    XOR 393
    YEAR 370
SQL 92 434
SQLite 357, 360, 433, 500, 503
    accès
        à la base 456
        à une ligne quelconque 451
    BEGIN 445
    BLOB 435
    champ auto-incrémenté 460
    clé primaire auto-incrémentée 442
    colonne auto-incrémentée 435
    COMMIT 445
    CREATE TABLE 438
    création
        d'une base 438
        de fonctions SQL personnalisées 465
        de tables 440
    envoi
        de requêtes 439, 456
        des requêtes 438
    exception 467, 468
    fermeture de la base 438
    fonction SQL personnalisée 454
    gestion des erreurs 441, 467
    identifiant d'ouverture 439

Index

informations
    sur le résultat 464
    sur un résultat 450
INSERT 438, 442
insertion de données 442
INTEGER 435
lecture
    à l'aide d'un tableau 460
    avec un objet 450, 464
    d'une seule valeur 459
    d'une ligne de résultat 461
    d'une seule colonne 449, 463
    de toutes les lignes 462
lire toutes les lignes d'un résultat 447
méthode
    objet 437, 456
    procédurale 437
nombre
    de colonnes d'un résultat 450
    de lignes d'un résultat 450
    de lignes modifiées 450, 459
NULL 435
objet
    SQLiteDatabase 456
    SQLiteException 456, 467
    SQLiteResult 456, 460
    SQLiteUnbuffered 456, 460
ouverture de la base 438
REAL 435
requêtes multiples 441
résultat d'une requête 446
ROLLBACK 446
SELECT 438
TEXT 435
transactions 444
type des colonnes 435
UPDATE 438
sqlite_array_query() 448
sqlite_changes() 450
sqlite_column() 450
sqlite_create_function() 454
sqlite_current() 452
sqlite_error_string() 441
sqlite_escape_string() 442
sqlite_exec() 440
sqlite_fetch_all() 447
sqlite_fetch_array() 446, 452
sqlite_fetch_object() 450
sqlite_fetch_single() 449
sqlite_has_more() 452
sqlite_last_error() 441

sqlite_last_insert_rowid() 442
sqlite_next() 452
sqlite_num_fields() 450
sqlite_num_rows() 450
sqlite_open() 438
sqlite_popen() 438
sqlite_query() 437, 439, 446
sqlite_rewind() 452
sqlite_seek() 451
sqlite_unbuffered_query() 440
SQLiteDatabase 456
SQLiteException 456
SQLiteManager, installation 4
SQLiteResult 456, 460
SQLiteUnbuffered 456, 460
sqrt() 32
srand() 32, 139
sscanf() 84
static 244
str_repeat() 74
str_replace() 83, 489
strcasecmp() 86
strchr() 82
strcmp() 86
strftime() 222
string 24
string sqlite_field_name() 450
stripos() 83
strips_tags() 81
stripslashes() 79
strlen() 75, 138
strnatcasecmp() 87
strnatcmp() 87
strncasecmp() 86
strncmp() 86
strpos() 83
strrchr() 82
strrpos() 83
strstr() 82
strtolower() 77
strtoupper() 77
structure HTML d'un formulaire 155
substr() 82, 213
substr_count() 82
suite
    de lettres 108
    de nombres 107
SUM 396
switch...case 52
Système de gestion de base de données relationnelle 350

T

tableau
    ajout d'éléments 128
    appliquer une fonction aux éléments 144
    ArrayObject 147
    associatif 38, 104
        superglobal 164
    clé 39, 104
    clé-valeur 112
    couples clé-valeur 116
    créer
        des suites 107
        des tableaux 103
        un tableau à partir d'une chaîne 109
    différence 132
    éliminer les éléments en double 129
    extraire une partie 124
    fusionner des tableaux 130
    indicé 38, 103
    indice-valeur 112
    intersection 132
    lecture
        d'un tableau indicé 114, 122
        d'un tableau multidimensionnel 115, 118, 123
    lire
        avec each() 116
        avec each() et list() 119
        avec for 112
        avec foreach 121
        avec while 114
        les tableaux 112
    manipulation 124
    mélange aléatoire 139
    multidimensionnel 38, 105
    nombre de valeurs 110
    opérations sur plusieurs tableaux 130
    pointeur interne 116
    sélection des éléments 143
    superglobal 20
    supprimer des éléments 127
    transformation en chaînes 88
tri
    de tableau associatif 140
    des clés 141
    des éléments 134
    des valeurs 140

tableau *(suite)*
  tri *(suite)*
    selon l'ordre ASCII 134
    selon l'ordre naturel 136
    selon un critère personnel 137
  utilisation 40
taille totale d'un fichier 306
tan() 32
tangente 30
  hyperbolique 30
tanh() 32
TEMPORARY 375
TEXT 369
throw 65
TIME 370
time() 212
TIMESTAMP 370
timestamp 211
TINYINT 368
TINYTEXT 369
tmpfile() 292
touch() 290
tracés géométriques 268
traitement des données d'un formulaire 170
transactions 445
transfert de fichiers 157, 159, 174
tri
  ordre ASCII 134
  ordre naturel 134
  selon un critère personnel 137
  tableau 134
trim() 78
TRUE 17, 32
TrueColor 267
TrueType 265, 266
try 65
TYNYBLOB 369
type
  array 103
  boolean 32

booléen 24, 32
chaîne de caractères 24
conversion 26
déterminer le type d'une variable 25
données 24
double 28
entier 24, 28
flottant 24
MIME 266
NULL 17, 43
null 24
object 41
objet 24
resource 17, 24, 42, 292
string 71
tableau 17, 24
type d'encodage des données 157

U

uasort() 140
ucfirst() 77
ucwords() 77
uksort() 142
unbufferedQuery() 457, 460
UNICODE 76, 80
UNIQUE 371
unlink() 315
unset() 128, 247, 456
usleep() 214
usort() 138

V

valeur booléenne 17
var_dump() 106, 238, 248
VARCHAR 369
variable
  affectation 18
    par valeur 18
  contrôler l'état 27
  déclaration 18
  environnement 21

existence 27
globale 21, 200
  et superglobale 239
identifiant 17
initialisation 18
locale 200
noms 17
portée 200
prédéfinie de PHP 20
serveur 21
static 202
statique 202
vide 27
variable de classe 231
verrouillage de fichier 297
vote en ligne 304
vprintf() 72, 75
vsprintf() 72, 75

W

W3C 8, 164
WAMP (Windows, Apache, MySQL, PHP) 2
Wampserver 4
  installation 5
while 57
wordwrap() 78

X

XML (eXtensible Markup Language) 473
XPath 487
xpath() 486, 498

Y

YEAR 370

Z

Zend Engine 2 1

Dans le cadre de sa politique développement durable, Jouve initie en 2007
une démarche visant à la certification ISO 14001.
Cet ouvrage est imprimé sur papiers Amber Graphic des papeteries Arctic Paper pour l'intérieur
et Ensocoat des papeteries Stora Enso pour la couverture.
Ces papiers sont fabriqués sur des sites papetiers certifiés ISO 14001
et enregistrés EMAS à partir de fibres d'origine de forêts gérées de manière durable.

Imprimé en France. - JOUVE, 11, bd de Sébastopol, 75001 PARIS
Mise en page : TyPAO
Dépôt légal : mars 2008
N° d'éditeur : 7159
N° d'imprimeur : 455065K